公安院校创新应用型
精品规划系列教材

治安秩序管理理论与实训

Public Order Management: Theory and Practice

主　编　李海涛　黄　斌

副主编　李香梅　李国君　祝昌鸿　朱晓征

撰稿人（以姓氏笔画为序）

王　巍　孙迎春　朱晓征　任塞楠

李国君　李香梅　李海涛　范　磊

祝昌鸿　贾　立　黄　斌　崔　琦

WUHAN UNIVERSITY PRESS

武汉大学出版社

图书在版编目(CIP)数据

治安秩序管理理论与实训/李海涛,黄斌主编 .—武汉:武汉大学出版社,2018.11(2023.3 重印)
公安院校创新应用型精品规划系列教材
ISBN 978-7-307-20511-6

Ⅰ.治…　Ⅱ.①李…　②黄…　Ⅲ. 公共秩序管理—中国—高等学校—教材　Ⅳ.D631.43

中国版本图书馆 CIP 数据核字(2018)第 197846 号

责任编辑:田红恩　　　责任校对:汪欣怡　　　版式设计:韩闻锦

出版发行:**武汉大学出版社**　(430072　武昌　珞珈山)
(电子邮箱:cbs22@ whu.edu.cn 网址:www.wdp.com.cn)
印刷:湖北恒泰印务有限公司
开本:787×1092　1/16　印张:18.75　字数:477 千字　插页:1
版次:2018 年 11 月第 1 版　2023 年 3 月第 4 次印刷
ISBN 978-7-307-20511-6　定价:58.00 元

公安院校创新应用型精品规划系列教材编委会名单

公安院校创新应用型精品规划系列教材编委会名单

前　言

治安秩序是治安学的核心概念之一，治安秩序是其他社会秩序得以存在的前提和基础。治安秩序作为社会秩序的有机组成部分，与社会和谐稳定、经济健康发展、人民安居乐业有着密切的联系。只有具备良好的治安秩序，才能有良性运转的政治、经济、文化、社会秩序。《中华人民共和国人民警察法》第6条第2款规定：公安机关的人民警察按照职责分工，依法履行维护社会治安秩序，制止危害社会治安秩序行为的职责。可见，维护社会治安秩序，是人民警察的任务与职责所在。治安秩序管理是公安机关治安管理工作的主要业务内容之一，在公安工作中占有十分重要的地位。从学科归属上划分，治安秩序管理属于治安学学科体系的重要组成部分。

随着我国公安改革和公安机关执法规范化建设的不断深入，严格、规范、公正、文明执法是公安执法工作的生命线。同时，治安秩序管理又是国家行政管理的重要组成部分，是一个系统管理工程，其涉及的内容较多，范围较广，管理事项复杂。治安秩序管理又是国家行政执法的一部分，其执法主体是公安机关及其人民警察，这一切都对公安民警提出了更高、更严格的要求。

本教材以习近平新时代中国特色社会主义思想为指导，按照党的十九大提出的改革任务和举措，紧紧围绕公安改革的总目标，紧密结合当前我国治安秩序管理工作实际，做到了理论与实践的有机结合，切实增强了教材的前瞻性、系统性和实用性。教材以公安机关的职业需求为依据，以治安管理岗位需求为基本要求，遵循循序渐进、由理论到实践、由知识到技能的教学规律，按照最新颁布和修订的法律、法规编写，目的是使学生在校期间能够掌握治安秩序管理的基础知识，具备治安秩序管理的业务素质和基本能力。

教材在编写体例上，主要划分为以下模块：本章要点、教学目标、引导案例、典型案例解析、实训项目、思考与练习、本章小结、补充阅读、参考文献等。在编写过程中，我们及时更新了治安秩序管理中涉及的相关法律规范，教材内容力求反映当前我国公安改革的新理念及治安秩序管理最新的研究成果，主要选取了治安秩序管理绪论、特种行业治安管理、重点场所治安管理、治安秩序管理勤务、大型群众性活动安全管理、危害治安秩序行为的查处等内容进行编写。

为了增加教材的科学性和实用性，我们组织了四所公安本、专科院校的教师参加编写工作。教材的编写人员中，既有公安院校从事治安秩序管理教学和研究的专家学者，也有公安部“双千计划”的基层实战教官，教材编写内容具有很强的实用性和操作性。因此，本教材除了适合全国政法、公安院校相关专业的教学用书外，还可以作为治安领域在职民警培训的参考教材。

本教材由李海涛、黄斌担任主编，李香梅、李国君、祝昌鸿、朱晓征担任副主编。教材编写时，由李海涛、黄斌提出教材的编写理念、拟定编写大纲、制定编写体例，然后按照参编老师的意向选择，确定每位教师编写的具体内容。作者在规定时间提交初稿后，由李海涛、黄斌提出修改意见，在主编与作者充分交换意见后，作者又进行了修改和校对。全书由李海涛统一定稿。具体编写分工如下：内蒙古警察职业学院李海涛、黄斌、任塞楠编写第一章；内蒙古警察职业学院李国君、王巍，包头市公安局（公安部首期“双千计划”教官）贾立编写第二章；铁道警察学院朱晓征编写第三章；山西警察学院李香梅编写第四章；内蒙古警察职业学院范磊、崔琦、孙迎春编写第五章；江西警察学院祝昌鸿编写第六章。

在《治安秩序管理理论与实训》编写过程中，我们广泛吸收和借鉴了相关专著、教材、论文中的观点，特向有关作者、专家表示衷心的感谢。同时，教材在编写和出版过程中，得到了内蒙古警察职业学院各级领导、教务处以及武汉大学出版社的大力支持，在此一并表示感谢。

由于治安秩序管理工作涉及的法律法规具有广泛性、多变性等特点，加之编写过程中时间仓促，教材难免有疏漏和不足之处，敬请各位专家、学者赐教，以便再版时及时更正。

李海涛

2018 年 2 月

目　录

第一章　治安秩序管理绪论

【本章要点】

- 治安秩序管理的概念和范围
- 治安秩序管理的法律依据
- 治安秩序管理的原则
- 治安秩序管理的方法

【教学目标】

- 知识目标

了解治安秩序、治安秩序管理的基本概念

理解治安秩序管理特征、范围以及治安秩序管理的基本原则

掌握治安秩序管理的基本方法

- 能力目标

使学生初步具备评价辖区治安秩序状况的基本能力，具有掌握并在实践中贯彻治安秩序管理基本原则的能力，通过治安秩序管理绪论的学习，提高学生的法治思维和规范执法的意识。

【引导案例】

各地公安机关全力以赴做好元旦期间安保工作（节选）①

连日来，各地公安机关加强组织领导，扎实开展元旦节日期间安保工作的动员部署，从严从实从细抓好各项安保维稳措施的落实，努力为广大群众欢度节日创造安全稳定的社会环境。

2017 年 12 月 29 日，黑龙江省公安厅发出通知，对全省公安机关元旦期间值班备勤工作提出要求、作出部署。黑龙江省公安厅要求，各地、各部门要加强 24 小时值班备勤、领导带班等制度落实，严密完善道路交通、火灾、公共安全、涉恐、突发性事件等各类案（事）件应急处置预案，进一步强化专业处突备勤力量，确保遇有情况快速反应、及时处置。要对各类视频、通信、信息报送系统进行一次全面检查和维护，确保管用好用，保障全省公安机关政令警令畅通、高效落实。各级公安机关一线勤务值班民警要坚守岗位，严格履职尽责，做到反应迅速，快速、有效处置发生的各类警情。

日前，江西省公安厅专门发出通知，就做好元旦、春节期间安保维稳工作作出部署，

---

① 人民公安报，2017 年 12 月 31 日。

要求全省公安机关紧密结合深入学习贯彻党的十九大精神，狠抓各项工作措施落实，努力为人民群众欢度元旦、春节创造安全稳定的社会环境。通知要求，全省公安机关要深入排查化解各类风险隐患，最大限度把矛盾消除在萌芽状态要加大社会面整体防控力度，重点围绕群众反映强烈的“黄赌毒”“黑拐枪”等违法犯罪，深入开展打击整治行动。加强对文艺演出、灯会、庙会等大型群众活动的安全检查，严防发生拥挤踩踏等群死群伤治安灾害事故。

问题：

1. 案例中提到了公安机关治安秩序管理的一些具体内容，如何认识这些内容？
2. 治安秩序管理的任务包括哪些？

第一节　治安秩序管理的概念

一、治安秩序

学习和研究治安秩序管理，首先应该明确秩序一词的基本含义。一般认为，秩序是整个治安学研究对象中最简单、最普通、最基本、最常见的东西，是对复杂的社会治安“最简单的抽象”。①

（一）秩序的含义

秩序的原意是指有条理、不混乱的状况，是“无序”的相对面。按照《辞海》的解释是：“指人或事物所在的位置，含有整齐、守规则之意。”秩序一词在汉语中是“秩”和“序”的合成词，古汉语里这两个词都含有常规、次第的意思。“秩序”作为独立词语，较早见于西晋文学家陆士衡的《文赋》一文，其中写道：“谬玄黄之秩序，古腆认而不鲜。”可见，秩序一词在汉语中出现是很早的，这与中国传统文化中推崇常规、次第等观念联系紧密。

从法理学角度考察“秩序”一词，比较典型的就是美国法学家博登海默的观点，他认为：“秩序是指在自然进程和社会进程中都存在着某种程序的一致性、连续性和确定性。”

一般而言，秩序可以分为自然秩序和社会秩序。自然秩序由自然规律所支配，社会秩序由社会规则所构建和维系，是指人们在长期社会交往过程中形成相对稳定的关系模式、结构和状态。很显然，治安秩序属于社会秩序的范畴。

（二）治安秩序的含义

1. 社会秩序

治安秩序是治安学的核心概念之一，研究治安秩序首先要从社会秩序开始。社会秩序是按照统治阶级利益的需要所形成的一种规范的社会状态，其本质是社会关系，它规范了社会关系的外部形式，有着极为广泛的内容，如政治秩序、生产秩序、经济秩序、工作秩序、教学秩序、生活秩序、环境保护秩序、国家安全秩序、公民的人身与财产安全秩序等。在诸多的秩序中，有的是由纪律、道德、制度、习惯等规范的，有的则是由民法、经济法、劳动

① 宫志刚．秩序：治安学的逻辑起点［J］．中国人民公安大学学报（社会科学版），2008（5）．

法、教育法、环保法、公安法规等规范的。我国的公安法律法规所规范的主要是涉及国家安全、公共安全、国家和集体的财产安全、公民的人身与财产安全等方面的社会秩序，即社会治安秩序。

2. 治安秩序

治安秩序是其他社会秩序得以存在的前提和基础。治安秩序作为社会秩序的有机组成部分，与社会和谐稳定、经济健康发展、人民安居乐业有着密切的联系。只有具备良好的治安秩序，才能有良性运转的政治、经济、文化、社会秩序。

所谓治安秩序，是指国家统治阶级维护和巩固统治所需要的，并由其有关法律法规所规范的一种社会秩序。《中华人民共和国人民警察法》第 2 条规定："人民警察的任务是维护国家安全，维护社会治安秩序，保护公民的人身安全、人身自由和合法财产，保护公共财产，预防、制止和惩治违法犯罪活动。"同时，《中华人民共和国人民警察法》第 6 条第 2 款还规定：公安机关的人民警察按照职责分工，依法履行维护社会治安秩序，制止危害社会治安秩序行为的职责。可见，维护社会治安秩序，是人民警察的任务与职责所在。

治安秩序有广义与狭义之分。广义的治安秩序是指社会治安秩序，即符合统治阶级意志和利益，由国家法律法规加以规范的、其中涉及公民生命财产安全和社会稳定的社会秩序。广义的治安秩序由所有社会成员采取措施共同维护，是整个社会普遍追求的关于社会安宁和公共安全的目标状态。狭义的治安秩序，主要是指由公安机关治安管理部门依照法律、法规进行管理和维护，并与相关的人、事、物及信息作为管理对象而存在，直接关系到国家和社会稳定、公共安全、人民群众的生命财产安全等内容的社会秩序。

（三）影响治安秩序的主要因素

治安秩序是社会公共秩序的重要组成部分，治安秩序是随着社会的发展而不断变化的。一个国家和地区良好的社会治安秩序的实现，是在社会进步的动态平衡的基础上完成的。因此，社会治安秩序的好坏，往往受政治、经济、文化、人口、时空等诸多因素的影响。

1. 政治因素

政治是上层建筑领域中各种权力主体维护自身利益的特定行为以及由此结成的特定关系，是人类历史发展到一定时期产生的一种重要社会现象，政治因素包括国家政治体制、政策和策略、政府行为及其形象等方面的内容，政治对社会生活各个方面都有重大影响和作用。邓小平同志曾反复强调，"中国的问题，压倒一切的是需要稳定。没有稳定的环境，什么都搞不成，已经取得的成果也会失掉"①。一个国家的稳定首先取决于政治上的稳定，否则会直接影响社会治安秩序的稳定。政治体制改革是全面深化改革的重要组成部分，改革开放近 40 年来，中国改革发展取得的所有成就都离不开政治体制改革，特别是在全面建成小康社会决胜阶段、中国特色社会主义进入新时代的关键时期，政治因素的各个方面必然对治安秩序产生深远的影响，主要表现在以下三点：

（1）"政治安全是国家稳定发展、人民幸福安康的政治前提和保障。"② 党的十一届三中全会以来，我国社会主义市场经济体制建立和不断发展完善，民主法治建设迈出重大步伐，人民群众的生活水平得到了显著提高，政治权利得到了更多保障，党的执政地位进一步

① 邓小平文选．第 3 卷．人民出版社，1993：286.

② 孟建柱．为党的十九大胜利召开营造安全稳定的社会环境［N］．新华网，2017-01-04.

得到巩固，国家政权更加稳定，为维护良好治安秩序提供了前提条件。公安机关要切实增强政治警觉性和政治鉴别力，深入分析研判可能影响政治安全的风险，对可能演化成危害政治安全事件的苗头隐患，采取有效措施，防止起势成事，坚决维护国家政治安全特别是政权安全、制度安全。

（2）政策是否正确、是否具有连续性是影响治安秩序的重要政治因素。正确、连贯的政策、策略必将产生预期的社会治理效果，受到社会成员的拥护和支持，进而自觉维护政权的稳定和遵守法律的规定，对治安秩序产生积极影响。

（3）政府行为及其形象是影响治安秩序的直接政治因素。政府行为的正确及时与合理合法、人们对政府形象的良好评价，是社会成员信赖政府、支持政府的直接动力，才会自觉接受法律的约束和政府的管理，形成良好的社会治安秩序。

☞ **媒体链接**

伊朗多地爆发游行示威，鲁哈尼：很多抗议者目的不纯①

近来，伊朗多个城市发生抗议政府的游行示威活动，表达对当前民生状况的不满。2018年1月1日，伊朗总统鲁哈尼再次发表声明，强调很多抗议者“目的不纯”，并呼吁民众抵制“暴徒和违法者”。

鲁哈尼在当天的声明中说，很多抗议者并不是单单为面包和水等一些与经济相关的目的，他们别有用心地将矛头指向政府的其他政策，包括中东政策。对于那些暴徒，政府将依法予以惩处。

另外，伊朗国家电视台1号的报道评论说，近期在伊朗发生的事件是因为伊朗在地区和国内事务方面的成就刺激了伊朗的敌人，激发了他们的报复行为。同一天，以色列媒体报道说，伊朗总统鲁哈尼指责美国和以色列煽动了伊朗的游行示威。对此，以色列总理内塔尼亚胡予以否认，称这种说法“不仅是错误的，而且是可笑的”。

2. 经济因素

经济是指社会生产关系的总和，是人们在物质资料生产过程中结成的，与一定的社会生产力相适应的生产关系的总和，是政治、法律、哲学、宗教、文学、艺术等上层建筑建立起来的基础。经济因素对治安秩序的影响是不言而喻的。

当前我国发展战略目标是建设现代化经济体系，发展是党执政兴国的第一要务。十九大报告指出，我国经济已由高速增长阶段转向高质量发展阶段，正处在转变发展方式、优化经济结构、转换增长动力的攻关期，建设现代化经济体系是跨越关口的迫切要求和我国发展的战略目标。因此，经济因素对治安秩序的影响是不言而喻的。

主要包括经济状况与生产力水平对治安秩序的影响、经济发展不平衡对治安秩序的影响以及社会财富分配不公、贫富分化加剧等对治安秩序的影响。当前我国社会主义市场经济体制处于不断完善发展过程中，必须要求市场由封闭式向开放式发展，由国内市场向国际市场发展，从而形成人、财、物超越地域界限的大流动，给治安防范带来了难度，对维护社会治

① 中国网，2018年1月1日。

安秩序提出了更高的要求。

☞ 媒体链接

鸡蛋涨价引发的伊朗反政府抗议：转嫁的经济危机回归①

当地时间 2017 年 12 月 27 日，伊朗东部圣城马什哈德爆发示威游行，民众对当前低迷的经济形势和不断上涨的物价表示不满，纷纷走上街头。随后在 28、29 日两天迅速蔓延至设拉子、伊斯法罕、库姆、加兹温、阿瓦士、扎黑丹、克尔曼沙赫、大不里士等超过十多个城市，30 日波及伊朗首都德黑兰。示威群众和前来维持秩序的革命卫队发生了肢体冲突，部分示威者被逮捕。

据路透社报道，至 31 日，已造成两人死亡，十多人被逮捕，而官方表示，安全部队并未发射一颗子弹。伊朗当局表示，抗议活动是“反革命分子”通过流行的智能手机应用程序“Telegram”组织的。鲁哈尼行政当局坦言，保守派是动乱背后的罪魁祸首。伊朗第一副总统贾汉吉里（Eshaq Jahangiri）称：“近日发生在部分城市的示威游行，主要是针对近期物价增长、通货膨胀等经济问题，极少数不法分子图谋利用民众的不满给国家和政府制造混乱。”

政府方面已经在马什哈德等多个省市采取大范围网络屏蔽和区域活动管制的方式，限制群众聚集和参与公共活动，限制外媒进入，以杜绝可能诱发形势失控的可能。

2017 年，是伊朗政府外交战略和地区博弈成果相对丰硕的一年，但外部影响力的扩大始终难以掩盖被“转嫁”的经济危机回归的现实问题，民众抗议恐难用“不法分子的图谋”来完全解释。

3. 文化因素

文化是一种社会现象，是人们长期创造形成的产物，同时又是一种历史现象，是社会历史的积淀物。文化从广义上说，是指人类社会历史实践过程中所创造的物质财富和精神财富的总和。从狭义上说，是指社会的意识形态以及与之相适应的制度与组织机构。从一定意义上说，一个国家和地区社会治安的好坏，是特定社会条件下各种文化综合作用的产物，不同的文化往往与一定的违法犯罪密切相关，例如：市场文化与经济违法犯罪，帮会文化与有组织违法犯罪，权力文化与腐败违法犯罪，暴力文化与暴力违法犯罪，科技文化与职能违法犯罪，色情文化与性违法犯罪，大众文化与农民违法犯罪，网络文化与青少年违法犯罪等。文化，既是一定社会政治、经济的反应，又对一定社会的政治和经济产生巨大的反作用。文化作为人类社会最基本的构成要素，对治安秩序的影响是十分重要的。

十九大报告指出，先进的文化理念是经济发展、社会进步最重要的动力之一。中华民族的传统文化对维护治安秩序有着积极的作用，如在人与自然的关系上，讲协调；在人与人的关系上，讲凝合、讲依存等，这些文化都对维护治安秩序有着积极的作用。另一方面，中华民族的传统文化中的糟粕，包括落后的封建意识、旧的习惯势力、忽视法治、强调特权、法制观念淡薄等负面因素，是引发违法、犯罪的重要文化因素之一，对治安秩序会产生一定的

① 澎湃新闻网，2018 年 1 月 1 日。

负面影响。

☞ 拓展阅读

赛林的《文化冲突与犯罪》

著名犯罪学家赛林在其著作《文化冲突与犯罪》(culture conflict and crime) 一书中对文化冲突论有比较系统的论述，他指出，文化冲突与犯罪之间有密切的联系。

他认为，社会上存在着两种文化冲突：一种是随着文明的发展而发展的不同时期的文化规范之间的冲突，另一种是同一时期内由于两种文化冲突对立而产生的法律规范之间的冲突。“文化准则的冲突必然导致行为规范的冲突”，“犯罪就是行为规范之间的冲突”。进而指出，当某个文化集团的成员迁移到另一个不同文化的区域时，或是当某个文化集团的法律规范扩张到另一个文化集团的区域时，这些不同文化区域的各种规范之间的矛盾，就可能在相邻的文化领域的结合处引起激烈的冲突。

赛林的理论对于我们了解我国现阶段的文化冲突与犯罪的关系，具有现实的指导意义。

☞ 媒体链接

西藏主席：达赖集团渗透干扰破坏一刻也未放松①

据新华社电 今天是西藏百万农奴解放纪念日。昨晚，西藏自治区主席洛桑江村在发表电视讲话中，针对十四世达赖集团企图复辟封建农奴制度特权的图谋指出，这是一场事关进步与倒退、维护西藏各族人民切身利益、维护社会正义法则、维护祖国统一、维护各民族团结的政治斗争。

洛桑江村表示，我们对历史铭记在心，对现实充满信心，对未来抱定决心。

2014 年，西藏全区生产总值 920 亿元、增长 10.8%，连续 22 年保持两位数增长。农村居民人均可支配收入达 7359 元、增长 13%，连续 12 年保持两位数增长推进扶贫开发，减少贫困人口 13 万人，改造农村危房 6.3 万户。全区七成以上财力支出用于民生改善，实施了 30 多项民生补助政策，建设保障房 7 万多套。全年新增就业 4.3 万人，农牧区转移就业 98.5 万人次近 37 万城乡低收入居民基本生活得到有效保障，5900 多名孤儿得到有效救助。

洛桑江村说，事实告诉我们，十四世达赖集团始终没有放弃复辟封建农奴制度特权的图谋，一刻也没有放松对西藏进行渗透、干扰和破坏活动。这是一场事关进步与倒退、维护西藏各族人民切身利益、维护社会正义法则、维护祖国统一、维护各民族团结的政治斗争。历史真相不容篡改、人民利益不容践踏、民主法治不容破坏、祖国统一不容侵犯。无论十四世达赖集团怎么处心积虑，西藏各族人民自觉维护民主改革成果、维护祖国统一和民族团结、

① 京华时报，2015 年 3 月 28 日。

坚定地走有中国特色社会主义道路的坚强意志不会改变。

4. 人口因素

人口是一个内容复杂、综合多种社会关系构成的社会实体，一切社会活动、社会关系、社会现象和社会问题都同人口发展过程相关。人是社会活动的主体，人口的状态必然通过各种形式的社会活动，对治安秩序产生影响。

人口的自然性态包括人口的数量、密度、性别、年龄等，人口的社会性态包括人口的教育程度、职业状况、人口流动性等。人口的自然性态和社会性态会对治安秩序产生一定的影响。

☞ **媒体链接**

外来人口犯罪多发 海门检方：加强跨地区司法合作①

江苏省海门市检察院自2013年1月至2015年9月共起诉被告人2113人，其中非海门籍1061人，占50.2%。经分析，外来人口犯罪主要有五个特点：

（1）严重恶性犯罪多发。2015年1月至9月，海门市发生5件命案，7名被害人死亡，在6名犯罪嫌疑人中，4名为外来人口。在外来人口犯罪中，盗窃、诈骗等侵财型犯罪占主要地位，基于侵财犯意的暴力型犯罪增多。

（2）跨地区流窜作案。如安徽籍丁某等4人在海门市和江苏省东台市等多地，采取剪电缆线的手段，盗窃铜芯电缆线等财物。外来人口流动性强，居无定所，一些外来人口东游西荡，寻找作案目标，有人在外地实施犯罪后又回到本地躲藏，并伺机再犯；有的刑满释放后到外地谋生，再次走上犯罪道路。

（3）毒品犯罪向乡镇和农村蔓延。一些犯罪分子将犯罪地点由城市向乡镇和农村转移。如海门市工业园区下辖的三星镇，这里外来人口较为集中，毒品犯罪发案率高。2013年，湖北省郧县的王某在三星镇的租住地容留多人吸毒被判刑；2014年，辽宁省海城市的葛某在三星镇召良村暂住地多次贩卖毒品被判刑。

（4）年轻人激情犯罪多发。自2013年以来，共提起公诉外来人口寻衅滋事案30件、聚众斗殴案15件。在该群体中，有的较早辍学，跟随父母外出打工，父母的管理监督和教育引导缺位；有的独自外出谋生，没有专业工作技能，工作岗位不固定，收入微薄，其中还有未成年人，容易受到不良风气的影响。

（5）共同犯罪占比较高。来自同一地方的外来人口，往往容易以地缘、亲缘等为纽带组成小团体，他们同吃、同住、同工作，当遭遇不公或有利可图时，容易进行团体性的犯罪活动。据统计，2013年以来被提起公诉的共同犯罪案件为136件425人，占外来人口犯罪案件的40%。

为遏制外来人口犯罪多发之势，办案检察官建议：加强跨地区司法合作，依法打击故意

① 最高检网站，2015年12月9日。

杀人、抢劫、贩毒等严重刑事犯罪活动；加强对外来人员犯罪的动态分析研究，施行有效预防对策；加强普法教育和宣传；创新外来人口管理模式，从单一的行政强制约束性管理向以服务为主转变，使他们在当地安居乐业；完善就业管理和保障机制，健全完善就业程序、就业监管等制度，平等保护外来务工人员权益，同时强化职业技能培训，丰富外来务工人员的业余生活，使他们更好地适应工作和生活环境。

5. 时空因素

研究表明，不同违法犯罪行为往往呈现出明显的时空分布特征，公安机关了解与掌握其规律与分布特征，对于有效布置警力、巡逻防范以及精确打击等都具有重要意义。

时空因素是违法犯罪行为必须具有的客观事实。任何违法犯罪都是在一定时间内发生和完成的，即任何犯罪均有其特定的时间发生特征。这里说的时间因素通常包括固定的某种时间单位，如日、周、月、季节或年等。空间因素通常是指行为人实施违法犯罪行为的特定场所，违法犯罪记录信息常常以犯罪实际发生位置存在。因此，时空因素会对治安秩序产生不同影响。

☞ 小知识

攀爬阳台入室盗窃案件的规律特点①

随着天气转暖，带有明显季节性特点的案件将进入高发期，从以往发案规律看，攀爬阳台入室盗窃案件将是发案重点。攀爬阳台入室盗窃是多发性侵财案件之一，由于此类案件犯罪手段比较专业、性质容易升级，极易转化成抢劫、杀人等恶性案件，对人民群众的安全感影响严重。

1. 多为有组织、流窜性团伙。此类犯罪多具有地域性结伙流窜作案特点，同伙成员为同乡或有亲缘关系，成员动作灵敏，具有一定的攀爬能力。此类犯罪团伙组织较严密，内部分工明确。

2. 侵害目标、案发时间相对集中。攀爬阳台入室盗窃案件基本发生在城区，主要集中在居民楼一至四层，楼房墙体外的下水管道、空调室外机、防护栏为犯罪嫌疑人提供了攀爬的条件。犯罪嫌疑人多利用住户夜间阳台、厨房、卫生间的窗户不关或关不实，爬窗入室盗窃，也有少数嫌疑人利用工具破坏防护栏入室作案。

3. 胆大妄为、连续作案。此类案件犯罪嫌疑人一般不携带专门作案工具，只携带微型手电筒照明，在作案时，往往借助楼房墙体外的下水管道、防护栏攀爬上楼。

警方提醒广大人民群众，面对“两抢”案件时，要首先进行自我保护，防止歹徒行凶伤及自身。作案者如果是抢夺，受害人可以呼救求助，但不宜对抗，防止作案者由抢夺变成抢劫行凶。在遭遇抢劫时，被抢者如果还没有受到伤害，歹徒只是持凶器威胁，被抢者不要激怒歹徒，不宜与之对抗，要寻找有利的时机和位置来防身、跑开。同时，无论被抢数额有

① 编者根据 2015 年 6 月 10 日“衡水公安微信”提供的资料整编。

或无、多或少，都要及时报案，以便警方掌握犯罪信息，及时开展防范和打击工作。

（四）社会治安状况的调查与评价标准

1. 社会治安状况调查

所谓社会治安状况调查，是指政府及其公安机关治安管理部门为了了解、掌握社会治安现状，通过观察、实验、访谈和问卷等方法获取治安状况的相关信息而采取的措施。

社会治安状况调查主要包括：第一，社会各阶层各方面对不同时期社会重大变动的反应；第二，各种违法犯罪活动与治安灾害事故的规律和特点；第三，社会公众的安全感及公众心态；第四，一定区域范围内的治安环境；第五，互联网产生的治安影响等。

☞ 媒体链接

关于社会治安满意度的调查报告①

为深化作风建设，了解掌握人民群众对公安机关的新期待、新要求，进一步改进公安工作方式方法，促进警民和谐、维护社会稳定，徐州市公安局于2017年2月开展了网上问卷调查工作。现问卷调查已经结束，将调查结果反馈如下：

1. 参加问卷调查的人群中男性占100%。

2. 参加问卷调查的人群中青年人占67%，中年人占33%。

3. 参加问卷调查的人群中对徐州目前的社会治安环境感到很安全的占33%，比较安全的占34%，基本安全的占33%。

4. 参加问卷调查的人群中认为社会治安状况很好的占34%，好的占33%，较差的占33%。

5. 参加问卷调查的人群中认为在居住地夜晚单独回家或出门安全的占67%，很不安全的占33%。

6. 参加问卷调查的人群中经常收（看）到过所在地派出所民警发放（张贴）的警方提示等防范宣传资料的占67%，很少收（看）到的占33%。

7. 参加问卷调查的人群中所在地派出所民警到家走访过的占34%，没有走访过的占66%。

8. 参加问卷调查的人群中认为所在地公安机关与人民群众之间的关系很密切的占34%，比较密切的占33%，不太密切的占33%。

9. 参加问卷调查的人群中在居住地附近的公共场所或街道，天天见到执勤警察或巡逻警察的占34%，偶尔会见到的占66%。

10. 参加问卷调查的人群中认为刑事犯罪影响安全感的占66%，认为公共秩序混乱影响安全感的占34%。

11. 参加问卷调查的人群中认为目前搞好社会治安需要加大打击力度的占34%，需要加强宣传，提高群众防范意识的占33%，需要公正执法的占33%。

综上，目前群众对徐州治安总体感到满意，在居住地附近活动时有安全感，派出所民

---

① 徐州市公安局网站，2017年3月21日。

警发放的警方提示等防范宣传资料发放到位，群众覆盖面广；在下一步的工作中，要加强自身的服务意识，规范自身的执法程序，经常走访群众，加强与群众之间的互动和密切关系。

2. 社会治安状况评价标准

社会治安状况评价是社会现状评价的一部分，它是运用社会评价的基本原理，依据一定的指标体系和统计调查资料对社会治安秩序状况进行评估的活动，是人们科学认识和把握治秩序状况的基本方法。科学界定社会治安状况的评价指标范围是科学评价社会治安状况的前提。目前，世界各国对社会治安状况的评价尚没有一套完整的指标体系，许多国家和地区都把警方登记的刑事案件数量作为衡量安全的主要评价指标，但其弊端也是显而易见的。公众安全感是发达国家普遍采用的用来评价社会治安状况的指标之一。公众安全感是公民对社会治安状况的主观感受和评价，是公民在一定时期内的社会生活中对人身、财产等合法权益受到或可能受到侵害和保护程度的综合心态反映。作为衡量社会治安秩序状况重要指标之一的公众安全感指标，反映或注重的是公众对社会治安秩序的感受，这是因为社会治安秩序直接关系到公民的生命财产等权益，公众的安全感反映了社会治安秩序的真实状况。下图是我国当前的治安状况评价指标体系图①：

治安状况评价指标体系图

	违法犯罪和治安灾害事故	维护治安的投入和保障条件	维护治安工作
存量	1. 每万人口报警案件数 2. 每万人口治安事故数 3. 每万人口杀人案件数 4. 每万人口伤害案件数 5. 每万人口抢劫案件数 6. 每万人口强奸案件数 7. 每万人口盗窃案件数	1. 每万人口公安民警数 2. 每万人口检察官数 3. 每万人口法官数 4. 每万人口司法工作人员数 5. 每万人口治保组织数	1. 公安民警人均办案数 2. 公安民警人均抓获违法犯罪人数 3. 法官人均办理一审案件数
质量	1. 每万人口违法犯罪被害死亡人数 2. 机动车万车死亡率 3. 每万人口严重暴力案件数 4. 违法犯罪和治安事故损失额占 GDP 比重 5. 每起刑事案件平均损失额	1. 政法经费占政府财政预算拨款比重 2. 公安民警中专以上文化程度者所占比重 3. 公安民警人均汽车数 4. 公安民警人均电话数 5. 公安民警人均计算机数 6. 政法经费占 GDP 比重	1. 公安民警人均刑事破案数 2. 检察院批捕人数占抓获违法犯罪人员比重
结构	1. 杀人案件比重 2. 公共场所发生刑事案件比重	1. 派出所民警比重	1. 群众扭送违法犯罪人员比重 2. 巡逻抓获违法犯罪人员比重

① 目前，我国没有全国范围内进行治安状况评价的制度，因此也没有法定的治安状况评价指标体系。1994 年，由公安部牵头，由国家计委、国家统计局、北京大学、中国人民大学、中国人民公安大学等各方面专家参加的“社会治安评价体系”课题组，经过三年多的研究工作，提出的治安状况评价指标体系。

续表

	违法犯罪和治安灾害事故	维护治安的投入和保障条件	维护治安工作
变动度	1. 每万人口报警案件数变动度 2. 每万人口治安事故数变动度 3. 每万人口杀人案件数变动度 4. 每万人口伤害案件数变动度 5. 每万人口抢劫案件数变动度 6. 每万人口强奸案件数变动度 7. 每万人口盗窃案件数变动度 8. 每万人口违法犯罪被害死亡人数变动度 9. 机动车万车死亡率变动度 10. 杀人案件比重变动度	1. 每万人口公安民警数变动度 2. 政法经费占政府财政预算拨款比重变动度 3. 政法经费占 GDP 比重变动度	1. 公安民警人均办案数变动度 2. 公安民警人均破案数变动度 3. 群众扭送违法犯罪人员比重变动度 4. 巡逻抓获违法犯罪人员比重变动度

二、治安秩序管理

（一）管理的含义

在人类社会中，管理无处不在，无时不在。可以毫不夸张地说，人类社会的任何伟大进步，都包含着管理学所作出的重要贡献。把管理作为一门学科进行系统的研究，只是百年的事。但是，管理实践却和人类的历史一样悠久，至少可以追溯到几千年以前。生活在幼发拉底河流域的闪米特人，早在公元前 5000 年就开始了管理记录活动，这也是有据可考的人类历史上最早的管理活动。①

界定管理的内涵，应充分考虑当时的社会、政治、文化和经济等因素的影响。世界上古典管理理论产生、形成于 19 世纪末到 20 世纪初的 30 年代，主要包括由美国的泰罗所倡导的“科学管理理论”、法国的法约尔提出的“一般管理理论”及德国的韦伯提出的“官僚集权组织管理理论”等。他们分别从不同角度阐述了管理的含义，认为管理就是一个过程，管理者就是在这个过程中重复地履行各种不同的职能。

所谓管理，就是管理者为了有效地实现组织目标、个人发展和社会责任，运用管理职能进行协调的过程。这一概念包含了四个方面的内涵：一是管理是人类有意识、有目的的活动。管理的目的就是通过群体的力量实现组织目标。二是管理应当是有效的。管理不仅要有较高的效率，同时还要有较好的效果。三是管理的本质是协调。协调包括两方面的内容，一方面是组织内部各种有形和无形资源（如人、财、物、信息、技术等）之间的协调，另一方面是组织与外部环境的协调。四是协调是运用各种管理职能的过程。有效的协调在管理学范畴内就是计划、组织、指挥、控制等管理职能的运用过程。②

我们认为，管理是由管理主体完成的，通过计划、组织、领导、控制及创新等手段，结合人力、物力、财力、信息、环境、时间这六要素，以其高效地达到组织目标的过程。管理是由计划、组织、指挥、协调及控制等职能为要素组成的活动过程。广义的管理是指应用科

① 周三多，陈传明，鲁明泓编著．管理学——原理与方法［M］．上海：复旦大学出版社，2009.
② 周三多，陈传明，鲁明泓编著．管理学——原理与方法［M］．上海：复旦大学出版社，2014.

学的手段安排组织社会活动，使其有序进行。狭义的管理是指为保证一个单位全部业务活动而实施的一系列计划、组织、协调、控制和决策的活动。

（二）治安秩序管理的含义

行政管理是运用国家权力对社会事务的一种管理活动，是运用国家权力对社会事务的一种管理活动。行政管理系统是一类组织系统，它是社会系统的一个重要分系统。随着社会的发展，行政管理的对象日益广泛，包括经济建设、文化教育、市政建设、社会秩序、公共卫生、环境保护等各个方面。很显然，治安秩序管理是国家行政管理的重要组成部分，是一个系统管理工程，其涉及的内容较多，范围较广，管理事项复杂。

本教材所说的治安秩序管理，主要是指国家公安机关治安部门及其人民警察依照国家的法律、法规的规定，为维护社会公共秩序而从事的以保障社会生活正常有序的行政管理行为。治安秩序管理是国家行政执法的一部分，是治安管理工作的一个重要方面，是治安管理部门的一项经常性业务工作。

治安秩序管理是治安管理的主要内容之一，属于公安学①中治安学学科体系的重要组成部分。从以下四个方面理解治安秩序管理的涵义：

1. 治安秩序管理是国家行政管理的组成部分，是公安机关的行政行为。

治安秩序管理属于国家行政管理，是由国家设置专门机构和专门人员、代表国家实施的执法活动。治安秩序管理归属于公安行政，是依据法律法规对社会治安秩序进行的组织、管理、指挥、监督和协调等活动，其目的就是维护社会秩序和公共安全，保护国家利益和公民生民财产不受非法侵害。

2. 治安秩序管理既是公安工作的重要组成部分，也是公安机关的一项经常性业务工作。

公安机关具有双重性质，具有国家的行政机关，又是国家的司法机关。公安机关是政府的一个职能部门，依法管理社会治安，行使国家的行政权力，是国家的行政机关；同时公安机关担负着刑事案件的侦查任务，又是国家的司法机关。

公安工作我国人民民主专政政权工作的重要组成部分，是我国政府的重要行政行为，是公安机关按国家赋予权力开展的工作，是依法保卫国家安全与社会治安秩序的专门工作。公安工作是分工复杂、多个层次联结而成的一个工作系统，是有机联系的一个整体，治安秩序管理属于我国公安工作的组成部分，也是公安机关的一项经常性业务工作。

3. 治安秩序管理是公安机关的一项行政执法活动。

这里所说的行政执法活动是指公安机关在对公民、法人和其他组织实施行政管理活动中，执行法律、法规、规章的活动。公安机关的治安秩序管理工作主要是以行政执法活动体现出来的。在行政执法活动中，公安机关应规范行政执法行为，加强行政执法监督，保护公民、法人和其他组织的合法权益，推进依法行政，建设法治政府。同时，公安机关还应当树立服务理念，完善服务机制，创新服务方式，推行服务型行政执法。

4. 治安秩序管理主要以公安机关依法进行的公开管理为主。

近年来，随着经济社会发展和社会主义民主法制建设的推进，社会各界对公安机关执法

---

① 2011年3月8日，国务院学位委员会和教育部批准在《学位授予和人才培养学科目录（2011年）》（学位〔2011〕11号）的法学和工学门类下，增列公安学（0306）和公安技术学（0838）两个一级学科。

活动的监督力度越来越大，特别是《政府信息公开条例》颁布实施以来，群众维护自身知情权的意识不断增强，对公安机关执法公开透明的要求越来越高。公安机关实施治安秩序管理过程中，必须按照行政执法的公开原则，以公开促进规范，以公开促进公正，以公开树立公信，有效提升公安执法公信力和群众满意度。实践证明，执法公开是公安工作发展的必然趋势，是满足群众新期待、提升公安机关执法公信力的必然要求。但是，治安秩序管理涉及重大社会治安问题和其他重要公安工作事项时，有时也需要采取必要的秘密手段和方法。治安秩序管理主要以公安机关依法进行的公开管理为主，以秘密工作为辅，两者是相辅相成的关系。

☞ **执法动态**

各地坚守岗位忠诚履职确保群众平安过节（节选）①

天津

110 接报刑事治安警情双下降

元旦小长假期间，天津市公安局启动加强型巡逻模式和公安武警联勤二级勤务，各级领导一线带班、全体民警在岗在位，严格落实各项安保措施，切实加大社会面防控力度，确保社会治安持续良好。据统计，2017 年 12 月 30 日零时至 2018 年 1 月 1 日 12 时，全市 110 接报刑事、治安警情同比下降 48.8%和 7.6%。

元旦小长假期间，天津市公安局局长董家禄实地督导检查安保工作落实情况，局领导分工明确，确保各项安保措施落到实处。各级公安机关细化安保方案和应急处突预案，健全应急反应机制，加强动态指挥调度，提高巡逻勤务等级，最大限度布警街面，有效挤压违法犯罪空间，切实增强群众安全感。

治安管理部门强化安全隐患排查整治等工作措施，加大督导检查和责任倒查力度，及时消除各类安全隐患。公安消防部门持续开展消防安全隐患清查，督促整改安全隐患。各属地分局加大人员密集场所警力投入，全力维护繁华商圈治安秩序，随时处置各类突发事件，严防发生群体性灾害事故。

上海

精细部署街面巡防警力

2017 年 12 月 30 日至 2018 年 1 月 1 日，上海市公安局启动社会面防控一级勤务等级，从严从实从细抓好元旦小长假期间各项安保工作措施落实，确保了全市社会大局稳定和治安秩序良好，没有发生有重大影响的刑事、治安案件以及重特大火灾、交通事故和其他治安灾害事故。

元旦小长假期间，上海市公安机关坚持科学用警、精准布防，精细部署街面巡逻防控警力，在交通枢纽、景区广场、大型活动现场等区域，开展武装巡逻与驻点守护，加大设卡盘查和识疑查缉力度。为确保人群聚集公共场所和大型活动绝对安全，上海市公安机关对外滩、小陆家嘴等人群聚集场所和旅游景区，综合运用大客流监测手段，落实客流疏导、秩序维护和应急处突措施，确保跨年夜群众自发迎新活动安全有序。同时，做好新天地迎新倒计

① 人民公安报，2018 年 1 月 2 日。

时和商业场所迎新活动安保工作，落实现场及周边地区人流疏导、交通管制和应急疏散措施，确保现场秩序井然。

（三）治安秩序管理的特点

☞ 媒体链接

呼伦贝尔公安百日会战：发挥集群威力，打出会战实效（节选）①

呼伦贝尔市公安机关从2017年11月27日至2018年3月15日开展为期100天的以“严打、严防、严管、严治”为重点的“保平安、促稳定”百日大会战专项行动。呼伦贝尔市副市长、公安局局长傅彬多次召开会议安排部署，深入一线进行督导。各地针对本地区社会治安突出问题，制定了切实可行的实施方案。在最短时间内集中警力、财力、物力，全力以赴投入到“百日会战”行动中。参战民警不畏疲劳，连续作战，形成了全警参战的良好氛围，做到了有计划、有安排、有动员、有部署、有检查、有落实。

一、全警联动集中整治

全市各级公安机关突出重点，多措并举，将打、防、管、控等一系列专项行动全部纳入“百日会战”行动中，整体推进。牙克石市公安局连续作战，顽强攻坚，成功破获“1994.1.31”故意杀人案。成功侦破“2016.10.8”特大贩卖毒品案。该案共抓获违法犯罪嫌疑人23名，缴获毒品冰毒4181克，自治区禁毒办发来贺电。海拉尔公安分局迅速破获2018年首例伤害致死案。扎兰屯、莫旗、陈旗公安局紧密结合辖区社会面治安形势特点，组织特警大队、派出所、刑侦大队、交警大队等部门统一开展社会治安集中整治行动，对宾馆酒店、洗浴、网吧、娱乐场所等人员密集场所和治安复杂场所进行拉网式清查，同时深入辖区出租房屋和用工单位走访、查访流动人口。

二、严密防控消除隐患

各地公安机关紧密结合当地治安实际，以提高防控能力为出发点，积极组织开展冬季大巡防、大检查工作，深入排查危爆、交通、火灾等事故隐患，努力提高预警和防范能力。满洲里强化中小旅馆、出租房屋的管理，督促落实实名登记制度，定期进行常态化研判。海拉尔切实加大加强巡逻防控力度，做好街面管控工作。按照“屯警街面、动中备勤、武装处突”的工作要求，积极联合武警大队继续在海拉尔中心区开展混编武装巡逻。巡防大队根据不同时段治安特点，科学调整巡逻部署，最大限度把警力部署到案件高发、防范薄弱、群众需要的重点时段和部位。消防部门紧盯“四类火灾高风险场所”，针对“三合一”、群租房、老旧住宅、低耐火等级人员居住场所等火灾高风险场所以及人员密集场所和易燃易爆场所，分门别类开展排查，活动期间全部排查整治到位。

我们知道，国家行政管理既管理社会的公共事务，又执行阶级统治的政治职能，是以国家权力为基础的、根据国家法律法规推行政务的组织活动。治安秩序管理具有一般行政管理的特征，但它又具有不同于国家其他社会组织活动的特点，具体表现在以下几个方面：

① 平安驿站，2018年1月6日。

1. 管理主体的武装性

治安秩序管理的主体，是国家公安机关及其人民警察。公安机关是人民民主专政的重要工具，是党和人民手中掌握的“刀把子”。武装性既是公安机关及其人民警察的属性，也是治安秩序管理的基本特征。

2. 管理手段的授权性

治安秩序管理手段的授权性是指国家以法律、法规将权力加以规定和明示，在法律法规之外不能享有该项权力。管理手段的授权性，既有利于公安机关治安部门加强治安秩序管理队伍的专业化建设，提高执法水平，保证执法权威，维护法律尊严；同时，也有利于执法主体在治安秩序管理过程中接受各界监督，保护公民合法权益。

3. 管理内容的广泛性和复杂性

治安秩序管理内容的广泛性和复杂性是由其管理范围所决定的：一方面，治安秩序管理涉及社会生活的诸多方面，涉及面广，结构复杂，管理形式多样。当前，中国特色社会主义进入了新时代，我国社会主要矛盾发生相应变化，转化为人民日益增长的美好生活需要和不平衡不充分的发展之间的矛盾。公安机关的治安秩序管理工作要面临更多新情况、新问题，这就要求公安机关治安管理部门要适应社会主要矛盾发生的新变化，充分发挥职能作用，不断满足人民群众对民主、法治、公平、正义、安全等方面的要求。

4. 管理措施的强制性

国家的行政管理活动，是以国家强制力为后盾保障实施的。治安秩序管理主体所实施的行政行为，相对人有服从、接受和协助的义务，否则，治安秩序管理主体可以借助法律手段强制相对人执行和服从自己的行政决定。治安秩序管理的强制性是由国家法律法规设定的，治安秩序管理主体必须严格按照法律的相关规定，适用管理措施。

（四）治安秩序管理的范围

治安秩序管理的范围也称治安秩序管理的业务范围，根据不同的分类标准和方法，治安秩序管理的范围有不同的划分标准。目前，我国治安秩序管理的范围可划分为以下几个方面：

1. 特种行业治安管理

特种行业是指部分工商服务业由于其经营的业务容易被利用进行违法犯罪活动，容易发生治安灾害事故，依法由公安机关对其实施特殊治安管理的行业的总称。特种行业通常可以划分为全国性特种行业和区域性的特种行业。目前，公安机关根据党中央、国务院关于“放管服”改革和全面深化公安改革的部署要求，深入推进特种行业治安管理改革，不断完善特种行业事中事后监管机制，全面提升新形势下公安机关对特种行业的管理服务能力的根本要求。

2. 重点场所

重点场所，是指公共场所中，人员集中、成分复杂、流动频繁，容易发生违法犯罪活动和治安灾害事故，可能影响治安秩序和公共安全，需要由公安机关实施特别管理的场所。重点场所管理是整个社会治安秩序管理的重要组成部分，也是公安机关治安管理的重要业务内容。根据 2007 年 5 月 17 日施行的《公安派出所正规化建设规范》第 37 条规定，公安派出所治安管理的重点场所包括以下三类：（1）歌舞娱乐、电子游戏等娱乐场所；（2）洗浴、按摩、美容美发等服务场所；（3）其他需要纳入治安管理的重点场所。目前，公安机关对重点场所主要采取严格备案登记制度、强化日常监督检查、加强从业人员的管理和宣传教育、推动管理社会化等措施进行管理。公安机关通过对重点场所的治安秩序管理，进一步维护公共安全和社会秩序。

3. 治安秩序管理勤务是治安管理部门及其人民警察，为了完成治安管理任务按照警察勤务制度依法履行职责的各项活动。依据相关法律法规，治安秩序管理勤务主要包括：巡逻勤务、盘查勤务、守望勤务以及堵截勤务等。不同的勤务方式的性质、特征、方式不同，在维护社会治安秩序，保障公共安全和社会生活的正常进行的治安管理工作中发挥的作用不同，而且，巡逻、守望、堵截、盘查勤务是治安秩序管理中必不可少的措施和手段，其价值在于预防违法犯罪，维护社会治安秩序。同时，各种勤务的实施也有不同的规范要求，因此，在治安秩序管理工作中，要根据实际需要，科学选选用不同的勤务方式，并分类组织实施，依法实施并确保各种勤务方式发挥最大作用。

4. 大型群众性活动安全管理

大型群众性活动是指法人或者其他组织面向社会公众举办的每场预计参加人数达到1000人以上的活动。随着我国综合国力的不断增强，大型群众性活动的数量呈逐年上升趋势，大型群众性活动一般具有参与人数众多，规模较大，容易发生治安灾害事故等特点，给公安机关安全管理工作带来了巨大的挑战。根据《大型群众性活动安全管理条例》有关规定，大型群众性活动本着“承（主）办者负责、政府监管”的原则，公安机关首先要明确自身承担的安全监管职责，主要包括活动前的安全许可、安全检查、应急预案的制定；活动过程中的安检工作、票证管理工作、场地内外的秩序维护以及现场违法行为的查处等工作。公安机关要对大型群众性活动整个过程建立安全风险评估机制，准确预测风险、危害，为各项安保工作提供科学依据。同时，还要切实加强大型群众性活动中突发事件的应急处突能力。

5. 危害治安秩序行为的查处

卖淫、嫖娼，制作、贩卖、传播淫秽物品，赌博，吸食、注射毒品等活动，妨害社会善良风俗，危害社会治安，属社会丑恶现象。查禁这些危害治安秩序的行为，是治安秩序管理工作的一项经常性业务。与其他违法犯罪活动相比，其危害具有广泛性、多重性和蔓延性的特点，不仅败坏社会主义道德风尚，而且危害人们身心健康，诱发其他违法犯罪，甚至影响经济建设和社会稳定。查禁危害治安秩序的行为，是治安管理的一项经常性业务工作。

第二节 治安秩序管理的法律依据

一、法律

法律是由享有立法权的立法机关（全国人民代表大会和全国人民代表大会常务委员会）行使国家立法权，依照法定程序制定、修改并颁布，并由国家强制力保证实施的基本法律和一般法律的总称。法律分为基本法律和一般法律，基本法律由全国人民代表大会制定和修改，一般法律由全国人民代表大会常务委员会制定和修改。

1.《中华人民共和国刑法》（1979年7月1日第五届全国人民代表大会第二次会议通过，1997年3月14日第八届全国人民代表大会第五次会议修订，2017年11月4日第十二届全国人民代表大会常务委员会第三十次会议通过《中华人民共和国刑法修正案（十）》，本修正案自公布之日起施行）。

2.《中华人民共和国治安管理处罚法》（2005 年 8 月 28 日第十届全国人民代表大会常务委员会第 17 次会议通过，2005 年 8 月 28 日中华人民共和国主席令第 38 号公布，自 2006 年 3 月 1 日起施行；根据 2012 年 10 月 26 日第十一届全国人民代表大会常务委员会第 29 次会议通过、2012 年 10 月 26 日中华人民共和国主席令第 67 号公布、自 2013 年 1 月 1 日起施行的《全国人民代表大会常务委员会关于修改〈中华人民共和国治安管理处罚法〉的决定》修正）。

3.《中华人民共和国反恐怖主义法》（中华人民共和国第十二届全国人民代表大会常务委员会第十八次会议于 2015 年 12 月 27 日通过，中华人民共和国主席令第三十六号公布，自 2016 年 1 月 1 日起施行）。

4.《中华人民共和国居民身份证法》（2003 年 6 月 28 日第十届全国人民代表大会常务委员会第三次会议通过，2003 年 6 月 28 日中华人民共和国主席令第四号公布。根据 2011 年 10 月 29 日第十一届全国人民代表大会常务委员会第二十三次会议《关于修改〈中华人民共和国居民身份证法〉的决定》修正，2012 年 1 月 1 日起施行）。

5.《中华人民共和国消防法》（1998 年 4 月 29 日第九届全国人民代表大会常务委员会第二次会议通过，2008 年 10 月 28 日第十一届全国人民代表大会常务委员会第五次会议修订）。

6.《中华人民共和国行政强制法》（中华人民共和国第十一届全国人民代表大会常务委员会第二十一次会议于 2011 年 6 月 30 日通过，自 2012 年 1 月 1 日起施行）。

7.《中华人民共和国消防法》（中华人民共和国第十一届全国人民代表大会常务委员会第五次会议于 2008 年 10 月 28 日修订通过，自 2009 年 5 月 1 日起施行）。

8.《中华人民共和国突发事件应对法》（中华人民共和国第十届全国人民代表大会常务委员会第二十九次会议于 2007 年 8 月 30 日通过，自 2007 年 11 月 1 日起施行）。

9.《中华人民共和国禁毒法》（中华人民共和国第十届全国人民代表大会常务委员会第三十一次会议于 2007 年 12 月 29 日通过，于 2008 年 6 月 1 日颁布施行）。

10.《中华人民共和国人民警察法》（1995 年 2 月 28 日第八届全国人民代表大会常务委员会第十二次会议通过，1995 年 2 月 28 日中华人民共和国主席令第 40 号颁布。根据 2012 年 10 月 26 日第十一届全国人民代表大会常务委员会第二十九次会议通过、2012 年 10 月 26 日中华人民共和国主席令第 69 号公布、自 2013 年 1 月 1 日起施行的《全国人民代表大会常务委员会关于修改〈中华人民共和国人民警察法〉的决定》修正）。

11.《中华人民共和国出境入境管理法》（2012 年 6 月 30 日第十一届全国人民代表大会常务委员会第二十七次会议通过，本法自 2013 年 7 月 1 日起施行）。

12.《全国人民代表大会常务委员会关于严禁卖淫嫖娼的决定》1991 年 9 月 4 日第七届全国人民代表大会常务委员会第二十一次会议通过，1991 年 9 月 4 日中华人民共和国主席令第五十一号公布，自公布之日起施行。

13.《全国人民代表大会常务委员会关于惩治走私、制作、贩卖、传播淫秽物品的犯罪分子的决定》1991 年 9 月 4 日第七届全国人民代表大会常务委员会第二十一次会议通过，1991 年 9 月 4 日中华人民共和国主席令第五十二号公布，自公布之日起施行。

二、行政法规

行政法规是指国家最高行政机关制定和颁布的有关国家行政管理活动的各种规范性文

件。行政法规一般用条例、办法、规则、规定等名称。行政法规的效力低于法律，高于地方性法规和行政规章。行政法规的具体制定与发布形式有：国务院制定并发布、国务院批准并由各部委发布和国务院批准并由直属机构发布等三种形式。行政法规数量大，是治安秩序管理主要的法律依据。

1.《印刷业管理条例》（2001 年 8 月 2 日国务院令第 315 号发布，根据 2016 年 2 月 6 日国务院令第 666 号《国务院关于修改部分行政法规的决定》修订；根据 2017 年 3 月 1 日国务院令第 676 号《国务院关于修改和废止部分行政法规的决定》修订）。

2.《报废汽车回收管理办法》（2001 年 6 月 13 日国务院第 41 次常务会议通过，中华人民共和国国务院令第 307 号公布，2001 年 6 月 16 日起施行）。

3.《国务院对确需保留的行政审批项目设定行政许可的决定》（中华人民共和国国务院令第 412 号公布，自 2004 年 7 月 1 日起施行）。

4.《旅馆业治安管理办法》（1987 年 9 月 23 日国务院批准，1987 年 11 月 10 日公安部发布。根据 2011 年 1 月 8 日《国务院关于废止和修改部分行政法规的决定》修订）。《国务院关于国家行政机关和企业事业单位印章的规定》（国发〔1993〕21 号）。

5.《国务院关于国家行政机关和企业事业单位社会团体印章管理的规定》（国发〔1999〕25 号，10 年 10 月 31 日）。

6.《国务院关于取消第一批行政审批项目的决定》（国发［2002］第 24 号，2002 年 11 月 1 日）。

7.《国务院关于取消第二批行政审批项目和改变一批行政审批项目管理方式的决定》（国发〔2003〕5 号，2003 年 2 月 27 日）。

8.《国务院关于第三批取消和调整行政审批项目的决定》（国发〔2004〕16 号，2004 年 5 月 19 日）。

9.《国务院关于取消和调整一批行政审批项目等事项的决定》（国发〔2015〕11 号，2015 年 2 月 24 日）。

10.《国务院关于第二批取消 152 项中央指定地方实施行政审批事项的决定》（国发〔2016〕9 号，2016 年 2 月 3 日）。

11.《国务院关于第三批取消中央指定地方实施行政许可事项的决定》（国发〔2017〕7 号，2017 年 1 月 12 日）。

12. 2001 年 9 月，中共中央、国务院印发《关于进一步加强社会治安综合治理的意见》。

13. 2015 年 4 月 13 日，中共中央办公厅、国务院办公厅印发《关于加强社会治安防控体系建设的意见》。

14.《大型群众性活动安全管理条例》（2007 年 8 月 29 日国务院第 190 次常务会议通过，自 2007 年 10 月 1 日起施行）。

15.《娱乐场所管理条例》（2006 年 1 月 18 日国务院第 122 次常务会议通过，2006 年 1 月 29 日发布，自 2006 年 3 月 1 日起施行。根据 2016 年 2 月 6 日中华人民共和国国务院令第 666 号《国务院关于修改部分行政法规的决定》第一次修订）。

三、行政规章

行政规章又分为部门规章和地方规章。部门规章是国务院各部门根据法律、行政法规等在本部门权限范围内制定的规范性法律文件。根据宪法、立法法和国务院组织法的规定，国务院各部委以及具有行政管理职能的直属机构有权制定规章。地方规章是省、自治区、直辖市人民政府，省、自治区人民政府所在地的市和经国务院批准的较大的市以及经济特区所在地的市人民政府，根据法律和行政法规等制定的规范性法律文件。

1.《公安部关于加强旅馆业治安管理工作的通知》（公通字〔1997〕22 号，1997 年 4 月 18 日）。

2.《公安部关于加强刻字业治安管理打击伪造印章犯罪活动的通知》（1993 年 10 月 27 日）。

3.《公安部关于进一步加强废旧金属收购业治安管理工作的通知》（公通字［2007］70 号，2007 年 11 月 9 日）。

4.《国内贸易部、公安部关于印发《生产性废旧金属和非生产性废旧金属分类》的通知》（内贸再办字〔1994〕第 228 号，1994 年 9 月 24 日）。

5.《公安部关于对废旧金属收购业治安管理中有关问题的批复》（公复字（1997）4 号，1997 年 6 月 25 日）。

6.《公安部关于对跨行政区域收购生产性废旧金属问题的批复》（公复字［2002］6 号，2002 年 9 月 6 日）。

7.《商务部、公安部关于贯彻实施〈典当管理办法〉有关问题的通知》（2005 年 5 月 17 日）。

8.《商务部关于印发〈典当行业监管规定〉的通知》（商流通发［2012］423 号，2012 年 12 月 5 日发布，根据 2015 年 10 月 28 日《商务部关于修改部分规章和规范性文件的决定》修正）。

9.《关于做好报废汽车回收（拆解）企业管理工作有关问题的通知》（内贸局联再字（1999）第 11 号，国家国内贸易局、公安部、国家工商行政管理局 1999 年 3 月 25 日联合下发）。

10.《关于执行〈机动车修理业、报废机动车回收业治安管理办法〉有关问题的通知》（公治（1999）585 号，1999 年 4 月 27 日）。

11.《关于加强邮件、快件寄递安全管理工作的若干意见》（中综办【2014】24 号，2014 年 9 月 26 日）。

12.《关于加快全国邮件快件实名收寄信息系统推广应用工作的实施方案》（国邮发〔2017〕14 号，国家邮政局、公安部、国家安全部 2017 年 2 月 10 日联合发布）。

13.《公安部、国家工商行政管理局关于坚决取缔非法刻制印章摊点严厉查处伪造印章违法犯罪活动的通知》（公安部、国家工商行政管理局 1995 年 3 月 16 日发布）。

14.《社会团体印章管理规定》（民政部、公安部令［1993］1 号，1993 年 10 月 18 日发布施行）。

15.《废旧金属收购业治安管理办法》（1994 年 1 月 5 日经国务院批准，1994 年 1 月 25 日公安部令第 16 号发布）。

16.《再生资源回收管理办法》（商务部、发展改革委、公安部、建设部、工商总局、环保总局令 2007 年第 8 号，2007 年 5 月 1 日施行）。

17.《典当管理办法》（商务部、公安部令 2005 年第 8 号，2005 年 4 月 1 日起施行）。

18.《旧货流通管理办法（试行）》（内贸行一联字［1998］6 号，国内贸易部、公安部 1998 年 3 月 9 日发布）。

19.《印刷品承印管理规定》(2002 年 12 月 17 日新闻出版总署第 3 次署务会议审议通过并商公安部同意，新闻出版总署、公安部令第 19 号，2003 年 7 月 18 日公布，自 2003 年 9 月 1 日起施行)。

20.《机动车修理业、报废机动车回收业治安管理办法》(1999 年 3 月 2 日公安部部长办公会议审议通过，中华人民共和国公安部令第 38 号发布，1999 年 3 月 25 日施行)。

21.《禁止寄递物品管理规定》(国邮发〔2016〕107 号，国家邮政局、公安部、国家安全部 2016 年 11 月 7 日发布)。

22.《消防监督检查规定》(公安部第 107 号，2009 年 4 月 30 日公安部部长办公会议通过，自 2009 年 5 月 1 日施行。《公安部关于修改〈消防监督检查规定〉的决定》已经 2012 年 7 月 6 日公安部部长办公会议通过，自 2012 年 11 月 1 日起施行)。

23.《社会消防安全教育培训规定》(已经 2008 年 12 月 30 日公安部部长办公会议通过，并经教育部、民政部、人力资源社会保障部、住房城乡建设部、文化部、广电总局、安全监管总局、国家旅游局同意，现予发布，自 2009 年 6 月 1 日起施行)。

24.《公安机关办理行政案件程序规定》(修订后的《公安机关办理行政案件程序规定》已经 2012 年 12 月 3 日公安部部长办公会议通过，现予发布，自 2013 年 1 月 1 日起施行)。

25.《娱乐场所治安管理办法》(中华人民共和国公安部令，第 103 号，《娱乐场所治安管理办法》已经 2008 年 4 月 21 日公安部部长办公会通过，现予发布，自 2008 年 10 月 1 日起施行)。

26.《公安派出所正规化建设规范》(2007 年 5 月 17 日公安部通过，本规范自印发之日起执行)。

27.《城市人民警察巡逻规定》(1994 年 2 月 25 日中华人民共和国公安部令第十七号，本规定自发布之日起施行)。

28.《公安机关人民警察盘查规范》(2008 年 11 月 28 日公安部公通字〔2008〕55 号公布，本规范自印发之日起施行)。

29.《公安机关适用继续盘问规定》(2004 年 7 月 12 日公安部令第 75 号公布，自 2004 年 10 月 1 日施行)。

30.《公安机关人民警察证使用管理规定》(2008 年 2 月 14 日公安部部长办公会议通过，2014 年 6 月 29 日公安部令第 132 号修订，自公布之日起施行)。

31.《公安机关人民警察现场制止违法犯罪行为操作规程》(2010 年 1 月 27 日公安部公通字〔2010〕9 号，本规程自印发之日起施行)。

32.《公安机关现场执法视音频记录工作规定》(2016 年 6 月 14 日公安部公通字〔2016〕14 号发布，本规定自 2016 年 7 月 1 日起施行)。

33.《交通警察道路执勤执法工作规范》(2008 年 11 月 15 日公安部 公通字〔2008〕58 号修订，本规范自 2009 年 1 月 1 日起实施)。

四、其他规范性文件

有权发布其他规范性文件的机关很多，但是，能够成为治安秩序管理法律依据的并不多，一般仅指中共中央与国务院联合发布的规范性文件，国务院与有关社会组织联合发布的规范性文件，等等。这类规范性文件数量虽然不多，但往往涉及政策的制定与实施，政治意义重大，应该值得我们重视。

1.《突发事件应急预案管理办法》（国办发〔2013〕101号）。

2.《国务院办公厅关于同意将N-苯乙基-4-哌啶酮、4-苯胺基-N-苯乙基哌啶、N-甲基-1-苯基-1-氯-2-丙胺、溴素、1-苯基-1-丙酮列入易制毒化学品品种目录的函》国办函〔2017〕120号。

3.《关于办理制毒物品犯罪案件适用法律若干问题的意见》公通字［2009］33号。

4.《吸毒检测程序规定》2009年9月27日中华人民共和国公安部令第110号发布，根据2016年12月16日公安部令第141号《公安部关于修改〈吸毒检测程序规定〉的决定》修订。

五、有权的法律解释

有权法律解释是依法享有法律解释权的特定国家机关对有关法律文件进行的具有法律效力的解释。各种有权的解释中涉及公安行政主体行使行政职权问题的，也是治安秩序管理的法律依据。有权的法律解释大致分为立法解释、司法解释、行政解释三种。

1.《关于办理利用信息网络实施诽谤等刑事案件适用法律若干问题的解释》法释〔2013〕21号。

2.《关于办理利用互联网、移动通讯终端、声讯台制作、复制、出版、贩卖、传播淫秽电子信息刑事案件具体应用法律若干问题的解释（二）》法释〔2004〕11号。

3.《关于审理毒品犯罪案件适用法律若干问题的解释》法释〔2016〕8号。

4.《关于办理赌博刑事案件具体应用法律若干问题的解释》法释〔2005〕3号。

5.《关于办理寻衅滋事刑事案件适用法律若干问题的解释》法释〔2013〕18号。

6.《关于办理敲诈勒索刑事案件适用法律若干问题的解释》法释〔2013〕10号。

7.《关于办理组织、强迫、引诱、容留、介绍卖淫刑事案件适用法律若干问题的解释》法释〔2017〕13号。

8.《关于审理拐卖妇女儿童犯罪案件具体应用法律若干问题的解释》法释〔2016〕28号。

六、国家及行业标准

国家标准，是指对全国经济技术发展有重大意义，需要在全国范围内统一的技术要求框架下所制定的标准。国家标准在全国范围内适用，其他各级标准不得与之相抵触。国家标准是四级标准体系中的主体。行业标准，是指对没有国家标准而又需要在全国某个行业范围内统一的技术要求所制定的标准。行业标准是对国家标准的补充，是专业性、技术性较强的标准。行业标准的制定不得与国家标准相抵触，国家标准公布实施后，相应的行业标准即行废止。

1.《印章治安管理信息系统标准》（GA 241.1-241.9-2000）（公安部于2000年4月1日以公共安全行业强制性标准形式颁布实施）。

2.《公安部关于贯彻执行《印章治安管理信息系统标准》的通知》（公通字（2000）36号，2000年4月25日）。

3.《关于批准发布《印章治安管理信息系统》8项行业标准的函》（公技监［2000］4号，2000年4月1日起实施）。

4.《中华人民共和国邮政行业标准-快递服务》（YZ/T 0128—2007）（国家邮政局2007

年9月12日发布，2008年1月1日实施）。

5.《大型活动安全要求》（GB/T33170-2016）2016年10月13日发布2017年4月1日实施。

6.《风险评估、风险评估技术》（GB/T27921-2011）2011年12月30日发布，2012年2月1日实施。

7.《临时搭建演出场所舞台、看台安全技术要求》（WH/T 42-2011）中华人民共和国文化部2011年3月23日发布，2011年6月1日实施。

第三节　治安秩序管理的基本原则

所谓原则，是指人类行为的准则，原则的形式是主观的，但其所反映的内容是客观的。治安秩序管理的基本原则是贯穿于治安秩序管理理论与实践的原理和准则。治安秩序管理原则是国家意志和人民利益的集中体现，是在总结和概括治安秩序管理实践经验的基础上产生和发展起来，并经过实践检验的正确的行为准则，反映了治安秩序管理的客观规律。该原则给执法人员提供了观察处理治安问题应持有的方向、立场和界限，具有规范、指导治安秩序管理实践的重要意义。

☞ **媒体链接**

注意！这20项证明，派出所不再开了（节选）①

还记得那些年被要求开的奇葩证明吗？请证明："你是你"，"你妈是你妈"，"你儿子是男的"，"你还活着"……哪哪都离不开证明，如此繁琐、形式化的证明让你跑断了腿、累弯了腰。今天告诉大家一个好消息，以后这20类证明无需派出所开了！为切实解决群众反映强烈的"办证多、办事难"问题，协同推进简政放权、放管结合、优化服务，公安部等12个部门在深入调查研究、广泛征求意见的基础上，于近日联合出台《关于改进和规范公安派出所出具证明工作的意见》，自2016年9月1日起实施。《意见》中明确指出，有关单位要求群众开具证明或者提供证明材料，要遵循于法有据和"谁主管、谁负责"的原则，凡是公民凭法定身份证件能够证明的事项，公安派出所不再出具证明；依法不属于公安派出所法定职责的证明事项，由主管部门负责核实。

一、依法管理原则

随着中国法治化进程的逐步深化，依法行政成为法治国的中国重要组成部分。治安秩序管理属于国家行政管理，所以治安秩序管理必须受法律、法规、规章等的约束。而且治安秩序管理涉及业务范围广、涉及领域多、社会影响面大并且密切联系广大人民群众的利益，管理不当极易侵害公民、法人及其他社会组织的合法权益，而治安秩序管理领域新情况、新问题不断出现，有关立法相对滞后，各项管理业务可能出现法律依据不充分的情况，往往为公安机关及人民警察不依法办事留有机会或可能，强调依法管理的原则尤为重要。

① 新华网，http：//news. xinhuanet. com/local/2016-08/12/c_129225558. htm。

依法管理包括三方面内容：一是治安秩序管理主体权力的取得应该由相关法律、法规、规章授权；二是治安秩序管理行为的实施，必须依照法律、法规、规章的规定进行；三是违法的治安秩序管理行为必须承担相应的法律责任。

☞ 法律前沿

《中华人民共和国治安管理处罚法（修订公开征求意见稿）》向社会公开征求意见①

公安部网站 1 月 16 日消息，为有效应对社会治安管理新情况、新问题，更好地维护社会治安秩序，保障公共安全，保护公民、法人和其他组织的合法权益，规范和保障公安机关及其人民警察依法履行治安管理职责，公安部经深入调研论证、反复修改完善，多次征求有关部门、专家学者和地方公安机关的意见，形成了《中华人民共和国治安管理处罚法（修订公开征求意见稿）》。

为保障公众知情权和参与权，广泛凝聚社会共识和智慧，增强立法的科学性，提高立法质量，现将《中华人民共和国治安管理处罚法（修订公开征求意见稿）》向社会公开征求意见。

二、科学管理原则

科学管理，就是要揭示事物的本质，掌握事物的客观规律，运用科学的管理方法、现代化科学技术手段和措施，合理利用人力、物力、财力，形成高效率的管理机制，最大限度地发挥治安秩序管理的职能作用。在保证公安机关整体效能的发挥为核心开展组织结构的设计的前提下，力求在管理过程中能做到职能明确、权责相应、分工合作、命令统一。除此之外还应该充分利用现代化的科学技术手段，促进治安秩序管理的数据化、技术化和效率化。

☞ 公安动态

我国将全面深化公安改革②

全面深化公安改革的总体目标是：完善与推进国家治理体系和治理能力现代化、建设中国特色社会主义法治体系相适应的现代警务运行机制和执法权力运行机制，建立符合公安机关性质任务的公安机关管理体制，建立体现人民警察职业特点、有别于其他公务员的人民警察管理制度。到 2020 年，基本形成系统完备、科学规范、运行有效的公安工作和公安队伍管理制度体系，实现基础信息化、警务实战化、执法规范化、队伍正规化，进一步提升人民群众的安全感、满意度和公安机关的执法公信力。

全面深化公安改革共有七个方面的主要任务、100 多项改革措施。一是健全维护国家安全工作机制，二是创新社会治安治理机制，三是深化公安行政管理改革，四是完善执法权力运行机制，五是完善公安机关管理体制，六是健全人民警察管理制度，七是规范警务辅助人

---

① 公安部网站，2017 年 1 月 16 日。

② 央视网，2015 年 2 月 15 日。

员管理。

三、预防为主，保障安全的原则

预防是治本之策，预防为主是我们做好治安秩序管理工作的根本的指导思想，也是治安秩序管理工作的客观要求。这一原则，是我国治安秩序管理实践经验的概括和总结，预防是手段，安全才是目的，只有扎扎实实地把预防工作做好了，才能实现保障安全的目的。所以，预防为主是保障安全的前提和基础。而保障安全则是对以预防为主的治安秩序管理工作提出的积极要求，可以促进预防工作的深入开展，使其得到进一步的加强和改善。贯彻预防为主原则，就是要通过日常管理工作和各种途径，收集、分析治安信息，掌握治安动态以及发展趋势，把握治安秩序管理的的主动权，加强治安监督检查，要见微知著，随时堵塞防范工作的漏洞，要抓早、抓小，不使治安问题从个别向普遍化发展，不使局部问题演变为全局性问题，防患于未然。

四、谁主管，谁负责原则

治安秩序管理必须在党委和政府的统一领导下，把社会各方面的力量组织调动起来，实行综合治理。贯彻“谁主管，谁负责”的原则，实质上是综合治理措施的具体落实，是治安秩序管理相信群众、依靠群众的体现，是治安管理部门与公共场所、特种行业等单位的职工群众及其主管机关分工协作，形成防范体系，共同管理治安秩序。贯彻“谁主管，谁负责”的原则，分清了治安秩序管理工作的层次，明确主管部门和公安机关各自的职责范围，依靠主管部门进行治安管理，治安管理部门则履行监督、指导和检查职责，有利于职责分明，防止治安管理部门包揽一切或管得太死；调动社会力量管理治安以适应日益繁重复杂的治安秩序管理工作需要，在保障管理效果的前提下减轻治安管理部门不必要的负担。

☞ **地方动态**

北京四大神秘组织：大妈、大叔、网友布天网①

近日，北京四大神秘组织火了。这四大神秘组织就是名闻遐迩的“朝阳群众”、“西城大妈”、“海淀网友”、“丰台劝导队”。其中朝阳群众已经火出北京，火到全国。整个中国都知道北京朝阳区有一群无所不知，无所不能的群众，他们能第一时间发现各类违法现状并且第一时间报给公安局。而这样的组织有4个，这就是北京四大神秘组织。

“朝阳群众”因举报多位名人和艺人吸毒而广为人知。网友在网络上打趣说，“朝阳群众”向来爱搞“大新闻”，薛蛮子、黄海波、王全安等人嫖娼，李代沫、宁财神、王学兵等人吸毒，全部是被朝阳群众举报。除此之外，大到杀人抢劫，小到黑车违法，都是他们的关注点。

朝阳区是北京城区中面积最大的一个区，“朝阳群众”的身影其实随处可见，他们可能

① 观察者网站，2015年9月23日。

是商场超市里的保安，可能是路边的志愿者，又或者仅仅是晨练所见的一个个平凡路人。

西城位于北京的中心城区，在50平方公里的地域中，活跃着大约7万余群防群治力量。这些治安志愿者通常配备红袖标、红马甲或小红帽，被称为“西城大妈”。

据媒体报道，“西城大妈”在2015年上半年提供各类情报信息11937件，违法犯罪线索567件。仅2014年，北京警方便为“西城大妈”发放奖金200余万元，今年前四个月奖金达56万。

“海淀网友”是除了已经被公众熟知的“朝阳群众”和“西城大妈”外，存在海淀区的“神秘组织”。他们隐藏在电脑手机屏幕之后，随时随地向警方提供各类线索，办案民警却很少见过他们的庐山真面目。警方根据这一群体的特点，给他们起了一个外号“海淀网友”。

胜利日阅兵、田径世锦赛，从2015年8月底到9月初，北京连续举办了两次重大活动。自8月20日起，首都的85万群防群治力量“海淀网友”也参与到“两大安保”任务之中，保证每个街巷、胡同有专人巡逻。

2015年8月份以来，海淀警方对3000余名“海淀网友”发放了150万元奖金，不过超过九成的“海淀网友”主动放弃了奖励。

2015年9月，丰台出现了一支活跃在大街小巷的群众组织——“丰台劝导队”。这支劝导队依靠群众实现社区环境干净、邻里和谐、治安良好。

据介绍，这支“给力”的队伍主要由社区干部、居委会工作人员、社区离退休居民、治保积极分子和社区志愿者组成，平均年龄50.3岁。截至目前，全区307个行政社区已组建成立“劝导队”245支，占比约80%，可以说每五个社区中，就有四个社区成立了“劝导队”，劝导队队员总数已达7350人。

☞ **各地动态**

志愿者就像“流动摄像头”①

实际上，在内蒙古、广东、辽宁等地也开始组建自己区域内的“人防网”。

内蒙古自治区的包头市启动了“红袖标”机制，发动包头市的5万名社区社工、保安人员、交通志愿者、公交车司机、出租车司机等治安志愿者组成“红袖标”队伍参与巡逻防控。

包头市民警张晓东（化名）告诉新京报记者，在他执勤过程中，有时他会接到治安志愿者的电话，向他提供一些可能出现违法犯罪行为的地点，这让他对辖区情况有了更深入了解。

“志愿者们就像‘流动摄像头’一样，是我们的‘眼睛’和‘耳朵’。”张晓东这样形容。在中国政法大学教授洪道德看来，北京的这些志愿者可随时随地向警方传递看到有可能出现的违法犯罪行为，社会覆盖面很广，从一定程度上讲，这张由社区治安志愿者组成的

① 新华网，2015年9月23日。

“人防网”是警方的有力补充，对首都社会秩序稳定起了很大作用。

洪道德分析，目前我国正处于转型期，其间社会矛盾会有所增多。在这样的背景下，加强社会治安防控的法治化，可提升警方办案质量和水平，促进案件在侦查过程中的公平和正义。同时，构建社会治安“人防网”的做法可让警方提前预判可能出现的犯罪行为，第一时间进行处理，这两者在目前缺一不可。

五、专门机关工作与群众工作相结合的原则

专门机关管理是指公安机关治安管理部门依法履行治安管理职责所从事的行政执法等专业性管理工作。依靠群众是指通过组织、指导群众积极参与维护社会治安的工作，落实社会治安综合管理方针，依靠人民群众的力量，更有效的预防违法犯罪。专门机关工作与群众工作相结合的原则，是公安工作走群众路线的直接体现。

治安秩序管理贯彻专门机关工作与群众工作相结合的原则，就是公安机关治安管理部门的专门管理与依靠群众实现社会自治相结合，要求治安管理部门准确进行职能定位，切实履行自己治安秩序管理的法定职责，不得擅自委托、转移或不作为，同时也可将不需要由治安管理部门承担的任务或工作交给相应的管理机构或社会组织，既要依靠群众又要教育群众，必须做到从群众中来，到群众中去，调动广大人民群众的积极性和创造性，真正发挥社会和人民群众参与治安秩序管理的积极性、主动性和创造性，构建多元化治安秩序管理主体，共同维护良好的治安秩序和社会稳定。

六、严格管理和文明管理原则

严格管理与文明管理相结合，是在依法管理的原则下实施有效治安秩序管理的指导原则。严格管理是指治安秩序管理要严格按照治安管理法律、法规进行，严密落实各项管理制度和措施，严肃处理各种治安问题，做到执法必严，违法必究。文明管理是指在治安秩序管理工作中，要树立全心全意为人民服务的宗旨意识，尊重群众的意见和要求，态度端正，执法文明，防止以法压人、语言生硬。

严格管理同文明管理是辩证的统一而不是矛盾的对立。严格管理是治安秩序管理的基本要求，文明管理是执法态度和执法方式，只有相互结合才能密切警民关系，管理好治安秩序。

七、便民效能，优质服务原则

随着中国社会主义现代化的发展，对建设服务型政府提出了新要求。政府服务型政府，是一个能够公正、透明、高效地为公众和全社会提供优质公共产品和服务的政府。公安机关作为政府的重要职能部门，建设服务型政府也就是要求建立服务型公安机关。所谓服务型公安机关，是指在以人为本、以社会为本理念的指导下，提高为人民服务的意识，扩大公安机关的服务领域，增强公安机关的服务职能，改善公安机关的服务措施，改变服务方式，提高服务质量，在社会的发展中起到了保驾护航的作用，为广大人民群众解决困难，做到社会和谐发展和人民群众满意。公安机关实施治安秩序管理应当讲究效率，方便相对人，为人民群众提供高效、快速、便捷的服务，这既是建设服务型公安机关的基本要求，也是公安机关履

行职责所应遵循的基本准则。

☞ **媒体链接**

内蒙古包头公安开创“24小时警局”服务百姓①

丢自行车这事儿，在很多人眼里是件非常小的事儿，可就是这样的小事儿却引起了市领导关注，2017年12月23日晚9点24分，群众反映问题后的短短1小时，内蒙古自治区包头市副市长、公安局局长卜连海即要求相关单位迅速解决，这样的做法得到老百姓广泛点赞。百姓到底是通过什么渠道反映问题，能迅速让市领导知道呢？答案就是包头市公安局开创的警民24小时互动平台——“包头24小时警局”，在这里老百姓畅所欲言，有困难民警立马出手。

在“互联网+”时代，公安工作也必须紧跟时代步伐，利用网络建立快速、便捷、高效的工作机制，让信息数据多跑路，让人民群众少跑腿，不断适应人民群众对高品质公共服务的新需求。为此，“包头24小时警局”利用全民使用的微信社区开设了24小时警民互动平台。平台对全市百姓开放，全市各警种、各公安分局负责人和全体民警入驻该社区，及时解答市民发布的各类求助信息，让回应群众进入“读秒时代”。该社区开设“随手举报”“车管服务”“出入境”等多个标签，老百姓通过扫描二维码即可进入社区，在这里畅所欲言，“包头24小时警局”成为包头公安开展“互联网+公安政务服务”的便民窗口。

某商圈写字楼广告屏播放声音较大，严重影响了周围居民的生活，网民子寒在“包头24小时警局”随手举报标签内进行了投诉。微社区里的网民都说，这不属于公安局管辖，但包头市公安局指挥中心工作人员看到此条信息后，第一时间派警给所辖派出所。青山公安分局纺织道派出所所长随即回复了市民留言，并及时与商圈相关部门沟通，第二日商圈广告屏的音量调低。网民子寒回复道，“现在基本听不到大屏幕的噪声，没了烦人的广告，感谢民警的付出”。

网民多肉少年李有全是东河区的一名教师，由于身份信息泄露被冒用，户籍信息显示为涉案人员，严重影响了其正常生活，该信息在“包头24小时警局”一经发布，卜连海和管区分局第一时间跟帖回复，表示会立即处理。网民多肉少年李有全第二日又发了一条信息：“昨晚发的帖子，1分钟收到大咖回复，5分钟接到电话，收到东河分局户政大队反馈，昨晚半小时时间各单位予以积极联系，今天到青福派出所落实了情况，特别感谢各位辛苦的同志们，谢谢咱们的平台，为我省了不少时间和麻烦，感谢包头24小时警局，点赞！”

在“包头24小时警局”微信社区里，老百姓发帖热情高涨，不仅是反映问题、询问公安业务，为包头公安工作创新发展献计献策的百姓也络绎不绝。包头市公安局宣传科王警官说：“‘包头24小时警局’能够吸纳这么多粉丝，短时间内能有这么多百姓与我们互动，这是老百姓信任包头公安、信任包头警察的表现，也说明包头市民爱包头就像爱自己家一样，愿意像拾掇自己家一样提意见，愿意同人民警察一道，将包头建设得更加平安和谐。”

---

① 法制日报，2018年1月4日。

第四节 治安秩序管理的方法

一、治安秩序管理方法概述

（一）治安秩序管理方法的含义

治安秩序管理方法，是指国家的治安秩序管理主体为维护社会治安秩序，实现治安秩序管理目标，依法对治安管理客体进行教育、监督、管理和控制的各种方式方法的总称。

（二）治安秩序管理方法的特征

1. 权威性。一是通过国家的立法活动，以法律、法规和制度等多种形式加以固定的；二是由治安秩序管理部门在法律规定的职权范围内选择适用的，并不以被管理对象的意志而转移。

2. 强制性。一是处理社会治安问题，就必须有强制性的方法、手段和措施作为保证；二是它只能由公安机关的人民警察来行使，是以警察权力为依托的。

3. 多样性。治安秩序管理范围的广泛性和管理对象的复杂性，决定了治安秩序管理方法的多样性。

4. 互补性。各种治安秩序管理方法，由于其功能范围不同，都存在一定的局限性，有赖于其他方法、手段和措施加以补充，以共同实现治安秩序管理的目的。

☞ 媒体链接

乌兰镇派出所发680份材料预防家庭火灾①

为切实提高建筑消防设施正常运行率，预防电气设备、电气线路火灾事故的发生，提高社会单位、社会家庭和人民群众自防自救能力，乌兰镇派出所通过细致研究、精心部署，于7月25日在乌兰镇大力开展预防家庭电气设备、电气线路火灾宣传月活动。

按照鄂旗消防大队的要求，深入辖区开展宣传活动，派出所民警上街头、走进家庭将数百份《家庭消防安全计划书》，通过“家庭作业”的形式送到辖区群众手中，以此引导辖区群众提高消防安全意识，加强自我查找家庭消防安全隐患的能力，及时消除隐患，从而确保家庭消防安全。

所谓“家庭安全计划书”即包括家庭室内自查部分、消防安全常识、室外消防安全自查消防安全提示、消防安全数据、制作家庭火灾逃生计划、家庭逃生路线图在内的七个板块。群众只要花十分钟答题就能及时发现自家火灾隐患并进行整改，既方便快捷又简单实用。

“家庭消防安全计划书”自推出以来，受到了广大群众的高度称赞，大家一致认为，通过对计划表的填写，不仅学到了消防安全知识，还为家庭消除了大量的潜在安全隐患。

此次宣传活动中，乌兰镇派出所出动车辆2辆、警力8人、发放宣传材料680份。

---

① 内蒙古晨报讯，2014年7月29日。

二、治安宣传教育

治安宣传教育是指公安机关为实现社会治安的有序状态，为争取社会各行各业以及社会公众的配合、支持和帮助，对社会各单位、组织和公众进行的以治安管理法律、法规、安全防范知识以及公安民警优秀模范代表为主要内容的普及性社会传播、教育活动。治安宣传教育是进行治安秩序管理、搞好安全防范的根本性措施和宣传公安机关正面形象，它具有知识上的普及性、内容上的说理性、教育上的经常性等特点。治安宣传教育既可以促进公安工作的顺利开展，更好地维护社会秩序，同时，对提高公安机关正面形象和亲民性，激发公众遵纪守法的自觉性，鼓励公众维护治安秩序的积极性，增强公众维护治安秩序的责任感，促进安全防范措施的具体落实，具有非常重要的意义。

治安宣传教育是一种普及性的涉及人身和财产安全防范的教育措施，它可以通过多渠道、多部门开展，既可以由公安机关开展防范教育，也可以由其他政府部门、社会公众或非政府组织开展，有时也可以通过媒体开展治安宣传教育。

（一）治安宣传教育的作用

1. 喉舌作用宣传党和政府关于公安工作的方针、政策和法律法规，宣传良好的道德规范和习俗，让人民群众知道社会生活中的行为哪些是值得提倡的、哪些是必须反对的甚至是禁止的，让群众养成良好的遵法守法意识和行为习惯。

2. 纽带作用配合党的中心工作和公安机关在不同阶段的中心任务，宣传公安机关的工作重点，使群众了解社会治安形势，理解公安工作，起到警民之间的纽带、桥梁作用。

3. 弘扬和激励作用通过宣传先进事迹和突出成绩，在社会上弘扬正气，树立典型，调动广大群众自觉维护社会治安的积极性。

4. 提高安全防范能力的作用通过治安宣传教育活动，使群众掌握自我防范知识和安全防范技能，提高群众对违法犯罪活动的识别能力、应变能力和处置能力。

5. 促进队伍建设作用通过宣传工作，使民警认清每个阶段公安工作的目标和任务，认清新形势下社会治安的客观规律，正确认识公安工作的地位和作用；及时了解其他地区公安工作的好经验、好方法促进自身工作的开展；引导社区群众对公安工作的监督，促进基层公安机关民警改进工作态度和工作方法。

（二）治安宣传教育的内容

1. 政策、法律、法规的宣传教育。宣传有关法律、法规、方针和政策，有助于公民和法人学法懂法守法。增强人们的法律意识，提高人们的法律素质，对建设良好的治安秩序具有引领和导向作用。

2. 优良社会公德、风俗的宣传教育。社会公德、风俗是社会风气的一个重要方面。它对维系社会公共生活和调整人与人之间的关系具有重要作用，是治安宣传教育的重要内容之一。

3. 治安防范知识的宣传教育。主要是通过社区治安防范知识的宣传教育，培养社区群众的治安防范意识和自我防范能力、让公众更多地了解社区治安问题并对违法犯罪、治安灾害事故的状况、特点和规律，在发现不安全因素时，能采取有效措施消除安全隐患，避免引发治安问题。

4. 报警知识的宣传教育。报警知识的宣传主要是宣传及时报警的重要性、范围、方法以及违法犯罪现场保护、证据保全等。提高全社会对及时正确报警的重要性的认识，将报警的要求详细告诉公众，有利于公安机关迅速出警，及时有效打击各种犯罪活动，维护来良好社会治安秩序。

5. 公安机关先进人物事迹宣传教育。要充分发挥榜样的力量，大力宣传社区先进人物和事迹，调动广大群众参与维护社会治安稳定的积极性，树立公安机关和人民警察的良好形象具有十分重要的意义。

三、治安状况调查

此项调查是指公安机关为掌握社会治安情况，获取治安信息以及处置违法行为或事故，所采取的专门考察、了解的治安措施。它是为治安管理的科学决策及其有效实施提供依据的一种认知活动。通过治安状况调查，治安管理主体可以对一定时期和一定范围内治安方面存在的问题、发生的原因及其发展趋势，作出科学的判断和预测，从而采取有效的对策和相应的措施，把握治安管理的主动权。

☞ 相关资料

广州群众安全感98.2%、治安满意度98.7%，创历史新高①

近期，中山大学城市社会研究中心组织实施的“2017年广州市群众安全感与公安工作满意度”大型问卷调查向市民公布了最新的调查数据，结果显示，广州市群众安全感达98.2%、治安满意度达98.7%，全市公安工作满意度为83.15分，均为历史新高。

广州警方介绍，今年以来，全市公安机关通过开展“迎接十九大忠诚保平安”主题活动、“平安广州”创建、“走千家、访万户、暖民心”入户大走访等一系列活动，以及深入推进“飓风2017专项打击行动”“百日攻坚大会战”“‘羊橙’追逃专项行动”等系列打击整治行动取得了良好的成效，切实维护了广大市民的生命财产安全，得到了群众的好评。

各项公安为民服务工作也受到广大群众的高度认可。调查显示，广大群众对广州市各项公安工作高度认可，出入境、户政、派出所、交警和消防的服务满意度高，中心城区群众的服务满意度高于外围区。

全市各区警民关系满意度得分、平安创建工作满意度得分都在80分以上。调查显示，郊区居民的安全感依然低于中心城区。通过近几年的努力，这些地区社会治安状况改善明显。但与中心城区的差异依然存在。

广州警方表示，接下来，在“互联网+”的背景下，广州警方将不断创新工作理念和工作思路与方法，运用现代科技手段与走群众路线相结合，拓展虚拟社会治理领域，不断提升全市广大人民群众的网络安全感。同时，广州警方致力提升社会治理的居民参与水平，让社会治理往社会化、法治化、智能化和专业化方向发展。同时，继续加大对治安复杂地区的治理力度，努力做到平安广州建设更均衡、更上新台阶。

四、治安行政许可

（一）治安行政许可的概念和特征

治安行政许可，是指治安秩序管理主体根据治安管理相对人的申请，依法赋予特定的、

① 金羊网，http：//news.ycwb.com/2017-12/04/content_25749946.htm。

符合法定条件的治安管理相对人从事法律一般禁止事项的权利和资格的治安管理行为。治安行政许可有以下几个方面的特征：

1. 治安行政许可是依申请的治安管理手段和措施；
2. 治安行政许可存在的前提是法律的一般禁止；
3. 治安行政许可是授益性的治安管理手段和措施；
4. 治安行政许可是要式的治安管理手段和措施。

（二）治安行政许可的范围

1. 特种行业许可，包括旅馆业、典当业、保安服务企业和保安培训机构许可等；
2. 危险物品生产、储存、运输、销售、使用、销毁许可及爆破员作业许可等；
3. 消防、保安器材生产、销售许可；
4. 各种旅行证、护照许可；
5. 驾驶执照、车辆牌照、通行证许可等。

五、治安监督检查

治安监督检查，是指公安机关依据法定职权，对治安管理相对人遵守法律、法规、规章的情况，执行有关治安行政决定、命令情况等，进行检查、了解、监督的行政管理活动。治安监督检查是治安管理过程中发现治安问题、堵塞管理漏洞、消除安全隐患的重要手段。治安管理主体中的公安机关通过监督检查，发现违法行为，可以依法处置或制裁；发现治安隐患，可以要求被检查监督对象限期整顿改进，保证预防治安问题的发生，增强其自治、自防、自卫的能力，创造安全、稳定、和谐的社会环境和良好的治安秩序。

在实践工作中，治安监督检查一般通过公安机关定期或不定期临检实施，但随着科技发展，各种先进的科学技术也不断应用于治安监督检查，如电子监控、卫星定位在各种行业、场所的安装应用。

☞ **执法参考**

治安隐患整改通知书（存根）

＿＿＿＿＿＿：

年　　月　　日　　　　　派出所对　　　进行安全检查时，发现存在下列治安安全隐患，限你单位在　　　日内进行整改，并将整改结果书面报告我所。

主要安全隐患	
整改意见	

被检查单位签字：

派出所公章

年　月　日

治安隐患整改通知书

__________：

年 月 日 派出所对 进行安全检查时，发现存在下列治安安全隐患，限你单位在 日内进行整改，并将整改结果书面报告我所。

主要安全隐患			
整改意见			
签发单位		签发日期	

×××市公安局制

六、治安专项整治

治安专项整治是指公安机关在党委和政府的统一领导下，相对集中警力和其他社会力量，在一定时间段对某些地区、场所、行业中出现的，相对突出的治安问题，依法进行的专门治理、查禁、取缔和打击活动。从当前看，治安专项整治确实可以起到迅速有效改变某些地区、场所、行业治安秩序混乱的状况。同时，也必须认识到，治安秩序管理工作的经常性和日常性，不能频繁采用，否则会造成民警的疲劳倦怠，也会给管理相对人造成不公平和不平衡的感觉，影响治安秩序管理的效果。

☞ 地方动态

“震慑十号”行动增强青城群众安全感①

为做好今年元旦期间安全保卫工作，呼和浩特市公安局按照自治区公安厅及市委、市政府的要求，结合以“严打、严防、严管、严治”为重点的社会治安整治冬季攻势，于2015年12月31日在全市开展了“震慑十号”社会治安集中排查整治专项行动。

自治区公安厅副厅长、副市长、市公安局局长李志斌指出，专项行动中，全市各级公安机关要充分发挥公安机关的职能作用，以扎实有效的过硬措施，全力抓好突出社会治安隐患排查和整治，坚决堵塞漏洞，消除安全隐患，有效震慑各类违法犯罪活动，努力做到“五个最大限度”，即：最大限度地消除各类治安隐患，最大限度地预防和打击严重影响人民群众安全感的违法犯罪，最大限度地防止发生重特大道路交通、火灾、爆炸等安全事故，最大限度地发现和化解影响社会安全稳定的矛盾隐患，最大限度地保障人民群众生命财产安全，

① 呼和浩特日报，2016年1月4日。

确保岁末年初首府社会治安大局持续稳定。

专项行动中，警方重装巡逻、屯警街面，特警、武警联防巡逻、武装巡逻、动中备勤，将8辆“猛士”特种车全部部署到党政机关、车站、广场、商业区等重点部位，随时做好反恐处突准备；市公安局局机关和市内四区各公安分局抽调300名警力参与夜间巡逻防控，确保市区巡防力量24小时全时空运转、全方位覆盖。与此同时，抽调刑警、公交100名民警组成便衣打扒组，在节日期间部署到公交车、车站和各大商场，严厉打击扒窃违法犯罪，保障群众财产安全。夜间，街面“警灯闪烁”，交警岗亭和上路巡逻的制式警车全部开启警灯，保持严打、严防、严管、严控的威慑力，提高群众见警率，增强群众安全感。

为确保公共安全管理零事故，警方围绕消防重点单位开展地毯式火灾隐患排查整治，突出检查重点，狠抓责任落实，严查违法行为；坚持人管、物管、技管三管齐下，强化节日期间“大客流”“大车流”疏导工作，严厉打击突出交通违法犯罪行为，确保元旦期间道路交通安全畅通；采取“一店一车，一店多警”的方式，强化人员密集场所的警力配置，安装安检设备，配备专职安检员，严格控制现场人数，严防踩踏事故，严防管制刀具和其他危险物品流入人员密集场所。

此次专项行动，公安、武警全警出动、密切配合、协同作战，形成强大震慑，专项行动取得成效，为首府各族各界群众创造了一个安全、稳定、祥和的节日环境。专项行动中，全市共出动警力2316人次，清查场所2439家，清查车辆14608辆，检查人员16058人；破获刑事案件23起，查处治安案件57起；刑事拘留犯罪嫌疑人16名，治安拘留违法人员20名，收戒吸毒人员6名；收缴管制刀具48把；交警部门查处无证驾驶5人，查处无牌车辆21台，查处套牌车1台，查扣车辆71台，开具交通处罚单据1398张，查处饮酒驾驶14人，查处醉酒驾驶5人；消防部门检查单位115家，发现火灾隐患153处，督促整改火灾隐患和违法行为123处，临时查封3家，收缴各类孔明灯145个。

七、治安行政强制

（一）治安行政强制的概念和特征

根据《中华人民共和国行政强制法》的规定，所谓行政强制，包括行政强制措施和行政强制执行。行政强制措施，是指行政机关在行政管理过程中，为制止违法行为、防止证据损毁、避免危害发生、控制危险扩大等情形，依法对公民的人身自由实施暂时性限制，或者对公民、法人或者其他组织的财物实施暂时性控制的行为。行政强制执行是指行政机关或者行政机关申请人民法院，对不履行行政决定的公民、法人或者其他组织，依法强制履行义务的行为。

治安行政强制，是指公安机关为了维护社会治安秩序，预防或制止危害社会的事件或违法行为发生，或履行已经生效的公安行政决定，而对特定的人、财物或场所采取强制手段的具体行政行为。其特征有：

1. 治安行政强制的实施主体只能是公安机关及其人民警察，其他任何机关、团体或个人都无权行使。如：对人身的有强制传唤、强制拘留、强制戒毒等，对财产的有强制扣押、强制拆除等。

2. 治安行政强制措施大多是限制公民人身权的行为。如强制传唤、继续盘问、收容教育、强制戒毒、强制带离等。对人身采取的强制措施是公安机关的一项重要行政执法职权，目前，除公安机关外，只有少数的几个国家行政机关，如海关（可以强制扣留走私嫌疑人）、国家安全机关、医疗卫生机关（可以对重大疫情区进行强制隔离）等。

3. 治安行政强制的实施方式强制性强。出于维护公共秩序的需要，法律授予警察在必要的时候可以使用警械、武器等工具来实施治安行政强制行为，如约束醉酒人或精神病人的警绳和约束带，强制驱逐的高压水枪。

（二）治安行政强制的种类

根据对相对人权利限制的内容不同，可将治安行政强制措施分为以下几类：①限制人身的治安行政强制措施。如继续盘问、收容教育、强制戒毒、强行驱散、强行带离现场、强制传唤等；②限制财产的治安行政强制措施。如扣押、收缴、登记保存等；③限制行为资格的治安行政强制措施。如禁止观看比赛、取消（外国人）居留资格等。

☞ 相关案例

天津球迷用激光笔被拘①

本报综合报道 在本周结束的足协杯半决赛中，一名天津球迷因为频频使用绿色激光笔照射对方球员和裁判而遭到处罚。当时比赛中的韩国籍主裁在接到对方投诉后，通过比赛第四官员向赛事组委会提出警告。日前有关方面依法对该球迷作出治安处罚，除了被依法行政拘留5天外，同时禁止其12个月内入场观看足球比赛。

八、治安行政处罚

（一）治安行政处罚的概念和特征

治安行政处罚是指公安机关依照治安管理法律法规，以国家名义强制剥夺违反治安管理行为人的人身自由、名誉、财产或其他权利的行政法律制裁行为。治安行政处罚是行政处罚的重要组成部分。治安管理处罚具有以下几个特征：①治安行政处罚的性质属于国家行政处罚；②治安行政处罚适用的主体只能是公安机关；③治安行政处罚的对象只能是违反法律规范，构成违反治安管理行为而被公安机关依法实施治安管理处罚的行为人；④处罚的内容是剥夺违反治安管理行为人的一定权益。

（二）治安行政处罚的种类

①警告。警告是一种申诫罚，是针对违法者的精神上或者名誉、荣誉等方面所作的惩戒。②罚款。罚款是一种财产罚。③行政拘留。它是一种人身自由罚。④吊销公安机关发放的许可证。它是一种权利资格罚。⑤对违反治安管理的外国人，可以附加适用限期出境或者驱逐出境。

【引导案例】

1. 从案例的内容可以看出，案例涉及的治安秩序管理的内容很多。我们应从以下几点，正确认识和把握治安秩序管理的内涵：治安秩序管理主要是指国家公安机关治安部门及其人

① 潇湘晨报，2011年10月22日。

民警察依照国家的法律、法规的规定，为维护社会公共秩序而从事的以保障社会生活正常有序的行政管理行为；治安秩序管理是国家行政执法的一部分，是治安管理工作的一个重要方面，是治安管理部门的一项经常性业务工作。

2. 在现实社会中，治安秩序管理的任务是不言而喻的，主要包括以下几方面：

(1) 保护公民的合法权益是人民警察宗旨的重要体现，是公安机关治安秩序管理的首要任务；(2) 协助有关部门预防、发现、控制、打击各种违法犯罪行为；(3) 查处治安案件，实施治安管理处罚；(4) 组织治安巡逻、守望、堵截、盘查，构建治安防控体系；(5) 指导、监督行业场所的治安管理工作。

【实训项目】

实训名称：治安宣传教育

（一）情景设定

某市的××街是一条繁华的商业街，内有多个商业区，并且有很多小摊小贩。该地区由于商店、餐饮店、娱乐场所众多，平时聚集了许多顾客，堆放了大量的货物，存在较大的火灾隐患。2017 年 3 月份某个星期，该辖区派出所就接到了数次小型火灾以及物品丢失的报警，虽没有造成重大的人员伤亡和财产损失，但是出于对群众生命和财产安全的考虑，负责这个辖区的派出所，决定针对××街的情况，开展一次关于防盗和预防火灾的治安宣传教育活动。

1. 开展治安宣传教育有哪些积极作用？
2. 开展治安宣传教育活动包括哪些内容？
3. 开展治安宣传教育活动可采取什么方式？

（二）实训目的

通过实训，让学生掌握公安机关开展治安宣传教育的基本方法，并根据具体治安情况提出具体的治安宣传措施。要求学生利用所学知识，制定治安宣传教育方案，开展有针对性的治安防范宣传教育活动，从而达到掌握治安宣传教育的内容、基本方法、技巧和应注意的问题，培养学生开展治安宣传教育的能力，为学生今后参加治安秩序管理工作奠定良好的基础。

（三）实训内容

1. 治安宣传教育的方案制作
2. 治安宣传教育的内容
3. 治安宣传教育的方法
4. 治安宣传教育工具的使用
5. 治安宣传教育的程序

（四）实训场地与器材

1. 场地自拟
2. 实训器材：防火防盗宣传单、警示牌、宣传条幅、宣传画等
3. 新型宣传媒介，比如二维码，VR 等
4. 其他辅助工具等

（五）实训步骤

1. 学生分组。根据学生人数情况进行分组，组内学生需要分别体验扮演社治安宣传教育民警和扮演社区群众，确定小组负责人，作好记录。

2. 实训准备：要求各组模拟不同治安环境和宣传方式，并确定治安宣传教育方案及相关材料。

3. 工作记录。要求扮演宣传民警做好宣传工作记录表。

4. 了解宣传效果。采访“群众”了解宣传效果。

5. 教师对区队学生实训情况进行点评，并且要求每组学生交一份实训报告。

（六）注意事项

1. 实训学生要严肃认真，不能走过场。教师要全程监督、适时指导，各小组要互派人员全程进行观摩学习。

2. 社区治安宣传教育活动的各环节要紧凑，贴近实战。

【思考与练习】

1. 治安秩序的含义及影响治安秩序的因素。

2. 以某市火车站为例，撰写一份社会治安状况评估报告。

3. 治安秩序管理的含义。

4. 公安机关加强治安秩序管理的现实意义。

【本章小结】

本章主要阐述了治安秩序、治安秩序管理等基本概念。治安秩序有广义与狭义之分。广义的治安秩序是指社会治安秩序，即符合统治阶级意志和利益，由国家法律法规加以规范的、其中涉及公民生命财产安全和社会稳定的社会秩序。狭义的治安秩序，主要是指由公安机关治安管理部门依照法律、法规进行管理和维护，并与相关的人、事、物及信息作为管理对象而存在，直接关系到国家和社会稳定、公共安全、人民群众的生命财产安全等内容的社会秩序。本章还进一步分析了治安秩序管理的范围、治安秩序管理的法律依据、治安秩序管理的原则和基本方法等内容，通过这些基础知识的学习，使学生对治安秩序管理有了初步的认识，为学生进一步学习打下坚实的基础。

【补充阅读】

公安机关执法公开规定

2012年10月，公安部印发《公安机关执法公开规定》。该《规定》共计6章36条，自2013年1月1日起施行。

第一章　总则

第一条　为了规范公安机关执法公开行为，保障公民的知情权、参与权、表达权和监督权，促进便民利民，实现公正廉洁执法，根据有关法律法规，制定本规定。

第二条　本规定所称执法公开，是指公安机关依照法律、法规、规章和其他规范性文件规定，向社会公众或者特定对象公开刑事、行政执法的依据、流程、进展、结果等相关信息，以及开展网上公开办事的活动。

第三条　公安机关对涉及公共利益、公众普遍关注、需要社会知晓的执法信息，应当主动向社会公开；对不宜向社会公开，但涉及特定对象权利义务、需要特定对象知悉的，应当告知特定对象，或者为特定对象提供查询服务。

第四条　公安机关不得公开涉及国家秘密，以及可能妨害正常执法活动或者影响社会稳定的执法信息。

公安机关不得向权利人以外的公民、法人或者其他组织公开涉及商业秘密、个人隐私的执法信息。但是，经权利人同意公开，或者公安机关认为不公开可能对公共利益造成重大影响的，可以予以公开。

第五条　执法公开应当遵循公平公正、合法有序、及时准确、便民利民的原则。

第六条　公安机关应当建立健全执法信息发布协调机制和执法信息资源共享机制。公安机关发布执法信息涉及其他部门的，应当在发布前与有关部门进行沟通、确认。

公安机关发布执法信息依照国家有关规定需要批准的，未经批准不得发布。

第七条　公安机关应当适应社会发展的需要，充分利用信息技术手段，丰富公开内容，创新公开方式，拓宽公开渠道，提供便捷的执法公开服务。

第二章　向社会公开

第八条　公安机关应当向社会公开下列执法信息：

（一）公安机关的任务和职责权限，人民警察的职责、权利和义务；

（二）涉及公民权利义务的公安机关规范性文件；

（三）公安机关管辖的刑事、行政、行政复议、国家赔偿案件的受理范围、申请条件和法定程序、时限，以及当事人依法享有的权利、义务和监督救济渠道；

（四）行政事业性收费的项目、依据和标准；

（五）公安行政许可、非行政许可审批、备案类事项的法律依据、申请条件、办理程序、办结期限、申请途径、方式，以及申请应当提交的材料目录、示范文本、制式文书和格式要求，行政管理相对人依法享有的权利、义务和监督救济渠道；

（六）与执法相关的便民服务措施；

（七）举报投诉的方式、途径；

（八）公安机关人民警察纪律要求、职业道德规范；

（九）公安机关内设执法机构及其职能；窗口单位的办公地址、工作时间、联系方式，民警姓名、警号和监督举报电话；

（十）交通技术监控设备设置信息；

（十一）公安机关采取的限制交通措施、交通管制信息和现场管制信息；

（十二）法律、法规、规章和其他规范性文件规定应当向社会公开的其他执法信息。

第九条　公安机关应当向社会公开涉及公共利益、社会高度关注的重大案事件调查进展和处理结果，以及公安机关开展打击整治违法犯罪活动的重大决策。

第十条　公安机关可以向社会公开下列执法信息：

（一）辖区社会治安状况、火灾和道路交通安全形势、安全防范预警信息；

（二）公安机关在社会公共区域设置的安全技术防范监控设备信息；

（三）可以向社会公开的其他执法信息。

第十一条　对发现的影响社会稳定、扰乱社会管理秩序的虚假或者不完整信息，公安机关应当在职责范围内及时发布准确信息予以澄清。

第十二条　公安机关向社会公开执法信息，应当自该信息形成或者变更之日起20个工作日之内进行。对公众需要即时知晓的限制交通措施、交通管制信息和现场管制信息，应当即时公开；对辖区社会治安状况、火灾和道路交通安全形势、安全防范预警信息，可以定期公开。本规定实施前形成，按照本规定应当向社会公开而未公开，对公共利益仍有影响的执法信息，应当自本规定实施之日起予以公开。法律、法规、规章和其他规范性文件对公开期限另有规定的，从其规定。

第十三条　公安机关向社会公开执法信息，可以通过公安部公报、政府网站、新闻发布会，以及报刊、广播、电视等便于公众知晓的方式公布。

第十四条　公安机关向社会公开执法信息，由制作、产生或者保存该信息的内设机构负责。必要时，应当征求政务公开主管部门、法制部门、保密部门的意见。

第十五条　本规定第八条第一项至第八项所列执法信息，上级机关公开后，下级公安机关可以通过互联网站、警务微博、便民联系卡等多种群众便于接受的方式，使社会广为知晓。

第三章　向特定对象公开

第十六条　公安机关应当向控告人，以及被害人、被侵害人或者其家属公开下列执法信息：

（一）办案单位名称和联系方式；

（二）刑事案件立案、破案、移送起诉等情况，对犯罪嫌疑人采取刑事强制措施的种类和期限；

（三）行政案件办理情况和结果。

公安机关在接受控告人，以及被害人、被侵害人或者其家属报案或者报警时，应当告知其前款所列执法信息的查询方式。

第十七条　公安机关可以通过提供执法信息查询服务，在旅馆、网吧、娱乐场所、商场、集贸市场等行业内公开检查、处罚等管理情况。

第十八条　公安机关办理刑事、行政、行政复议、国家赔偿、信访等案件，应当依照法律、法规、规章和其他规范性文件的规定，向当事人或者其家属、诉讼代理人以及第三人等告知采取强制措施和案件办理进展、结果等信息。

第十九条　公安机关在行政管理活动中，应当依照法律、法规、规章和其他规范性文件的规定，向行政管理相对人告知行政管理检查情况、违反行政管理行为等信息。

第二十条　公安机关向特定对象提供执法信息查询服务，应当自该信息形成或者变更之日起5个工作日内进行。法律、法规、规章和其他规范性文件对公开期限另有规定的，从其规定。

公安机关向特定对象告知执法信息，应当依照法律、法规、规章和其他规范性文件规定的期限进行。

第二十一条　公安机关向特定对象提供执法信息查询服务，可以通过政府网站、信息屏终端或者电话、手机短信查询等方式进行。

公安机关向特定对象告知执法信息，应当依照法律、法规、规章和其他规范性文件规定的方式，并可以通过电话、手机短信等方式及时告知。

第二十二条　公安机关向特定对象公开执法信息，由制作、产生或者保存该信息的内设机构负责。

第四章　网上公开办事

第二十三条　公安机关应当积极创造条件，逐步推进行政许可、非行政许可审批、备案类事项网上公开办理，拓展服务内容，完善服务措施，方便群众办事，提供下列网上公开办事服务：

（一）行政许可、非行政许可审批、备案类事项办理的网上咨询，解答相关法律政策、注意事项、常见问题等；

（二）行政许可、非行政许可审批、备案类事项办理的网上预约；

（三）设置行政许可、非行政许可审批、备案类事项申请表格的在线下载、填报等功能，实现网上申请、受理；

（四）行政许可、非行政许可审批、备案类事项的受理情况、办理进展、办理结果等执法信息的网上查询。

公安机关在网上或者窗口单位接受行政许可、非行政许可审批、备案类事项申请时，可以向申请人提供查询编号，方便查询前款第四项所列执法信息。

第二十四条　公安机关应当依照法律、法规、规章和其他规范性文件的规定，向申请人告知行政许可、非行政许可审批、备案类事项的受理情况、办理结果。

第二十五条　公安机关可以在网上开展行政许可、非行政许可审批、备案类事项办理情况的满意度测评，受理申请人的投诉和意见建议，并及时反馈处理结果。

第二十六条　公安机关对行政许可、非行政许可审批、备案类事项执法信息予以告知或者提供查询服务，应当依照法律、法规、规章和其他规范性文件规定的期限进行。法律、法规、规章和其他规范性文件没有规定的，应当自该信息形成或者变更之日起5个工作日内进行。

第二十七条　公安机关开展网上公开办事，可以通过政府网站、信息屏终端等方式进行。开展满意度测评，可以通过在窗口单位设置满意度测评器等方式现场进行。

第五章　监督和保障

第二十八条　公安机关应当建立健全执法公开审批程序和保密审查机制。

第二十九条　公安机关应当指定专门机构，指导、监督执法公开，特别是行政许可、非行政许可审批、备案类事项的网上公开办理，及时发现整改问题。

第三十条　公安机关应当将执法公开情况纳入执法质量考评范围。

第三十一条　公安机关应当建设完善政府网站和内部执法信息平台，为执法公开提供必要的条件。

第三十二条　公民、法人或者其他组织认为公安机关未按照本规定履行执法公开义务的，可以向该公安机关提出公开申请；经申请，该公安机关仍拒绝履行执法公开义务的，可以向上一级公安机关举报。收到举报的公安机关应当予以调查处理，并自收到举报之日起60日内向举报人告知结果。

第三十三条　违反本规定，有下列情形之一的，由上一级公安机关责令改正；情节严重的，对公安机关直接负责的主管人员和其他直接责任人员依照有关规定予以处理：

（一）未按照本规定履行执法公开义务的；

（二）公开的信息错误、不准确或者弄虚作假的；

（三）公开不应当公开的信息的；

（四）违反本规定的其他行为。

第六章　附则

第三十四条　各省、自治区、直辖市公安厅、局可以根据本规定，结合本地实际，制定实施细则。

第三十五条　本规定未涉及的公开事项，依照有关法律、法规、规章和其他规范性文件的规定执行。

第三十六条　本规定自2013年1月1日起施行。

第二章　特种行业治安管理

【本章要点】

- 特种行业的概念和治安特点
- 特种行业管理的范围
- 特种行业管理的基本制度
- 旅馆业、公章刻制业、典当业行政许可的方法
- 特种行业日常治安监督检查的方法
- 各类违反特种行业管理行为的处罚

【教学目标】

- 知识目标

了解特种行业治安管理的现状和存在的问题

理解特种行业的概念和管理范围

掌握公安机关对特种行业治安管理的基本方法

- 能力目标

通过学习，培养学生对特种行业治安行政许可、日常治安监督检查和违反特种行业治安管理行为查处的实践动手能力，提高学生的治安行政管理和行政执法的综合素质。

【引导案例】

央视暗访东莞色情行业，“莞式服务”竟成特色（节选）①

记者在东莞暗访调查中发现，不光是在一些休闲娱乐场所存在色情活动，在某些被称为是城市名片的四星级、五星级酒店里，也有明目张胆的招嫖卖淫现象。

知情者告诉记者，在东莞市黄江镇，有一家五星级酒店叫太子酒店，经理把记者领到了一个房间，里面的布局虽然和普通客房没有明显区别，但在屋子的一角，有一面落地的大镜子，遮着布帘，经理说特别之处就在这里。随后，这名经理先关了灯，拉开帘子，镜子后面，是两个近乎赤裸的小姐在跳舞。记者提出要离开，经理却告诉记者只要拉下帘子，镜子里的小姐就会换掉，帘子再次拉起时，会有新的小姐在里面跳舞，直到客人满意为止，这时小姐就会从镜子后面走出来提供特殊服务。经理介绍说，这里从来都不愁客源。

星级酒店名气大、档次高，可以坐地开张；小场子也会利用网络招揽生意。联系方式清

---

① http：//hi. people. com. cn/n/2014/0210/c234377-20531447. htm.

清楚楚、色情图片不堪入目。可问题是——酒店跑不了，电话留得清，嫖客能找到，那执法部门为什么没能把它挖掉呢？

在东莞采访过程中发现，正是由于所谓的“安全，没有警察管”，大量外地人专门赶到东莞进行卖淫嫖娼非法交易。

问题：

1. 案例中提到东莞的一些酒店甚至在某些被称为是城市名片的四星级、五星级酒店里存在哪些治安问题？

2. 结合案例分析东莞色情业泛滥的社会原因？

第一节　特种行业管理概述

一、特种行业治安管理概述

（一）特种行业的概念

“特种行业”是公安机关的专业用语。所谓特种行业，是指工商、服务等社会行业中，由于业务内容和经营方式同社会治安密切相关，国家以行政法规规定由公安机关实行特殊治安行政管理的行业，简称为“特行”或者“特业”。

（二）特种行业管理的范围

公安机关特种行业管理的范围，同国家的政治、经济状况以及社会治安形势的发展变化密切相关，不同时期的特种行业管理范围不同。当前，特种行业通常分为全国性的特种行业和地方性的特种行业两大类。

1. 需要公安机关行政许可的特种行业。当前保留治安行政许可的有旅馆业、公章刻制业和典当业。根据国务院《关于第三批取消中央指定地方实施行政许可事项的决定》（国发［2017］7号）规定，公章刻制取消审批后，实行公章刻制备案管理，继续保留公安机关对公章刻制企业的审批。

2. 不需要公安机关行政许可，只需开业后到公安机关登记备案的特种行业，如印刷业、废旧金属收购业、旧货业和报废机动车回收业。

3. 近年来一些新兴的、具有特种行业性质的行业，如开锁业、二手手机交易业、物流寄递业等。

（三）特种行业的治安特点

特种行业是社会行业的一部分，既具有普通行业的共同特点，又具有与一般行业不同的自身特点。特种行业主要有以下特点：

1. 特种行业容易发生各种违法犯罪活动和治安灾害事故。特种行业在客观上具有被违法犯罪分子利用和存在各类治安灾害事故隐患的条件，具体包括：

（1）特种行业的业务内容和经营方式特殊，容易被利用作为进行违法犯罪活动的环境或条件。

☞ 典型案例

案件追踪：黄务入室盗窃案销赃嫌疑人落网①

11月15日，黄务派出所民警经过缜密侦查，成功抓获专挑辖区平房出租屋下手，实施入室盗窃的三名窃贼。11月17日，民警在时代广场一典当行内，将涉嫌销赃的犯罪嫌疑人张某抓获。目前，案件正在进一步审理之中。

今年10月份至今，犯罪嫌疑人王某元、于某涛、姜某斌三人利用黄务派出所辖区村居白天多无人在家的特点，采取翻墙入室、溜门破锁的方式在黄务、卧龙辖区及莱山区的城郊结合部盗窃30余起，涉案价值共计7万余元。目前，犯罪嫌疑人王某元、于某涛、姜某斌已被依法刑事拘留。为能及时给群众挽回损失，11月17日，黄务派出所民警根据其中一名犯罪嫌疑人王某元的交代，在时代广场一家典当行内，找到了涉嫌销赃的犯罪嫌疑人张某。见到民警来，张某有些慌张，但他表示自己并“不认识”王某元，对案发当天王某元拿金项链和戒指销赃的事实也矢口否认。随后，在典当行内，民警找到一本记录往来账目的账本，上面清楚记录了10月12日当天王某元到典当行典当金项链和金戒指的账目。看到这本账本，张某无话可说。随即，民警将张某带回派出所进一步审查。

张某交代，他是时代广场一典当行的员工，平时的工作主要是回收、贩卖别人来典当的东西。10月12日下午2点左右，他正在典当行忙活，这时，进来一男一女两个年轻人。男子把自己戴在脖子上的项链和手上的戒指拿了下来，说要当掉，张某询问男子项链来历，并索要发票。男子支支吾吾，只说发票早就没有了，问张某价格。张某将项链和戒指称了一下，打算以215元一克的价格卖出，这时，和男子一同到店的女子和张某开始讨价还价，最终，双方以220元一克的价格成交。

记者了解到，张某所说的男子，就是系列入室盗窃案的主要嫌疑人王某元，当日，王某元伙同他人在黄务派出所辖区入室盗窃后，将盗窃所得的金项链和戒指拿到张某所在的典当行典当了1万余元现金后离开。

记者从芝罘警方获悉，目前，张某已因涉嫌掩饰隐瞒犯罪所得被刑事拘留。

（2）特种行业的经营性质特殊，容易诱发经营者和从业人员从事具有行业特点的违法犯罪活动。

☞ 典型案例

江苏查获一起印刷非法出版物案②

近日，江苏省南通市成功破获一起印刷非法出版物案，并开出全市印刷行业有史以来最大罚单，罚款171875元。

6月2日，南通市文化综合执法支队接到崇川公安部门协查通知，称崇川区阳光印刷厂

---

① http://www.dzwww.com/shandong/sdxwjxs/yt_132263/201511/t20151118_13348485.htm.

② http://news.sina.com.cn/o/2017-08-23/doc-ifykcqaw1039426.shtml.

涉嫌印刷非法出版物。文化、公安等执法人员立即前往查处，公安部门对该印刷厂涉案股东姜某进行控制。经审讯，姜某交代，其出版物是从魏某处承接，然后委托南通金桥彩印有限公司承印。调查发现，该出版物印刷数量达36000余册。经鉴定，该出版物为非法出版物。经过进一步调查取证，确认涉案人员的行为严重触犯了国家相关法律法规，目前涉案公司已经停业整顿，焦某及姜某取保候审，主犯魏某被移交检察院提起公诉。

（3）特种行业的环境条件决定了行业中潜在的不安全因素比较集中，治安灾害事故隐患突出。

☞ **典型案例**

南昌致10人死亡酒店火灾事故已控制涉事者24人①

南昌市委、市政府26日召开新闻发布会，通报红谷滩新区白金汇海航酒店“2·25”重大火灾事故处置的最新情况。据通报，火灾原因初步认定为工人违规焊割，24名相关责任人员已被公安部门控制，善后处理工作正在积极有序进行中。

这起于2月25日早上发生的火灾事故截至目前已累计死亡10人，其中3人为宾馆旅客，其余7人为装修工人。经调查，起火建筑为高层公共建筑，由裙楼和A、B两座塔楼组成。其中裙楼一层局部为酒店大堂，1～2层为唱天下KTV。此次火灾事故的起火层为唱天下KTV的施工改造工地。

火灾原因初步认定为工人违规焊割。目前，唱天下KTV股东、KTV拆除项目承包人、切割班组、打墙班组及KTV看门人员共24人已被公安部门控制，正开展调查。另拆除业务中间转包人万某某，KTV股东另8人正在追捕之中。

这次火灾过火面积约为1500平方米，共疏散群众260余人。截至目前，还有9名伤者住院救治，其中3人病情危重。

事故发生后，江西省高度重视，省、市有关部门先后组织人员一线指导，调度扑火救援工作，并要求不惜一切代价抢救伤员；坚决查明事故原因，厘清责任，依法依规，严肃查处。25日，南昌市政府召开全市安全生产紧急工作会议，要求在全市范围内开展“拉网式”安全隐患大排查、大整顿。

（4）特种行业的经营活动复杂，运用公共治安秩序管理的一般手段难以进行有效控制，因而公安机关必须对特种行业实行具有特定内容、特定方式和特定要求的治安管理。

2. 特种行业发展迅速，治安情况更加复杂。特种行业发展迅速，主要表现在两个方面：一方面，随着我国经济社会的快速发展和国家行政审批制度改革的不断推进，特种行业的数量剧增，产业规模和经营范围迅速扩大；另一方面，对公共治安秩序影响较大，明显具有特种行业性质的各种新兴行业不断涌现。例如开锁业、二手手机交易业、物流寄递业等。特种行业的快速发展，适应了发展社会主义市场经济的客观需要，满足了人们多方面的社会需求，但也带来一些新的治安问题，使得特种行业的治安情况更加复杂。

---

① http：//www. china. com. cn/news/2017-02/26/content_40362923. htm.

3. 特种行业对治安管理的要求越来越高。在社会主义市场经济条件下，特种行业的经营思想和经营方法发生了很大变化，创造经济效益成为行业经营的主要目标，经济效益同社会效益的关系，成为影响特种行业经营秩序的核心问题。特别是国家行政审批制度改革的不断推进，公安机关一些传统的管理观念、管理方式已不适应特种行业管理的现实。当前要按照党中央、国务院关于深化“放管服”改革和全面深化公安改革的部署要求，坚持放管结合，规范完善审批备案，强化事中事后监管，全面提升新形势下公安机关对特种行业的管理服务能力，为更好地保障人民安居乐业、维护社会大局稳定、服务经济社会发展发挥积极作用。

二、特种行业管理的基本方法

特种行业管理的基本方法，是指特种行业管理普遍适用的一般工作方法，主要可以分为以下几类：

（一）开业审批与登记备案

1. 开业审批。对目前仍然保留治安行政许可的旅馆业、公章刻制业和典当业，公安机关要严格按照《行政许可法》的要求做好相关的行政审批工作。《国务院关于取消和调整一批行政审批项目等事项的决定》（国发〔2015〕11号）将旅馆业特种行业许可证、公章刻制业特种行业许可证、典当业特种行业许可证由工商登记前置审批事项调整为后置审批，由县级以上公安机关核发。公安部《关于深化娱乐服务场所和特种行业治安管理改革进一步依法加强事中事后监管的工作意见》（公治［2017］529号）将旅馆业特种行业许可证、公章刻制业特种行业许可证、典当业特种行业许可证的审批权限下放至县（区）级公安机关。

2. 登记备案。对公安机关不再审批，只需要登记备案的特种行业，工商行政部门应明确告知特种行业的经营者在领取工商营业执照开业后，需在规定的时间内将特种行业所在位置、经营者的基本情况、经营范围、安全状态等主要情况向县、市公安局（分局）申报备案，接受公安机关的治安管理和安全监督检查。

公章刻制实行备案管理，要认真做好工商登记信息和公章刻制信息对接共享，在此基础上将公章刻制纳入国务院实施的“多证合一、一照一码”机制，统筹协调推进，精心组织实施。公章刻制经营单位承接刻制党政机关、企事业单位、社会团体等公章，要严格遵守公章制发、管理规定，刻制并采集用章单位、公章刻制申请人、印模等基本信息，向公安机关备案。

（二）依靠行业领导和职工群众，加强特种行业自律、自管、自治

特种行业的主管领导、经营者和职工群众，对特种行业管理负有主要责任，特种行业管理必须依靠行业的主管领导和广大职工群众，只有普遍调动起行业职工群众的治安保卫工作积极性，强化行业干部、职工的治安保卫责任意识和技能本领，才能做好特种行业的管理工作。在这方面，公安机关的主要工作有以下几项：

1. 督促特种行业严格执行各项治安管理规章制度。

特种行业治安管理制度，是特种行业管理法律法规具体化、操作化的表现形式，是规范特种行业经营行为，维护行业良好秩序的依据。公安机关一方面要按照法律法规要求和行业实际，帮助特种行业建立健全切实可行的各项规章制度；另一方面要采取灵活方式，通过各种工作渠道，监督检查特种行业贯彻执行规章制度，指导特种行业把治安保卫工作落到实处。

2. 协助特种行业建立健全治安保卫组织，落实治安保卫责任制。

公安机关应当指导特种行业建立健全治安保卫组织，大力推行特种行业治安保卫岗位责任制，将行业中各工作岗位上的安全保卫责任贯穿于各项业务经营活动之中，同经营的整体效益挂钩并落实到人，做到责、权、利有机统一，充分调动行业自我管理的积极性。

3. 指导特种行业搞好从业人员培训教育，提高行业职工队伍的整体素质。

提高特种行业从业人员的整体素质，是增强行业自律、自管、自治能力的前提和保证。公安机关要结合特种行业经营实际、行业干部职工队伍实际和本地区社会治安实际，指导特种行业因地制宜地搞好干部、职工的培训教育工作，提高经营者和从业人员的法律知识水平和遵章守法经营的觉悟，提高他们识别和协助公安机关控制违法犯罪分子的技能本领。

4. 要求特种行业严格执行实名登记制度。按照《中共中央办公厅国务院办公厅印发〈关于进一步健全相关领域实名登记制度的总体方案〉的通知》（厅字［2017］8号）要求，严格加强对特种行业经营业主、主要负责人和从业人员的实名登记工作。

（三）推进特种行业管理信息化建设

1. 重视特种行业管理档案建设，推行规范化管理。

特种行业管理档案是储存特种行业管理信息、资料的重要方式，建立特种行业管理档案是实现特种行业管理规范化、科学化的重要措施。特种行业管理档案应按照逐户立卷、及时建立、分类保管、便于查找的原则建立。档案的主要内容包括：行业的基本情况；行业的治安状况；行业保卫组织和人员的情况；技术防范建设的情况；公安机关在查处行业治安问题过程中形成的材料；其他与行业管理有关的资料等。特种行业管理档案一般由县以上公安机关的特种行业管理部门建立和保管，特种行业较为集中的公安派出所，也应当建立特种行业管理档案。特种行业管理档案要有专人管理，供公安机关内部查阅使用，一般不对外提供。

2. 大力推广各类特种行业治安管理信息系统的应用。作为公安工作信息化的重要组成部分，要全力推进智能化治安管理综合应用平台建设应用。要强化科技运用，以智能化治安管理综合应用平台为牵引，大力推动互联网、大数据、人工智能与特种行业治安管理工作的深度融合，加快形成智能化警务运行模式，有效破解特种行业管控难题，提高管理效率。

（四）加强秘密力量建设

特种行业行政审批制度改革的不断深化给公安机关的治安管理带来了许多问题，如特种行业数量多、规模大、问题复杂以及公安机关对行业的控制力减弱、警力不足等。因此，公安机关对特种行业深层次治安信息的收集变得日益困难。根据各类特种行业的不同特点，在特种行业的“盲点”、“热点”地区布建一定数量的治安耳目，加强治安情报信息体系建设。

第二节　旅馆业治安管理

一、旅馆业管理的范围

根据《旅馆业治安管理办法》的规定，经营接待旅客住宿的旅馆、饭店、宾馆、招待所、客货栈、车马店、浴池等（以下统称旅馆），不论是国营、集体经营，还是合伙经营、个体经营、中外合资、中外合作经营，不论是专营还是兼营，不论是常年经营，还是季节性经营，只要是经营接待旅客住宿，为旅客提供住宿条件和其他服务项目的行业，都属于旅馆业。随着社会经济的发展，旅馆业的范围也越来越广。

二、旅馆经营的特种行业许可

（一）旅馆业特种行业许可的条件

公安机关在对旅馆业颁发《特种行业许可证》时，主要从以下几个方面进行审核：

1. 房屋建筑安全，经营场所消防设施符合国家有关规定的要求；

2. 旅馆位置与易燃、易爆、剧毒、放射性危险物品的仓库和加油站的距离符合国家的有关规定；

3. 设置安全保卫机构，配备安全保卫人员；

4. 客房底层和楼层通道以及可以爬越的客房窗户、门头窗有防盗装置，门窗牢固，房门安装暗锁；设有贵重物品保险柜；大厅、通道、出入口等重要部位应当按照省级以上公安机关制定的标准安装安全技术防范设施；

5. 按照有关规定安装使用经公安部检测合格的旅馆业治安管理信息系统；

6. 法律法规规定的其他条件。

☞ 警务动态

郑州强化旅馆业“四实”登记制度违反最高罚10万元①

为确保全国“两会”期间全市社会治安大局平稳，增强旅馆业和从业人员的守法意识。昨日，郑州警方召开深化旅馆业治安管理工作会议，强化旅馆业“实名、实情、实数、实时”登记制度，并通报近期对全市旅馆业明察暗访的情况。

会上，郑州警方通报，近期警方对全市180家旅馆进行明察暗访，其中28家存在问题，均依法给予了处罚，并责令其限期整改。

据了解，此次会议上郑州警方出台了《郑州市公安局强化旅馆治安管理工作规定》，规定指出，今后对违反“四实”规定的旅馆，第一次违反的，除对旅馆工作人员依法处罚外，同时责令旅馆限期整改并处以警告；第二次违反的，除对旅馆工作人员依法处罚外，还要对旅馆处1万元以上10万元以下罚款，对单位主要负责人和其他直接责任人处500元以上5000元以下罚款，并依法吊销旅馆《特种行业许可证》；对已被吊销《特种行业许可证》仍继续营业的旅馆，或者改变名称、形式变相继续营业的，坚决予以取缔。

警方负责人表示，近期，省会警方治安部门将组织专门警力，对全市大小旅馆业进行不间断暗访、检查，对违规单位绝不手软。

（二）旅馆业特种行业许可的程序

领取《特种行业许可证》按以下程序进行：

1. 申请开办旅馆业的单位和个人应向所在辖区的公安派出所提出申请，并领取特种行业申请表，并如实填写下列材料：《特种行业申请登记表》和《消防安全检查意见书》复印件；经营场所地理位置图；经营场所平面图；法人代表和经营负责人户口所在地公安机关无违法犯罪证明及身份证复印件；法人治安承包责任书；从业人员登记表；安全防范组织及安

① 网易新闻，http：//news.163.com/15/0312/11/AKGM235C00014Q4P.html。

全防范措施；特种行业提供案件线索登记表；安全检查登记表；旅馆已安装治安管理信息系统软件交费收据复印件；派出所、公安分局、区县公安局旅馆安全检查验收登记表。

2. 派出所民警在受理旅馆业开业申请时，应首先告知旅馆准备上述材料，申请旅馆提交申请材料后，派出所民警应审查下列事项：审核行业申报材料是否齐全；申报资料是否符合法律法规规定；严格按照开业审批条件逐项检查核实是否达到规定的要求；签署个人意见后报各公安分局、区县公安局治安部门领导审核。

3. 各公安分局、区县公安局收到申请材料后，应予审查下列事项：审核民警报送材料是否符合法律法规规定；相关资料是否有缺失；签署审核意见后，并作出许可或不予许可意见。

4. 各公安分局、区县公安局治安部门审批的旅馆，应将《特种行业申请表》及申报材料报市局备案。

三、旅馆业经营规范

根据《旅馆业治安管理办法》的有关规定和长期实践经验总结，旅馆业应当建立健全开业审批制度、登记备案制度及其他相应的管理制度。

（一）开业审批制度

申请开办旅馆，应经主管部门审查批准，向工商行政管理部门申请登记，领取营业执照后，再到当地县（区）级公安机关申请特种行业许可证，方准开业。经批准开业的旅馆，如有歇业、转业、合并、迁移、改变名称等情况，应当在工商行政管理部门办理变更登记后3日内，向原审批开业的公安机关备案。

（二）验证登记制度

《旅馆业治安管理办法》第6条规定：“旅馆接待旅客住宿必须登记。登记时，应当查验旅客的身份证件，按规定的项目如实登记。”旅馆应在前台设立“警方提示”牌，提醒旅客主动出示有效身份证件，前台工作人员必须对入住旅客逐人验证、登记。验证主要是查验旅客身份证件的真伪、旅客身份证件项目与持证人是否相符。验证后要按照“实名、实情、实时、实数”的要求将旅客的姓名、性别、出生日期、证件号码、户籍住址以及入住退房时间等相关信息进行登记，同时录入到旅馆业治安管理信息系统。对于尚没有安装旅馆业治安管理信息系统的小型旅馆，必须坚持每天将《旅客住宿登记表》送交当地公安机关查验。

☞ 法律法规链接

关于对旅馆业旅客身份证件认定问题的批复

公治［2010］395号

广西壮族自治区公安厅治安警察总队：

你总队《关于旅馆业旅客“身份证件”认定的请示》（桂公传发（治）［2010］100号）收悉。经商解放军总政治部保卫部及部内有关业务局，现批复如下：

依据《中华人民共和国户口登记条例》、《中华人民共和国居民身份证法》、《中华人民共和国临时居民身份证管理办法》、《中华人民共和国护照法》、《中华人民共和国因私事往来香港地区或澳门地区的暂行管理办法》、《中国公民往来台湾地区管理办法》、《现役军人和人民武装警察居民身份证申领发放办法》、《外国人在中国永久居留审批管理办法》、《中华人民共和国外国人入境出境管理法实施细则》等法律法规的有关规定，中国公民（含港澳台居民中的中国公民）的身份证件主要包括：

中华人民共和国居民户口簿、居民身份证、临时居民身份证、护照、海员证、中华人民共和国往来港澳通行证、因公往来香港澳门特别行政区通行证；中国人民解放军、中国人民武装警察部队制发的军官证、警官证、文职干部证、士兵证、学员证；港澳居民来往内地通行证；台湾居民来往大陆通行证、中华人民共和国旅行证。

外国人的身份证件主要包括：护照、外国人永久居留证、外国人出入境证、海员证、外国人护照遗失证明。

中国公民、外国人持上述有效身份证件可以在宾馆、饭店办理住宿登记。未携带有效身份证件确需办理入住的中国大陆公民，应向住宿地辖区公安派出所申报核实身份，派出所可将该旅客在全国人口信息库中的信息打印并加盖公章后交该旅客，作为办理入住的证明文件。未携带有效身份证件确需办理入住的港澳台居民和外国人，由住宿地公安机关出入境管理部门核实其身份，并出具证明后可以办理住宿登记。

此复。

公安部三局

二〇一〇年七月二十九日

（三）旅客财物保管制度

《旅馆业治安管理办法》第7条规定："旅馆应当设置旅客财物保管箱、柜或者保管室、保险柜，指定专人负责保管工作。对旅客寄存的财物，要建立登记、领取和交接制度。"

旅馆应设置旅客财物保管专柜（保险柜）对旅客贵重物品登记保管，验证领取。前台登记人员应当提醒旅客将贵重物品交给旅馆保管，保管室要安排人员值班，完善存取手续。对于寄存物品的旅客，应由旅客本人填写《旅客物品寄存单》，内容包括旅客的房间号、寄存时间、寄存项目、证件号码、寄存人员、经办人签字等。旅馆工作人员要认真办理登记手续。保管员交接班时，要严格办理交接手续，做到件数清、情况明、有记录。有条件的旅馆应在财务室、贵重物品寄存处和前台安装报警系统。

☞ 小知识

旅客遗留财物的处理方法

《旅馆业治安管理办法》第8条规定：旅馆对旅客遗留的物品，应当妥为保管，设法归还原主或揭示招领；经招领3个月后无人认领的，要登记造册，送当地公安机关以拾遗物品处理。对违禁物品和可疑物品，应当及时报告公安机关处理。

（四）门卫制度

旅馆都要设立门卫，负责旅馆的门卫安全工作，实行出入验证制度，对进出旅馆的人员及携带的物品进行询问查验。《旅馆业治安管理办法》第5条规定："经营旅馆，必须遵守国家的法律，建立各项安全管理制度，设置治安保卫组织或者指定安全保卫人员。"门卫保安人员要做到 24 小时值班，发生治安案件和灾害事故，应采取积极有效的措施，并及时向公安机关报案。

（五）情况报告与协查制度

旅馆业必须按照公安机关的规定报告与治安有关的各种情况。《旅馆业治安管理办法》第 9 条规定："旅馆工作人员发现违法犯罪分子，形迹可疑的人员和被公安机关通缉的罪犯，应当立即向当地公安机关报告，不得知情不报或隐瞒包庇。"旅馆从业人员应注意发现本旅馆的违法犯罪情况和可疑人员、可疑信息并及时报告，并且熟记公安机关通缉、通报对象的特征条件，积极配合公安机关开展协查工作。

（六）从业人员实名登记制度

按照《中共中央办公厅国务院办公厅印发〈关于进一步健全相关领域实名登记制度的总体方案〉的通知》（厅字［2017］8 号）要求，严格加强对旅馆业经营业主、主要负责人和从业人员的实名登记工作。

（七）从业人员培训制度

旅馆从业人员都要接受当地公安机关治安部门组织的业务培训。培训的内容除了学习旅馆业法律法规知识和各项基本制度外，还要学习预防和识别各种违法犯罪分子的常识和技能，以及预防灾害事故发生的技巧。培训的方式多种多样，可以不定期的发放宣传资料，组织学习和讨论，还可以请治安管理部门或消防部门的人员进行课堂教学。

四、住宿旅客的安全管理

要保障住宿旅客的住宿安全，很大程度要依靠旅馆各个工作岗位的服务人员通过各个具体岗位的安全来实现。

（一）门卫保安员的安全管理职责

门卫保安员应按以下要求做好各项工作：

1. 必须具有高度的政治责任感和敬业爱岗精神，严格遵守旅馆的劳动纪律，维护旅馆的正常经营秩序。

2. 工作中不擅离职守，巡逻检查时应精神饱满，携带对讲机，保持信息畅通，按规定路线和间隔时间执行巡逻任务。

3. 严格执行预防为主的工作原则，发现可疑的人和事要妥善处置并及时报告。

4. 巡逻中一旦接到案情指令应按工作预案立即采取措施，控制事态扩大，不得无故拖延时间，处置情况应及时报告值班领导。

5. 保安人员必须全面了解和掌握旅馆内各类应急预案，熟悉安全疏散通道、消防设备和各类灭火器材的使用方法。

6. 巡查中应及时关闭应该关闭的门窗。

7. 日常巡检中注意观察安全设施的运行情况，发现故障及时保修。

8. 做好交接班工作记录。

（二）验证登记员的安全管理职责

验证登记员应按以下要求做好各项工作：

1. 总服务台接待员负责接待旅客住宿登记工作，每天 24 小时当班服务。

2. 所有中、外旅客必须凭有效身份证件如实填写旅客住宿登记单，登记合格率 100%。

3. 接待员在实施住宿登记时，应负责协助公安机关切实做好有关通缉、协查核对工作，发现可疑人员采取内紧外松，先安排入住，后设法报警，避免打草惊蛇。

4. 向旅客发放房间钥匙或房间卡，所报旅客姓名、住宿登记卡及房间钥匙或房间卡号码，三者必须一致，不得有误。并应提醒旅客贵重钱财、证件可免费保管。

☞ **典型案例**

大胆毛贼飞檐走壁猖狂行窃合作警方雷霆出击火速擒贼（节选）①

2018年1月3日上午，合作市公安局刑警大队陆续接到三家居民报案，称家中现金被盗。

接警后，刑警大队迅速分赴各案发现场开展现场勘验及调查访问工作，经现场勘验，民警发现受害人家中窗户有破坏痕迹，且三起案件侵害目标、作案手法、现场痕迹极为相似。通过大量排查、甄别、筛选工作，民警最终锁定一名着深色衣服、行为诡异的年轻男子有重大作案嫌疑，并确定该男子入住合作市东四路某宾馆。15时许，民警们将熟睡中的犯罪嫌疑人成功抓获，并当场查获被盗现金5000余元。

犯罪嫌疑人持他人身份证件到第一家宾馆试图登记入住时，宾馆服务人员果断拒绝。而第二家宾馆服务人员明知出示的身份证件信息与入住人员不符，无视法律法规，使嫌疑人持他人身份证成功入住。

（三）客房服务员的安全管理职责

客房服务员应按以下要求做好各项工作：

1. 客房服务员、清洁员，同时也是保安人员，要掌握旅客情况，做好服务和清洁的同时要保障安全。

2. 客房区域工作人员必须熟悉岗位环境，明确安全出口的方位和消防灭火器材的设置以及正确的使用方法，并保持安全通道畅通，发现安全疏散指示灯故障及时维修，不得擅自挪用消防灭火器材。

3. 严格执行进房清洁时将房门敞开，并用工作车挡住房门，严禁翻动旅客物品，做完清洁离房时必须关闭房门，进出客房分别填写进出时间。

4. 旅客退房离店时，及时进房检查，发现遗留物品及时归还旅客，旅客已离店应将遗留物上交，并登记备查。

5. 掌握旅客情况，发现长时间挂有“请勿打扰”牌的客房和旅客住宿不登记，登记不住宿及其他异常情况，要随即查明情况，并及时上报旅馆领导。

五、公安机关对违反旅馆业管理规定的处罚

1. 未经许可，擅自经营旅馆业的处罚。

根据《中华人民共和国治安管理处罚法》第五十四条规定，处十日以上十五日以下拘留，并处五百元以上一千元以下罚款；情节较轻的，处五日以下拘留或者五百元以下罚款。公安机关应当予以取缔。

---

① 快资讯，http：//sh. qihoo. com/pc/2s21pavyngf？ sign=360_e39369d1。

2. 取得旅馆业特种行业许可证的经营者，违反国家有关管理规定，情节严重的处罚。

根据《中华人民共和国治安管理处罚法》第五十四条规定，公安机关可以吊销许可证。

3. 旅馆业的工作人员对住宿的旅客不按规定登记姓名、身份证件种类和号码的处罚。

根据《中华人民共和国治安管理处罚法》第五十六条规定，处二百元以上五百元以下罚款。

4. 旅馆业的工作人员未按规定对客户身份进行查验，或者对身份不明、拒绝身份查验的客户提供服务的，主管部门应当责令改正，拒不改正的处罚。

根据《中华人民共和国反恐怖主义法》第八十六条规定，由主管部门处十万元以上五十万元以下罚款，并对其直接负责的主管人员和其他直接责任人员处十万元以下罚款。

☞ **典型案例**

天津警方开出首张大额反恐罚单①

日前，天津市公安局治安管理总队会同公安河西分局对河西区某酒店不落实旅客身份实名登记查验制度行为，按照《中华人民共和国反恐怖主义法》有关规定给予该酒店罚款人民币20万元、给予相关违法人员罚款1万元行政处罚。该处罚是自2016年1月1日实施《中华人民共和国反恐怖主义法》以来天津市公安机关首张旅馆大额罚单。

据了解，2015年4月8日和2016年8月5日，天津公安河西分局友谊路派出所在开展对辖区内部单位和行业场所检查统一行动中，均发现辖区内某主题酒店存在未按规定对旅客身份进行查验的问题，民警依照《中华人民共和国治安管理处罚法》，两次对该主题酒店进行了500元的行政处罚，并下达了整改通知书，责令酒店立即对存在的不如实查验旅客身份信息等违法行为进行改正。

今年7月17日，天津治安管理总队会同公安河西分局在开展旅店业联合检查统一行动中，执法民警再次在该酒店四楼809房间内发现有两人入住，而其中一人并未按规定进行登记。通过调查查明，该主题酒店仍存在未按规定对住宿旅客身份信息进行查验的违法行为，且发生在公安机关多次下达整改通知后，属拒不改正。根据《中华人民共和国反恐怖主义法》第八十六条第二款之规定，警方决定给予该酒店罚款人民币20万元的处罚，给予酒店负责人罚款人民币一万元的处罚。

5. 旅馆业的工作人员明知住宿的旅客将危险物质带入旅馆，不予制止的处罚。

根据《中华人民共和国治安管理处罚法》第五十六条规定，处二百元以上五百元以下罚款。

6. 旅馆业的工作人员明知住宿的旅客是犯罪嫌疑人员或者被公安机关通缉的人员，不向公安机关报告的处罚。

根据《中华人民共和国治安管理处罚法》第五十六条规定，处二百元以上五百元以下罚款；情节严重的，处五日以下拘留，可以并处五百元以下罚款。

7. 旅馆业的工作人员，在公安机关查处吸毒、赌博、卖淫、嫖娼活动时，为违法犯罪

① http：//www. chinapeace. gov. cn/zixun/2017-08/20/content_11426285. htm.

行为人通风报信的处罚。

根据《中华人民共和国治安管理处罚法》第七十四条规定，处十日以上十五日以下拘留。

8. 引诱、容留、介绍他人卖淫，尚不构成犯罪的处罚。

根据《中华人民共和国治安管理处罚法》第六十七条规定，处十日以上十五日以下拘留，可以并处五千元以下罚款；情节较轻的，处五日以下拘留或者五百元以下罚款。

9. 明知他人从事下列活动，为其提供条件的处罚。

根据《中华人民共和国治安管理处罚法》第六十九条规定，有下列行为之一的，处十日以上十五日以下拘留，并处五百元以上一千元以下罚款：1. 组织播放淫秽音像的；2. 组织或者进行淫秽表演的；3. 参与聚众淫乱活动的。

10. 以营利为目的，为赌博提供条件的处罚。

根据《中华人民共和国治安管理处罚法》第七十条规定，处五日以下拘留或者五百元以下罚款；情节严重的，处十日以上十五日以下拘留，并处五百元以上三千元以下罚款。

11. 旅馆、饭店的经营管理人员，违反安全规定，致使该场所有发生安全事故危险，经公安机关责令改正，拒不改正的处罚。

根据《中华人民共和国治安管理处罚法》第三十九条规定，处五日以下拘留。

12. 宾馆、饭店发生火灾，该场所的现场工作人员不履行组织、引导在场人员疏散的义务的处罚。

根据《中华人民共和国消防法》第六十八条规定，情节严重，尚不构成犯罪的，处五日以上十日以下拘留。

13. 宾馆、饭店使用不合格的消防产品或者国家明令淘汰的消防产品的，责令限期改正，逾期不改正的处罚。

根据《中华人民共和国消防法》第六十五条规定，处五千元以上五万元以下罚款，并对其直接负责的主管人员和其他直接责任人员处五百元以上二千元以下罚款；情节严重的，责令停产停业。

14. 旅馆业等单位违反《中华人民共和国消防法》规定，有下列行为之一的，根据《中华人民共和国消防法》第六十条规定，责令改正，处五千元以上五万元以下罚款：1. 消防设施、器材或者消防安全标志的配置、设置不符合国家标准、行业标准，或者未保持完好有效的；2. 损坏、挪用或者擅自拆除、停用消防设施、器材的；3. 占用、堵塞、封闭疏散通道、安全出口或者有其他妨碍安全疏散行为的；4. 埋压、圈占、遮挡消火栓或者占用防火间距的；5. 占用、堵塞、封闭消防车通道，妨碍消防车通行的；6. 人员密集场所在门窗上设置影响逃生和灭火救援的障碍物的；7. 对火灾隐患经公安机关消防机构通知后不及时采取措施消除的。个人有前款第二项、第三项、第四项、第五项行为之一的，处警告或者五百元以下罚款。有本条第一款第三项、第四项、第五项、第六项行为，经责令改正拒不改正的，强制执行，所需费用由违法行为人承担。

15. 违反消防管理法规，经消防监督机构通知采取改正措施而拒绝执行的处罚。

根据《中华人民共和国刑法》第一百三十九条规定，造成严重后果的，对直接责任人员，处三年以下有期徒刑或者拘役；后果特别严重的，处三年以上七年以下有期徒刑。

16. 旅馆业等单位阻碍有关部门开展反恐怖主义工作的处罚。

根据《中华人民共和国反恐怖主义法》第九十二条规定，由公安机关处二十万元以下罚款，并对其直接负责的主管人员和其他直接责任人员处五日以上十五日以下拘留，可以并处五万元以下罚款。阻碍人民警察、人民解放军、人民武装警察依法执行职务的，从重处罚。

17. 阻碍国家机关工作人员依法执行职务的处罚。

根据《中华人民共和国治安管理处罚法》第五十条规定，处警告或者二百元以下罚款；情节严重的，处五日以上十日以下拘留，可以并处五百元以下罚款。阻碍人民警察依法执行职务的，从重处罚。

18. 以暴力、威胁方法阻碍国家机关工作人员依法执行职务的处罚。

根据《中华人民共和国刑法》第二百七十七条第一款规定，处三年以下有期徒刑、拘役、管制或者罚金。暴力袭击正在依法执行职务的人民警察的，依照第一款的规定从重处罚。

19. 旅馆业等单位的人员，利用本单位的条件，组织、强迫、引诱、容留、介绍他人卖淫的处罚。

根据《中华人民共和国刑法》第三百五十八条规定，组织、强迫他人卖淫的，处五年以上十年以下有期徒刑，并处罚金；情节严重的，处十年以上有期徒刑或者无期徒刑，并处罚金或者没收财产。组织、强迫未成年人卖淫的，依照前款的规定从重处罚。犯前两款罪，并有杀害、伤害、强奸、绑架等犯罪行为的，依照数罪并罚的规定处罚。为组织卖淫的人招募、运送人员或者有其他协助组织他人卖淫行为的，处五年以下有期徒刑，并处罚金；情节严重的，处五年以上十年以下有期徒刑，并处罚金。

根据《中华人民共和国刑法》第三百五十九条规定，引诱、容留、介绍他人卖淫的，处五年以下有期徒刑、拘役或者管制，并处罚金；情节严重的，处五年以上有期徒刑，并处罚金。引诱不满十四周岁的幼女卖淫的，处五年以上有期徒刑，并处罚金。旅馆业等单位的主要负责人，犯前款罪的，从重处罚。

20. 容留他人吸食、注射毒品的处罚。

根据《中华人民共和国刑法》第三百五十四条规定，处三年以下有期徒刑、拘役或者管制，并处罚金。

21. 开设赌场的处罚。

根据《中华人民共和国刑法》第三百零三条规定，处三年以下有期徒刑、拘役或者管制，并处罚金；情节严重的，处三年以上十年以下有期徒刑，并处罚金。

22. 旅馆业等单位的人员，在公安机关查处卖淫、嫖娼活动时，为违法犯罪分子通风报信，情节严重的处罚。

根据《中华人民共和国刑法》第三百一十条规定，处三年以下有期徒刑、拘役或者管制；情节严重的，处三年以上十年以下有期徒刑。犯包庇罪，事前通谋的，以共同犯罪论处。

23. 以牟利为目的，传播淫秽物品的处罚。

根据《中华人民共和国刑法》第三百六十三条规定，处三年以下有期徒刑、拘役或者管制，并处罚金；情节严重的，处三年以上十年以下有期徒刑，并处罚金；情节特别严重的，处十年以上有期徒刑或者无期徒刑，并处罚金或者没收财产。单位犯该罪的，对单位判处罚金，并对其直接负责的主管人员和其他直接责任人员，依照各该条的规定处罚。

24. 传播淫秽的书刊、影片、音像、图片或者其他淫秽物品，情节严重的处罚。

根据《中华人民共和国刑法》第三百六十四条规定，处二年以下有期徒刑、拘役或者管制。向不满十八周岁的未成年人传播淫秽物品的，从重处罚。单位犯该罪的，对单位判处罚金，并对其直接负责的主管人员和其他直接责任人员，依照各该条的规定处罚。

25. 组织播放淫秽的电影、录像等音像制品的处罚。

根据《中华人民共和国刑法》第三百六十四条规定，处三年以下有期徒刑、拘役或者管制，并处罚金；情节严重的，处三年以上十年以下有期徒刑，并处罚金。单位犯该罪的，对单位判处罚金，并对其直接负责的主管人员和其他直接责任人员，依照各该条的规定处罚。

26. 组织进行淫秽表演的处罚。

根据《中华人民共和国刑法》第三百六十五条规定，处三年以下有期徒刑、拘役或者管制，并处罚金；情节严重的，处三年以上十年以下有期徒刑，并处罚金。单位犯该罪的，对单位判处罚金，并对其直接负责的主管人员和其他直接责任人员，依照各该条的规定处罚。

27. 冒用他人居民身份证或者使用骗领的居民身份证的处罚。

根据《中华人民共和国居民身份证法》第十七条规定，由公安机关处二百元以上一千元以下罚款，或者处十日以下拘留，有违法所得的，没收违法所得。骗领的居民身份证，由公安机关予以收缴。

28. 使用伪造、变造的居民身份证的处罚。

根据《中华人民共和国居民身份证法》第十七条规定，由公安机关处二百元以上一千元以下罚款，或者处十日以下拘留，有违法所得的，没收违法所得。伪造、变造的居民身份证，由公安机关予以收缴。

29. 在依照国家规定应当提供身份证明的活动中，使用伪造、变造的或者盗用他人的居民身份证、护照等依法可以用于证明身份的证件，情节严重的处罚。

根据《中华人民共和国刑法》第二百八十条之一规定，处拘役或者管制，并处或者单处罚金。有前款行为，同时构成其他犯罪的，依照处罚较重的规定定罪处罚。

30. 在安全事故发生后，负有报告职责的人员不报或者谎报事故情况，贻误事故抢救，情节严重的处罚。

根据《中华人民共和国刑法》第一百三十九条之一规定，处三年以下有期徒刑或者拘役；情节特别严重的，处三年以上七年以下有期徒刑。

第三节　公章刻制业治安管理

一、公章刻制业管理的范围

印章业俗称刻字业，是指使用机械、手工工艺或其他技术，对外经营刻制各种公章、戳记、钢印、名章等的行业。

在公安机关治安管理活动中，重点是对承刻党、政、军机关、人民团体、企事业单位公章的企业进行管理，即重点是管理公章刻制业。公章是指国家机构、政党、社会团体、企业、事业单位及其内设机构、派出机构、议事协调机构、非常设机构和村（居）委员会的法定名称章和冠以法定名称的合同、财务、税务、发票、审验等业务专用章、部门章。个体工商户印章也作为公章管理。

由于行业发展和管理方面存在不完善的地方，近年来社会上的一些不法分子利用伪造印章进行诈骗等违法犯罪活动相当猖獗，严重扰乱了正常的经济秩序和治安秩序，给国家、集体和个人造成了巨大的经济损失和恶劣的社会影响。

☞ **典型案例**

苏籍男子私刻公章侵财70万，齐河警方跨省抓获逃犯①

中国山东网德州频道2016年2月16日讯（记者 刘玲玲 通讯员 张飞飞）近日，齐河县公安局经侦大队追逃组前往南京一举将涉嫌私刻公章的江苏籍逃犯徐某抓获。

2013年8月，犯罪嫌疑人徐某组织的无任何资质的施工队，在青岛某立交桥项目施工期间，未经江苏省“泰州市某工程有限公司”同意，冒用该公司的名义，并伪造该公司印章与齐河县某钢管租赁站签订租赁合同，租赁该租赁站的脚手架等建筑材料。齐河县该钢管租赁站将脚手架等建筑材料交付给徐某施工队使用至2014年底工程完工。后徐某以工程款未到位为由，一直拒不支付近70万元的租赁费，给齐河县该钢管租赁站造成巨大的经济损失。

目前，犯罪嫌疑人徐某对犯罪事实供认不讳，此案正在进一步审理中。

为了加强行业管理，各地公安机关在加强印章治安管理方面作出了许多努力，投入了大量的人力、财力和物力，经过了几年曲折发展的道路，终于制定出了以现代科技手段为主要标志的印章管理信息化标准，使中国印章行业治安管理工作提高到一个新水平。

☞ **治安动态**

印章治安管理信息系统

在中国古代，官玺印是具有官方征验作用的印章。它象征着皇室的最高权威，它是朝廷事务活动所依赖的重要信物。

今天，印章应用更加广泛，它在各个领域起着举足轻重的凭证作用。印章，尤其是公章，代表着一个国家政党、团体、单位及公民的重要权益。一些不法分子瞄准印章，利用印章的重要性，把伪造印章、行骗，作为他们的“生财之道”。

屡屡发生的伪造印章案，扰乱了经济和治安秩序，社会危害十分严重。这引起公安部门和公共安全行业的重视，一种集印章治安管理和印章生产管理为一体的网络化管理系统应运而生。印章治安管理信息系统实现了全国印章信息的共享。它是一个自上而下的分级管理网络，印章的审批、制作、识别的全程网络化管理已变成现实。公安机关将已通过审批、登记后的印章信息通过网络传到指定的印章制作单位，制作单位根据得到的信息生成印章模块，每个印章模块都随机带有13位编码和防伪纹线，这些信息就像人的指纹，各不相同，通过

① 中国山东网，http：//dezhou. sdchina. com/show/3698212. html。

网络扫描，可作印章对比，绿灯亮起，说明这是真章，安全无事；当红灯亮起，假印章自动显形。

防伪印章还随机带有一组供语音查询的密码。签字盖章后，别忘了交换六位数的查询密码，通过公共电话网，即可查出印章真伪。

印章治安管理信息系统改变了印章管理依赖纸和笔，鉴别依赖眼和手的状况，提高了印章管理自动化程度和各个环节的工作效率。通过网络管理，能够有效地发现犯罪、预防犯罪和打击犯罪。为了实现全国印章治安的网络化管理，推动印章治安管理信息系统的建设工作，公安部颁布了《印章治安管理信息系统标准》，要求强制执行，并发出通知，到 2002 年底，要在全国完成印章治安管理信息系统的建设。

二、公章刻制业治安管理的基本制度

印章中的公章是违法犯罪分子伪造的重点对象，公安机关针对印章中的刻制公章形成了一整套的管理措施。

（一）开业审批制度

凡申请经营公章刻制的企业，先向当地县（区）级工商行政管理部门申请登记，领取营业执照后，再到当地县（区、市）级公安机关申请特种行业许可证，方准开业。

凡申请非刻制公章的行业，取得《营业执照》后，无需公安机关审批就可营业。

（二）备案登记制度

经营公章刻制业的单位和个人如有歇业、转业、合并、迁移、变更名称或其负责人的，应向当地工商行政管理部门办理变更登记手续后及时向原发《特种行业许可证》的公安机关备案。公章刻制实行备案管理。公章刻制企业在刻制公章后，将用章单位、公章刻制申请人、印模等基本信息报公安机关备案。公安机关要加强事中事后监管，建立统一的公章治安管理信息系统，逐步实现公章刻制网上备案、信息采集及公众查询。

（三）承接、登记、验证制度

公章刻制企业必须实行专人承接，必须查验委刻单位的证明，按照有关规定对委刻单位和经办人的姓名、地址和承制公章的全称、数量、规格、式样等逐项检查并且登记，同时将相关信息录入印章管理信息系统备查。对擅自更改已批准的印章的规格、样式，一律不准承接。

（四）监制、保管、交货制度

刻制各种机密印章、业务专用章，应当在公安机关指定的保密厂、店、车间，指定业务熟悉、政治可靠的专人制作，委刻单位要派人监制。

承制过程中的成品、半成品以及样品要专人专柜严格保管，防止被盗窃或丢失。试刻的样品和损坏的残品、废品不能扔，必须在监销人员监督下进行销毁。底版、图案、设计样品应全部归还定制单位处理，承制单位一律不得留样。

承刻单位在取货时，要认真核查取货人的单位证明和本人的居民身份证件，并在登记簿上签收，并注明件数和取货日期。承制单位在交货时应严格把好关，仔细验证，在手续完备的条件下，才可以交货，对无单位证明或居民身份证件而要求取货的一律不予允许，一定要严防违法犯罪人员冒名顶替领取成品。

（五）从业人员实名登记制度

按照《中共中央办公厅国务院办公厅印发〈关于进一步健全相关领域实名登记制度的总体方案〉的通知》（厅字〔2017〕8号）要求，严格加强对公章刻制业经营业主、主要负责人和从业人员的实名登记工作。

（六）情况报告制度

公章刻制业经营者必须接受公安机关的治安管理和监督。公章刻制业负责人和从业人员，在工作中应随时提高警惕，注意发现和控制违法犯罪嫌疑人，及时向公安机关治安管理部门报告情况，并应积极协助公安机关进行调查处理，不得包庇坏人或知情不举。

☞ 阅读材料

民生“假理财”涉案金约16.5亿，用假印章合同行骗①

据介绍，民生银行北京分行根据客户反映的信息排查发现，航天桥支行行长张颖使用伪造的理财合同和银行印章，骗取客户的理财资金。这是一起由个人道德风险引发的操作风险事件，涉嫌违法犯罪。该行立即向公安部门报案，公安部门于2017年4月13日将张颖带走调查取证。4月14日公安部门对张颖执行拘留，予以立案调查。

案件发生后，民生银行立即启动紧急处置预案，迅速成立了总行领导小组，由行长担任组长，纪委书记为副组长，相关副行长、部门负责人为成员。北京分行成立了案件专门处置工作组，工作组第一时间驻守航天桥支行，配合公安机关调查取证。同时，对该支行业务进行梳理排查，确保正常营业秩序。

与此同时，总、分行开展全方位风险自查，按条线、按机构对关键业务、关键岗位逐一排查。并通过95568、网站、微信公众号等客服渠道及公共平台，主动开展对广大客户的解释、安抚工作。

三、公安机关对违反公章刻制业管理规定的处罚

（一）未经许可，擅自经营公章刻制业的处罚

根据《中华人民共和国治安管理处罚法》第五十四条规定，处十日以上十五日以下拘留，并处五百元以上一千元以下罚款；情节较轻的，处五日以下拘留或者五百元以下罚款。公安机关应当予以取缔。

（二）取得公章刻制业特种行业许可证的经营者，违反国家有关管理规定，情节严重的处罚

根据《中华人民共和国治安管理处罚法》第五十四条规定，公安机关可以吊销许可证。

（三）伪造、变造国家机关、人民团体、企业、事业单位或者其他组织的印章的处罚

根据《中华人民共和国治安管理处罚法》第五十二条规定，处十日以上十五日以下拘留，可以并处一千元以下罚款；情节较轻的，处五日以上十日以下拘留，可以并处五百元以下罚款。

① 人民政协网，http：//www.rmzxb.com.cn/c/2017-04-28/1507598.shtml。

（四）伪造、变造车票、船票、航空客票、文艺演出票、体育比赛入场券或者其他有价票证、凭证的处罚

根据《中华人民共和国治安管理处罚法》第五十二条规定，处十日以上十五日以下拘留，可以并处一千元以下罚款；情节较轻的，处五日以上十日以下拘留，可以并处五百元以下罚款。

（五）伪造、变造船舶户牌的处罚

根据《中华人民共和国治安管理处罚法》第五十二条规定，处十日以上十五日以下拘留，可以并处一千元以下罚款；情节较轻的，处五日以上十日以下拘留，可以并处五百元以下罚款。

（六）伪造、变造国家机关的印章的处罚

根据《中华人民共和国刑法》第二百八十条规定，处三年以下有期徒刑、拘役、管制或者剥夺政治权利，并处罚金；情节严重的，处三年以上十年以下有期徒刑，并处罚金。

（七）伪造公司、企业、事业单位、人民团体的印章的处罚

根据《中华人民共和国刑法》第二百八十条规定，处三年以下有期徒刑、拘役、管制或者剥夺政治权利，并处罚金。

（八）伪造、变造居民身份证、护照、社会保障卡、驾驶证等依法可以用于证明身份的证件的处罚

根据《中华人民共和国刑法》第二百八十条规定，处三年以下有期徒刑、拘役、管制或者剥夺政治权利，并处罚金；情节严重的，处三年以上七年以下有期徒刑，并处罚金。

（九）伪造、变造武装部队印章的处罚

根据《中华人民共和国刑法》第三百七十五条规定，处三年以下有期徒刑、拘役、管制或者剥夺政治权利；情节严重的，处三年以上十年以下有期徒刑。

第四节　典当业治安管理

典当业是人类最古老的行业之一，堪称现代金融业的鼻祖，特别是抵押银行的前身。中国是世界上最早出现典当活动并形成典当业的国家之一。中国的典当业历史悠久，汉代时典当活动早已盛行，现代意义上的当铺却是出现于南朝。典当业一直是中国最重要的传统融资渠道之一，其便捷和平民化的特点，成为民间短期、急需融资不可替代的重要方式之一，在中国的社会经济中发挥了重要的作用。

1949 年中华人民共和国成立后，典当业被视为剥削人民的活动，而且涉及官商勾结而被禁止。典当业在 1978 年十一届三中全会后恢复经营。1987 年 12 月，“成都市华茂典当服务商行”在成都正式挂牌营业，成为当时中国大陆的第一家典当连锁经营行。现在，随着经济社会的快速发展，中国典当行已经进入连锁经营时代。这表明我们国家的典当行业正处于一个高速发展的时期。截至 2017 年 10 月底，全国共有典当企业 8457 家，分支机构 952 家，注册资本 1706. 7 亿元，从业人员 4. 8 万人。

从总体上看，典当业在方便人民群众生活、为中小企业服务方面发挥着积极的作用。但还存在着一些不容忽视的问题，如有的典当行违规经营，有的非法从事典当业务，收赃、销赃、窝赃等问题突出，个别地区非法典当行盛行等。为规范典当行合法经营，堵塞不法分子销赃渠道，公安机关应加强对典当业的监督管理，促进典当行业的健康发展。

一、典当业的概念

1. 典当，是指当户将其动产、财产权利作为当物质押或者将其房地产作为当物抵押给典当行，交付一定比例费用，取得当金，并在约定期限内支付当金利息、偿还当金、赎回当物的行为。

2. 典当行，是指依照《典当管理办法》设立的专门从事典当活动的企业法人，其组织形式与组织机构适用《中华人民共和国公司法》的有关规定。

3. 典当业，是指以实物占有权转移的形式为客户提供短期质押贷款的特殊的服务性行业。

二、典当行的设立

（一）条件

1. 有符合法律、法规规定的章程；
2. 有符合本办法规定的最低限额的注册资本；
3. 有符合要求的营业场所和办理业务必需的设施；
4. 有熟悉典当业务的经营管理人员及鉴定评估人员；
5. 有两个以上法人股东，且法人股相对控股；
6. 符合《典当管理办法》第九条和第十条规定的治安管理要求；
7. 符合国家对典当行统筹规划、合理布局的要求。

（二）程序

1. 申请人领取《典当经营许可证》；
2. 申请人到工商行政管理机关申请登记注册，领取《营业执照》；
3. 申请人领取典当行《特种行业许可证》，方可营业。

三、典当行经营范围

（一）典当行可以经营下列业务

1. 动产质押典当业务；
2. 财产权利质押典当业务；
3. 房地产（外省、自治区、直辖市的房地产或者未取得商品房预售许可证的在建工程除外）抵押典当业务；
4. 限额内绝当物品的变卖；
5. 鉴定评估及咨询服务；
6. 商务部依法批准的其他典当业务。

（二）典当行不得经营下列业务

1. 非绝当物品的销售以及旧物收购、寄售；
2. 动产抵押业务；
3. 集资、吸收存款或者变相吸收存款；
4. 发放信用贷款；
5. 未经商务部批准的其他业务。

（三）典当行不得收当下列财物

1. 依法被查封、扣押或者已经被采取其他保全措施的财产；
2. 赃物和来源不明的物品；
3. 易燃、易爆、剧毒、放射性物品及其容器；
4. 管制刀具，枪支、弹药，军、警用标志、制式服装和器械；
5. 国家机关公文、印章及其管理的财物；
6. 国家机关核发的除物权证书以外的证照及有效身份证件；
7. 当户没有所有权或者未能依法取得处分权的财产；
8. 法律、法规及国家有关规定禁止流通的自然资源或者其他财物。

（四）典当行不得有下列行为

1. 从商业银行以外的单位和个人借款；
2. 与其他典当行拆借或者变相拆借资金；
3. 超过规定限额从商业银行贷款；
4. 对外投资。

典当行收当国家统收、专营、专卖物品，须经有关部门批准。

四、典当业治安管理制度

（一）开业审批制度

申请人向商务主管部门领取《典当经营许可证》后，到所在地县（区）级工商行政管理部门申请登记注册，领取营业执照后，再到所在地县（区）级人民政府公安机关申领典当行《特种行业许可证》后方可开业。

（二）登记备案制度

典当行变更机构名称、注册资本（变更后注册资本在5000万元以上的除外）、法定代表人、在本市（地、州、盟）范围内变更住所、转让股份（对外转让股份累计达50%以上的除外）的，应当经省级商务主管部门批准。省级商务主管部门应当在批准后20日内向商务部备案。商务部于每年6月、12月集中换发《典当经营许可证》。

典当行分立、合并、跨市（地、州、盟）迁移住所、对外转让股份累计达50%以上、以及变更后注册资本在5000万元以上的，应当经省级商务主管部门同意，报商务部批准，并换发《典当经营许可证》。申请人领取《典当经营许可证》后，依照有关规定申请换发营业执照和《特种行业许可证》。

（三）收当、续当、赎当查验证件（照）制度

办理出当与赎当，当户均应当出具本人的有效身份证件。当户为单位的，经办人员应当出具单位证明和经办人的有效身份证件；委托典当中，被委托人应当出具典当委托书、本人和委托人的有效身份证件。除上述所列证件外，出当时，当户应当如实向典当行提供当物的来源及相关证明材料。赎当时，当户应当出示当票。

☞ 小知识

什么是当票?

当票是典当行与当户之间的借贷契约，是典当行向当户支付当金的付款凭证。典当行和当户就当票以外事项进行约定的，应当补充订立书面合同，但约定的内容不得违反有关法律、法规和本办法的规定。

当票应当载明下列事项：

1. 典当行机构名称及住所；
2. 当户姓名（名称）、住所（址）、有效证件（照）及号码；
3. 当物名称、数量、质量、状况；
4. 估价金额、当金数额；
5. 利率、综合费率；
6. 典当日期、典当期、续当期；
7. 当户须知。

典当行和当户不得将当票转让、出借或者质押给第三人。典当行和当户应当真实记录并妥善保管当票。当票遗失，当户应当及时向典当行办理挂失手续。未办理挂失手续或者挂失前被他人赎当，典当行无过错的，典当行不负赔偿责任。

（四）当物查验、保管制度

典当行在收当的时候应当对当物进行仔细查验，在当票上详细记载当物的基本情况。典当行对收当的物品要进行妥善保管，确保当物的安全。典当行应做到：经营场所内设置录像设备（录像资料至少保存2个月）；营业柜台设置防护设施；设置符合安全要求的典当物品保管库房和保险箱（柜、库）；设置报警装置；门窗设置防护设施；配备必要的消防设施及器材。

（五）通缉协查核对制度

典当行要组织员工认真学习公安机关下发的协查通知，熟知协查内容。收当时除按相关规定制度办理的同时，须与公安部门发布的协查通报的物品进行比对。发现可疑物品或可疑人员，在稳住当户的同时，立即上报当班经理和采取各种方式上报公安机关，做好协查工作。

（六）可疑情况报告制度

典当行发现公安机关通报协查的人员或者赃物以及《典当管理办法》第二十七条所列不得收当的其他财物的，应当立即向公安机关报告有关情况。对属于赃物或者有赃物嫌疑的当物，公安机关应当依法予以扣押，并依照国家有关规定处理。

（七）从业人员实名登记制度

按照《中共中央办公厅国务院办公厅印发〈关于进一步健全相关领域实名登记制度的总体方案〉的通知》（厅字［2017］8号）要求，严格加强对典当业经营业主、主要负责人和从业人员的实名登记工作。

（八）工作人员培训制度

通过培训，提高典当从业人员的整体综合素质，熟悉法律法规及相关政策，熟练掌握典当业务操作规程、技术要求及基本服务礼仪。财务人员掌握金融、会计、财税等知识。评估鉴定人员掌握当物鉴定、资产估价等技能。不断提高他们发现违法犯罪活动以及抵制各类违法犯罪活动诱惑的能力。

五、公安机关对违反典当业管理规定的处罚

1. 未经许可，擅自经营典当行的处罚

根据《中华人民共和国治安管理处罚法》第五十四条规定，处十日以上十五日以下拘留，并处五百元以上一千元以下罚款；情节较轻的，处五日以下拘留或者五百元以下罚款，并予以取缔。

2. 取得典当行特种行业许可证的经营者，违反国家有关管理规定，情节严重的处罚

根据《中华人民共和国治安管理处罚法》第五十四条规定，公安机关可以吊销许可证。

3. 典当业工作人员承接典当的物品，不查验有关证明、不履行登记手续的处罚

根据《中华人民共和国治安管理处罚法》第五十九条规定，处五百元以上一千元以下罚款；情节严重的，处五日以上十日以下拘留，并处五百元以上一千元以下罚款。

4. 典当业工作人员明知是违法犯罪嫌疑人、赃物，不向公安机关报告的处罚

根据《中华人民共和国治安管理处罚法》第五十九条规定，处五百元以上一千元以下罚款；情节严重的，处五日以上十日以下拘留，并处五百元以上一千元以下罚款。

5. 收当不得收当财物的处罚

根据《典当管理办法》第六十三条规定，由县级以上人民政府公安机关责令改正，并处5000元以上3万元以下罚款；构成犯罪的，依法追究刑事责任。

6. 明知是赃物而窝藏、转移、代为销售的，构成违反治安管理行为的处罚

根据《中华人民共和国治安管理处罚法》第六十条规定，处五日以上十日以下拘留，并处二百元以上五百元以下罚款。

7. 发现不得收当财物，没有向公安机关报告有关情况的处罚

根据《典当管理办法》第六十六条规定，由县级以上人民政府公安机关责令改正，并处2000元以上1万元以下罚款；造成严重后果或者屡教不改的，处5000元以上3万元以下罚款。

8. 收购公安机关通报寻查的赃物或者有赃物嫌疑的物品的处罚

根据《中华人民共和国治安管理处罚法》第五十九条规定，处五百元以上一千元以下罚款；情节严重的，处五日以上十日以下拘留，并处五百元以上一千元以下罚款：

9. 采用暴力、威胁手段强迫他人典当，或者以其他不正当手段侵犯当户合法权益，构成违反治安管理行为的处罚

根据《中华人民共和国治安管理处罚法》第四十六条规定，处五日以上十日以下拘留，并处二百元以上五百元以下罚款；情节较轻的，处五日以下拘留或者五百元以下罚款。

10. 采用暴力、威胁手段强迫他人典当，或者以其他不正当手段侵犯当户合法权益，构成犯罪行为的处罚

根据《中华人民共和国刑法》第二百二十六条规定，情节严重的，处三年以下有期徒刑或者拘役，并处或者单处罚金；情节特别严重的，处三年以上七年以下有期徒刑，并处罚金。

11. 非法吸收公众存款或者变相吸收公众存款，扰乱金融秩序的处罚

根据《中华人民共和国刑法》第一百七十六条规定，对单位判处罚金，并对其直接负责的主管人员和其他直接责任人员，处三年以下有期徒刑或者拘役，并处或者单处二万元以上二十万元以下罚金；数额巨大或者有其他严重情节的，处三年以上十年以下有期徒刑，并处五万元以上五十万元以下罚金。

12. 明知是犯罪所得及其产生的收益而予以窝藏、转移、收购、代为销售或者以其他方法掩饰、隐瞒的处罚

根据《中华人民共和国刑法》第三百一十二条规定，处三年以下有期徒刑、拘役或者管制，并处或者单处罚金；情节严重的，处三年以上七年以下有期徒刑，并处罚金。单位犯前款罪的，对单位判处罚金，并对其直接负责的主管人员和其他直接责任人员，依照前款的规定处罚。

☞ **典型案例**

武汉典当行老板收购赃物，成为小偷销赃窝点①

典当行老板明知是偷来的黄金手镯、笔记本电脑和吊坠，却多次收购赃物，成为小偷销赃窝点。

2015 年 1 月期间，青山红钢城接连发生多起盗窃案，数家居民家中的黄金项链和笔记本电脑不翼而飞。警方侦查发现，盗窃手法竟然十分相似，应该为同一盗贼所为。3 月，盗贼陈某落网。陈某交代，这些黄金首饰和笔记本电脑都销往青山一家典当行，典当行老板低价收购了总价值 18 万元的赃物，他则获利近万元。随后，警方抓获典当行老板陈某某，他还承认早就知道这些是赃物。

昨日记者获悉，洪山法院以掩饰、隐瞒犯罪所得罪，判处该典当行老板拘役四个月。

13. 有下列情形之一，以非法占有为目的，在签订、履行合同过程中，骗取对方当事人财物的处罚

1. 收受对方当事人给付的货物、货款、预付款或者担保财产后逃匿的；2. 以其他方法骗取对方当事人财物的。

根据《中华人民共和国刑法》第二百二十四条规定，数额较大的，处三年以下有期徒刑或者拘役，并处或者单处罚金；数额巨大或者有其他严重情节的，处三年以上十年以下有期徒刑，并处罚金；数额特别巨大或者有其他特别严重情节的，处十年以上有期徒刑或者无期徒刑，并处罚金或者没收财产。

14. 违反国家规定，未经许可经营法律、行政法规规定的专营、专卖物品或者其他限制买卖的物品，扰乱市场秩序的处罚

根据《中华人民共和国刑法》第二百二十五条规定，情节严重的，处五年以下有期徒刑或者拘役，并处或者单处违法所得一倍以上五倍以下罚金；情节特别严重的，处五年以上有期徒刑，并处违法所得一倍以上五倍以下罚金或者没收财产。

第五节　其他特种行业治安管理

一、废旧金属收购业治安管理

近年来，随着国家行政审批制度改革的不断推进，废旧金属收购业的发展非常迅猛，经营单位日益增多，市场竞争日趋激烈，一些企业和个体工商户违规经营、无照经营、收赃销

① http：//hb. sina. com. cn/news/sh/2015-08-06/detail-ifxftkpe2680698. shtml.

赃的现象屡禁不止，已成为诱发盗窃、破坏生产设备、电力电信设施和市政公用设施等违法犯罪活动的重要因素，严重扰乱了社会治安秩序，危及社会公共安全。

（一）废旧金属的概念

1. 生产性废旧金属，是指用于建筑、铁路、通讯、电力、水利、油田、市政设施及其他生产领域，已失去原有全部或部分使用价值的金属材料和金属制品。

2. 非生产性废旧金属，是指城乡居民及企、事业单位用于生活资料和农村居民用于农业生产的小型农具，在已失去原有的使用价值后的金属制品。

具体内容参见 1994 年 9 月 24 日国内贸易部、公安部《关于生产性废旧金属和非生产性废旧金属分类》。

（二）废旧金属收购业治安管理基本制度

1. 备案登记制度。回收生产性废旧金属的再生资源回收企业和回收非生产性废旧金属的再生资源回收经营者，除应当按照规定向商务主管部门备案外，还应当在取得营业执照后 15 日内，向所在地县级人民政府公安机关备案。

备案事项发生变更时，前款所列再生资源回收经营者应当自变更之日起 15 日内（属于工商登记事项的自工商登记变更之日起 15 日内）向县级人民政府公安机关办理变更手续。

2. 验证登记制度。再生资源回收企业回收生产性废旧金属时，应当对物品的名称、数量、规格、新旧程度等如实进行登记。

出售人为单位的，应当查验出售单位开具的证明，并如实登记出售单位名称、经办人姓名、住址、身份证号码；出售人为个人的，应当如实登记出售人的姓名、住址、身份证号码。登记资料保存期限不得少于两年。

3. 可疑情况报告制度。再生资源回收经营者在经营活动中发现有公安机关通报寻查的赃物或有赃物嫌疑的物品时，应当立即报告公安机关。公安机关对再生资源回收经营者在经营活动中发现的赃物或有赃物嫌疑的物品应当依法予以扣押，并开列扣押清单。有赃物嫌疑的物品经查明不是赃物的，应当依法及时退还；经查明确属赃物的，依照国家有关规定处理。

4. 禁设区制度。在铁路、矿区、油田、机场、港口、施工工地、军事禁区和金属冶炼加工企业附近，不得设点收购废旧金属。

5. 禁止收购制度。收购废旧金属的企业和个体工商户不得收购下列金属物品：

（1）枪支、弹药和爆炸物品；

（2）剧毒、放射性物品及其容器；

（3）铁路、油田、供电、电信通讯、矿山、水利、测量和城市公用设施等专用器材；

（4）公安机关通报寻查的赃物或者有赃物嫌疑的物品。

（三）公安机关对违反废旧金属收购业管理规定的处罚

1. 违反国家规定，收购铁路、油田、供电、电信、矿山、水利、测量和城市公用设施等废旧专用器材的处罚

根据《中华人民共和国治安管理处罚法》第五十九条规定，处五百元以上一千元以下罚款；情节严重的，处五日以上十日以下拘留，并处五百元以上一千元以下罚款。

2. 收购公安机关通报寻查的赃物或者有赃物嫌疑的物品的处罚

根据《中华人民共和国治安管理处罚法》第五十九条规定，处五百元以上一千元以下罚款；情节严重的，处五日以上十日以下拘留，并处五百元以上一千元以下罚款。

3. 收购国家禁止收购的其他物品的处罚

根据《中华人民共和国治安管理处罚法》第五十九条规定，处五百元以上一千元以下罚款；情节严重的，处五日以上十日以下拘留，并处五百元以上一千元以下罚款。

4. 明知是赃物而窝藏、转移、代为销售的，构成违反治安管理行为的处罚

根据《中华人民共和国治安管理处罚法》第六十条规定，处五日以上十日以下拘留，并处二百元以上五百元以下罚款。

5. 再生资源回收企业收购生产性废旧金属未如实进行登记的处罚

根据《废旧金属收购业治安管理办法》第十三条规定，视情节轻重，处以 2000 元以上 5000 元以下的罚款、责令停业整顿。

☞ **典型案例**

回收废旧金属要查身份证，违法收购将被罚①

红网雨湖区分站讯（记者 陈娟 通讯员 晏晖）为加强对辖区废旧回收业的治安管理，预防和打击违法犯罪活动，2017 年 11 月 16 日，雨湖公安分局雨湖路派出所民警对辖区废旧收购站进行检查，期间，查处了一起收购生产性废旧金属未如实登记案。

检查过程中，民警发现该废品收购站老板李某在收购盗窃嫌疑人李某（另案）送来的生产性废旧金属时存在不按规定如实登记出售者姓名、身份证号码以及物品的名称、数量等信息的情况。随后，民警根据《废旧金属收购业治安管理办法》对李某处以罚款 2000 元，同时责令其停业整顿。

记者在雨湖公安分局了解到：废旧金属收购业目前已开始执行实名制验证登记制度，所有收购生产性废旧金属的从业人员在收购生产性废旧金属时，必须仔细查验出卖人的身份证件和物品的来源证明，详细登记出卖人的身份信息和出卖废旧金属的特征。

此外，枪支、弹药和爆炸物品；剧毒、放射性物品及其容器；铁路、油田、供电、电信、矿山、水利、测量和城市公用设施等专用器材；公安机关通报寻查的赃物或者有赃物嫌疑的四大类物品严格禁止收购。

6. 在禁设区非法设点收购废旧金属的处罚

根据《废旧金属收购业治安管理办法》第十三条规定，予以取缔，没收非法收购的物品及非法所得，可以并处 5000 元以上 10000 元以下的罚款。

7. 没有在规定的期限内向所在地县级人民政府公安机关办理备案或者变更手续的处罚

根据《再生资源回收管理办法》第二十二条规定，由县级人民政府公安机关给予警告，责令其限期改正；逾期拒不改正的，可视情节轻重，对再生资源回收经营者处 500 元以上 2000 元以下罚款，并可向社会公告。

8. 再生资源回收企业回收生产性废旧金属时，登记资料保存期限少于两年的处罚

根据《再生资源回收管理办法》第二十四条规定，由公安机关责令改正，并处 500 元以上 1000 元以下罚款。

---

① http://www.yuhu.gov.cn/Info.aspx?Id=102774&ModelId=1.

9. 发现赃物或有赃物嫌疑的物品而未向公安机关报告的处罚

根据《再生资源回收管理办法》第二十五条规定，由公安机关给予警告，处 500 元以上 1000 元以下罚款；造成严重后果或屡教不改的，处以 1000 元以上 5000 元以下罚款。

10. 明知是犯罪所得及其产生的收益而予以窝藏、转移、收购、代为销售或者以其他方法掩饰、隐瞒的处罚

根据《中华人民共和国刑法》第三百一十二条规定，处三年以下有期徒刑、拘役或者管制，并处或者单处罚金；情节严重的，处三年以上七年以下有期徒刑，并处罚金。单位犯前款罪的，对单位判处罚金，并对其直接负责的主管人员和其他直接责任人员，依照前款的规定处罚。

二、印刷业治安管理

随着《印刷业管理条例》的出台，我国的印刷行业进入了成熟发展期。但是一些印刷企业受经济利益或其他因素驱动，印刷含有反动、淫秽、迷信内容和国家明令禁止印刷的出版物，如制作、复制、出版传播淫秽或迷信的书刊、图片、影片、音像制品等物品；一些企业又进行制假、贩假等违法犯罪活动，印刷大量的假证件、侵权注册商标标识、虚假广告和仿冒他人包装装潢的印刷品等，严重扰乱市场秩序，成为制售假冒伪劣商品的源头之一。

（一）印刷业的概念

印刷业是指使用机械、电子、激光、化学刻版技术，印刷或复印各种书报、文件、图表、证件、证书、证券等行业。

（二）印刷业的范围

根据《印刷业管理条例》的规定，印刷业分为以下三大类：

1. 出版物：包括报纸、期刊、书籍、地图、年画、图片、挂历、画册及音像制品、电子出版物的装帧封面等。

2. 包装装潢印刷品：包括商标标识、广告宣传品及作为产品包装装潢的纸、金属、塑料等的印刷品。

3. 其他印刷品：包括文件、资料、图表、票证、证件、名片等。

（三）印刷业管理的基本制度

1. 印刷经营许可制度。

未依照《印刷业管理条例》规定取得印刷经营许可证的，任何单位和个人不得从事印刷经营活动。

设立从事出版物印刷经营活动的企业，应当向所在地省、自治区、直辖市人民政府出版行政部门提出申请。申请人经审核批准的，取得印刷经营许可证，并持印刷经营许可证向工商行政管理部门申请登记注册，取得营业执照。企业申请从事包装装潢印刷品和其他印刷品印刷经营活动，应当持营业执照向所在地设区的市级人民政府出版行政部门提出申请，经审核批准的，发给印刷经营许可证。个人不得从事出版物、包装装潢印刷品印刷经营活动；个人从事其他印刷品印刷经营活动的，依照《印刷业管理条例》第十条第二款的规定办理审批手续。印刷经营许可证应当注明印刷企业所从事的印刷经营活动的种类。

2. 承印验证制度。

印刷企业接受出版单位委托印刷图书、期刊的，必须验证并收存出版单位盖章的印刷委托书，并在印刷前报出版单位所在地省、自治区、直辖市人民政府出版行政部门备案；印刷

企业接受所在地省、自治区、直辖市以外的出版单位的委托印刷图书、期刊的，印刷委托书还必须事先报印刷企业所在地省、自治区、直辖市人民政府出版行政部门备案。

印刷企业接受出版单位委托印刷报纸的，必须验证报纸出版许可证；接受出版单位的委托印刷报纸、期刊的增版、增刊的，还必须验证主管的出版行政部门批准出版增版、增刊的文件。印刷企业接受委托印刷内部资料性出版物的，必须验证县级以上地方人民政府出版行政部门核发的准印证。印刷企业接受委托印刷宗教内容的内部资料性出版物的，必须验证省、自治区、直辖市人民政府宗教事务管理部门的批准文件和省、自治区、直辖市人民政府出版行政部门核发的准印证。

印刷企业接受委托印刷境外的出版物的，必须持有关著作权的合法证明文件，经省、自治区、直辖市人民政府出版行政部门批准；印刷的境外出版物必须全部运输出境，不得在境内发行、散发。

委托印刷单位必须按照国家有关规定在委托印刷的出版物上刊载出版单位的名称、地址，书号、刊号或者版号，出版日期或者刊期，接受委托印刷出版物的企业的真实名称和地址，以及其他有关事项。印刷企业应当自完成出版物的印刷之日起 2 年内，留存一份接受委托印刷的出版物样本备查。

印刷企业接受委托印刷注册商标标识的，应当验证商标注册人所在地县级工商行政管理部门签章的《商标注册证》复印件，并核查委托人提供的注册商标图样；接受注册商标被许可使用人委托，印刷注册商标标识的，印刷企业还应当验证注册商标使用许可合同。印刷企业应当保存其验证、核查的工商行政管理部门签章的《商标注册证》复印件、注册商标图样、注册商标使用许可合同复印件 2 年，以备查验。

印刷企业接受委托印刷广告宣传品、作为产品包装装潢的印刷品的，应当验证委托印刷单位的营业执照或者个人的居民身份证；接受广告经营者的委托印刷广告宣传品的，还应当验证广告经营资格证明。印刷企业接受委托印刷包装装潢印刷品的，应当将印刷品的成品、半成品、废品和印板、纸型、底片、原稿等全部交付委托印刷单位或者个人，不得擅自留存。

印刷企业接受委托印刷境外包装装潢印刷品的，必须事先向所在地省、自治区、直辖市人民政府出版行政部门备案；印刷的包装装潢印刷品必须全部运输出境，不得在境内销售。印刷布告、通告、重大活动工作证、通行证、在社会上流通使用的票证的，委托印刷单位必须向印刷企业出具主管部门的证明。印刷企业必须验证主管部门的证明，并保存主管部门的证明副本 2 年，以备查验；并且不得再委托他人印刷上述印刷品。

印刷机关、团体、部队、企业事业单位内部使用的有价票证或者无价票证，或者印刷有单位名称的介绍信、工作证、会员证、出入证、学位证书、学历证书或者其他学业证书等专用证件的，委托印刷单位必须出具委托印刷证明。印刷企业必须验证委托印刷证明。印刷企业对前两款印件不得保留样本、样张；确因业务参考需要保留样本、样张的，应当征得委托印刷单位同意，在所保留印件上加盖“样本”、“样张”戳记，并妥善保管，不得丢失。

印刷企业接受委托印刷宗教用品的，必须验证省、自治区、直辖市人民政府宗教事务管理部门的批准文件和省、自治区、直辖市人民政府出版行政部门核发的准印证。接受委托印刷境外其他印刷品的，必须事先向所在地省、自治区、直辖市人民政府出版行政部门备案；印刷的其他印刷品必须全部运输出境，不得在境内销售。

3. 承印登记制度。

印刷业经营者应当按承印印刷品的种类在《出版物印刷登记簿》、《包装装潢印刷品印刷登记簿》、《其他印刷品印刷登记簿》、《专项排版、制版、装订业务登记簿》、《复印、打印业务登记簿》（以下统称为《印刷登记簿》）上登记委托印刷单位及委印人的名称、住址，经手人的姓名、身份证号码和联系电话，委托印刷的印刷品的名称、数量、印件原稿（或电子文档）、底片及交货日期、收货人等。

《印刷登记簿》一式三联，由省、自治区、直辖市人民政府出版行政部门或者其授权的地（市）级出版行政部门组织统一印制。印刷业经营者应当在每月月底将《印刷登记簿》登记的内容报所在地县级以上出版行政部门备案。

4. 印刷品保管制度。

印刷业经营者对承印印件的原稿（或电子文档）、校样、印板、底片、半成品、成品及印刷品的样本应当妥善保管，不得损毁。印刷企业应当自完成出版物的印刷之日起 2 年内，保存一份接受委托印刷的出版物样本备查。

印刷企业印刷布告、通告、重大活动工作证、通行证、在社会上流通使用的票证，印刷机关、团体、部队、企业事业单位内部使用的有价或者无价票证，印刷有单位名称的介绍信、工作证、会员证、出入证、学位证书、学历证书或者其他学业证书、机动车驾驶证、房屋权属证书等专用证件，不得擅自留存样本、样张；确因业务参考需要保留样本、样张的，应当征得委托印刷单位同意，在所保留印件上加盖“样本”、“样张”戳记，并妥善保管，不得丢失。印刷业经营者在执行印刷品保管制度时，应当明确保管责任，健全保管制度，严格保管交接手续，做到数字准确，有据可查。

5. 印刷品交付制度。

印刷企业接受委托印刷包装装潢印刷品的，应当将印刷品的成品、半成品、废品和印板、纸型、底片、原稿等全部交付委托印刷单位或者个人，不得擅自留存。印刷业经营者必须严格按照印刷委托书或者委托印刷证明规定的印数印刷，不得擅自加印。

印刷业经营者每完成一种印刷品的印刷业务后，应当认真清点印刷品数量，登记台账，并根据合同的规定将印刷成品、原稿（或电子文档）、底片、印板、校样等全部交付委托印刷单位或者个人，不得擅自留存。印刷业经营者应当建立印刷品承印档案，每完成一种印刷品的印刷业务后，应当将印刷合同、承印验证的各种证明文件及相应的复印件、发排单、付印单、样书、样本、样张等相关的资料一并归档留存。

6. 印刷活动残次品销毁制度。

印刷业经营者对印刷活动中产生的残次品，应当按实际数量登记造册，对不能修复并履行交付的，应当予以销毁，并登记销毁印件名称、数量、时间、责任人等。其中，属于国家秘密载体或者特种印刷品的，应当根据国家有关规定及时销毁。

印刷业经营者使用电子方法排版印制或者打印国家秘密载体的，应当严格按照有关法律、法规或者规章的规定办理。

7. 可疑情况报告制度。

印刷业经营者在印刷经营活动中发现违法犯罪行为，应当及时向公安部门或者出版行政部门报告。

（四）公安机关对违反印刷业管理规定的处罚

1. 伪造、变造、倒卖车票、船票、航空客票、文艺演出票、体育比赛入场券或者其他有价票证、凭证的处罚根据《中华人民共和国治安管理处罚法》第五十二条规定，处十日以上十五日以下拘留，可以并处一千元以下罚款；情节较轻的，处五日以上十日以下拘留，可以并处五百元以下罚款。

2. 伪造、变造船舶户牌的处罚

根据《中华人民共和国治安管理处罚法》第五十二条规定，处十日以上十五日以下拘留，可以并处一千元以下罚款；情节较轻的，处五日以上十日以下拘留，可以并处五百元以下罚款。

3. 伪造、变造或者买卖国家机关、人民团体、企业、事业单位或者其他组织的公文、证件、证明文件处罚

根据《中华人民共和国治安管理处罚法》第五十二条规定，处十日以上十五日以下拘留，可以并处一千元以下罚款；情节较轻的，处五日以上十日以下拘留，可以并处五百元以下罚款。

4. 在出版物中刊载民族歧视、侮辱内容的处罚

根据《中华人民共和国治安管理处罚法》第四十七条规定，处十日以上十五日以下拘留，可以并处一千元以下罚款。

5. 制作、复制淫秽的书刊、图片、影片、音像制品等淫秽物品的处罚

根据《中华人民共和国治安管理处罚法》第六十八条规定，处十日以上十五日以下拘留，可以并处三千元以下罚款；情节较轻的，处五日以下拘留或者五百元以下罚款。

6. 伪造、变造国家机关的公文、证件的处罚

根据《中华人民共和国刑法》第二百八十条规定，处三年以下有期徒刑、拘役、管制或者剥夺政治权利，并处罚金；情节严重的，处三年以上十年以下有期徒刑，并处罚金。

7. 伪造、变造武装部队公文、证件的处罚

根据《中华人民共和国刑法》第三百七十五条规定，处三年以下有期徒刑、拘役、管制或者剥夺政治权利；情节严重的，处三年以上十年以下有期徒刑。

8. 伪造、变造居民身份证、护照、社会保障卡、驾驶证等依法可以用于证明身份的证件的处罚

根据《中华人民共和国刑法》第二百八十条规定，处三年以下有期徒刑、拘役、管制或者剥夺政治权利，并处罚金；情节严重的，处三年以上七年以下有期徒刑，并处罚金。

9. 以牟利为目的，制作、复制、出版淫秽物品的处罚

根据《中华人民共和国刑法》第三百六十三条规定，处三年以下有期徒刑、拘役或者管制，并处罚金；情节严重的，处三年以上十年以下有期徒刑，并处罚金；情节特别严重的，处十年以上有期徒刑或者无期徒刑，并处罚金或者没收财产。

10. 为他人提供书号，出版淫秽书刊的；或者明知他人用于出版淫秽书刊而提供书号的处罚

根据《中华人民共和国刑法》第三百六十三条规定，处三年以下有期徒刑、拘役或者管制，并处或者单处罚金。

11. 单位犯制作、复制、出版淫秽物品牟利罪和为他人提供书号出版淫秽书刊罪的处罚

根据《中华人民共和国刑法》第三百六十六条规定，对单位判处罚金，并对其直接负责的主管人员和其他直接责任人员，依照各该条的规定处罚。

12. 伪造或者倒卖伪造的车票、船票、邮票或者其他有价票证

根据《中华人民共和国刑法》第二百二十七条规定，处二年以下有期徒刑、拘役或者管制，并处或者单处票证价额一倍以上五倍以下罚金；数额巨大的，处二年以上七年以下有期徒刑，并处票证价额一倍以上五倍以下罚金。

13. 伪造货币的处罚

根据《中华人民共和国刑法》第一百七十条规定，处三年以上十年以下有期徒刑，并处罚金；有下列情形之一的，处十年以上有期徒刑或者无期徒刑，并处罚金或者没收财产：（1）伪造货币集团的首要分子；（2）伪造货币数额特别巨大的；（3）有其他特别严重情节的。

14. 变造货币的处罚

根据《中华人民共和国刑法》第一百七十三条规定，数额较大的，处三年以下有期徒刑或者拘役，并处或者单处一万元以上十万元以下罚金；数额巨大的，处三年以上十年以下有期徒刑，并处二万元以上二十万元以下罚金。

15. 伪造、变造商业银行、证券交易所、期货交易所、证券公司、期货经纪公司、保险公司或者其他金融机构的经营许可证或者批准文件的处罚

根据《中华人民共和国刑法》第一百七十四条规定，处三年以下有期徒刑或者拘役，并处或者单处二万元以上二十万元以下罚金；情节严重的，处三年以上十年以下有期徒刑，并处五万元以上五十万元以下罚金。单位犯此款罪的，对单位判处罚金，并对其直接负责的主管人员和其他直接责任人员，依照第一款的规定处罚。

16. 伪造、变造金融票证，有下列情形之一行为的处罚

根据《中华人民共和国刑法》第一百七十七条规定，有下列情形之一，处五年以下有期徒刑或者拘役，并处或者单处二万元以上二十万元以下罚金；情节严重的，处五年以上十年以下有期徒刑，并处五万元以上五十万元以下罚金；情节特别严重的，处十年以上有期徒刑或者无期徒刑，并处五万元以上五十万元以下罚金或者没收财产：（1）伪造、变造汇票、本票、支票的（2）伪造、变造委托收款凭证、汇款凭证、银行存单等其他银行结算凭证的；（3）伪造、变造信用证或者附随的单据、文件的；

单位犯前款罪的，对单位判处罚金，并对其直接负责的主管人员和其他直接责任人员，依照前款的规定处罚。

17. 伪造、变造国库券或者国家发行的其他有价证券的处罚

根据《中华人民共和国刑法》第一百七十八条规定，数额较大的，处三年以下有期徒刑或者拘役，并处或者单处二万元以上二十万元以下罚金；数额巨大的，处三年以上十年以下有期徒刑，并处五万元以上五十万元以下罚金；数额特别巨大的，处十年以上有期徒刑或者无期徒刑，并处五万元以上五十万元以下罚金或者没收财产。单位犯此款罪的，对单位判处罚金，并对其直接负责的主管人员和其他直接责任人员，依照第一款的规定处罚。

18. 伪造、变造股票或者公司、企业债券的处罚

根据《中华人民共和国刑法》第一百七十八条规定，数额较大的，处三年以下有期徒刑或者拘役，并处或者单处一万元以上十万元以下罚金；数额巨大的，处三年以上十年以下有期徒刑，并处二万元以上二十万元以下罚金。单位犯此款罪的，对单位判处罚金，并对其直接负责的主管人员和其他直接责任人员，依照第二款的规定处罚。

19. 伪造增值税专用发票的处罚

根据《中华人民共和国刑法》第二百零六条规定，处三年以下有期徒刑、拘役或者管

制，并处二万元以上二十万元以下罚金；数量较大或者有其他严重情节的，处三年以上十年以下有期徒刑，并处五万元以上五十万元以下罚金；数量巨大或者有其他特别严重情节的，处十年以上有期徒刑或者无期徒刑，并处五万元以上五十万元以下罚金或者没收财产。单位犯本条规定之罪的，对单位判处罚金，并对其直接负责的主管人员和其他直接责任人员，处三年以下有期徒刑、拘役或者管制；数量较大或者有其他严重情节的，处三年以上十年以下有期徒刑；数量巨大或者有其他特别严重情节的，处十年以上有期徒刑或者无期徒刑。

20. 伪造、擅自制造可以用于骗取出口退税、抵扣税款的其他发票的处罚

根据《中华人民共和国刑法》第二百零九条规定，处三年以下有期徒刑、拘役或者管制，并处二万元以上二十万元以下罚金；数量巨大的，处三年以上七年以下有期徒刑，并处五万元以上五十万元以下罚金；数量特别巨大的，处七年以上有期徒刑，并处五万元以上五十万元以下罚金或者没收财产。

21. 伪造、擅自制造规定以外的其他发票的处罚

根据《中华人民共和国刑法》第二百零九条规定，处二年以下有期徒刑、拘役或者管制，并处或者单处一万元以上五万元以下罚金；情节严重的，处二年以上七年以下有期徒刑，并处五万元以上五十万元以下罚金。

22. 伪造、擅自制造他人注册商标标识的处罚

根据《中华人民共和国刑法》第二百一十五条规定，情节严重的，处三年以下有期徒刑、拘役或者管制，并处或者单处罚金；情节特别严重的，处三年以上七年以下有期徒刑，并处罚金。

23. 以营利为目的，有下列侵犯著作权情形之一行为的处罚

根据《中华人民共和国刑法》第二百一十七条规定，有下列侵犯著作权情形之一，违法所得数额较大或者有其他严重情节的，处三年以下有期徒刑或者拘役，并处或者单处罚金；违法所得数额巨大或者有其他特别严重情节的，处三年以上七年以下有期徒刑，并处罚金：（1）未经著作权人许可，复制发行其文字作品、音乐、电影、电视、录像作品、计算机软件及其他作品的；（2）出版他人享有专有出版权的图书的；（3）未经录音录像制作者许可，复制发行其制作的录音录像的；（4）制作、出售假冒他人署名的美术作品的。

24. 在出版物中刊载歧视、侮辱少数民族的内容，情节恶劣，造成严重后果的处罚

根据《中华人民共和国刑法》第二百五十条规定，对直接责任人员，处三年以下有期徒刑、拘役或者管制。

三、旧货流通业治安管理

（一）旧货流通业的概念

1. 旧货，是指已进入生产消费和生活消费领域，处于储备、使用和闲置状态，保持部分或者全部原有使用价值的物品。

2. 旧货市场，是指买卖双方进行公开的、经常性或者定期性的旧货交易活动，具有信息、评估、结算、加工翻新、保管、运输等配套服务功能的场所。

旧货市场按其业务活动范围，可分为全国性旧货市场和地方性旧货市场。全国性旧货市场是指跨省（自治区、直辖市）招商、经营的旧货市场。地方性旧货市场是指在省（自治区、直辖市）内招商、经营的旧货市场。国务院商品流通主管部门是旧货业的行业主管部门。县以上地方人民政府商品流通主管部门负责本行政区域旧货业的行业管理。各级公安机

关对旧货流通行业实施特种行业管理。

（二）旧货流通业治安管理的基本制度

1. 登记备案制度。经批准设立的旧货企业和旧货市场，申请者应当持商品流通主管部门的批准文件和证书，到当地工商行政管理部门办理登记手续，领取营业执照开业后，再到同级当地公安机关办理特种行业登记手续。

经营旧货的个体工商业户直接到所在地县级工商行政管理部门办理登记手续，领取营业执照开业后，再到所在地县级人民政府公安机关办理特种行业登记备案手续。

变更名称、法定代表人、住所、注册资金及修改章程等重大事项，应当自变更决定作出之日起 15 日内，报原审批机关批准，依照有关规定向工商管理部门、公安机关办理变更手续。旧货企业、旧货连锁店和旧货市场因停办或者破产而经营终止，应当自终止决议或者决定作出之日起 30 日内，向原审批机关提出书面申请，经审批后，清理债权债务，并依照有关规定到工商管理部门、公安机关办理注销登记手续。

2. 查验验证登记制度。旧货经营者应当对收购和受他人委托代销、寄卖的旧货进行查验。对价值超过 100 元的旧货应当详细记录其基本特征、来源和去向。旧货经营者应当登记出售、寄卖及受他人委托出售、寄卖旧货的单位名称和个人的居民身份证；对委托处理旧货的单位和个人，还应当严格查验委托单位的授权委托书及委托人的居民身份证。

3. 物品交接、保管及偿付制度。旧货经营者接受委托代理销售或者代为保管旧货的，应当建立严格的物品交接、保管及偿付制度，明确有关责任，避免发生纠纷。

4. 可疑情况报告制度。旧货市场、旧货经营者发现可疑人员、可疑物品及公安机关要求协查的物品、走私物品，有义务及时向当地公安机关报告，不得隐瞒包庇。

（三）公安机关对违反旧货业管理规定的处罚

1. 明知是赃物而窝藏、转移、代为销售的，构成违反治安管理行为的处罚

根据《中华人民共和国治安管理处罚法》第六十条规定，处五日以上十日以下拘留，并处二百元以上五百元以下罚款。

2. 阻碍国家机关工作人员依法执行职务的处罚

根据《中华人民共和国治安管理处罚法》第五十条规定，处警告或者二百元以下罚款；情节严重的，处五日以上十日以下拘留，可以并处五百元以下罚款。阻碍人民警察依法执行职务的，从重处罚。

3. 收购公安机关通报寻查的赃物或者有赃物嫌疑的物品的处罚

根据《中华人民共和国治安管理处罚法》第五十九条规定，处五百元以上一千元以下罚款；情节严重的，处五日以上十日以下拘留，并处五百元以上一千元以下罚款。

4. 收购国家禁止收购的其他物品的处罚

根据《中华人民共和国治安管理处罚法》第五十九条规定，处五百元以上一千元以下罚款；情节严重的，处五日以上十日以下拘留，并处五百元以上一千元以下罚款。

5. 以暴力、威胁方法阻碍国家机关工作人员依法执行职务的处罚

根据《中华人民共和国刑法》第二百七十七条规定，处三年以下有期徒刑、拘役、管制或者罚金。暴力袭击正在依法执行职务的人民警察的，依照第一款的规定从重处罚。

6. 违反《旧货流通管理办法》第三十一条、第三十二条、第三十七条规定的处罚

根据《旧货流通管理办法》第五十二条的规定，由公安机关依法查处。对直接负责的主管人员和其他直接责任人员处以 200 元以上 500 元以下罚款，并处经营单位 3000 元以上

10000元以下罚款；构成犯罪的，依法追究刑事责任。

☞ **法律法规链接**

《旧货流通管理办法》（节选）

第三十一条　旧货经营者应当对收购和受他人委托代销、寄卖的旧货进行查验。对价值超过100元的旧货应当详细记录其基本特征、来源和去向。

第三十二条　旧货经营者应当登记出售、寄卖及受他人委托出售、寄卖旧货的单位名称和个人的居民身份证；对委托处理旧货的单位和个人，还应当严格查验委托单位的授权委托书及委托人的居民身份证。

第三十七条　旧货市场、旧货经营者发现可疑人员、可疑物品及公安机关要求协查的物品、走私物品，有义务及时向当地公安机关报告，不得隐瞒包庇。

7. 违反国家规定，未经许可经营法律、行政法规规定的专营、专卖物品或者其他限制买卖的物品，扰乱市场秩序的处罚

根据《中华人民共和国刑法》第二百二十五条规定，情节严重的，处五年以下有期徒刑或者拘役，并处或者单处违法所得一倍以上五倍以下罚金；情节特别严重的，处五年以上有期徒刑，并处违法所得一倍以上五倍以下罚金或者没收财产。

8. 明知是犯罪所得及其产生的收益而予以窝藏、转移、收购、代为销售或者以其他方法掩饰、隐瞒的处罚

根据《中华人民共和国刑法》第三百一十二条规定，处三年以下有期徒刑、拘役或者管制，并处或者单处罚金；情节严重的，处三年以上七年以下有期徒刑，并处罚金。单位犯前款罪的，对单位判处罚金，并对其直接负责的主管人员和其他直接责任人员，依照前款的规定处罚。

四、报废机动车回收业治安管理

近年来，随着经济社会的快速发展，我国的汽车保有量迅速增加。作为再生资源流通环节重要一环的报废机动车回收拆解行业，也受到社会各界的关注和重视。但由于客观存在的一些困难和问题，报废汽车回收拆解行业的持续健康发展也面临许多瓶颈。由于缺乏对汽车强制报废有效监管和制约手段，非法回收、拆解、拼装报废汽车等行为屡禁不止。这不仅给道路交通安全造成隐患，而且还因排放量不达标而污染环境，同时也给违法犯罪分子提供了销赃渠道。

（一）报废机动车回收业的概念

1. 报废汽车（包括摩托车、农用运输车），是指达到国家报废标准，或者虽未达到国家报废标准，但发动机或者底盘严重损坏，经检验不符合国家机动车运行安全技术条件或者国家机动车污染物排放标准的机动车。

2. 报废机动车回收业，是指回收、拆解报废机动车的企业。

（二）报废机动车回收业治安管理制度

1. 登记备案制度。经营报废机动车回收业，根据有关规定，应经主管部门审核批准，

向工商行政管理部门申请登记，领取《营业执照》，方准开业。并在规定的时间内向同级公安机关备案。

2. 承修登记、查验制度。报废机动车回收企业，必须建立承修登记、查验制度，并接受公安机关的检查。

报废机动车回收企业回收报废机动车应如实登记下列项目：

（1）报废机动车车主名称或姓名、送车人姓名、居民身份证号码；

（2）按照公安交通管理部门出具的机动车报废证明登记报废车车牌号码、车型、发动机号码、车架号码、车身颜色；

（3）收车人姓名。

报废机动车回收企业回收报废机动车，必须查验公安交通管理部门出具的机动车报废证明。

3. 治安责任人制度。报废机动车回收企业的法定代表人或经营负责人是本单位的治安责任人，负责本单位的治安防范工作，并履行下列义务：

（1）制定并落实各项治安防范制度；

（2）发现可疑情况和盗窃、抢劫、销赃等违法犯罪线索及时报告公安机关；

（3）监督做好查验、登记工作；

（4）对公安机关检查发现的治安隐患及时改正。

治安责任人的责任，不得因承包、租赁经营等原因转移给他人。承包、租赁经营负责人在承包、租赁期间应同时承担前款规定的治安责任。

4. 可疑情况报告制度。报废机动车回收企业回收报废机动车时，发现下列可疑情况，应立即报告当地公安机关：

（1）证明、证件有变造、伪造痕迹的；

（2）送修车辆与机动车行驶证或回收车辆与报废证明不符的；

（3）车辆发动机号码、车架号码有改动痕迹或车辆有其他明显改动、破坏痕迹的；

（4）送修人要求更改发动机号码、车架号码的；

（5）公安机关查控的机动车辆；

（6）交通肇事逃逸嫌疑车辆及其他可疑情况。

（三）公安机关对违反报废机动车回收业管理规定的处罚

1. 回收报废机动车不按规定如实登记的处罚

根据《废旧金属收购业治安管理办法》第十三条规定，视情节轻重，处以 2000 元以上 5000 元以下的罚款、责令停业整顿。对报废机动车回收企业直接负责的主管人员和其他直接责任人员处警告或 500 元以下罚款。

2. 明知是赃物而窝藏、转移、代为销售的，构成违反治安管理行为的处罚

根据《中华人民共和国治安管理处罚法》第六十条规定，处五日以上十日以下拘留，并处二百元以上五百元以下罚款。

3. 回收无报废证明的机动车的处罚

根据《机动车修理业、报废机动车回收业治安管理办法》第十六条规定，对报废机动车回收企业处五千元以上三万元以下罚款。报废机动车回收企业直接负责的主管人员和其他直接责任人员处警告或两千元以下罚款。

4. 买卖或者伪造、变造《报废汽车回收证明》的处罚

根据《报废汽车回收管理办法》第二十一条规定，由公安机关没收违法所得，并处1万元以上5万元以下的罚款；属报废汽车回收企业，情节严重的，由原审批发证部门分别吊销《资格认定书》、营业执照。

5. 将报废汽车出售、赠予或者以其他方式转让给非报废汽车回收企业的单位或者个人的，或者自行拆解报废汽车的处罚

根据《报废汽车回收管理办法》第二十二条规定，由公安机关没收违法所得，并处2000元以上2万元以下的罚款。

6. 报废汽车回收企业明知或者应知是有盗窃、抢劫或者其他犯罪嫌疑的汽车、“五大总成”以及其他零配件，未向公安机关报告，擅自拆解、改装、拼装、倒卖的处罚

根据《报废汽车回收管理办法》第二十三条的规定，由公安机关依法没收汽车、“五大总成”以及其他零配件，处1万元以上5万元以下的罚款；由原审批发证部门分别吊销《资格认定书》、营业执照；构成犯罪的，依法追究刑事责任。

7. 报废汽车上路行驶的处罚

根据《报废汽车回收管理办法》第二十六条规定，由公安机关收回机动车号牌和机动车行驶证，责令报废汽车拥有单位或者个人依照本办法的规定办理注销登记，可以处2000元以下的罚款。

8. 拼装车上路行驶的处罚

根据《报废汽车回收管理办法》第二十六条规定，由公安机关没收拼装车，送报废汽车回收企业拆解，并处2000元以上5000元以下的罚款。

9. 阻碍国家机关工作人员依法执行职务的处罚

根据《中华人民共和国治安管理处罚法》第五十条规定，处警告或者二百元以下罚款；情节严重的，处五日以上十日以下拘留，可以并处五百元以下罚款。阻碍人民警察依法执行职务的，从重处罚。

10. 以暴力、威胁方法阻碍国家机关工作人员依法执行职务的处罚

根据《中华人民共和国刑法》第二百七十七条规定，处三年以下有期徒刑、拘役、管制或者罚金。暴力袭击正在依法执行职务的人民警察的，依照第一款的规定从重处罚。

11. 明知是犯罪所得及其产生的收益而予以窝藏、转移、收购、代为销售或者以其他方法掩饰、隐瞒的处罚

根据《中华人民共和国刑法》第三百一十二条规定，处三年以下有期徒刑、拘役或者管制，并处或者单处罚金；情节严重的，处三年以上七年以下有期徒刑，并处罚金。单位犯前款罪的，对单位判处罚金，并对其直接负责的主管人员和其他直接责任人员，依照前款的规定处罚。

第六节　新兴重点行业治安管理

当前我国新兴的重点行业主要包括开锁业、二手手机交易业以及物流寄递业等。

一、开锁业治安管理

近年来，开锁行业发展迅速，为广大群众救急解难提供了便利。但不容忽视的是，一些地方开锁经营单位过多过滥，开锁技术人员失管失控，开锁服务的广告随处可见，引发了大

量入室盗窃等侵财型案件，危及广大人民群众的生命财产安全。特别是随着网络信息互动和网络购物快速普及和发展，更加剧了开锁技术和开锁工具的无序传播扩散，导致以技术开锁方式入室盗窃的案件与日俱增，技术开锁这一特殊技能已成为入室盗窃案件中较为常见的作案手段之一，利用开锁技术进行违法犯罪的问题日益突出，对社会治安稳定和公众生命财产安全造成严重现实危害和重大安全隐患，并且这种安全隐患还在不断暗滋潜长，严重影响公众安全感。

（一）开锁业的概念

开锁业是指经营以专业人员对锁具（含汽车锁、保险柜锁、建筑门锁以及其他闭锁在标的物上的锁）进行技术操作，解除闭锁在标的物上锁具的闭锁状态，对锁具进行修理更换，以及传播开锁技术、生产销售开锁工具等业务的行业。

（二）开锁业治安管理的基本制度

1. 登记备案制度。公安机关对依法领取营业执照的开锁业经营单位及其从业人员要建立登记备案制度，建档立簿，登记详细信息，并实行信息化管理。

2. 验证登记制度。公安机关要督促从业人员严格执行工作规程，提供开锁服务时必须查验服务对象身份证件，填写开锁服务记录单，如实登记开锁服务时间、地点、当事人身份信息、开锁物品的牌证号和特征等情况。

3. 信息共享制度。公安机关、人力资源社会保障、工商行政管理部门要加强沟通协作，及时通报情况信息，构建长效工作机制，形成多方联动、齐抓共管的工作格局。工商行政管理部门向开锁业经营单位核发营业执照后，要及时将相关情况通报同级公安机关；人力资源社会保障部门批准开锁培训班后，也要及时将相关情况送同级公安机关备案。公安机关发现开锁从业人员存在违法犯罪活动或违规经营行为的，要及时通报相关部门，并提出处理意见。

4. 备案经营单位名录公示制度。工商行政管理部门要适时向社会公布已依法登记的开锁经营单位名称，公安机关要及时向社会公布已备案经营单位名录，引导群众通过合法经营单位解决开锁问题，自觉抵制、主动举报非法开锁摊点。

☞ 治安动态

北京全市推行安全开锁业名录，开锁须出示身份证①

（记者张蕾）即日起，本市在警方有备案的正规开锁公司有名录了。纳入名录的开锁公司和技工都经过了严格的筛选。市民有开锁需求时，可直接上网查询就近开锁公司的电话，寻求服务。记者上午从北京市公安局治安管理总队获悉，北京警方已在全市开始推行这一开锁业名录制治安管理新模式。

记者体验，简单方便：

据北京市公安局治安管理总队相关负责人介绍，在全市推行的开锁业名录制是公安机关对符合条件的开锁经营单位和开锁技工，形成开锁业名录，核发《开锁业备案登记证明》和《开锁技工备案登记卡》，在市公安局政务网站民生服务平台上公示开锁经营单位名称、

① http：//www. chinanews. com/gn/2016/02-04/7748446. shtml.

经营地址、联系电话等，方便群众网上查询。

记者现场体验了一把：登录北京市公安局官方网站，点击进入首页下方的“开锁业名录制专栏”，此时能看到页面左侧的“开锁企业名录”中列有东城、西城、朝阳、海淀等区。点击所在的区，右侧便能看到名录中该区开锁公司的名称、地址、电话及负责人姓名。其中，海淀、丰台、昌平、西城、房山、朝阳、大兴可选择的开锁公司相对较多，均在8家以上。其他区大约在3至6家，顺义最少，只有1家。

纳入名录，条件严苛：

为确保开锁服务安全，公安机关对纳入开锁业名录制管理的经营单位和开锁技工的条件进行了严格审查，第一批纳入开锁业名录制管理的经营单位共143家，开锁技工305名。

据记者了解，对于这些开锁企业的服务收费，目前尚无统一的政府指导价格，仍遵循市场规律，企业自主定价。

需要开锁，出示身份证：

警方表示，在提供开锁服务时，开锁技工将严格开锁现场验证登记，对委托开锁人拒绝提供有效身份证件、无法证明对闭锁物拥有所有权或使用权等可疑情况，将拨打110电话报警；群众发现开锁技工行为可疑的，也可以拨打110电话报警。

5. 可疑情况报告制度。开锁业从业人员在提供开锁服务时发现可疑情况和违法犯罪线索，要及时报告公安机关。

（三）公安机关对违反开锁业管理规定的处罚

1. 盗窃公私财物的处罚

根据《中华人民共和国治安管理处罚法》第四十九条规定，处五日以上十日以下拘留，可以并处五百元以下罚款；情节较重的，处十日以上十五日以下拘留，可以并处一千元以下罚款。

2. 阻碍国家机关工作人员依法执行职务的处罚

根据《中华人民共和国治安管理处罚法》第五十条规定，处警告或者二百元以下罚款；情节严重的，处五日以上十日以下拘留，可以并处五百元以下罚款。阻碍人民警察依法执行职务的，从重处罚。

3. 盗窃公私财物，数额较大的，或者多次盗窃、入户盗窃、携带凶器盗窃、扒窃的处罚

根据《中华人民共和国刑法》第二百六十四条规定，处三年以下有期徒刑、拘役或者管制，并处或者单处罚金；数额巨大或者有其他严重情节的，处三年以上十年以下有期徒刑，并处罚金；数额特别巨大或者有其他特别严重情节的，处十年以上有期徒刑或者无期徒刑，并处罚金或者没收财产。

4. 以暴力、威胁方法阻碍国家机关工作人员依法执行职务的处罚

根据《中华人民共和国刑法》第二百七十七条规定，处三年以下有期徒刑、拘役、管制或者罚金。暴力袭击正在依法执行职务的人民警察的，依照第一款的规定从重处罚。

二、二手手机交易业治安管理

我国已成为全球最大的智能手机生产国和消费国，我国有高达10亿部废旧手机闲置，但二手手机回收率仅2%。二手手机市场日渐繁荣，但相关政策缺位，监管滞后，交易秩序

混乱，导致二手手机市场为那些盗抢手机的不法分子提供了销赃的平台。

☞ 典型案例

渭城分局破获盗窃销赃二手手机案，抓获犯罪嫌疑人30人①

经过3个多月的周密部署、精准发力，咸阳市公安局渭城分局一举打掉3个盗、销手机犯罪团伙，抓获犯罪嫌疑人30人，收缴涉案手机422部。

今年2月底，渭城分局获悉该市城区人民路一家二手手机交易市场，涉嫌以设立维修柜台为掩护收售被盗手机的犯罪线索。当即，该局抽调警力展开前期侦查，于5月终于初摸清了3个团伙主要成员及上下线嫌疑人之间的关系和活动轨迹，并将各团伙犯罪事实和主要证据收集到位，具备集中打击收网条件。

5月4日，渭城分局抽调刑侦大队各中队及相关派出所百余警力成立“5·5”专案组，于5月5日下午开展收网行动，当天抓获团伙嫌疑人17人，并收缴百余部涉案手机。

截至目前，该案已抓获嫌疑人30人。其中，刑事拘留15人，监视居住9人，强制隔离戒毒6人，查扣“三无”手机422部。

警方初步查明：以犯罪嫌疑人王某振、陈某军、李某为首的3个团伙自2011年以来，在咸阳市城区某商厦设立维修柜台为掩护，先后从18名专司盗窃手机的犯罪嫌疑人处，以50至数千元不等的价格收购近万部手机，随后又以高价销往深圳、无锡、徐州等地。

目前，该案正在进一步深挖之中。

（一）二手手机交易业的概念

二手手机交易业是指以收购和出售旧手机、翻新手机和滞销手机等为主要经营业务的行业总称。

（二）二手手机交易业治安管理基本制度

1. 实名登记制度。应对二手手机交易人员和交易手机进行登记，卖主应提供出售手机的发票以及本人的身份证号码登记备查，这样可杜绝某些手机通过非正规渠道出售。有条件的地方，可以推广使用二手手机交易治安管理信息系统，及时将出售手机信息与盗抢手机信息进行自动比对，从而打击利用二手手机交易销赃的违法犯罪分子。

☞ 治安动态

呼和浩特市启用全国首个二手手机交易管理系统②

失主提供被盗手机序列号，一旦被交易将自动报警。

只要记住自己手机独一无二的序列号，即便是你的手机被卖到二手市场也能被找到。记者1月6日从呼市公安局治安管理支队特行大队了解到，首府率先建成启用了全国首个二手

---

① http：//www.sxdaily.com.cn/n/2017/0605/c1225-6194042.htm.

② http：//news.sina.com.cn/o/2013-01-07/223925977701.shtm.

手机交易管理系统。该系统的成功建立，能实现对二手手机交易过程中的违法行为进行快速和有力的打击，将在一定程度上遏制二手手机盗抢案件的发生。

据了解，二手手机交易管理系统，在硬件设施方面，由安装在二手手机交易网点的采集终端软件和运行在公安网上的管理平台组成，通过采集终端软件将从事二手手机交易的人和手机信息采集并上报到公安后台，系统将上报的人员信息与在逃人员库进行自动对比报警，同时将上报的手机信息与布控手机库进行自动比对报警。这样就是说，今后如市民手机被盗抢，可先持被盗手机的有效购买凭证向公安机关报案，并提供自己的手机序列号。

随后，公安机关将失主提供的被盗手机串号录入数据库内，一旦有人持这部已经被警方“锁定”的手机前往二手手机市场进行交易时，该系统自动将报警信息以短信形式发送到办案民警手机上，从而使得民警及时赶到交易市场，将非法交易的嫌疑人当场抓获。

昨日下午，记者从呼和浩特市治安管理支队特行大队了解到，目前，我市二手手机市场大致分为三种类型。一种是天宏、众兴、永和等正规交易市场；一种是分布在中山东路和人民路沿街两侧的散户摊点80余家；还有一种就是全市千余家个体手机经营户，虽然其主营业务是销售和维修手机，但也从事二手手机业务活动。目前，治安管理支队特行大队已经在全市范围内48家二手手机场所安装了该管理系统，并正式启用了该系统。截至目前，上网布控丢失和盗抢手机信息189条，共上传收购“二手手机”信息2515条，交易“二手手机”人员信息1010条。下一步，警方将在我市范围内逐步建立健全二手手机管理系统，同时加大对流动摊贩等不法交易的打击力度，力争让每一部二手手机交易时先经过该管理系统审核。

2. 登记备案制度。二手手机经营者应当在取得工商行政管理部门核发的营业执照之日起十五日内，持营业执照及其复印件到所在地的县级公安机关备案。二手手机经营者停业、歇业或者变更名称、经营地点、法定代表人、经营范围的，应当自工商行政管理部门登记注销或者登记变更之日起十五日内到原备案的县级公安机关办理备案变更手续。

3. 查验登记制度。二手手机经营者应当对收售的二手手机进行查验，并详细记录其基本特征、来源和去向，并登记出售或者委托代销、寄售二手手机的单位有效证明、个人的居民身份证或者授权委托书；对自己销售的二手手机登记买受人的单位有效证明、个人的居民身份证或者授权委托书。

4. 可疑情况报告制度。二手手机经营者在交易中发现疑似销赃行为或者公安机关通报协查的人员及赃物的，应当立即向公安机关报案。

5. 监督检查制度。要规范二手手机市场，政府有关部门和公安机关应结合本地区的实际情况及存在的突出问题，对无照经营和违规经营的门市和摊点予以清理和取缔，严厉打击不法经营者的经营行为，提高经营者守法经营的意识，更有力地保护消费者的合法权益。此外，应该鼓励大型手机卖场等正规渠道的介入，通过品牌经营保障消费者的利益，这是规范二手手机市场的一个有效途径。

（三）公安机关对违反二手手机交易业管理规定的处罚

1. 明知是赃物而窝藏、转移、代为销售的，构成违反治安管理行为的处罚

根据《中华人民共和国治安管理处罚法》第六十条规定，处五日以上十日以下拘留，并处二百元以上五百元以下罚款。

2. 阻碍国家机关工作人员依法执行职务的处罚

根据《中华人民共和国治安管理处罚法》第五十条规定，处警告或者二百元以下罚款；情节严重的，处五日以上十日以下拘留，可以并处五百元以下罚款。阻碍人民警察依法执行职务的，从重处罚。

3. 收购公安机关通报寻查的赃物或者有赃物嫌疑的物品的处罚

根据《中华人民共和国治安管理处罚法》第五十九条规定，处五百元以上一千元以下罚款；情节严重的，处五日以上十日以下拘留，并处五百元以上一千元以下罚款：

4. 以暴力、威胁方法阻碍国家机关工作人员依法执行职务的处罚

根据《中华人民共和国刑法》第二百七十七条规定，处三年以下有期徒刑、拘役、管制或者罚金。暴力袭击正在依法执行职务的人民警察的，依照第一款的规定从重处罚。

5. 明知是犯罪所得及其产生的收益而予以窝藏、转移、收购、代为销售或者以其他方法掩饰、隐瞒的处罚

根据《中华人民共和国刑法》第三百一十二条规定，处三年以下有期徒刑、拘役或者管制，并处或者单处罚金；情节严重的，处三年以上七年以下有期徒刑，并处罚金。单位犯前款罪的，对单位判处罚金，并对其直接负责的主管人员和其他直接责任人员，依照前款的规定处罚。

三、物流寄递业治安管理

近年来，我国物流寄递业的发展十分迅猛，寄递渠道正通过其四通八达、经济便捷等优势改变着大众的生活，使更多的人享受到互联网经济带来的好处，也不断通过自身的网络优势服务着各地的经济民生。与此同时，寄递渠道的高效便捷也逐渐受到不法分子的青睐，利用物流寄递渠道的各类违法犯罪行为亦呈现高发态势，通过物流寄递渠道贩运毒品、枪支弹药、爆炸物品、剧毒化学品、管制刀具、制爆原材料、传播宗教极端思想的书籍和音像制品等禁寄物，以及盗窃、非法扣留、冒领、隐匿、毁弃、私拆邮件、快件的违法犯罪案件明显增多，严重侵害了公民的合法权益，对公共安全造成了现实危害。

☞ **典型案例**

长沙警方破获“邮包”运毒案①

新华网长沙11月11日电（记者刘良恒）将海洛因塞进电脑主机，利用邮递包裹从云南寄至长沙，毒贩妄图通过邮寄方式躲避缉毒。长沙警方11日通报，长沙县公安局禁毒大队近日成功侦破通过邮包寄递渠道运输毒品的系列案件，斩断一条从云南运往长沙的运毒通道。

据了解，长沙县警方近期接到线索反映：从云南临沧市寄往长沙地区的邮包内可能藏匿有毒品可疑物。长沙县公安局立即组织警力在湖南省邮政中心寻找从云南邮寄过来的包裹，民警费尽周折查找，未发现藏毒邮包。随后，办案民警侦查发现藏毒包裹已发往长沙市，收件人已带着包裹前往汽车站，准备运送刚收到的包裹前往武汉。当晚8点许，长沙县警方通过蹲守布控，在京珠高速一收费站从一辆黑色奇瑞小车上将涉嫌运输毒品的犯罪嫌疑人周某

① http：//news. xinhuanet. com/local/2015-11/11/c_1117113575. htm.

单抓获归案，并从小车尾箱的电脑主机箱内查获毒品海洛因5包。

经查，周某单系广东连州市人，曾在一家皮鞋厂打工，平时爱好赌博，欠下8万元赌债，债主告诉他，如果帮忙运毒可以抵债，运一次可获得2万元报酬。周某单想着来钱快，便欣然答应。据周某单交代，10月28日10时许，他接到上线的电话后，于29日12点许，从上海坐飞机至长沙，当天下午3点半左右，通过上线提供的电话号码与送包裹的快递员联系后，乘的士至雨花区城南路一酒店附近，从一个邮局工作人员的车上拿到夹带有毒品的包裹，再至汽车南站租了“黑的”去往武汉，准备下高速时被民警抓获。

目前，周某单因涉嫌运输毒品罪已被警方依法刑拘，案件正在进一步深挖中。

（一）物流寄递业的概念

物流寄递业是物流业和寄递业的总称，具体包括从事物流寄递业务的个体工商户和物流企业、货物配载企业、邮政企业、快递企业及下属的场站、分部、加盟商、营业部、网点、代办点等。

（二）禁止寄递物品的范围

1. 危害国家安全、扰乱社会秩序、破坏社会稳定的各类物品；

2. 危及寄递安全的爆炸性、易燃性、腐蚀性、毒害性、感染性、放射性等各类物品；

3. 法律、行政法规以及国务院和国务院有关部门规定禁止寄递的其他物品。

具体禁寄物品详见《禁止寄递物品指导目录》。

（三）物流寄递企业管理的基本制度

物流寄递企业是寄递物品安全管理第一责任主体，要按照“谁经营，谁负责”原则，进一步完善收寄、分拣、运输、投递等环节安全管理制度，建立健全内部安全风险防控体系，提高安全管理和突发事件应急处置能力。要严格遵守寄递渠道安全管理相关法律法规规定，认真落实收寄验视和禁限寄物品管理规定，严把收寄关口，防止各类禁寄物品进入寄递渠道。对于利用寄递渠道实施的违法犯罪行为，一经发现要立即报告当地邮政管理、公安、国家安全等部门，并协助调查处理。

1. 实名登记制度。铁路、公路、水上、航空的货运和邮政、快递等物流运营单位应当实行运输、寄递客户身份实名登记。

2. 收寄验视制度。寄递企业要依法当场验视用户交寄的物品是否属于禁寄物品，以及物品的名称、性质、数量等是否与寄递详情单所填写的内容一致，寄运物品先验视后封箱，防止禁寄物品进入寄递渠道。

3. 安全查验检查制度。铁路、公路、水上、航空的货运和邮政、快递等物流运营单位应当实行安全查验制度，对客户身份进行查验，依照规定对运输、寄递物品进行安全检查或者开封验视。寄递企业要配备符合国家标准或者行业标准的安全检查设备，安排具备专业技术和技能的人员对邮件、快件进行安全检查。邮件快件要进行X光机安检。对禁止运输、寄递，存在重大安全隐患，或者客户拒绝安全查验的物品，不得运输、寄递。

4. 安全教育培训制度。寄递企业要强化从业人员对禁寄物品的防范意识、辨识知识和处置能力。未经安全教育和培训的从业人员不得上岗作业。

（四）公安机关对违反物流寄递业管理规定的处罚

1. 寄递企业违法收寄、运输禁寄物品的处罚

根据《中华人民共和国反恐怖主义法》第八十五条规定，铁路、公路、水上、航空的

货运和邮政、快递等物流运营单位有下列情形之一的，由主管部门处十万元以上五十万元以下罚款，并对其直接负责的主管人员和其他直接责任人员处十万元以下罚款：（1）未实行安全查验制度，对客户身份进行查验，或者未依照规定对运输、寄递物品进行安全检查或者开封验视的；（2）对禁止运输、寄递，存在重大安全隐患，或者客户拒绝安全查验的物品予以运输、寄递的；（3）未实行运输、寄递客户身份、物品信息登记制度的。

☞ **典型案例**

因未查验客户身份，云南某快递被罚款10万①

据云南省反恐办公布的信息显示，今年云南省对5起违反《反恐怖主义法》典型案例进行通报，其中一家快递公司未对客户身份进行查验被罚10万元，对相关业务员处以2000元的罚款。电商的快速发展，让网购成为诸多消费者购物的首选方式，而这也带动了快递业的发展。不过，随着快递行业规模的快速增长，社会上某些不法分子会利用快递对违法违规物品进行伪装，从而实施犯罪行为。因此，为了保证社会的安全以及规范行业的发展，相关部门对快递公司提出了严格的收发要求。2016年6月1日，《快递安全生产操作规范》正式实施，规范要求，除收寄快递必须出示本人身份证等有效证件外，快递单必须实名，并且需先通过快递员检查验视。不过，目前仍有快递公司在收发快递时没有按照规范进行操作。今年6月，保山市腾冲市公安局在日常工作中发现：云南某速运有限公司腾冲分公司一营业部在日常经营中未严格执行寄递物流收寄安全查验“三个100%”制度。经市公安局与市邮政管理局联合调查核实，该公司未实行安全查验制度，未对客户身份进行查验，未依照规定对寄递物品进行开箱验视的违法事实成立。最终，市邮政管理局依据《反恐怖主义法》相关规定，对云南某速运有限公司腾冲分公司一营业部处于10万元罚款，对保山分公司负责人陈某处以2000元罚款，对业务员燕某处以2000元罚款。

2. 邮政企业、快递企业拒绝、阻碍国家机关工作人员依法实施的监督检查，尚不构成犯罪的处罚

根据《中华人民共和国治安管理处罚法》第五十条规定，处警告或者二百元以下罚款；情节严重的，处五日以上十日以下拘留，可以并处五百元以下罚款。阻碍人民警察依法执行职务的，从重处罚。对快递企业，邮政管理部门还可以责令停业整顿直至吊销其快递业务经营许可证。

3. 冒领、隐匿、毁弃、私自开拆或者非法检查他人邮件的处罚

根据《中华人民共和国治安管理处罚法》第四十八条规定，处五日以下拘留或者五百元以下罚款。

4. 违反国家规定，运输、邮寄爆炸性、毒害性、放射性、腐蚀性物质或者传染病病原体等危险物质的处罚

根据《中华人民共和国治安管理处罚法》第三十条规定，处十日以上十五日以下拘留；情节较轻的，处五日以上十日以下拘留。

① http：//www.ebrun.com/20170831/244722.shtm.

5. 邮政企业、快递企业以暴力、威胁方法阻碍国家机关工作人员依法执行职务的处罚

根据《中华人民共和国刑法》第二百七十七条规定，处三年以下有期徒刑、拘役、管制或者罚金。暴力袭击正在依法执行职务的人民警察的，依照第一款的规定从重处罚。

6. 用户违反《禁止寄递物品管理规定》的规定，在邮件、快件内夹带禁寄物品，将禁寄物品匿报或者谎报为其他物品交寄的处罚

根据《禁止寄递物品管理规定》第十六条的规定，造成人身伤害或者财产损失的，依法承担赔偿责任；构成犯罪的，依法追究刑事责任；尚不构成犯罪的，依照《中华人民共和国治安管理处罚法》及有关法律、行政法规的规定处罚。

7. 非法邮寄枪支、弹药、爆炸物的处罚

根据《中华人民共和国刑法》第一百二十五条规定，处三年以上十年以下有期徒刑；情节严重的，处十年以上有期徒刑、无期徒刑或者死刑。单位犯此款罪的，对单位判处罚金，并对其直接负责的主管人员和其他直接责任人员，依照上述规定处罚。

8. 非法运输毒害性、放射性、传染病病原体等物质，危害公共安全的处罚

根据《中华人民共和国刑法》第一百二十五条规定，处三年以上十年以下有期徒刑；情节严重的，处十年以上有期徒刑、无期徒刑或者死刑。单位犯此款罪的，对单位判处罚金，并对其直接负责的主管人员和其他直接责任人员，依照上述规定处罚。

9. 隐匿、毁弃或者非法开拆他人信件的处罚

根据《中华人民共和国刑法》第二百五十二条规定，侵犯公民通信自由权利，情节严重的，处一年以下有期徒刑或者拘役。

10. 邮政工作人员私自开拆或者隐匿、毁弃邮件、电报的处罚

根据《中华人民共和国刑法》第二百五十三条规定，处二年以下有期徒刑或者拘役。犯此款罪而窃取财物的，根据《中华人民共和国刑法》第二百六十四条规定从重处罚：处三年以下有期徒刑、拘役或者管制，并处或者单处罚金；数额巨大或者有其他严重情节的，处三年以上十年以下有期徒刑，并处罚金；数额特别巨大或者有其他特别严重情节的，处十年以上有期徒刑或者无期徒刑，并处罚金或者没收财产。

11. 邮政工作人员严重不负责任，故意延误投递邮件，致使公共财产、国家和人民利益遭受重大损失的处罚

根据《中华人民共和国刑法》第三百零四条规定，处二年以下有期徒刑或者拘役。

12. 阻碍有关部门开展反恐怖主义工作的处罚

根据《中华人民共和国反恐怖主义法》第九十二条规定，由公安机关处五日以上十五日以下拘留，可以并处五万元以下罚款。单位有前款规定行为的，由公安机关处二十万元以下罚款，并对其直接负责的主管人员和其他直接责任人员依照前款规定处罚。阻碍人民警察、人民解放军、人民武装警察依法执行职务的，从重处罚。

【引导案例】

1. 案例中提到东莞的一些酒店甚至在某些被称为是城市名片的四星级、五星级酒店里存在哪些治安问题?

卖淫嫖娼和色情服务

2. 结合案例分析东莞色情业泛滥的社会原因?

（1）根本原因：庞大的需求。

改革开放以后，东莞的主要作用就是为港澳台地区提供廉价劳动力。"流动人口"数量超过千万，这一庞大的人群推动了东莞色情业的繁荣；同时东莞存在大量港商和台商，这些人具有较高消费能力，也造就了东莞高端娱乐场所的繁荣。

（2）酒店业高度发达。

1996年以后，民营资本大举进军酒店业。2009年，投资东莞酒店业的资金超过250亿元。东莞有五星级酒店22家，四星级酒店25家，是全球星级酒店密度最大、中国地级市星级酒店最多的城市。

（3）一些当地官员提供"保护伞"，公安机关监管不力。

据统计，东莞色情业每年产生的经济效益达500亿元，官方也持默许态度，一些当地官员提供"保护伞"。据央视爆料，记者暗访后连续两天三次拨打东莞110举报一些宾馆内存在卖淫嫖娼活动，东莞警方却没有任何反应。

【典型案例解析】

案情：

申某，男，40岁，某市一家典当行老板。某日晚，典当行马上要闭店时，一青年男子到店内要求典当几件白金镶钻首饰。店员觉得男子提供的首饰与最近电视新闻中展示的珠宝行特大盗窃案中的被盗首饰十分相似，于是向申某报告了此事。申某也有所怀疑，但因男子开价很低，申某在高额利润的诱惑下，未报告公安机关，将首饰收下。后被公安机关查获。公安机关欲对申某处以五日拘留，一千元以下罚款，并且准备吊销申某所开典当行的许可证。申某以自己当时确实不知是赃物要求听证，而公安机关认为有店员为证人，申某的违法事实确凿，拒绝了其听证的要求，作出了处罚决定书。

问题：

1. 公安机关对申某的处罚是否正确？其拒绝申某的听证要求是否合法？

2. 申某如仍不服处罚可以选择哪些救济途径？

解析：

1. 公安机关对申某的处罚是正确的。根据《治安管理处罚法》第五十九条规定，典当业工作人员承接典当的物品，不查验有关证明、不履行登记手续，或者明知是违法犯罪嫌疑、赃物，不向公安机关报告的，处五百元以上一千元以下罚款；情节严重的，处五日以上十日以下拘留，并处五百元以上一千元以下罚款。此外，根据《治安管理处罚法》第五十四条第三款规定，取得公安机关许可的经营者，违反国家有关管理规定，情节严重的，公安机关可以吊销许可证。本案，申某作为典当行老板，承接有赃物重大嫌疑的典当物品，不查验有关证明，不履行登记手续，也不向公安机关报告，其行为已违反了典当治安管理的相关规定，公安机关依照《治安管理处罚法》第五十四条和第五十九条的规定，对其作出的处罚决定是正确的。

公安机关拒绝申某的听证要求违法。《治安管理处罚法》第九十八条规定，公安机关作出吊销许可证以及处二千元以上罚款的治安管理处罚决定前，应当告知违反治安管理行为人有权要求举行听证；违反治安管理行为人要求听证的，公安机关应当及时依法举行听证。本案，公安机关作出吊销许可证的决定前，申某有权要求举行听证，公安机关不能拒绝。

2. 根据《治安管理处罚法》第一百零二条的规定，申某对治安管理处罚决定不服，可以依法申请行政复议或者提起行政诉讼。

【实训项目一】

实训名称：公安机关旅馆业行政许可实训

（一）情景设定

李某系内蒙古自治区呼和浩特市新城区××社区居民，2017 年 12 月 8 日和该社区某单位签订了租赁协议，租用该单位原招待所准备开一个快捷酒店。

1. 李某应该准备哪些材料？

2. 办理旅馆业特种行业许可证的程序？

（二）目的

使学生加深对特种行业行政许可内容的理解，掌握旅馆业行政许可办理的基本技能，具备治安秩序管理的实际动手和操作能力。

（三）内容

公安机关对旅馆业的行政许可。

（四）条件

1. 场地：学校模拟派出所办证大厅内进行。

2. 需要的材料：旅馆业行政许可的各种表格。

（五）组织

1. 组织形式：把参加实训的同学抽选 2 个小班，一个小班扮演民警；另一个小班扮演拟申请开办旅馆的个人或组织。

2. 教学实施程序

第一，准备以下材料；

（1）申请报告；

（2）《旅馆业经营审批表》；

（3）企业上级主管部门出具的批准文件；

（4）经营场所使用证明以及经营设施设备和防盗、消防设施情况；

（5）从业人员花名册及基本情况；

（6）法人代表、主管人员无故意犯罪证明材料；

（7）消防合格意见书；

（8）《治安培训合格证》；

（9）安保组织设置和人员情况；

（10）保安合同书；

（11）安全保卫制度；

（12）法人半身免冠照片 4 张；

（13）材料一式三份。

第二，领取《旅馆业经营审批表》——持申报材料到当地派出所签署审核意见——到公安分局治安大队办理特种行业许可证。

（六）考核

1. 考核方式。

指导教师负责考查学生实际操作过程，组长负责对本组人员的监督检查，作出评议，最后由教师总结、打分。

2. 考核标准。

优秀：实训中能够完全按照既定的步骤、程序进行，举一反三，有较强的实际操作能力。

良好：实训中的学习态度认真，有一定的钻研精神，能按要求完成训练任务。

及格：在训练过程中，基本能够按要求完成训练任务。

不及格：学习态度不认真，实际操作计算机的能力差，在课堂不遵守课堂纪律。

【实训项目二】

实训名称：公安机关民警对旅馆业日常治安检查

（一）情景设定

2018 年 1 月 8 日，某市公安局×××派出所对其辖区内的旅馆进行日常治安检查。派出所 2 位民警在对××旅馆进行日常治安检查，在检查过程中民警发现该旅馆存在旅客住宿登记不全和安全防范措施不强等问题，并且旅馆也存在消防安全隐患，对王某（该旅馆法人）进行了批评教育，并下达了《治安隐患整改通知书》，要求其在规定时间内进行整改。

1. 民警对××旅馆如何进行日常治安检查？检查内容包括哪些？

2. 派出所民警在整改限期结束后就整改情况进行复查，如果王某整改不到位，民警应如何处理？

（二）目的

通过旅馆业的日常治安检查模拟实训，使学生掌握公安机关民警对旅馆业进行日常治安检查的程序、内容以及对发现的治安隐患进行处理的方法，熟悉公安机关在对旅馆业进行日常治安检查时应当注意的问题，锻炼学生对旅馆业进行治安检查的实际动手能力及操作能力。

（三）内容

1. 旅馆日常治安检查的程序；
2. 旅馆日常治安检查的内容；
3. 旅馆日常治安检查的方法；
4. 制作日常治安检查记录表；
5. 发现治安隐患并提出改进措施。

（四）条件

1. 实训场地。

学院的招待所，实训前任课教师对招待所进行相应的布置。

2. 实训器材。

（1）民警日常治安检查的证件、治安检查记录本、治安隐患整改通知书、治安隐患整改记录表；

（2）特种行业经营许可证、营业执照、工作人员名册簿、保安人员名册簿、旅馆安全防范措施等素材。

（五）组织

1. 实训步骤、方法。

（1）实训前对学生进行分组，做好人员扮演分配。每组 8~14 人，确定每组的负责人，其中扮演民警的为 2~4 人，扮演王某和旅馆相关工作人员的为 4~6 人，旅客 2~4 人。

（2）实训前准备。布置实训场地，准备实训器材，布置实训内容和要求。

（3）民警表明身份，出示证件，说明此行目的。

（4）民警在旅馆工作人员陪同下进行治安检查。

检查内容包括：

①查验旅馆《特种行业许可证》与营业执照；

②旅馆消防安全情况；

③旅馆治安防范落实情况；

④检查旅馆住宿登记制度落实情况；

⑤检查信息系统是否使用正常，信息录入和传输是否正常；

⑥旅馆各项安全制度和有关预案制订情况；

⑦旅馆旅客会客登记等情况。

（5）民警向旅馆负责人和其他责任人员了解相关情况。

（6）民警向旅馆负责人通报此次治安检查的情况。

①旅馆安全管理做得好的地方；

②旅馆存在的治安隐患；

③治安检查记录上签字；

④下达治安隐患整改通知书。

（7）在旅馆整改期限结束后针对上次治安检查的结果进行复查。

（8）每组负责人对本组实训情况进行总结。

（9）任课教师点评，并要求各实训小组提交实训报告。

2. 注意事项。

（1）扮演民警进行日常治安检查的学生必须着警服，可以用学生证代替《人民警察证》。

（2）参加演练的学生要按照现场指挥的要求认真地进行演练，听从指导老师的安排。检查过程中要认真负责，忠于职守。

（3）检查中要注意及时记录检查内容和发现的隐患及问题，严格按照相关法律法规中关于“治安检查工作”的要求进行操作。

（4）整个演练过程必须要严肃、真实。

（5）教师在实训过程中要全程进行监督。

（六）考核

1. 考核方式。

指导教师负责考查学生实际操作过程组长负责对本组人员的监督检查，作出评议，最后由教师总结、打分。

2. 考核标准。

优秀：实训中能够完全按照既定的步骤、程序进行，举一反三，有较强的实际操作能力。

良好：实训中的学习态度认真，有一定的钻研精神，能按要求完成训练任务。

及格：在训练过程中，基本能够按要求完成训练任务。

不及格：学习态度不认真，实际操作计算机的能力差，在课堂不遵守课堂纪律。

【实训项目三】

实训名称：旅馆业治安管理信息系统的使用

（一）情景设定

2017 年 10 月 18 日，某市公安局×××派出所 2 位民警在对××旅馆进行检查的过程中发现该旅馆存在旅客住宿登记不全问题，对赵某（该旅馆法人）进行了批评教育，要求其在规定时间内进行整改。同时调查辖区常住人口王某在 2017 年 10 月 16 日是否入住该旅馆。

1. 如何利用旅馆业治安管理信息系统对旅客进行住宿登记。

2. 如何利用旅馆业治安管理信息系统对入住旅客信息进行查询。

（二）目的

使学生加深对旅馆业治安管理信息系统知识的了解，掌握旅馆业治安管理信息系统的使用方法，具备实际动手操作能力。

（三）内容

旅馆业治安管理信息系统的使用（数据录入、数据查询等）。

（四）条件

学校计算机多媒体实训室。

（五）组织

1. 训练方法步骤。

（1）实训以小组为单位组织实施，每实训小组以不超过 10 人为宜。

（2）教师首先对每组的小组长进行训练指导，按照教师的要求进行训练。

（3）教师利用多媒体进行实训演示、讲解。

（4）学生按教师演示、讲解的内容进行实际操作训练。

（5）每项实训结束后，小组长要收交本组学员实训的有关材料，以便进行综合考核。

（6）认真讲评，严格考核。每项实训，指导教师都要认真观察、记录学生实训情况，实训结束后进行认真讲评。

2. 注意事项。

（1）按教师的要求和步骤利用计算机进行操作。

（2）由教师审查学生的操作过程。

（3）每项实训，指导教师都要认真观察、记录学生实训情况。

（4）注意理论与实践相结合。

（六）考核

1. 考核方式。

指导教师负责考查学生实际操作过程组长负责对本组人员的监督检查，做出评议，最后由教师总结、打分。

2. 考核标准。

优秀：实训中能够完全按照既定的步骤、程序进行，举一反三，有较强的实际操作能力。

良好：实训中的学习态度认真，有一定的钻研精神，能按要求完成训练任务。

及格：在训练过程中，基本能够按要求完成训练任务。

不及格：学习态度不认真，实际操作计算机的能力差，在课堂不遵守课堂纪律。

【思考与练习】

1. 特种行业的概念及管理范围。

2. 特种行业管理的基本制度。

3. 结合实训案例，利用公安内网登录特种行业治安管理信息系统，完成指定的信息录入和查询事项。

【本章小结】

本章主要介绍了特种行业的概念和管理范围，特种行业的现状和存在的主要问题，公安机关对特种行业行政许可的程序与方法，特种行业日常治安检查的程序与方法，公安机关对特种行业治安管理的基本制度，公安机关对违反特种行业管理行为处罚的程序与方法。

通过教学，使学生能够深刻领会党中央、国务院关于“放管服”改革和全面深化公安改革的部署要求，能够深刻认识到深入推进特种行业治安管理改革，不断完善特种行业事中事后监管机制，是全面提升新形势下公安机关对特种行业的管理服务能力的根本途径。

【补充阅读】

解读：《印刷业管理条例》（2017版）①

依据国务院第676号令，最新修订的《印刷业管理条例》（以下简称新版《条例》）已经开始施行。新版《条例》将公安部门的有关行政管理职责并入出版行政部门，同时要求按照国家社会信用信息平台建设要求，加强信息的互联共享。如上两大变化是对“放管服”改革精神的落实，也是对2016年相关修订内容的深化。

消息一出，业界一片赞誉之声。

“一减一加”两大变化跟进2016年修订

① http：//info. printing. hc360. com/2017/11/140849648519. shtm.

在此次《条例》修订前，旧版《条例》刚刚实施了一年。两次修订缘何间隔时间如此之短？国家新闻出版广电总局印刷发行司相关负责人告诉记者，此次修订正是对666号国务院令修订的再跟进。

对比两次《条例》修订版本，有“一减一加”两大变化。“减”的方面是，将公安部门的相关审批内容删除，这是对666号国务院令中取消印刷特种行业审批精神的深化和延伸。受影响最大的是“印刷布告、通告、重大活动工作证、通行证、在社会上流通使用的票证的”企业。“加”的方面是，新版《条例》明确出版行政部门将按照国家社会信用信息平台建设的总体要求，实现印刷企业信息与公安部门、工商行政管理部门等互联共享。据介绍，这是继666号国务院令《条例》修订中明确印刷行业实行年度报告公示制度后，对推动行业管理信息化建设的重要举措。对此，国家新闻出版广电总局在2017年年初已作了部署，在印发的《关于做好2017年印刷复制发行监管工作的通知》中首次将印刷企业年度报告公示制度作为今年的试点工作。

“两松一紧”不同节奏印刷企业纷纷点赞

记者在采访中了解到，新版《条例》简化了行政流程，节约了行政成本，印刷企业纷纷为之点赞。

北京新华印刷有限公司副总经理赵树文告诉记者：“行政审批环节减少了，服务质量提高了，市场诚信体系要求刚性化了，竞争活力肯定会越来越强。”回忆起以前，赵树文感觉多头管理曾让他们经常摸不着头脑，今后出版行政部门不但主管印刷，而且成为监管主体，印企办起手续来便利多了。

新版《条例》删除了从事印刷布告、通告、重大活动工作证、通行证、在社会上流通使用的票证等业务时必须在公安部门指定的印刷企业印制的内容。北京奇良海德印刷有限公司副总经理柏琦对此拍手叫好，他认为，如今市场大门敞开，民营印企迎来了更为广阔的市场空间。

在给企业“松绑”的同时，此次《条例》修订“收紧”了对经营行为的监管。对严重违规行为，除常规查处形式外，新版《条例》增加了“构成犯罪的，依法追究刑事责任”的内容。中国印刷技术协会副理事长任玉成认为，这是全面依法治国精神的体现，彰显了主管部门放管结合、维护文化安全的决心。

“平台+公示”同步推进把握“互联网+”机遇

多年来，总局印刷发行司一直在推动各地探索借助互联网开展政务工作。2010年至今，引导各地建设印刷复制委托书网上备案系统，2017年又开始试点年度报告公示制度，持续不断地推进信息化建设，为纳入全国社会信用信息平台、实现跨部门信息共享打下了较好的基础。

作为2017年全国开展年度报告公示制度试点的地区，广东省印刷业的信息化监管已推行10多年。据广东省新闻出版广电局印刷发行管理处副处长郭建平介绍，目前广东正在原有平台基础上开发境外接单的新模块。新版《条例》规定，将印刷企业信息纳入国家社会信用信息平台，将给印企带来两方面的利好。一方面，敦促印刷企业重视信用管理；另一方面，帮助行政部门提高办事效率、优化服务质量。

针对目前各地印刷主管部门信息监管水平参差不齐的现状，任玉成认为，全国社会信用信息平台的建设是挑战，更是机遇。这需要印刷企业、软件开发商等方面共同发力。新版《条例》也为各地印刷主管部门日后开展工作提供了强有力的政策和法规依据。

据了解，总局印刷发行司已经作出安排，将会同有关部门通过培训等方式加大对新版《条例》的宣传贯彻力度；同时，加大电子政务建设力度，加快印刷复制委托书备案系统全国联网步伐，推动与工商行政管理部门的信息共享。

第三章　重点场所治安管理

【本章要点】

- 重点场所的概念、治安特点
- 娱乐场所的概念、治安管理措施
- 休闲服务场所的概念、治安管理措施

【教学目标】

- 知识目标

了解重点场所的概念和范围

理解娱乐场所、休闲服务场所的概念

掌握娱乐场所、休闲服务场所的治安管理措施

- 能力目标

能够依法对重点场所进行有效的治安管理

能够对娱乐场所、服务场所进行日常治安检查

学会运用各种方法对重点场所进行治安管理

【引导案例】

严格娱乐服务场所治安管理，严打涉黄涉赌违法犯罪活动①

本报北京 11 月 24 日电 记者赵婧夷报道：为进一步严格娱乐服务场所治安管理，严防涉黄涉赌违法犯罪活动反弹，确保社会治安稳定，公安部治安管理局近日下发通知，部署各地公安机关治安部门严格娱乐服务场所管理，严打涉黄涉赌违法犯罪。

通知提出，各地公安机关要充分认识到当前涉黄涉赌问题的反复性和复杂性，切实增强工作责任感和紧迫感，主动作为、狠抓落实，严格规范娱乐服务场所治安秩序，坚决查处涉黄涉赌问题。要强化对歌舞娱乐、洗浴按摩、电子游戏等娱乐服务场所的治安检查，对娱乐服务场所软硬件设施不合格、安全制度不健全、经营管理不规范的，要及时督促整改，消除隐患；对治安秩序混乱、涉黄涉赌严重的娱乐服务场所，要作为整治的重点，持续整治；对查处的涉黄涉赌场所，要建立"黑名单"，通过媒体公开曝光。要敢于抓真碰硬，以整治本地区规模大、影响大、黄赌问题突出的娱乐服务场所为突破，全面带动整治工作。

通知要求，各地要突出打击重点，强化打击力度，集中侦破一批涉黄涉赌案件，集中打掉一批犯罪团伙，形成震慑态势。要将矛头对准组织、强迫、引诱、容留、介绍妇女卖淫和

① 人民公安报，2015 年 11 月 25 日。

组织淫秽表演的犯罪分子，直指开设赌场、聚众赌博的犯罪团伙，直指幕后黑恶势力及“保护伞”。凡涉案场所未被依法查处或整改、其主要责任人未受到打击处理的，不得结案；凡涉案主要犯罪嫌疑人未抓获、未受到打击处理的，不得结案。

通知强调，各地要严格落实娱乐服务场所各项管理制度和安全措施，创新管理模式，不断提升管理工作精细化、科学化水平。要严格落实娱乐服务场所属地管理责任制，进一步健全工作通报和责任倒查制，对失职、渎职造成辖区内赌博、卖淫嫖娼等活动泛滥的，要依照有关规定严肃追究辖区公安机关负责人和直接责任人的责任；对参与黄赌活动、为违法犯罪分子通风报信或者充当“保护伞”的，要坚决予以辞退或开除，并依法追究刑事责任。

问题：

1. 娱乐服务场所存在哪些常见的治安问题？
2. 公安机关应如何对娱乐服务场所进行有效的治安管理？

第一节　重点场所治安管理概述

一、重点场所的概念与范围

（一）重点场所的概念

重点场所，是指公共场所中，人员集中、成分复杂、流动频繁，容易发生违法犯罪活动和治安灾害事故，可能影响治安秩序和公共安全，需要由公安机关实施特别管理的场所。

重点场所与公共场所不同。公共场所，是指社会成员可以自由往来、停留，进行工作、生活、休闲、娱乐和相互交往的场所。包括道路、广场、公园等室外场所，也包括公共设施、建筑物内的场所。重点场所是公共场所中较为重要、复杂的场所，是公安机关进行治安管理的重中之重。

（二）重点场所的范围

根据2007年5月17日施行的《公安派出所正规化建设规范》第37条规定，公安派出所治安管理的重点场所包括以下三类：

1. 娱乐场所，主要包括：歌厅、舞厅、卡拉OK、量贩式KTV、练歌房、夜总会等歌舞类场所以及游戏机经营场所。

2. 服务场所，主要包括：桑拿会所、足浴保健、美容美发、设置按摩服务的沐浴场所等。

3. 其他需要纳入治安管理的重点场所，主要是指娱乐场所、休闲服务场所以外的重点场所，包括交通场所、公共游览场所和商品交易场所等。

二、重点场所的特点

（一）重点场所涉及面广，情况复杂

重点场所的内涵涉及社会生活的各个方面，人们出行、娱乐、健身、休闲和进行商品交易，大多需要通过重点场所进行。因此，在现代社会，重点场所的种类越来越多，数量也越来越大，且分布也越来越广。重点场所涉及面广，一方面为丰富人们的业余文化生活起到了极其重要的作用，另一方面，一些不法分子趁机利用重点场所进行违法犯罪活动，引起诸多社会治安问题，扰乱了社会治安秩序。

（二）人员密集，构成复杂

娱乐场所、交通场所、公共游览场所等重点场所，均是人群高度聚集的地方，并且这些人员的构成非常复杂，有本地的有外来的，来自社会不同的阶层，多为合法公民，也不乏不法人员混迹其中，伺机作案，危害社会治安秩序。同时，聚集在重点场所的人员具有临时性和不稳定性，彼此之间没有特定关系，多数人互不认识，缺乏集体的，家庭的约束，正常的社会行为控制力弱化，易做出过激行为或受过激行为的感染，继而引发或参与到群体越轨行为中去，从而影响他人生命、财产安全，危害社会治安秩序。

☞ **典型案例**

春运全国铁路发送旅客3.57亿人次，破历史纪录（节选）①

记者从中国铁路总公司获悉，2017年春运期间，全国铁路累计发送旅客3.57亿人次，增长10.1%，创铁路春运旅客发送新纪录。

2月21日，为期40天的2017年春运正式收官。22日，中国铁路总公司相关负责人向媒体通报了相关情况。

2017年春运期间，全国铁路累计发送旅客3.57亿人次，同比增加3275.2万人次，增长10.1%。日均发送旅客893万人次，同比增加81.9万人次，增长10.1%，旅客列车始发正点率达98.8%，终到正点率达92.4%。

其中，动车组旅客发送量1.8亿人次，同比增加3441.4万人次，增长23.5%，高铁旅客发送量首次超过普速旅客列车，成为春运旅客运输的绝对主力。

2月2日，全国铁路旅客发送量达1096.6万人，刷新了历年春运单日发送量的最高纪录。

（三）场所变化快，管理难度大

随着人们物质生活水平的提高，人们对精神文化生活的需求也越来越高。重点场所特别是娱乐场所和休闲服务场所作为人们娱乐、休闲、健身、购物和进行社会交往等活动的主要场所，在改革开放后近40年的时间里发生了日新月异的变化。电子游戏厅、保龄球馆、台球室、桑拿洗浴场所、酒吧、咖啡馆等场所，均经历了从无到有，从偶然可见到繁荣发展，从城市到农村的过程。并且新的娱乐、服务项目和场所仍将不断涌现。另一方面，由于场所开业、歇业、转业或停业变化无常，场所从业人员的流动性大，使得治安管理的难度加大。

（四）信息传播快，社会影响大

人作为信息的一种载体，在重点场所高度集中、频繁交往和流动，决定了重点场所的信息交流不仅量大，而且迅速。尤其在现代科学技术特别是互联网高度发达的今天，信息在人们社会生活中起着越来越重要的作用。对于公安机关来说，充分利用重点场所收集治安信息，积极掌握社会动态，对侦查破案、预防群体性事件和采取有效措施进行治安管理都是很

① 中新网，2017年2月23日。

重要的。

（五）容易发生各种案件和治安灾害事故

重点场所的各类人员之间，容易产生各种矛盾、冲突和纠纷，一旦发生矛盾冲突，容易发生连锁反应，诱发新的问题，而且影响广。如果疏导不力，极易转化为治安案件、刑事案件或治安突发事件。由于人、财、物的高度集中和快速流动，也成为违法犯罪分子觊觎的目标，扒窃、诈骗、抢夺、抢劫等成为重点场所的多发案件。同时，由于重点场所的环境特殊，容易隐藏、容纳违法犯罪分子，而场所的某些经营者，置社会效益于不顾，片面追求经济效益，甚至为违法犯罪分子提供条件，会产生治安隐患和治安灾害事故。重点场所人员密度高，一旦发生突发性灾害事故或恐怖袭击，容易造成重大人员伤亡和财产损失。

☞ **典型案例**

扒窃惯犯火车站边“打年货”武汉铁警抓现行①

1月31日，武汉铁路公安局襄阳公安处松滋车站派出所民警在出站口外站前广场上维护秩序时，当场抓获一名扒窃嫌疑人。

据松滋车站派出所副所长陈建志介绍，当日6时许，K932次列车停靠松滋站时，民警在出站口外站前广场维持秩序，发现公交车门口一男子形迹可疑，遂贴近侦查。嫌疑人发现民警后，迅速将扒窃所得的钱包丢在地上，准备逃离。

民警快步上前将其截住盘问，在其丢弃的钱包内发现现金750余元、铂金项链一条，以及银行卡、社保卡等财物，并在嫌疑男子随身物品中查获单刃刀片一枚。

经审查发现，该男子黄某有多次扒窃前科，并被判处有期徒刑8个月，2015年7月刑满释放。通过社保卡信息，民警与失主易某取得联系，确认其钱包在乘坐公交车时被盗。

经审问，犯罪嫌疑人黄某对1月29日在火车站出站口外站前广场上扒窃受害人易某钱包的犯罪事实供认不讳，并交代了自己前日在松滋长途汽车站扒窃手机一部、在长途汽车站旁加油站盗窃现金一万元的犯罪事实。

据黄某交代，他自出狱以来，没有找到合适工作，眼看年关将近，便重操旧业。在加油站盗得现金后，更是肆无忌惮，趁着清晨火车站出站旅客回家心切，伺机浑水摸鱼，没想到刚下手就被车站派出所民警发现。

目前，铁路警方已将犯罪嫌疑人黄某移交松滋市公安局，案件正在进一步办理中。

三、重点场所治安管理措施

（一）开展治安防范宣传教育工作

重点场所的治安秩序既需要公安机关和有关部门的加强管理，又需要场所经营者、从业人员和广大群众的自觉维护。公安机关通过广播、电视、黑板报、宣传栏、警示标语等各种形式向群众宣传治安防范知识，培养群众的安全防范意识。在交通中转场所宣传严禁旅客携带易燃易爆等危险物品和其他违禁物品乘坐交通工具等安全常识和法律规定，督促商品交易

① 央广网，2016年2月1日。

场所管理单位在场所内张贴具有安全警示作用的图片或文字，有条件的也可利用音频视频设备宣传安全防范知识，防火、防盗、防止意外事故的发生。公安机关还应将场所从业人员集中起来培训，进行治安防范教育和治安法律法规的普及教育，提高经营者以及从业人员遵纪守法的自觉性和自防能力，这是提高他们维护社会治安秩序的积极性与责任感的重要保障。

☞ 治安动态

广州花都：强化娱乐场所禁毒宣传①

为进一步提升娱乐场所负责人及员工的防毒拒毒的意识和能力，普及禁毒知识，2017年12月31日，广州市花都区花城街禁毒办联合辖区派出所、志愿团体等相关单位于辖区内华夏KTV开展以“大力推行综合治理，深入开展禁毒斗争”为主题的禁毒宣传活动。

活动分为“知识讲解+派发禁毒宣传资料”两个环节。活动开始，花城街禁毒办专职工作人员向华夏KTV的负责人及员工详细介绍禁毒相关知识，包括毒品的常见种类，毒品的常见伪装手段及国家禁毒政策等，随后还接受了员工有关戒毒方面的咨询，讲解了美沙酮辅助治疗手段，加深员工对禁毒的了解。随后，禁毒办工作人员向职工派发禁毒宣传资料，如《新型毒品预防手册》、《美沙酮辅助治疗手册》等。员工们纷纷表示，会认真落实禁毒工作，发现可疑情况立刻联系禁毒办及派出所，共同抵抗毒品。本次宣传活动共派发禁毒宣传资料100份，得到了负责人和员工们的高度认可。

广州市花都区花城街坚持把娱乐场所作为禁毒宣传的重点，通过开展多样化的宣传活动，加深广大职工对毒品危害性及禁毒必要性的认识，真正把毒品从生活中消除，建设无毒社会。

（二）合理布控力量，加强治安巡逻

人民警察在街面、广场、繁华商业场所巡逻，既可以及时发现和处置各种违法犯罪活动，维护社会秩序，又可以通过巡逻展现警力的存在，提高公众在重点场所的安全感。同时，还能提高对重点场所发生的突发公共事件的快速响应能力。因此，公安机关要合理布置以巡警为主体的各类巡逻力量在重点场所巡逻的时间、人数及路线。治安管理部门在重点场所要合理设置治安派出所、警务工作站、治安办公室、治安岗亭等，组织各种巡逻力量进行巡逻。将巡逻民警和保安人员、联防队员、治安志愿者等力量有机整合起来，点、线、面合理投放巡逻力量，以车站、港口、公园、风景游览区、购物商场等重点场所的治安派出所和治安岗亭为依托，形成对社会面的整体防控网络，实现对重点场所的全方位的实时有效控制。

☞ 执法动态

上海华阳路：做好特大型商场治安防范②（节选）

面对偌大的商场，如何将有限的警力发挥到极致呢？华阳路派出所通过合理分配警力资

---

① 中国禁毒网，2018年1月2日。
② 人民公安报，2015年3月11日。

源，组建了一支“明暗结合”的打击犯罪队伍。

在“明面”是一支日常巡逻队伍。他们以最大限度提高“见警率”为要求，盘活现有警力资源，由一名民警带领一名保安为最小巡控单元在商场内徒步巡逻，对易发案商家、餐饮场所及配电房、监控室、金店等重点部位开展巡视。

在“暗面”则通过便衣警力与视频巡逻相结合。经验丰富的老民警带着青年民警，以便衣的方式与着装巡逻民警错层巡逻，全面掌握商场内的案发情况、重点区域和嫌疑人特征，主动出击打击现行犯罪。同时由商场物业挑选责任心较强、能力较突出的青年保安到派出所综合指挥室跟班培训1个月。

（三）做好重点场所的信息情报工作

重点场所具有数量多、分布广、活动场所的人员成分复杂、各类信息传播快等特点，因此，公安机关社会面控制的宽与窄、情报信息掌握效率的高与低，直接关系到社会治安秩序的安定稳定，影响到社会经济建设发展的进程和成效。重点场所的治安管理具有动态性，公安机关应针对场所出现的新情况新问题，通过深入的调查研究，制定出动态的治安管理方案，获得治安管理的主动权。

公安机关收集重点场所治安信息的内容包括：重点场所基本情况，从业人员基本情况，经营者、保安人员基本情况，场所经营情况等。公安机关收集重点场所治安信息的途径：物建治安秘密力量和治安信息员进行收集；依靠基层组织、治安积极分子等进行收集；通过走访群众、阵地控制进行收集；通过接触重点人员了解掌握治安信息等。

（四）强化治安监督检查

监督检查是治安管理部门对辖区内重点场所日常管理的主要方式，其目的是消除隐患，消除不安全因素，防止治安灾害事故发生，保障人民群众生命财产安全。对重点场所进行安全检查的形式主要有：日常安全检查、定期安全检查、专业性安全检查、开业前的检查等。检查完毕，做好安全检查记录。通过监督和检查，发现重点场所存在治安隐患和治安问题的，要督促、指导有关经营场所及时改正。对发现有违法犯罪可疑的人员要认真盘查。对现行违法犯罪分子、重大犯罪嫌疑人员、通缉犯以及危险物品等，必须及时果断采取措施，避免发生危害。

（五）适时开展集中整治

在重点场所的日常管理中，一些场所由于只重经营，疏于管理，存在着一些治安隐患，需要在一定时间内，通过集中整治的方法解决。治安管理部门要善于把握时机，协同有关单位和部门，组织力量，打击、取缔重点场所的各种违法犯罪活动，依照法律、法规的规定开展专项整治。对集中整治中暴露出的管理上的问题，要及时改进。进行集中整治时，一定要充分运用典型事例，进行宣传教育，造成打击声势，注重管理实效。

重点场所管理，既要全面，又要突出重点。要在控制全面的基础上把警力的投向和投量指向具有一定的影响、易于发生各类治安问题的党、政、军机关周围，商场、公园、火车站、汽车站、重点繁华街道和正在举行国内、国际重要政治、经济、文化活动的重点场所；举行重要政治、经济、文化活动期间，节假日人流高峰期，重要节日，敏感期等重点时段；需要重点保护，限制携带、使用，查禁取缔的重点物品以及危害或可能危害公共复杂场所秩序的高危人员或高危群体。

☞ 治安动态

公安部部署各地严查涉黄场所严打涉黄犯罪重点打击组织者、经营者及幕后“保护伞”①（节选）

本报北京2月17日电 记者王文硕报道：记者从公安部获悉，广东东莞部分娱乐服务场所存在卖淫嫖娼等问题被曝光后，公安部在派出督导组指导督办案件查处、问题整治和责任追究工作的同时，立即部署全国公安机关举一反三，组织开展专项打击整治，重点打击卖淫嫖娼活动的组织者、经营者及幕后“保护伞”，依法查处涉及卖淫嫖娼和淫秽表演问题的各类场所。2月9日以来，各地查处卖淫嫖娼治安案件1300余起，查破组织、强迫、引诱、容留、介绍卖淫和组织淫秽表演等刑事案件181起，打掉涉黄犯罪团伙73个，抓获犯罪嫌疑人501名，停业整顿涉黄场所2410家。

2月9日以来，浙江省公安机关侦破涉黄刑事案件32起，抓获卖淫嫖娼活动的组织者、经营者56人。江苏省公安机关侦破涉黄刑事案件20起，组织容留卖淫的金某、通过QQ介绍卖淫的王某等23人被依法刑事拘留。四川省公安机关相继侦破泸州“新皇池水疗会所”组织卖淫案、南充“盛誉养生会所”组织卖淫案，法定代表人赖某、组织者张某等7人被依法刑事拘留。近日，湖北省武汉、黄石两市公安机关一举打掉组织、容留、介绍卖淫的武汉“时代会所”、尼斯酒店“景森会所”、黄石天泽大酒店“丽宫SPA会所”，组织者、经营者严某、余某、李某等13人被依法刑事拘留。浙江省嘉兴市公安机关连日来侦破涉黄刑事案件8起，在发廊、浴室、足浴店等场所组织容留卖淫的段某、陈某、张某等14人被依法刑事拘留。目前，相关案件侦办、深挖工作仍在进行中。

据介绍，2011年以来，公安部部署全国公安机关持续不断地组织开展扫黄扫赌“无声风暴”专项行动，坚持依法治理、加强监管，突出重点整治、精确打击，仅去年公安部先后组织数十批、多梯次的交叉暗访检查，对问题突出的重点地区、重点场所明确要求开展专项整治，对重点案件线索组织专案侦办、稳准狠打击。去年，全国公安机关共侦破各类涉黄刑事案件1.2万起、抓获犯罪嫌疑人1.9万名，打掉涉黄犯罪团伙6323个，抓获团伙成员近1.7万人。今年元旦前，公安部还就元旦、春节两节期间扫黄扫赌工作作出专题部署，各地广辟案件线索来源，加大暗访侦查力度，相继捣毁了一批涉黄场所和窝点，破获了辽宁沈阳舒某等人特大组织卖淫团伙案、内蒙古通辽“丽水国际洗浴中心”组织卖淫案、广东湛江梁某容留外籍妇女卖淫案、陕西榆林“国会王朝KTV”组织卖淫案、安徽芜湖董某等人组织未成年人卖淫团伙案等一批涉黄大要案件。

四、对违反重点场所管理规定行为的处罚

（一）扰乱公共场所秩序的处罚

根据《中华人民共和国治安管理处罚法》第二十三条第一款第二项的规定，有下列情形之一的，处警告或者二百元以下罚款；情节较重的的，处五日以上十日以下拘留，可以并

① 人民公安报，2014年2月28日。

处五百元以下罚款：扰乱车站、港口、码头、机场、商场、公园、展览馆或者其他公共场所秩序的。

（二）聚众扰乱公共场所秩序，尚不构成犯罪的处罚

根据《中华人民共和国治安管理处罚法》第二十三条的规定，聚众扰乱车站、港口、码头、机场、商场、公园、展览馆或者其他公共场所秩序的；对首要分子处十日以上十五日以下拘留，可以并处一千元以下罚款。

（三）聚众扰乱公共场所秩序罪的处罚

根据《中华人民共和国刑法》第二百九十一条的规定，聚众扰乱车站、码头、民用航空站、商场、公园、影剧院、展览会、运动场或者其他公共场所秩序，聚众堵塞交通或者破坏交通秩序，抗拒、阻碍国家治安管理工作人员依法执行职务，情节严重的，对首要分子，处五年以下有期徒刑、管制或者拘役。

第二节　娱乐场所和休闲服务场所治安管理

一、娱乐场所治安管理

（一）娱乐场所的概念和范围

根据2006年3月1日国务院颁布施行的《娱乐场所管理条例》第二条规定，娱乐场所是指以营利为目的，并向公众开放、消费者自娱自乐的歌舞、游艺等场所。包含以下三个要素：

第一，是以营利为目的。即经营者开办娱乐场所的目的在于获取经济利益，因而向公众免费开放的或者公众自发组织的非营利性的活动场所，不在娱乐场所管理的范围内。

第二，是向社会公众开放。这主要区别于单位内部场所，那些在单位内部设立的、仅针对本单位人员开放的娱乐场所，不在管理的范围内。但是，那些实行会员制的娱乐场所并不是单位内部场所，由于它是向所有具有会员资格（通常是交纳会费）的公众开放，因而仍是娱乐场所的管理范围。

第三，是消费者自娱自乐的场所，消费者单纯地观看各种演出的场所不在《娱乐场所管理条例》所规范的娱乐场所范围内，酒吧、茶馆、桑拿按摩等为消费者提供休闲服务的场所也不被称为娱乐场所。

当前，列入娱乐场所管理范围的公共场所主要包括两大类：

一是歌舞类娱乐场所。歌舞类娱乐场所，是指以盈利为目的，并向公众开放、以提供歌舞形式服务给消费者娱乐的场所。比较常见的有卡拉OK场所、练歌房、量贩式KTV等。

二是游戏（艺）机经营场所。游戏（艺）机经营场所，是指以营利为目的，并向公众开放，以提供游戏机、游艺机给消费者进行游玩、娱乐的场所。游戏机，是指运用电子技术制造、通过电子荧屏显示声音图像，由游戏者操作摇杆、键盘或者按钮而进行娱乐活动的机器。游艺机，是指运用机械原理或者机械原理结合电子技术制造，具有模拟形体动作功能，由游戏者操作形象物体而进行娱乐活动的机器。

随着社会经济的不断发展，人们对物质文化需求的日益增长，娱乐场所正由单一经营形式向综合经营形式转变，娱乐行业服务项目呈现多元化、综合性发展趋势，不少酒吧、沐浴场所、音乐茶室内也设置歌舞娱乐项目，对这些场所内的歌舞类娱乐设施、包房、包厢，同样按照歌舞类娱乐场所管理要求开展治安管理工作。例如，大多数高档宾馆内，均专门划设一定楼层区域经营卡拉 OK 等娱乐项目。沐浴等场所内的娱乐场所，公安机关对于这类设置在宾（旅）馆、娱乐场所应将其纳入治安管理范畴。

（二）娱乐场所的治安特点

1. 社会丑恶现象屡禁不绝。娱乐场所由于其自身的特点容易成为涉黄活动的“中介点”、新型毒品的“消费点”、涉赌活动的“集中点”、涉黑涉恶的“聚集点”。在游艺场所中的赌博活动比较突出，甚至有的场所以娱乐为幌子直接开办赌场或者为赌博提供方便和条件。娱乐场所同时还可能成为卖淫、嫖娼人员的搭识场所，有的歌舞厅、卡拉 OK 厅为卖淫、嫖娼活动提供方便和条件，不仅污染了社会环境，而且影响其他消费者从事健康、文明的娱乐活动。吸毒贩毒活动在歌舞娱乐场所非常猖獗。近年来，吸贩毒人员利用歌舞娱乐场所中的兴奋、刺激环境、大肆从事吸贩毒活动，K 粉、摇头丸等新型毒品充斥着歌舞娱乐场所，青少年吸食毒品人数增多，低龄化趋势明显，因吸食毒品而造成意识混乱引发聚众淫乱、斗殴等恶性事件屡禁不止。一些娱乐场所的经营者、管理人员放任、纵容、容留吸贩毒违法犯罪行为，导致娱乐场所内聚众吸贩毒问题日益突出。

据调查显示，发现 60% 的娱乐场所存在涉毒问题，而且吸毒方式隐秘，交易手段多种多样，娱乐场所内的零星贩毒窝点流动性强，情报来源少，打击难度加大。娱乐场所还是黑恶势力觊觎插足的目标，一些经营业主，为了追逐非法利益，欺行霸市，雇用黑保镖、黑保安从事看场子、砸场子、收取保护费及敲诈勒索等违法犯罪行为。

☞ 治安动态

青少年逐渐成为娱乐场所毒品犯罪的主体①

《2014 年中国禁毒报告》显示，青少年成为我国毒品消费的主要群体，冰毒、摇头丸、K 粉等新型化学合成毒品成为消费新宠。在很多大中城市，吸食新型毒品的人占吸毒者总数的 60% 以上，有的城市甚至超过 90%。截至 2014 年年底，全国共发现登记吸毒人员 179.4 万人，其中滥用海洛因人员有 115.6 万人，占 64.5%。滥用合成毒品人员 58.7 万人，占全国吸毒人员总数的 32.7%，同比上升 35.9%；全国新增滥用合成毒品人员 14.6 万人，同比上升 22%。滥用合成毒品人员中，35 岁以下青少年占 67.8%，低龄化趋势明显。而娱乐场所更是成为了青少年与毒品犯罪的“桥梁”。

2. 火灾、踩踏伤亡等治安灾害事故频发。一些娱乐场所存在消防安全隐患，威胁人民群众生命财产安全。娱乐场所具有人员密集、易燃可燃材料多的特点，火灾危险性本身就较大，再加上一些娱乐场所经营者为了追求利润，经常超过额定人数接纳消费者；还有些娱乐场所经营者不切实履行消防安全责任，锁闭、封堵、占用疏散通道或者安全出口，致使火灾

① 兰海舟. 娱乐场所毒品问题探析［J］. 现代交际，2015（5）：25.

一旦发生往往造成群死群伤。

☞ 典型案例

河南新乡KTV大火致11人死亡，18名官员被追责（节选）①

去年12月15日零时26分，河南省长垣县皇冠歌厅（皇冠KTV）发生一起重大火灾事故，过火面积123平方米，造成11人死亡，28人受伤，直接经济损失957.64万元。今天上午，法晚记者从河南省安全生产监督管理局获悉，事故追责已经作出，经调查认定，长垣县皇冠歌厅“12·15”重大火灾事故是一起生产安全责任事故。26人被处理，其中，长垣县蒲东派出所副所长、长垣县消防大队代理大队长、长垣县公安局副局长、郑州市金水区卫生局党组副书记等6名官员被立案侦查。该KTV控股人、经理、收银员等8人被司法机关采取措施。责成长垣县县委、县政府分别向省委、省政府作出检查。长垣县皇冠歌厅营业执照被吊销并被依法予以取缔。事故直接原因为皇冠歌厅吧台内使用的电暖器，近距离高温烘烤违规大量放置的具有易燃易爆危险性的罐装空气清新剂，导致空气清新剂爆炸燃烧引发火灾。

3. 寻衅滋事、聚众斗殴等违法犯罪行为在娱乐场所较易发生。由于娱乐场所空间小，人多拥挤，在娱乐活动中容易兴奋和激动，同时娱乐场所销售各种酒类饮料，饮酒娱乐时，一些人在亢奋情绪下，容易做出过激行为，有些人借助亢奋的情绪故意滋事、聚众斗殴，扰乱了公共复杂场所的治安秩序有正常的娱乐休闲活动。

☞ 典型案例

娱乐场所少年犯罪暴力案件超过六成（节选）②

《中华人民共和国未成年人保护法》和《娱乐场所管理条例》均规定了未成年人禁止进入歌舞娱乐场所，同时禁止任何人向未成年人出售烟酒，禁止娱乐场所雇佣未成年人。然而现实中，未成年人进入酒吧等营业性娱乐场所的现象屡见不鲜，由于未成年人心智不成熟等因素，酒吧等营业性娱乐场所已经成为未成年人犯罪的重灾区。

《法制日报》记者采访中发现，以江苏省无锡市崇安区为例，该区的站前商贸区是无锡市酒吧、KTV最集中的地区，2008年至2015年，崇安区检察院办理娱乐场所未成年人犯罪案件21件37人，超六成为暴力犯罪案件。其中，命案3件，致3人死亡。而在常州市天宁区，2013年至今，天宁区检察院共办理娱乐场所未成年人犯罪案件13件16人，罪名涉及聚众斗殴罪、故意伤害罪、盗窃罪、强迫卖淫罪等。

除去打架斗殴、寻衅滋事，未成年人在娱乐场所遭遇性侵犯罪的比例也不小，不少案件中侵害人与被侵害人都是未成年人。无锡市崇安区检察院办理的娱乐场所未成年人犯罪案件

---

① 法制晚报，2015年12月6日。

② 法制日报，2016年2月28日。

中，性侵案占比为28.6%；常州市天宁区检察院办理的娱乐场所未成年人犯罪案件中虽然没有性侵案件，但是强迫卖淫案占比为25%。

对于娱乐场所未成年人犯罪特点，无锡市崇安区检察院副检察长吴海研介绍说，首先是暴力犯罪突出，危害后果严重。21件案件中，聚众斗殴、强奸、故意伤害等暴力犯罪为14件，占案件数的66.67%；其中命案3件，致3人死亡。在37名涉罪未成年人中，27人涉嫌暴力犯罪，占涉案人数的72.97%。

“另外一个特点是，结伙犯罪突出，共同犯罪多发。21件案件中，共同犯罪案件13件，占案件总数的61.9%。37名涉罪未成年人中，参与共同犯罪的有29人，占涉案人的78.38%。其中两件聚众斗殴案中的涉案未成年人达11人。”吴海研告诉记者。

吴敏也表示，从该院办理的娱乐场所未成年人犯罪案件来看，激情犯罪特点突出，多为临时起意。大多数案件均无事先预谋，均系临时起意，激情犯罪，且后果往往较为严重。

（三）娱乐场所的治安管理措施

根据《娱乐场所治安管理办法》（2008年6月3日公安部发布，于2008年10月1日起实施）规定，娱乐场所治安管理应当遵循公安机关治安部门归口管理和辖区公安派出所属地管理相结合，以属地管理为主的原则。公安机关对娱乐场所进行治安管理，应当严格、公正、文明、规范。公安机关对娱乐场所进行治安管理的措施主要有以下几种：

1. 严格登记备案制度

国务院《娱乐场所管理条例》第四条规定，娱乐场所领取营业执照后，应当在15日内向所在地县（市）公安局、城市公安分局治安部门备案；县（市）公安局、城市公安分局治安部门受理备案后，应当在5日内将备案资料通报娱乐场所所在辖区公安派出所。县（市）公安局、城市公安分局治安部门对备案的娱乐场所应当统一建立管理档案。娱乐场所备案项目包括：名称；经营地址、面积、范围；地理位置图和内部结构平面示意图；法定代表人和主要负责人姓名、身份证号码、联系方式；与保安服务企业签订的保安服务合同及保安人员配备情况；核定的消费人数；娱乐经营许可证号、营业执照号及登记日期；监控、安检设备安装部位平面图及检测验收报告。设有电子游戏机的游艺娱乐场所备案时，除符合前款要求外，还应当提供电子游戏机机型及数量情况。同时，娱乐场所备案时，应当提供娱乐经营许可证、营业执照及消防、卫生、环保等部门批准文件的复印件。如果娱乐场所备案项目发生变更的，应当自变更之日起15日内向原备案公安机关备案。

☞ 执法参考

娱乐场所不得设立在下列地点①

（一）房屋用途中含有住宅的建筑内；

（二）博物馆、图书馆和被核定为文物保护单位的建筑物内；

（三）居民住宅区；

（四）教育法规定的中小学校周围；

① 《娱乐场所管理办法》，2013年1月中华人民共和国文化部令第55号，2013年3月11日施行。

（五）依照《医疗机构管理条例》及实施细则规定取得《医疗机构执业许可证》的医院周围；

（六）各级中国共产党委员会及其所属各工作部门、各级人民代表大会机关、各级人民政府及其所属各工作部门、各级政治协商会议机关、各级人民法院、检察院机关、各级民主党派机关周围；

（七）车站、机场等人群密集的场所；

（八）建筑物地下一层以下（不含地下一层）；

（九）与危险化学品仓库毗连的区域，与危险化学品仓库的距离必须符合《危险化学品安全管理条例》的有关规定。娱乐场所与学校、医院、机关距离及其测量方法由省级人民政府文化主管部门规定。

2. 强化日常检查

根据2006年3月1日施行的《娱乐场所管理条例》以及2008年10月1日施行的《娱乐场所治安管理办法》，公安机关对娱乐场所进行治安监督检查，及时消除场所隐患，防止场所发生治安灾害事故。监督检查的内容，主要包括，娱乐场所的经营资格、经营活动和人员情况、结构设施、安全防范设施和制度的落实、保安员的配备等情况。娱乐场所应符合以下检查要求：

（1）娱乐场所经营主体和从业人员资格以及实施的行为

按照《娱乐场所管理条例》的规定，国家机关及其工作人员不得开办娱乐场所，不得参与或者变相参与娱乐场所的经营活动。与文化主管部门、公安部门的工作人员有夫妻关系、直系血亲关系、三代以内旁系血亲关系以及近姻亲关系的亲属，不得开办娱乐场所，不得参与或者变相参与娱乐场所的经营活动。同时，对于曾犯有组织、强迫、引诱、容留、介绍卖淫罪，制作、贩卖、传播淫秽物品罪，走私、贩卖、运输、制造毒品罪，强奸罪，强制猥亵、侮辱妇女罪，赌博罪，洗钱罪，组织、领导、参加黑社会性质组织罪的；因犯罪曾被剥夺政治权利的；因吸食、注射毒品曾被强制戒毒的；因卖淫、嫖娼曾被处以行政拘留的四类人，规定不得开办娱乐场所或者在娱乐场所内从业。

娱乐场所从业人员的数量不超过该场所定员，娱乐场所对从业人员实行实名登记制度，建立从业人员名簿，统一建档管理。娱乐场所从业人员名簿应当记录以下内容：一是从业人员姓名、年龄、性别、出生日期及有效身份证件号码；二是从业人员户籍所在地和暂住地地址；三是从业人员具体工作岗位、职责。外国人就业的，应当留存外国人就业许可证复印件

娱乐场所及其从业人员不得实施下列行为，不得为进入娱乐场所的人员实施下列行为提供条件：贩卖、提供毒品，或者组织、强迫、教唆、引诱、欺骗、容留他人吸食、注射毒品；组织、强迫、引诱、容留、介绍他人卖淫、嫖娼；制作、贩卖、传播淫秽物品；提供或者从事以营利为目的的陪侍；赌博；从事邪教、迷信活动；其他违法犯罪行为。此外，娱乐场所的从业人员不得吸食、注射毒品，不得卖淫、嫖娼；娱乐场所及其从业人员不得为进入娱乐场所的人员实施上述行为提供条件。

（2）娱乐场所的结构和布局

歌舞娱乐场所包厢、包间内不得设置阻碍展现室内整体环境的屏风、隔扇、板壁等隔断，不得以任何名义设立任何形式的房中房（卫生间除外）。歌舞娱乐场所包厢、包间内不得安装门锁、插销等阻碍他人自由进出包厢、包间的装置。歌舞娱乐场所的包厢、包

间内的吧台、餐桌等物品不得高于1.2米。包厢、包间的门窗，距地面1.2米以上应当部分使用透明材质。透明材质的高度不小于0.4米，宽度不小于0.2米，能够展示室内消费者娱乐区域整体环境。营业时间内，歌舞娱乐场所包厢、包间门窗透明部分不得遮挡。歌舞娱乐场所营业大厅、包厢、包间内禁止设置可调试亮度的照明灯。照明灯在营业时间内不得关闭。

（3）安全防范设施

歌舞娱乐场所应当在营业场所出入口、消防安全疏散出入口、营业大厅通道、收款台前安装闭路电视监控设备。歌舞娱乐场所安装的闭路电视监控设备应当符合视频安防监控系统相关国家或行业标准要求。歌舞娱乐场所应当设置闭路电视监控设备监控室，由专人负责值守，保障设备在营业时间内正常运行，不得中断、删改或者挪作他用。

娱乐场所应当在营业场所大厅、包厢、包间内的显著位置悬挂含有禁毒、禁赌、禁止卖淫嫖娼等内容的警示标志。标志应当注明公安机关的举报电话。警示标志式样、规格、尺寸由省、自治区、直辖市公安厅、局统一制定。

娱乐场所必须设置充足的消防灭火设施、器材，保证齐全有效。营业面积1000平方米以下的迪斯科舞厅应当配备手持式金属探测器，营业面积超过1000平方米以上的应当配备通过式金属探测门和微剂量X射线安全检查设备等安全检查设备。

☞ **执法规范**

娱乐场所闭路电视监控设备的规定

歌舞娱乐场所安装的闭路电视监控设备应当符合视频安防监控系统相关国家或行业标准要求。

闭路电视监控设备的压缩格式为H.264或者MPEG-4，录像图像分辨率不低于4CIF（704×576）或者D1（720×576）；保障视频录像实时（每秒不少于25帧），支持视频移动侦测功能；图像回放效果要求清晰、稳定、逼真，能够通过LAN、WAN或者互联网与计算机相连，实现远程监视、放像、备份及升级，回放图像水平分辨力不少于300TVL。

（4）保安员的配备

娱乐场所应当与经公安机关批准设立的保安服务企业签订服务合同，配备已取得资格证书的专业保安人员，并通报娱乐场所所在辖区公安派出所。娱乐场所不得自行招录人员从事保安工作。娱乐场所营业面积在200平方米以下的，配备的保安人员不得少于2名；营业面积每增加200平方米，应当相应增加保安人员1名。娱乐场所保安人员应当履行下列职责：一是维护娱乐场所治安秩序；二是协助娱乐场所做好各项安全防范和巡查工作；三是及时排查、发现并报告娱乐场所治安、安全隐患；四是协助公安机关调查、处置娱乐场所内发生的违法犯罪活动。

娱乐场所应当加强对保安人员的教育管理，不得要求保安人员从事与其职责无关的工作。对保安人员工作情况逐月通报辖区公安派出所和保安服务企业。在娱乐场所执勤的保安人员应当统一着制式服装，佩带徽章、标记。保安人员执勤时，应当仪表整洁、行为规范、举止文明。保安服务企业应当加强对派驻娱乐场所保安人员的教育培训，开展经常性监督检查，确保服务质量。

☞ 执法动态

广州规定娱乐场所从业人员提取 DNA 后方可上岗（节选）①

广州白云区警方开始对重点娱乐场所从业人员进行“五提取”监管机制，即提取照片、身份信息、指纹、DNA 和笔迹，方允许持证上岗。记者昨日了解到，目前棠景派出所已对辖区内 118 间公共娱乐服务场所和特种行业的 4233 名从业人员进行了“五提取”，对没有违法犯罪前科的人员发放《娱乐服务场所从业资格证》，并持此证上岗。

据白云区棠景派出所副所长龙师军介绍，棠景街社区地处城郊接合部，毗邻广州火车站和旧白云机场，商业发达，人员流动量大。从 2005 年开始，仅卡拉 OK 歌舞厅就从无到有，发展至 11 家，其中最大的一家有八十几个单间，治安压力很大。棠景派出所为消除治安隐患，加强对娱乐场所的监管，在辖区内大力推行“五提取”监管机制。

采集个人信息资料，是否会涉及个人隐私？面对记者的提问，龙师军回应说：“公安部早有明确规定可以对指纹进行收集和统一管理，以前限于客观条件，我们没有收集，现在所提取的信息会送至市公安局刑警支队保存入库，不会泄漏和侵犯从业人员的隐私权。”

“‘五提取’监管机制一方面可以为未来发生的案件保留信息，另一方面可以核查从业人员的身份。”他透露，不久前，辖区内一家服务场所的两名员工的身份信息被拿到互联网上与违法犯罪人员信息库进行比对，比对结果显示两人曾在陕西犯案，两人均已被捕。

（5）消防安全

根据《中华人民共和国消防法》和公安部《公共娱乐场所消防安全管理规定》规定，凡新建、改建、扩建或者改变内部装修的公共娱乐场所，防火设计（包括防火分区、安全疏散、防烟排烟、消防给水、装修材料、自动灭火系统和火灾自动报警系统等）必须符合国家有关消防技术规范的规定。营业期间，娱乐场所应当保证疏散通道和安全出口畅通，不得封堵、锁闭疏散通道和安全出口，不得在疏散通道和安全出口设置栅栏等影响疏散的障碍物。娱乐场所应当制定安全工作方案和应急疏散预案。

☞ 执法规范

娱乐场所设立地点的规定②

公共娱乐场所宜设置在耐火等级不低于二级的建筑物内；已经核准设置在三级耐火等级建筑内的公共娱乐场所，应当符合特定的防火安全要求。

公共娱乐场所不得设置在文物古建筑和博物馆、图书馆建筑内，不得毗连重要仓库或者危险物品仓库；不得在居民住宅楼内改建公共娱乐场所。

---

① 羊城晚报，2009 年 8 月 13 日。

② 摘自：《公共娱乐场所消防安全管理规定》，1999 年 5 月 11 日。

公共娱乐场所与其他建筑相毗连或者附设在其他建筑物内时，应当按照独立的防火分区设置；商住楼内的公共娱乐场所与居民住宅的安全出口应当分开设置。

检查必须严格依法、规范进行。公安机关及其工作人员对娱乐场所进行监督检查时应当出示人民警察证件，表明执法身份，不得从事与职务无关的活动。公安机关及其工作人员对娱乐场所进行监督检查，应当记录在案，归档管理。监督检查记录应当以书面形式为主，必要时可以辅以录音、录像等形式。监督检查记录应当包括：执行监督检查任务的人员姓名、单位、职务；监督检查的时间、地点、场所名称、检查事项；发现的问题及处理结果。监督检查记录一式两份，由监督检查人员签字，并经娱乐场所负责人签字确认。娱乐场所负责人拒绝签字的，监督检查人员应当在记录中注明情况。

☞ **治安动态**

绍兴越城打造“易涉毒场所管理平台”
微信助力娱乐场所禁毒智能化管理（节选）①

今年以来，绍兴越城公安围绕加强党的十九大安保工作，着眼于浙江省公安厅“云上公安·智能防控”第一战略，积极开展“微改革”“微创新”，把“最多跑一次”工作与社会面管控相结合，创新设立了微信服务号“易涉毒场所管理平台”，通过“微管理”的方式，有效解决场所管理混乱、服务指导不全面、禁毒责任落实不到位、宣传覆盖率未达标等问题。

平台用起来，大数据“跑起来”

大数据是管理的基础。禁毒大队通过平台对信息数据进行整合、分析，精细化管理易涉毒场所。

平台把以往需要手工记录的管理内容整合打包，统统放进了场所管理员的手机里。场所管理员实时录入更新场所基本情况、法定代表人、治安负责人、场所从业人员等情况，生成内容全面、动态化的实时网上电子台账，实现场所禁毒信息动态管理。

信息报上来，办事更方便

禁毒大队通过“易涉毒场所管理平台”开展靠前服务，为场所把好禁毒管理关卡。

为了让易涉毒场所都能用上平台，民警主动上门与娱乐场所负责人交流互动，在了解平台运行和管理模式后，场所负责人都积极通过平台向警方推送场所禁毒标识标牌安装、禁毒知识培训等请求，警方可立即派人上门服务指导。

管控严起来，环境更好了

“易涉毒场所管理平台”的科学运行，让涉毒犯罪无处遁形。

禁毒大队根据 KTV 等场所包厢数在平台上创建虚拟房间，每个包厢设置 1 个二维码与平台房间关联。场所巡查人员通过扫包厢二维码开展巡查、输入情况，平台自动生成巡查记录。

自平台运行推广以来，警方在各类场所抓获涉毒人员 26 名，责令限期整改场所 5 家，

① 人民公安报，2017 年 9 月 18 日。

行政罚款1家，核查异常情况场所12家，进一步提升了场所禁毒工作效率，有效挤压了涉毒犯罪空间，全面净化社会环境。

3. 科学考核，分级管理

公安机关应当建立娱乐场所违法行为警示记录系统，并依据娱乐场所治安秩序状况进行分级管理。娱乐场所分级管理标准，由各省、自治区、直辖市公安厅、局结合本地实际自行制定。公安机关通过检查、抽查和查处相结合的工作制度，对娱乐场所实行分级治安管理。考核采用百分制进行。公安机关实施分级管理应遵循公开、公平、公正的原则，对娱乐场所实行定期考核、动态升降制度，对不同等级的场所实施相应的管理措施。通过分级治安管理，促进行业自律，保障娱乐场所健康、有序发展。

☞ **执法动态**

娱乐场所“星级”治安管理实现良性互动（节选）①

11月16日，福建泉州边防支队石井边防派出所为辖区两家娱乐场所颁发了A星级“绿牌”。这是这个所坚持科技应用与制度管理相结合，大力加强和创新娱乐场所治安管理的一个缩影。4年来，这个所辖区娱乐场所涉黄、涉毒、涉赌、打架斗殴等违法犯罪活动得到明显遏制，治安、刑事案件逐年递减。

治安“星”牌成娱乐场所广告卖点

只听说酒店分为五个星级，星的数量越多表示酒店等级越高。怎么这个所辖区的娱乐场所还要评星级呢？

4年前，这个所针对娱乐场所管理混乱，治安案件多发的实际，将歌舞厅、酒吧、休闲会所等娱乐场所业主请来参加业主大会，宣布进行公共娱乐场所治安管理星级评定工作。随后，由派出所牵头镇政府、工商、文化部门及社区群众代表组成考核小组，制定了《石井边防派出所娱乐场所“星级”治安管理规定》，围绕“备案管理、安全设施、经营规范、保安配备、安全防范”五个方面，将娱乐场所分成A、B、C三个等级，实行定期考核、动态升降、分级授牌等制度，落实等级监管措施。目前，这个所辖区A级娱乐场所18家、B级7家、C级2家，相应地落实一般管理、加强管理、重点监控等措施。

由这个所牵头镇政府、工商、文化及社区群众代表组成的考核小组，具体组织实施评定工作，采取查阅资料与实地考察相结合、明察与暗访相结合的办法，对照标准进行集体评定。对存在的治安隐患由场所业主签字确认，以便及时督促场所整改。检查、抽查结果，将作为评定星级或升降星级的依据。

4. 加强对从业人员的管理及治安宣传教育

娱乐场所对从业人员应当实行实名登记制度，建立从业人员名簿，统一建档管理。从业人员名簿应当记录以下内容：从业人员姓名、年龄、性别、出生日期及有效身份证件号码；从业人员户籍所在地和暂住地地址；从业人员具体工作岗位、职责。营业期间，娱乐场所从

① 中国边防警察报，2015年11月20日。

业人员应当统一着装，统一佩带工作标志。着装应当大方得体，不得有伤风化。工作标志应当载有从业人员照片、姓名、职务、统一编号等基本信息。

治安管理部门可以通过娱乐场所提供从业人员名簿了解从业人员的基本情况。治安管理部门应采取多种形式对从业人员进行法制宣传，向他们宣讲当前的治安形势以及预防、发现违法犯罪，预防治安灾害事故的技能，提高他们自觉遵纪守法和维护场所治安秩序的能力，促使他们积极主动向公安机关提供线索。通过对从业人员进行法制宣传，一方面可以防止一些从业人员利用工作上的便利从事违法犯罪活动，另一方面，提高从业人员的防范意识，争取从业人员积极发现和配合公安机关打击违法犯罪的活动。

5. 搜集娱乐场所的治安信息

公安机关治安部门准确掌握娱乐场所的治安信息，不仅可以及时打击发生在场所的不法行为及苗头，而且便于治安部门分析和研究场所治安问题发生的规律，有针对性地做好各种预防工作。治安部门搜集娱乐场所治安信息的渠道可以是多样的，既可以通过正面询问，向场所保安人员、服务人员、经理等了解治安信息，也可以向娱乐场所周围单位及群众进行侧面了解；既可以调查娱乐场所的活动情况，也可以通过“秘密力量”了解场所的治安信息。

6. 公安机关与其他管理部门协调配合，形成合力

根据《娱乐场所管理条例》的规定，各娱乐场所行政管理主体对于娱乐场所的管理基本上遵循分工负责、各司其职的原则。政府文化主管部门负责对娱乐场所日常经营活动的监督管理，公安机关负责娱乐场所的消防、治安管理状况的监督管理。娱乐场所管理工作涉及公安、文化、环保、工商行政管理等多个部门，各行政主管部门在履行自身职责的同时，还要密切配合，齐抓共管。按照《娱乐场所管理条例》的规定，建立健全信息通报制度，形成互动，必要时可组织开展联合执法检查，共同解决娱乐场所存在的问题。同时，还应加强公安机关内部治安、消防、禁毒、法制等相关业务部门的协调配合，加强沟通协作，增强有效防范，对发生在娱乐场所的卖淫嫖娼、赌博、贩毒、吸毒等违法犯罪活动要及时发现、及时打击。

☞ **执法参考**

娱乐场所行政主管部门的职责分工

(1) 文化部门要加大对娱乐场所违法经营的处罚力度。严厉打击超过限定时间、超出核定消费者人数经营的娱乐场所，严肃查处接纳未成年人进入的歌舞娱乐场所和非节假日向未成年人开放的电子游戏场所。坚决取缔擅自从事娱乐场所经营活动和在娱乐场所擅自从事营业性演出的经营活动。加大对娱乐场所检查频率，建立检查记录制度，及时解决检查中发现的问题；不属于文化行政管理部门职权范围内的问题，要及时通报其他职能部门。

(2) 公安机关要强化娱乐场所治安管理。加大对娱乐场所监督检查力度，加大对娱乐场所营利性陪侍、卖淫嫖娼、吸毒贩毒、赌博等违法犯罪活动的打击力度，对为上述活动提供方便的娱乐场所，一经查实，除依法对有关责任人进行处罚外，还要提请工商部门依法吊销其营业执照。要加大禁赌、禁毒、禁娼工作的宣传力度，为娱乐场所的发展营造良好的治安环境。公安消防部门要认真履行娱乐场所消防监督执法职责，加强对娱乐场所经营人员的消防培训，使其对娱乐场所的火灾隐患做到早发现、早整改，同时要提高娱乐场所经营人员

扑救初起火灾的能力。加大对娱乐场所消防监督检查力度，对发现的火灾隐患，要立即责令限期整改；对人员生命财产安全构成威胁的，要依法责令立即关闭。文化、工商等部门也要结合各自职责，对发现的火灾隐患及时通报公安消防部门。

（3）工商行政管理部门要加大对娱乐场所的巡查力度，对检查中发现的无证照经营娱乐场所、变相从事娱乐经营活动的场所、超出经营范围从事娱乐经营活动的场所，要坚决依法查处。对有关部门移交的不适合继续经营的娱乐场所，也要依法取缔。文化、公安等部门要积极配合，为娱乐场所的发展营造良好的市场环境。

（4）环保部门要加强对娱乐场所环境污染的监管，对违反环境影响评价制度和“三同时”验收制度的娱乐场所，依法责令限期补办相关手续；在规定期限内未补办的，环保部门要依法予以处罚并通报工商、文化部门予以取缔；对超过国家规定标准排放噪声、废气和废水造成污染的娱乐场所要依法责令限期治理，并予以处罚。对经限期治理仍未达到环保要求的娱乐场所，环保部门要依法报请县级以上政府责令其停业、搬迁或关闭，同时由工商行政管理部门依法办理变更登记或注销登记。

（5）卫生部门要积极开展娱乐场所卫生监督检查及艾滋病、性病防治宣传，促进娱乐场所落实各项卫生管理制度。娱乐场所应建立严格的卫生管理制度，对从业人员进行健康体检并实施卫生知识培训，配备符合有关要求的卫生设施。

7. 加强场所自律和行业自律，推动娱乐场所社会化管理。《娱乐场所治安管理办法》第三条规定：娱乐场所法定代表人、主要负责人是维护本场所治安秩序的第一责任人。娱乐场所应在公安机关的指导下制定并落实安全管理制度，对发生在场所内的违法犯罪活动，应当立即向公安机关报告。娱乐场所的从业人员，特别是企业法人和经营管理者，对娱乐场所治安秩序的维护负有主要的责任。只有调动从业人员治安保卫工作的积极性，增强从业人员的治安责任意识，才能做好娱乐场所的管理工作。文化部 2013 年实施的《娱乐场所管理办法》第五条规定：娱乐场所行业协会应当依照国家有关法规和协会章程的规定，制定行业规范，加强行业自律，维护行业合法权益。公安机关可将治安管理的部分职能向行业协会转移，公安监管和行业自律有机结合，力求管理社会化，形成管理合力和实效。

☞ **执法动态**

扬州：娱乐场所实行社会化管理见实效（节选）①

为管好娱乐场所内的“小治安”，进一步规范歌舞娱乐场所营销人员管理，扬州市公安局经过调研，确定由公安机关和行业协会共同管理的思路和模式，将公安监管和行业自律有机结合，力求管理社会化，形成管理合力并取得实效。

扬州市公安局治安支队多次召开歌舞娱乐场所业主座谈会，引导 198 家歌舞娱乐场所加入扬州市公共场所和特种行业治安管理协会，成立协会歌舞娱乐分会，在会员中选举产生自律委员，成立歌舞娱乐业自律委员会，由分会会长主持自律委员会工作，指导、监督、协调全市歌舞娱乐场所从业人员管理工作。指导自律委员会起草《扬州市歌舞娱乐场所公约》，

① 人民公安报，2014 年 4 月 30 日。

经所有会员表决、签字后生效。《公约》明确，场所对所有从业人员实行公司化管理，确保相对固定、有序流动；按照服务资费档次向协会缴纳履约自律金，对恶意挖角、擅自向营销经理支付额外费用、雇佣未经备案的营销经理的，除提请公安机关加强日常检查、加大打击力度外，履约自律金作为该场所自愿追加会费，以经济杠杆约束场所自觉履约。指导自律委员会制定《歌舞娱乐场所治安责任人岗位职责》《歌舞娱乐场所安全管理制度》以及《歌舞娱乐场所自律管理制度》等系列内部管理制度，将从业人员管理职责重新回归到场所业主、治安责任人，达到“以人管场”的目的。

（四）对违反娱乐场所管理规定行为的处罚

1. 娱乐场所及其从业人员实施违法犯罪行为，或为他人实施违法犯罪行为提供条件的处罚

根据《娱乐场所管理条例》第十四条的规定，娱乐场所及其从业人员不得实施下列行为，不得为进入娱乐场所的人员实施下列行为提供条件：（1）贩卖、提供毒品，或者组织、强迫、教唆、引诱、欺骗、容留他人吸食、注射毒品；（2）组织、强迫、引诱、容留、介绍他人卖淫、嫖娼；（3）制作、贩卖、传播淫秽物品；（4）提供或者从事以营利为目的的陪侍；（5）赌博；（6）从事邪教、迷信活动；（7）其他违法犯罪行为。娱乐场所的从业人员不得吸食、注射毒品，不得卖淫、嫖娼；娱乐场所及其从业人员不得为进入娱乐场所的人员实施上述行为提供条件。

同时，根据《娱乐场所管理条例》第四十二条的规定，娱乐场所实施本条例第十四条禁止行为的，由县级公安部门没收违法所得和非法财物，责令停业整顿 3 个月至 6 个月；情节严重的，由原发证机关吊销娱乐经营许可证，对直接负责的主管人员和其他直接责任人员处 1 万元以上 2 万元以下的罚款。

2. 娱乐场所违法经营的处罚

根据《娱乐场所管理条例》第四十三条的规定，娱乐场所违反本条例规定，有下列情形之一的，由县级公安部门责令改正，给予警告；情节严重的，责令停业整顿 1 个月至 3 个月：（1）照明设施、包厢、包间的设置以及门窗的使用不符合本条例规定的；（2）未按照本条例规定安装闭路电视监控设备或者中断使用的；（3）未按照本条例规定留存监控录像资料或者删改监控录像资料的；（4）未按照本条例规定配备安全检查设备或者未对进入营业场所的人员进行安全检查的；（5）未按照本条例规定配备保安人员的。

根据《娱乐场所管理条例》第四十六条的规定，娱乐场所取得营业执照后，未按照本条例规定向公安部门备案的，由县级公安部门责令改正，给予警告。

根据《娱乐场所管理条例》第四十九条的规定，娱乐场所未按照本条例规定建立从业人员名簿、营业日志，或者发现违法犯罪行为未按照本条例规定报告的，由县级人民政府文化主管部门、县级公安部门依据法定职权责令改正，给予警告；情节严重的，责令停业整顿 1 个月至 3 个月。

根据《娱乐场所管理条例》第五十条的规定，娱乐场所未按照本条例规定悬挂警示标志、未成年人禁入或者限入标志的，由县级人民政府文化主管部门、县级公安部门依据法定职权责令改正，给予警告。

3. 娱乐场所设置具有赌博功能的游戏设施设备，以现金、有价证券作为奖品，或者回购奖品的处罚

根据《娱乐场所管理条例》第四十四条的规定，娱乐场所违反本条例规定，有下列情形之一的，由县级公安部门没收违法所得和非法财物，并处违法所得2倍以上5倍以下的罚款；没有违法所得或者违法所得不足1万元的，并处2万元以上5万元以下的罚款；情节严重的，责令停业整顿1个月至3个月：设置具有赌博功能的电子游戏机机型、机种、电路板等游戏设施设备的；以现金、有价证券作为奖品，或者回购奖品的。

二、休闲服务场所的治安管理

（一）休闲服务场所的概念和范围

休闲服务场所是指以营利为目的，向公众开放，为公众提供休闲服务的场所。休闲服务场所与娱乐场所有诸多相似之处，有些经营场所集餐饮、洗浴、按摩、歌舞、游艺甚至住宿于一体，其娱乐功能和服务功能相辅相成，很难强行将这些场所归为某一类场所。公安机关也常常把娱乐场所与服务场所合并管理，统称为娱乐服务场所。自《娱乐场所管理条例》将娱乐场所界定为“供消费者自娱自乐的歌舞、游艺等场所”后，学者们将服务场所与娱乐场所分开，服务场所中不包含那些提供歌舞、游艺活动的场所，仅包括餐饮服务场所、美容美发服务场所，洗浴、按摩服务场所，健身休闲服务场所等。

（二）休闲服务场所治安管理面临的困境

休闲服务场所存在的治安问题与娱乐场所基本相同，但因其自身特点与目前的法律规定的缺失，导致公安机关对休闲服务场所的治安管理面临一些困境。

1. 休闲服务场所治安管理缺乏相关法律规定。目前，我国的休闲服务场所种类繁多，数量大，遍布于城乡各地，服务场所中的吸毒、赌博、卖淫嫖娼等社会丑恶现象，大量存在，严重败坏社会风气和治安秩序，以至于成为社会公害。而我国关于休闲服务场所的相关法律法规滞后，全国性的法律法规缺失。特别涉及茶座、酒吧、录像放映、美容美发等休闲服务场所的治安管理，国家没有相关法律法规，只是存在一些地方性的法律规定，致使治安管理部门在实际执法时经常面临“无法可依”的尴尬局面。

2. 休闲服务场所背后“保护伞”现象严重。一些休闲服务场所的经营者为了牟取暴利，违法经营，有些国家法律明令禁止的项目，比如赌博、卖淫嫖娼等行为，在一些休闲服务场所却能大行其道，是因为这些经营场所都有自己的“保护伞”。场所的经营者通过“权钱交易”、“权色交易”诱使国家机关工作人员为其非法经营活动提供庇护。对国家公务人员、党员干部参与经营或变相参与娱乐、休闲服务场所经营的，要坚决依照党纪政纪严肃查处；对包庇卖淫嫖娼、赌博、吸毒贩毒等社会丑恶现象，或充当“保护伞”、通风报信的，要按照有关规定严肃处理，构成犯罪的，要依法追究其刑事责任。

☞ **典型案例**

郑州皇家一号案查处155名违纪违法民警、检察官（节选）①

备受关注的郑州“皇家一号”案有了最新消息，官方最新披露称，共查处152名违纪违法公安民警和3名检察官。

---

① 中国新闻网，2016年2月27日。

根据官方媒体26日披露，2013年10月至2015年5月，河南省公安厅纪委牵头组织查处了郑州皇家一号国际娱乐会所（简称“皇家一号”）特大组织卖淫犯罪集团、“皇家一号”大股东张军、邵广忠特大赌博犯罪集团及其“保护伞”系列案件。

由此它进入公众视野。2015年，“皇家一号”股东之一的陈加贵、王国付被判无期徒刑，其余85名罪犯均被判处刑罚。然而背后“保护伞”的查处和追责并未公布。

此次，官方人民公安报首次披露公安民警追责情况：共抓获刑事犯罪嫌疑人260余名、查扣追缴赃款赃物价值近3亿元人民币，查处受贿索贿、徇私枉法、参股赌场等违纪违法公安民警152人、检察官3人，其中处级官员26人，科级及以下官员129人，收缴违纪资金800余万元人民币。

河南省公安厅、郑州市公安局和郑州市纪委分别给予上述155名违纪违法公安民警、检察官党纪政纪处分或组织处理。其中，涉嫌犯罪的原郑州市公安局副局长周廷欣、原河南省公安厅治安总队副处级干部姚天立、原郑州市公安消防支队防火监督处处长汪海、原郑州市公安消防支队防火监督处验收科科长卞卫华、原郑州市公安局金水分局局长黄柏仁等32人被移送司法机关追究刑事责任。

3. 各职能部门之间互相推诿，使管理出现“真空”。服务场所的管理部门很多，遇到要履行管理职责时，管理主体往往利用各种理由互相推诿。出现“对自己有利的事争着管，对自己没利的事没人管”的尴尬局面。有关职能部门即使依法处理，往往也会遇到方方面面的压力，导致实际管理的缺位或者形同虚设，虽有名目繁多的各类检查，服务场所存在的问题和隐患依然难以彻底消除。

（三）休闲服务场所治安管理措施

公安机关对休闲服务场所的治安管理措施主要是备案、登记，治安检查，针对突出的治安问题进行集中整治等。在实践中，公安机关可以借鉴对娱乐场所的治安管理措施。同时，应当注意涉及休闲服务场所管理的部门规章和地方性法规。例如，商务部于2004年9月23日发布、自2005年1月1日起施行《美容美发业管理暂行办法》，对美容美发场所经营活动进行了规范。一些省市也对休闲服务场所管理进行了地方立法，如《北京市洗浴和美容美发经营场所管理若干规定》《长春市洗浴美容美发业治安管理规定》等。这些部门规章、地方性政府规章对相关休闲服务场所的结构、经营内容、从业人员等作出了详细的规定，公安机关应当依照这些法规进行管理，有权对这些场所进行治安检查，监督休闲服务场所是否依法经营，发现违法犯罪行为的，依法予以治安管理处罚。

☞ **执法规范**

北京市洗浴和美容美发经营场所管理若干规定

第一条　为加强对本市洗浴和美容美发经营场所的管理，促进洗浴和美容美发业的健康有序发展，根据有关法律、法规，结合本市实际情况，制定本规定。

第二条　凡在本市行政区域内从事洗浴或者美容美发经营活动的，均须遵守本规定。

第三条　除宾馆、饭店、写字楼、体育运动场所等附属的洗浴设施和社区便民服务设施外，洗浴经营场所的营业面积不得小于500平方米。

第四条 在洗浴和美容美发经营场所工作的外地务工人员，必须具有合法有效的身份证明、暂住证明和务工证明。

洗浴和美容美发经营场所的经营者使用外地务工人员的，应当持相关证明到区、县劳动和社会保障部门办理用工申请。

美容师、美发师、按摩师等专业人员应当取得《职业资格证书》，并持证上岗。

第五条 严禁洗浴和美容美发经营场所的经营者及其从业人员组织、强迫、引诱、容留、介绍他人卖淫；严禁提供色情服务；严禁开设赌场、赌局；严禁吸毒、贩毒和传播淫秽书刊、录音录像制品、图片等物品。

洗浴和美容美发经营场所的经营者及其从业人员发现在洗浴和美容美发经营场所内从事卖淫、嫖娼、赌博、吸毒、贩毒和其他犯罪或者违反治安管理行为的，应当予以制止，并立即向公安机关报告。

第六条 洗浴和美容美发经营场所的经营者必须遵守下列规定：

（一）不得提供有偿陪侍、异性按摩（头部、足底按摩以及市残联批准的盲人按摩除外）。

（二）不得张贴、悬挂或者设置格调低下、有悖社会主义道德的图片或者装饰物。

（三）沐浴、按摩场所不得设置完全封闭的包间；美容美发场所只能设置开放式隔断。

（四）从业人员统一着装或者佩带统一的服务标志。

（五）专营或者主营洗浴的，其营业时间不得超过凌晨 2 时；除依法办理旅店业登记手续的外，不得为顾客提供留宿服务。

（六）其他工商、消防、卫生、环保、旅游、劳动和社会保障等有关管理规定，以及国家和本市制定的行业规范和行业标准。

第七条 向洗浴和美容美发经营场所的经营者出租场地的单位和个人必须遵守下列规定：

（一）向承租人进行遵纪守法的宣传教育，积极协助公安机关做好防火、防盗和防止发生治安案件的工作。

（二）发现承租人有违法犯罪活动或者嫌疑的，予以制止，并及时报告公安机关，不得包庇、纵容。

第八条 洗浴和美容美发经营场所的经营者及其从业人员违反本规定的，按照下列规定给予处罚：

（一）违反本规定第六条第（一）、（二）项规定的，由公安机关责令限期改正，对违反第（一）项规定的可处以 4000 元以上 2 万元以下罚款；对单位直接负责的主管人员和其他直接责任人员处以 1000 元以下罚款。

（二）违反本规定第六条第（三）、（四）、（五）项规定的，由商品流通部门责令限期改正，并可处以 1000 元以上 1 万元以下罚款。

（三）违反本规定第三条、第四条、第五条、第六条第（六）项规定的，分别由公安、工商行政管理、卫生、商品流通、环保、劳动和社会保障等部门依法处理。

第九条 向洗浴和美容美发经营场所的经营者出租场地的单位和个人违反本规定第七条规定的，由公安机关责令限期改正，并可处以 1000 元以上 1 万元以下罚款。

第十条 各级行政主管部门及其工作人员参与洗浴或者美容美发经营活动，或者为违法行为者通风报信、提供保护、包庇违法行为的，由有关部门依法追究其行政责任；属违反治安管理规定行为的，由公安机关依法给予治安管理处罚；构成犯罪的，由司法机关依法追究刑事责任。

第十一条　本规定自2001年1月1日起施行。

第三节　其他重点场所治安管理

一、交通场所治安管理

交通场所，是指对公众开放的，用于承载不特定的人或物从此地移往彼地的交通工具和候乘这些交通工具的固定场所的总称。交通场所与人们日常生活息息相关，人们外出旅游、务工等活动，都离不开交通场所。可以说，交通场所的规模、数量，是衡量一座城市经济发展水平的重要标尺。

（一）交通场所的治安特点

1. 交通场所往往是国内外敌对势力和恐怖主义分子进行破坏活动的重要目标。交通场所是每一个城市的人员集散地，是人群流动数量和规模最为巨大的区域。极少数敌视党和政府的不法分子，为制造影响、发泄不满，常利用公共交通场所人员聚集、流动量大，社会影响大、危害严重的特点，千方百计地在公共交通场所以纵火、爆炸、投毒等方式制造事端，进行破坏活动。

☞ **典型案例**

英国警方先后逮捕两名伦敦地铁爆炸案嫌疑人①

15日早高峰时段，伦敦地铁帕森斯·格林站，列车车厢内一个装在超市购物袋里的简易爆炸装置爆炸、起火。爆炸发生时，列车正要驶离车站。

事件造成30人受伤，其中一些人受烧伤，另一些人是在慌忙逃离过程中受伤。所幸没有伤者伤情严重。警方将这一事件定性为恐怖袭击。

据警方消息，16日上午，警方在英国东南部海港多佛的离岸区逮捕一名涉嫌与这起袭击有关联的18岁男子，随即在港口部分区域清场，查获“一些物品”。

这名嫌疑人目前被拘留在伦敦一个警察局。警方没有公布他的姓名。英国警方反恐部门高级官员尼尔·巴苏16日在一份声明中说，这是一次“重要逮捕”，将引导警方展开“更多行动”。他说，出于调查需要，警方现阶段不会公布这名嫌疑人的“更多具体信息”。

17日，伦敦警方发布声明说，16日将近午夜时，警方在伦敦西部郊区豪恩斯洛逮捕一名22岁男子，他是伦敦地铁爆炸案第二名被捕嫌疑人，已被带到伦敦南部一个警局。

2. 交通场所还是违法犯罪分子进行违法犯罪活动，逃逸和转移赃物的场所。违法犯罪分子常常利用公共交通场所人多拥挤、环境复杂、便于作案的特点，进行盗窃、抢劫、诈

① 新华社，2017年9月18日。

骗、倒票、卖淫、拐卖儿童等多种违法犯罪活动。同时，由于交通场所还是各种交通工具汇集和分散之地，人、财、物在此高度集中并快速流转，违法犯罪分子易利用公共交通场所逃逸和转移赃物。公共交通场所里交通工具的流动性和人员的流动性，给公安机关取证、破案和追捕工作带来了困难。

☞ 典型案例

双胞胎姐妹郑州火车站被拐，警方7小时抓获嫌犯（节选）①

12月17日下午，由于开摩的的父亲疏忽大意，一对6岁双胞胎小女孩在郑州火车站西广场，被3名来自河北宣化的成年人诱骗拐走。郑州市公安局火车站分局经过7个小时的排查走访，于深夜11点多在解放路辖区一宾馆房间内将拐骗儿童的一名女子、两名男子抓获。

据了解，三名嫌疑人在火车站西广场通过"拿走"孩子玩具、哄骗孩子"去旅游"、给孩子零食等方式，拉近与双胞胎儿童的关系，将其拐走。目前，三名嫌疑人因涉嫌拐骗儿童已被刑事拘留。

3. 交通场所容易发生火灾、爆炸、挤压伤亡、撞车、翻沉船、坠机等治安灾害事故。在公共交通场所，一些乘客不遵守交通秩序、忽视安全的情形大量存在，违反规定随身携带易燃、易爆等危险物品乘坐交通工具，极易引发火灾、爆炸等治安灾害事故。而营运者为追求经济效益，违反规定超员载客、疲劳驾驶，极易引发交通工具倾覆、沉水、撞车（船）等治安灾害事故。

☞ 典型案例

"东方之星"号客轮遇强对流天气于湖北监利沉没

2015年6月1日21时30分，隶属于重庆东方轮船公司的"东方之星"号客轮，在从南京驶往重庆途中突遇罕见强对流天气，在长江中游湖北省荆州市监利县长江大马洲水道沉没。

沉船事件发生后，交通运输部门、解放军、武警部队和公安干警、沿江省市等调集动员了大批专业搜救人员、解放军、武警和消防官兵以及沿江地区群众，采取空中巡航、水面搜救、水下搜救、进舱搜救和全流域搜救相结合的方式，在事发地及下游水域开展全方位、立体式、拉网式搜寻。

截至2015年6月13日，经有关各方反复核实、逐一确认，"东方之星"号客轮上共有454人，其中成功获救12人，遇难442人，全部遇难者遗体均已找到，自此搜救工作结束。

2015年12月30日，长江沉船事故调查报告公布，经国务院调查组调查认定，"东方之星"号客轮翻沉事件是一起由突发罕见的强对流天气（飑线伴有下击暴流）带来的强风暴雨袭击导致的特别重大灾难性事件。

---

① 大河报，2017年12月20日。

（二）交通场所治安管理措施

1. 加强交通场所的治安宣传教育。加强治安宣传，是维护好交通场所治安秩序的前提和基础。公安机关要经常协助和指导交通场所的管理部门，向广大旅客进行遵守公共秩序、维护公共安全的宣传教育。通过宣传教育，增强广大旅客防盗、防火、防破坏和防治安灾害事故的意识。治安宣传教育应具有针对性，要针对旅客的心理特点和接受能力，采取多种新颖、群众易于接受的形式进行宣传，如通过广播、电视、黑板报、宣传栏、警示标语等形式宣传，严禁旅客携带易燃、易爆等危险物品和其他违禁物品乘坐公共交通工具。

☞ 执法动态

麻城火车站开展路外安全知识宣传①

“禁止在铁路线路上放置、遗弃障碍物，禁止在铁路线路上行走、坐卧休息。”7月21日9时，麻城站2名身披绶带的青年志愿者在该站候车室“清兰亲情服务台”前向候车旅客热情的介绍着。据悉这是麻城站联合车站公安派出所共同开展的一次《铁路安全管理条例》暨路外安全宣传教育活动。

此次活动该站采取发放印有铁路安全宣传标语的手提袋、扇子等小礼品以及宣传手册、图片展览、事故案例警示教育等方式，宣传提高广大旅客对《铁路法》《铁路安全管理条例》等法律法规的认知程度，让旅客更加直观地了解铁路安全知识。同时现场通过铁路路外安全知识问答的形式，向过往候车旅客发放茶杯、雨伞等小礼品，极大地调动了旅客对路外安全知识学习的热情。

“看了这些血淋淋的事故画面，今后翻越铁路封闭的事再也不能干了，回去我一定得给家里人都说下，要走铁路天桥……”前往黄州探亲的王先生看着摆放在服务台两侧的事故画面感叹道。通过宣传，切实提升了广大旅客以及沿线居民遵守《铁路安全管理条例》的法律意识和自觉性，为铁路运输安全提供了强有力的保障。

2. 制定安全防范规章制度，落实安全防范措施。交通场所的保卫部门，要根据有关规定，结合实际情况，制定各项安全防范制度，在日常工作中认真贯彻执行。场所应根据客流量等实际情况，配备足够的专职保安员或治安员，负责维护场所内部的治安秩序，并建立健全相应的管理制度和保安人员、治安员、主管领导岗位安全责任制，落实“四防”安全防范制度。治安管理部门要会同有关部门定期或不定期地检查制度的落实情况，及时整改隐患。在检查场所安全防范时，对场所建筑和场地用火、用电等重点要害部位要特别重视。对不安全因素和违反规章制度的情形，必须及时指出，并提出整改意见。

3. 加强巡视，严密场所控制。治安管理部门要经常组织民警、保安员、治安员和内部职工，加强对场所的巡视和检查，注意和发现可疑人、可疑物，注意和发现携带枪支弹药和其他危险物品的嫌疑人，查禁“三品”（即爆炸物品、易燃化学物品和腐蚀性物品），查违法犯罪分子和在逃人员。在巡视观察过程中，要重点做好重点部门的巡逻控制工作。要特别

① http：//www.sohu.com/a/107245049_119731.

加强防范措施，注意控制人员容量，防止发生挤压伤亡等治安灾害事故。

☞ 治安动态

春运在即铁路公安加强安检，半月查获危险品 593267 起（节选）①

为确保铁路运输畅通和广大旅客平安出行，全国铁路公安机关进一步加强安检查危工作，自去年 12 月中旬以来，共查获危险物品 593267 起，查缴烟花爆竹 26 万响、化工品 21031 千克、汽油 41 升、仿真枪 121 支、管制刀具 13646 把等一大批易燃易爆危险品。

民警告诉记者，各地铁路警方一方面组织民警对安检查危措施、设备等存在的问题和隐患进行排查整治，在广场、售票厅、安检处、车门口、旅客列车等层层设卡，形成多道防线堵截危险品；另一方面也抽调民警和警犬，增援客流量大的重点客运站，加强安检力量，做到“旅客人人过门，行李件件过机”，提升安检效率，确保安检质量。同时，还对站区的小件寄存处、中铁快运等进行检查，积极采取实地检查、模拟暗访、视频巡控等方式加强检查督导，确保各项安检措施落实到位。

北京铁路公安处就成立 3 个小组，分工包保北京站、北京西站、北京南站等重点车站，加强一线督导；成都铁路公安处为成都、绵阳等重点车站增加了 220 名安检人员，统一培训考核后持证上岗；杭州、银川、白城等铁路公安处与站区小件寄存处签订安全协议，落实责任。去年 12 月 27 日，怀化铁路公安处铜仁站派出所民警和安检员在进站安检口，从旅客刘某的行李中查获鞭炮 2 万响。

4. 对突出治安问题要及时整治，加大整治力度。治安管理部门要针对不同季节、时间，不同路段、地形，不同类型的公共交通场所，有针对性地及时开展专项整治，如打击车匪路霸、整治扒窃偷盗等。

（三）对违反交通场所管理规定行为的处罚

1. 扰乱公共交通工具上的秩序的处罚

根据《中华人民共和国治安管理处罚法》第二十三条第 1 款第 3 项的规定，有下列情形之一的，处警告或者二百元以下罚款；情节较重的，处五日以上十日以下拘留，可以并处五百元以下罚款：扰乱公共汽车、电车、火车、船舶、航空器或者其他公共交通工具上的秩序的。

2. 妨碍交通工具正常行驶的处罚

根据《中华人民共和国治安管理处罚法》第二十三条第 1 款第 4 项的规定，有下列情形的之一的，处警告或者二百元以下罚款；情节较重的的，处五日以上十日以下拘留，可以并处五百元以下罚款：非法拦截或者强登、扒乘机动车、船舶、航空器以及其他交通工具，影响交通工具正常行驶的。

3. 聚众扰乱公共交通工具上的秩序，尚不构成犯罪的

根据《中华人民共和国治安管理处罚法》第二十三条的规定，聚众扰乱公共汽车、电车、火车、船舶、航空器或者其他公共交通工具上的秩序的，对首要分子处 10 日以上 15 日

① 央广网，2017 年 1 月 6 日。

以下拘留，可以并处1000元以下罚款。

4. 聚众妨碍交通工具正常行驶的处罚

根据《中华人民共和国治安管理处罚法》第二十三条的规定，聚众非法拦截或者强登、扒乘机动车、船舶、航空器以及其他交通工具，影响交通工具正常行驶的，对首要分子处10日以上15日以下拘留，可以并处1000元以下罚款。

5. 聚众扰乱交通秩序罪的处罚

根据《中华人民共和国刑法》第二百九十一条的规定，聚众扰乱车站、码头、民用航空站、商场、公园、影剧院、展览会、运动场或者其他公共场所秩序，聚众堵塞交通或者破坏交通秩序，抗拒、阻碍国家治安管理工作人员依法执行职务，情节严重的，对首要分子，处五年以下有期徒刑、拘役或者管制。

6. 破坏交通工具罪的处罚

根据《中华人民共和国刑法》第一百一十六条的规定，破坏火车、汽车、电车、船只、航空器，足以使火车、汽车、电车、船只、航空器发生倾覆、毁坏危险，尚未造成严重后果的，处三年以上十年以下有期徒刑。

二、公共游览场所治安管理

公共游览场所，是指向公众开放，供公众参观、游览、欣赏、休息、活动的经营性游览区域和园林场所。公共游览场所，是公众业余生活的重要组成部分。此类场所能够促进公众身心健康，丰富人们的人文知识，提升自我修养，是政府大力投入建设，体现政府部门以人为本的管理服务理念和管理水平的重要标志，也是一座城市文化精神面貌的标尺。

（一）公共游览场所的治安特点

1. 人员高度密集，流动频繁，成分复杂。随着市场经济的发展和国内外政治、经济、文化交往的频繁，人们的物质精神需求层次越来越高，流动越来越频繁。近几年，旅游事业发展很快，一些原来封闭的自然人文景观得以开发，富有民族风情特色的节日得以开放，使得公共游览场所变得人员成分复杂、流动频繁，违法犯罪嫌疑人也混迹其间，乘机作案，扰乱公共秩序。

2. 旅游业同文化、体育、娱乐、商品交流等活动内容相交融。旅游业的发展带动了其他相关产业的发展，与风景游览区配套的交通和饭店、旅馆等服务饮食网点以及各种游艺设施同时急剧增加，具有集文化、娱乐、体育等综合性的游览场所不断涌现，许多科技、商品、文化交流的专业会议和活动，不少教育培训、体育、娱乐活动不断在游览场所举行。使得安全隐患、漏洞时常出现，各类违法犯罪活动时有发生，导致公安机关治安管理的内容和措施也相应由单一化向多元化、复杂化转变。

3. 各类案件和治安灾害事故发生率高，防范难度增大。由于游览场所地域广、地形或建筑物结构复杂，游客人数多且成分复杂，经常出现各类纠纷、斗殴伤人、寻衅滋事、损毁旅游设施等治安问题。在一些偏僻地段和重点部位，还容易发生敲诈勒索、抢劫、强奸、杀人和盗窃珍贵文物（展品）等重大刑事案件。一些以陡山险水为特色的景点深受具有冒险精神旅客的喜爱，在这些景区经常发生旅客跌落、失足落水而造成人员伤亡和财产损失的情况，导致家属闹访景区管理部门，严重影响景区治安秩序。同时，由于人多拥挤、天气突变、旅游设施不安全等因素，常引发挤压伤亡、水灾、火灾、爆炸、建筑物崩塌等意外事故和治安灾害事故，使得防范难度增大，治安管理工作面临新的考验。

☞ **典型案例**

3名驴友违规穿越卧龙保护区被困（节选）①

10月5日下午3点过后，汶川县卧龙特区公安分局卧龙派出所值班民警接到一个求救电话，电话里一个急促的男声紧急呼救："警官，我们被困了，请帮帮我们！"电话中，求救者表示他们一行3人（2男1女），9月30日进入卧龙，计划徒步穿越核心区，但几天后，有人开始有了高原反应，不同程度出现发烧等症状。尤其是那名女子，高原反应的症状最为严重，身体出现不适，急需救援。经当地公安人员了解，被困人员并未做登记备案，属于违规穿越。6日清晨，由民警、医护人员、民兵组成的16人救援队进山搜救。

7日14时09分，16人救援队伍经6个多小时的急行军到达被困人员所在爬子桥牛棚，发现被困的三名驴友，其中两名男性驴友身体正常，女性驴友潘某生命体征平稳，但高山反应严重，四肢乏力，无法行走。为确保被困驴友和救援人员安全，8日上午，卧龙特区、卧龙自然保护区管理局再次组织了一支14人的接应队伍投入救援工作，包括保护站8名长期从事野外工作的人员和6名熟悉山里情况的当地村民。

卧龙公安分局副局长刘麒麟说，长期以来，卧龙核心区域就禁止人员活动。但从2008年以来，就陆续有驴友不顾劝阻，试图冒险穿越卧龙无人区。据统计，自2008年以来，卧龙公安分局已进行了十余次搜救工作，每次都需要投入大量人财物。

4. 非法经营问题突出。近年来，随着人民生活水平的不断提高，旅游业持续蓬勃发展。但与之相反的是，旅游安全问题层出不穷。强迫购物、高定价高回扣、毒导游、打人等旅游市场乱象，在游览场所层出不穷，引发诸多消费者维权问题，不仅影响经济秩序的稳定，还扰乱景区的治安秩序。另外，全国各地旅游景点内各种特产、工艺纪念品等无证摊点泛滥，给公安机关、城管执法、工商等政府部门在开展查禁工作的过程中带来了一定的难度。少数无证摊点贩卖各种假冒伪劣食品、器具，甚至是管制刃具、仿真枪等公安机关明令禁止的危险物品，严重扰乱了公共场所的治安秩序。

☞ **典型案例**

扇游客耳光，5名黑导游获刑（节选）②

去年9月17日，一段"北京一日游遭欺诈，有游客被打"的视频在网上热传。视频的发布者告诉北京青年报记者，她和家人参加一家旅行社组织的北京"一日游"时，被导游要求补交160元团费，有乘客因为反抗被打，而她偷偷用手机录下了视频。

此事被曝光后引发社会关注，警方分别在北京、河北等地将韩某、陈某、李某、王某等5名嫌疑人抓获。

---

① 解放网，2017年10月9日。

② 北京青年报，2017年7月22日。

昌平法院经审理查明，2015年12月至2016年9月间，韩某组织陈某、李某、王某、于某等人在北京市王府井某胡同，在无旅游行业准入资质的情况下，非法从事一日游活动，并强行收取游客自费款。2016年9月17日韩某在北京市王府井某胡同指使陈某、李某带领游客乘坐旅游大巴车进行非法“一日游”活动，在已收取相关旅游费用的前提下，当车辆行至北京市昌平区某环岛附近和居庸关某停车场内时，陈某、李某伙同被告人王某、于某采取言语威胁和暴力殴打的方式再次强行收取10余名游客二次费用。

据几人交代，他们以“低价诱揽，中途加价”的方式从事非法“一日游”活动，为减少被检查的可能并取得游客信任，他们使用租赁的旅游车辆接送游客，司机并不固定。他们的具体运作方式为：揽客人员每天在前门、故宫等地以40元到100元不等的低价吸引游客前往长城、十三陵、鸟巢、水立方游览，并称“负责车费及中午饭而且不再收取任何费用”。

法院以强迫交易罪判处韩某有期徒刑1年，并处罚金人民币2000元，陈某、李某、王某被判处有期徒刑10个月，并处罚金人民币2000元，于某被判处有期徒刑8个月，并处罚金人民币2000元。

（二）公共游览场所的治安管理措施

1. 加强安全宣传教育

按照“谁主管、谁负责”的原则，游览场所的主管部门都必须树立“安全第一”的思想，把安全工作作为一件大事来抓。首先，要对职工进行深入的安全教育，增长安全知识，掌握安全操作规程，全面提高安全意识。其次，要在游客中开展安全宣传，提倡文明旅游。在集中的场所张贴和广播《游客须知》《游览场所文明公约》和管理通告；在危险、复杂路段、景点设置路标和警示牌；向旅行社、团体旅游单位发放《旅游须知》《旅游安全指南》等安全宣传品。开展多种形式、多层次的宣传教育活动，共创良好的游览环境。

☞ **执法动态**

县公安局安全宣传进景区，出游群众高声赞①

“感谢你们为全县人民的创造了一个和谐畅通的交通环境，你们的工作非常到位……”在京华园景区，看到民警为入园游玩游客发放宣传单，提醒他们外出时应注意的种种事情，恰好路过此处的全国人大代表刘志华不禁向民警竖起了大拇指，夸赞起来。

“大哥，您是开车和家人来玩的吧，一家人游玩高兴之余可不要喝酒啊”，“双节期间，外出游玩人数增多，请不要乘坐超员客车”……景区门口，民警时不时提醒游客要文明出行。京华园旅游景区坐落在小冀镇，始建于1992年4月，系国家AAAA级人文景观，以蜿蜒起伏的长城作围，宛如祖国的版图，园内有各个民族的风土人情、天地宫等吸引着不少人们前来观赏游玩。为了景区周围交通畅通，让游客开心而来，高兴而归，新乡县公安局交警大队民警提前部署，精心组织，放弃休假，开展多种形式的宣传活动，为更好地开展交通管理工作营造浓厚的社会氛围。大队以景区周围密集的车站、广场、道路为重点，通过设立交

① http://www.xinxiangxian.gov.cn/web/zwxx/bmdt/2012-10-10/19203.html.

通安全宣传点、播放警示教育片、发放《致驾驶人朋友的一封信》《关爱生命·文明出行》等相关交通安全宣传资料的形式，给来此游玩群众讲解酒后驾驶、超速行驶、不系安全带、疲劳驾驶等危害。此外，还借机以无牌无证上路等道路违法行为所带来的严重后果用典型的案例对过往司机朋友们进行了法制教育。

双节期间，京华园景区游客量超过10万人次，民警大范围的宣传，进一步增强了广大游客的交通安全意识，受到了来往游客的称赞。

2. 加强安全检查，健全安全管理制度

公安机关治安管理部门要会同文物保护、园林管理、城建、交通、消防等部门，对游览场所建筑物和游乐设施，尤其要针对那些重点部位和危险性大的游乐项目（如桥梁、涵洞、缆车、索道、滑道、蹦极、陡坡急弯路段等）进行严格检查，安检合格取得相应许可证方可准许经营。同时，公安机关要指导场所建立健全各项安全管理制度，并与游览场所责任人签订治安责任协议书。对场所重点部位和薄弱环节，要实行定点、定人、定责任的办法，督促其落实各项安全管理措施。

☞ 治安动态

辽宁出台专门意见加强旅游景区治安管理①

为确保景区治安平稳，游客安全出游，辽宁省公安厅出台专门意见，加强旅游景区治安管理。意见明确，公安机关将打造综合监管、行业监管、专项监管三结合的监管模式，明确景点、安全管理机构和公安机关的职责，为游客筑起安全出游的屏障。

意见明确各级公安机关指导景点设置治安保卫机构或者配备专职、兼职治安管理人员，监督治安保卫人员接受有关培训，并帮助景区建立门卫、值班、巡查、考核及奖惩制度等。同时，各级公安机关督促景区制定消防安全制度、消防安全操作规程和应急预案，组织进行对性的消防安全演练，并检查消防设施、消除安全隐患。

为维护旅游秩序，各级公安机关督促景区管理机构测算景区安全容量，并在重点部位、险峻路段和危险地域增设护栏等安全防护措施。旅游景区举办大型活动前，严格履行申报审批手续，主动接受相关行政管理部门的安全检查。

辽宁省公安厅明确，各级公安机关要不断健全执法责任和责任追究制度，进一步落实责任倒查和执法过错责任追究制度，对违反规定的行为人或单位直接责任人，将依法进行处罚，构成犯罪的将依法追究刑事责任。

3. 强化阵地控制，及时处置突发事件

公安机关根据场所实际情况，在游览场所设立治安派出所、警务站或治安岗亭等，将警力和场所保卫（或保安）人员编成巡逻小组，分时、分段对游览场所区域尤其是林荫树丛、回廊曲径、池塘假山等偏僻地段进行巡逻，以实现对场所的全方位动态控制，及时发现和处理场所中发生的侵犯游客权利的违法犯罪案件和突发事件（或事故），有效地保护游客的人

① 人民公安报，2015年1月14日。

身和财产安全。

☞ 治安动态

济南历城：以点带面打造景区治安新模式（有节选）①

立足防范，构建景区防控新格局

历城分局积极布设防控网络，深入推进技防设施建设，协调景区投资20余万元在重点部位增设监控探头46个，在游客中心监控室筹建基站1处，通过互联网实时传输图像，无线信号辐射面积36平方公里，初步形成覆盖景区主要道路、景观和摊点的动态监控网络。所有监控信号接入景区视频监控室，并有专人值守，实时掌控各点位交通、治安状况，实现了点对点可视化调度，为公安机关交通疏导、纠纷调解和案件查处提供有利支撑。

历城分局协调景区在入口设置身份证读卡器，推行实名制验票，与身份证信息即时比对，提升了可疑人员查控和整体防控效能，景区内扒窃、游客财物失窃案件实现零发案。结合景区治安实际，历城分局坚持网格布警、动态出警。高峰期间，把6名警力编排为3个巡逻小组，以景区重点部位为停靠点，加强动态巡逻管控力度；由14名景区工作人员和保安组成4个巡逻小队，沿景区内两条主干道和木质栈道对游客停歇点和人流聚集区域进行巡查，与值守警力互动互补，实时掌控景区动态。今年以来，景区旅游纠纷同比下降35%，实现了刑事案件零发案。

4. 开展联合执法活动

针对发生在游览服务场所的，强买强卖、制售假冒伪劣产品、无证无照经营、黑车、黑导游等常见的影响景区治安秩序，主管部门却并非公安机关的这类违法行为，公安机关治安管理部门应当会同当地工商、文化、城管、旅游等相关部门开展联合整治活动。根据各自部门职责分工，在查处各类案（事）件的同时，对无证无照经营场所予以取缔，对强买强卖、制售假冒伪劣产品、黑车、黑导游等扰乱市场经济秩序和游览场所治安秩序的行为全方位予以整治，从根本上将各类违法犯罪活动的条件予以消除。

☞ 执法动态

景区多管齐下，整治“拉客”顽疾②

根据2017年7月13日那拉提景区、镇区及周边旅游秩序集中整治工作会议精神，7月17日，新源县市场监督管理局、卫生监督所、物价局、派出所、交警队、路政、运管、城建、旅游富民办、景区执法大队等十个执法部门组成联合执法组，对那拉提景区、镇区及周边宾馆、酒店、餐厅、商店、摊点、农（牧）家乐、毡房（马队）合作社等进行联合大检查。

---

① 人民公安报，2015年9月22日。

② http://www.cnta.gov.cn/xxfb/xxfb_dfxw/xj/201708/t20170810_834925.shtml.

联合检查组从景区森林公园开始，对森林公园、哈萨克第一村、哈萨克大营、那拉提街、芳香那拉提等重点旅游单位进行了联合检查。检查结束后，联合执法总负责人哈米提(景区管委会副主任)与各职能部门共同商议，针对检查出的问题，根据各执法部门的执法重点，对那拉提景区、镇区及218国道沿线治理工作进行了合理分工，明确责任和执法主体，为随即开展的联合执法工作明确方向，提高管理有效性和执法效率。

7月18日至7月20日，联合执法组按照职能分工，以各种方式，召集辖区宾馆、酒店、餐厅、商店、摊点、农（牧）家乐、毡房（马队）合作社等，集中宣讲“拉客”的危害：(1)拉客行为泛滥，手段粗劣，严重影响那拉提5A级景区形象；(2)抢客造成同质商户间打价格战，恶性竞争；(3)国道上、景区路口等人员密集区域拉客，存在严重交通安全隐患；(4)严重扰乱了那拉提的旅游经营秩序，阻碍了那拉提景区、镇区的快速发展。每次宣讲结束时，都严正告诫所有商户不得参与拉客，否则将受到相关职能部门严查。同时，取消享受所有旅游优惠政策资格。

本次联合执法，主要整治拉客、占道经营、乱搭乱建、无照经营、明码标价、人行道内乱停乱靠、国道沿线违规蜂蜜点、违规摆放广告牌等，截至8月2日，那拉提景区、镇区及周边区域旅游秩序大大改善，特别是往年高峰期屡禁不止的“拉客”顽疾得到有效治理，景区、镇区秩序井然。

5. 创新治安管理模式，积极推广旅游警务

旅游产业的持续增长、旅游安全问题的日益突出，要求旅游景区治安管理工作必须与时俱进。旅游警务是新时期警务工作顺应景区安全管理工作的现实需求而提出的新型警务管理模式。旅游警务是旅游景区（点）公安机关以旅游主客体及媒体安全为目标，以服务旅游者为基本宗旨，遵循“安全第一、预防为主、综合治理”的安全生产方针，综合运用先进的理念和科学技术手段，防控旅游安全事故发生的一系列警务制度和工作运行模式的总称。①

☞ 地方动态

黔西南州大数据山地旅游警务中心②

据黔西南州公安局党委副书记、副局长王克华介绍，黔西南在贵州率先推出大数据山地旅游警务，在州、县、景区、村设置支队、大队、中队、警务室四级旅游警察机构，景区景点视频监控资源、卡口数据、游客身份信息、车辆信息等全部汇聚到大数据旅游警务中心，通过智能分析研判，实现对全州主要景区的各种风险隐患的预知、预测、预警、预防，确保安全。

目前，标识标牌规范化、内务勤务正规化、接警服务一体化、指挥调度扁平化、巡逻防

① 罗景峰．旅游警务：旅游安全与警务管理融合模式探索［J］．中国公共安全（学术版），2014(2)：9-12.

② 多彩贵州网，2017年7月9日。

控网格化、预警监测智能化、治安管理多元化“七化”同步的全域山地旅游警务格局已经形成。

据了解，旅游警务启动以来，全州各景区无案件、无事故、无执法涉警投诉，万峰林被评为2016年国庆黄金周全国“旅游安全保障最佳景区”。国家旅游局局长李金早称赞“黔西南州山地旅游警务搞得好，我要向全国宣传推广”。

三、商品交易场所治安管理

商品交易场所，是指向公众开放，以商品交易为主要服务内容，供消费者进行购物消费的公共场所。商品交易场所是体现城市经济发展水平的重要指标。经济越是发达的地区，商贸服务场所的规模越大、数量越多。目前，常见的商贸服务场所主要有百货商场（超市）、购物中心、展销会、展览会、商品交易会、集贸市场、小商品市场等。

（一）商品交易场所的治安特点

1. 人、财、物流量大，发生违法犯罪的可能性增大。随着我国市场经济体制的快速发展，商品交易场所成为商品、物资、货币大量集中和流通的场所，人、财、物高度集中，这些丰富的商品和大量的财物对不法分子诱惑极大，往往成为盗窃、抢劫、抢夺、诈骗的目标。

2. 部分经营场所存在严重火险隐患。由于部分经营单位或业主只重视经济效益，忽视安全防火，消防设施陈旧、失效，致使场所内火险隐患严重，由此导致诸如百货商场、家具市场、小商品市场等火灾事故频发，往往造成重大人员伤亡和财产损失，严重危害商业服务场所的公共安全。

☞ **典型案例**

许甘露坐阵排查银基商贸城消防隐患，斥负责人只顾赚钱行为可耻（节选）①

当天上午9时，大河网记者随省、市消防执法组首先来到了位于郑州市一马路的银基商贸城。

该商贸城是一座以服装经营为主的大型商场，占地共计59.6亩，商贸城三期工程总建筑面积约32万平方米，地下三层（含夹层），地上七层，局部八层，建筑高度44.8米。

根据前期摸排，银基商贸城防火门、防火卷帘损坏严重，高低压配电室气体灭火系统被拆除，一层十字大通道两侧摆放的货物货架占用疏散通道。根据《消防法》和《河南省消防条例》，郑州市消防支队依法对存大重大火灾隐患久拖不改，严重影响人民群众生命财产安全的银基商贸城处以10万元罚款。

省公安厅党委书记许甘露在银基商贸城现场查看了火灾隐患情况，并严厉斥责了该商场负责人，“这是一种只顾收益，只顾赚钱，不顾公共安全，不顾人命的可耻行为”。

---

① 大河网，2015年7月3日。

许甘露说，“我们今天省市公安机关，对这种严重违反消防法规的行为不能容忍，要求立即整改，消防部门依法严厉处罚。商场是个人员密集场所，关系众多生命，你们平时有5万多人流量，高峰有10万人的流量，消防安全危及公众安全，公众安全危及众多人的生命，所以，立即整改！我们也要求全省各企事业单位按照省委省政府三查三保的要求，自行排查整改火灾安全隐患。

（二）商品交易场所的治安管理措施

1. 依靠群众力量，加强综合治理管控

首先，成立由属地公安派出所、工商行政管理部门为主，有税务、物价、计量、防疫等部门参加的治安管理综合办公室，明确职责，分工明确，相互配合。其次，建立健全治安组织。在商场、饭店、贸易市场等建立健全治安保卫委员会；从个体经营者中积极培养、吸收治安积极分子，形成不同层次、多种形式、比较完整的群防群治体系。

☞ 执法动态

上海华阳路：做好特大型商场治安防范（节选）①

各司其职，整合多方力量

华阳路派出所所长王炜介绍说，“以前商场内的商家都是‘只扫自家门前雪’，只注重自己的商品防盗而忽视顾客的财产安全。我们要做的首先是扭转这样一种观念，引导商家自觉主动加入到安全防范工作中来，形成‘人人有责，家家参与’的氛围”。为此，华阳路派出所以签订责任书的方式，明确了街道和派出所在指导监督，商场物业在日常管理、保安培训、应急演练，店家在巡逻防控、视频监控、信息搜集、消防管理等方面的责任，构建了由派出所和街道为主导，商家、物业、店员共同参与的商场治安联防联控模式。同时，每季度召开一次商场治安评估联席会议，通报商场内治安总体情况和发案预警，对长期“零发案”的商家予以表扬，对案件多发的商家进行通报。除此之外，该所还与商家建立了联勤处置制度，一旦发生扒窃等侵财类案件，商家迅速保存监控视频资料，收集目击证人的联系方式，协助警方破案。

2. 建立健全和落实安全防范制度

公安机关要协同有关部门，建立健全和落实安全防范制度，实现场所管理规范化、制度化。首先，建立物品保管制度。严格现金保管，防止被盗、被抢和丢失；票证要有专人管理，分类登记，存放在保险库、柜内；物资仓库设施要符合消防安全规定和治安管理规定，并由专人看护。其次，建立营业安全制度。做好交接班、营业旺季高峰、节假日或促销活动时的周密检查工作，并积极做好导购、分流和安全宣传教育，要防止违法犯罪人员伺机作案。最后，建立值班守护制度。夜间存放物资的大型集贸市场，要有专人值班，实行值班巡

① 人民公安报，2015年3月11日，有删节。

逻制度，安装监控或自动报警装置。监控报警系统要与当地公安机关联网，发现可疑情况及时报告公安机关。制定集贸市场治安管理规则，明确市场的经营范围，严禁出售法律、法规禁止出售的物品，取缔违法经营行为。

3. 加强安全防范，确保场所安全

首先，开展安全检查。公安机关要定期或不定期对商品交易场所进行安全检查，及时发现隐患，消除不安全因素，防止发生治安灾害事故，保障公民生命和公私财产的安全。其次，在重点要害部位安装报警装置。对存有贵重物品，如家用电器、数码产品和金银首饰等物品的商场、珠宝店等重点要害部位要安装报警装置，加强技术防范，防止贵重物品被偷、被盗、被抢。

4. 开展安全业务培训，加强安全防范教育

公安机关要经常深入到商品交易场所中，向从业人员宣讲国家有关法律、政策，宣讲安全防范知识。对安全保卫人员和其他业务人员，要经常进行安全保卫业务指导和专业培训，提高他们的业务素质和工作水平，增强其维护公共场所治安秩序和预防、发现、处置违法犯罪或治安灾害事故的能力，提高他们的安全防范技能。

☞ **执法动态**

上海华阳路：做好特大型商场治安防范（节选）①

该所建立了“每日岗前培训、每周警长点评、每季现场授课”的培训模式，即当班物业保安每日上岗前对昨日的治安情况进行“15 分钟通报”；每周由治安警长组织当班楼面经理对一周以来治安突出情况进行“30 分钟点评”；每季度由经验丰富的办案民警对犯罪分子主要作案手法和防范措施进行“45 分钟现场授课”。截至目前，已累计培训保安、店员等平安志愿者力量超过 5000 人次。在“技防”方面，要求商家必须在出入口、收银柜台、逃生通道等三处安装高清监控探头，并由派出所专管民警验收合格后才准予营业。目前，龙之梦商场共有监控探头 1700 余个，实现了商家和重点部位监控视频全覆盖。

该所还将商场内发生的盗窃、扒窃拎包等案件的监控视频制作了“治安防范宣传 1 分钟短片”，在商场内外的电子屏上滚动播放，使消费者有了直观认识。而且，除了在商场醒目位置张贴 500 余张提示宣传单之外，还针对商场电梯内盗窃易发的情况，督促物业在商场 7 部直达电梯内安装了“谨防盗窃”的语音提示，当电梯关门时播放语音提示。

【引导案例】

1. 从案例的内容可以看出，案例所涉及娱乐服务场所存在的治安问题有：社会丑恶现象屡禁不绝，涉黄、涉赌、涉毒活动频频发生，幕后黑恶势力、“保护伞”现象严重。除此以外，还存在火灾、踩踏、寻衅滋事、聚众斗殴等其他一系列治安问题。

2. 对娱乐服务场所的管理是公安机关治安管理工作的重点，案例中当地公安机关主要

---

① 人民公安报，2015 年 3 月 11 日。

采取了以下措施：强化日常监督检查、违法行为警示制度、适时开展集中整治、落实属地管理责任制。除此以外，根据相关法律规定，公安机关还可以通过严格备案制度、加强对从业人员的治安培训及管理、与其他主管部门协调配合等措施管理娱乐服务场所。

【典型案例解析】

☞ 典型案例一

案情：

某县公安局治安大队在一次对娱乐休闲服务场所的突击检查中发现，糖果 KTV 存在有偿陪侍行为，包厢里面设有隔断。

问题：

对此该治安大队应该如何处理？

解析：

本案中，糖果 KTV 涉嫌"提供以营利为目的的陪侍"，违反了《娱乐场所管理条例》第十四条第四款、第四十二条；同时在包间中设置隔断，违反了《娱乐场所治安管理办法》第八条，第四十二条规定。

《娱乐场所管理条例》第十四条规定，娱乐场所及其从业人员不得实施下列行为，不得为进入娱乐场所的人员实施下列行为提供条件：提供或者从事以营利为目的的陪侍。娱乐场所的从业人员不得吸食、注射毒品，不得卖淫、嫖娼；娱乐场所及其从业人员不得为进入娱乐场所的人员实施上述行为提供条件。《娱乐场所管理条例》第四十二条规定，娱乐场所实施本条例第十四条禁止行为的，由县级公安部门没收违法所得和非法财物，责令停业整顿 3 个月至 6 个月；情节严重的，由原发证机关吊销娱乐经营许可证，对直接负责的主管人员和其他直接责任人员处 1 万元以上 2 万元以下的罚款。

同时，根据《娱乐场所治安管理办法》第八条的规定，歌舞娱乐场所包厢、包间内不得设置阻碍展现室内整体环境的屏风、隔扇、板壁等隔断，不得以任何名义设立任何形式的房中房（卫生间除外）。《娱乐场所治安管理办法》第四十二条娱乐场所违反本办法第八条至第十八条、第三十条规定的，由县级公安机关依照《娱乐场所管理条例》第四十三条的规定予以处罚。

所以，该县公安局治安大队应对糖果 KTV 作出，没收违法所得，停业整顿 3 个月至 6 个月；并责令其限期拆除包间中的隔断，同时给予警告。

☞ 典型案例二

案情：

2018 年 1 月 5 日 16 时 44 分，G1747 次列车合肥站准备开车时，一名带着孩子的旅客罗某（女）以等老公为名，用身体强行阻挡车门关闭，并让列车员通知检票员放行其老公。列车员和乘客多次劝解无果，最后造成列车晚点 4 分钟。

问题：

如何认识旅客罗某的行为？

解析：

本案中，旅客罗某的以身体强行阻挡车门关闭致使列车晚点的行为，涉嫌“妨碍交通工具正常行驶”，违反《治安管理处罚法》第二十三条第1款第4条的规定，同时涉嫌“非法拦截列车、阻断铁路运输”，违反《铁路安全管理条例》第七十七条、九十五条的规定。

《治安管理处罚法》第二十三条规定，有下列行为之一的，处警告或者200元以下罚款；情节较重的，处5日以上10日以下拘留，可以并处500元以下罚款：（一）扰乱机关、团体、企业、事业单位秩序，致使工作、生产、营业、医疗、教学、科研不能正常进行，尚未造成严重损失的；（二）扰乱车站、港口、码头、机场、商场、公园、展览馆或者其他公共场所秩序的；（三）扰乱公共汽车、电车、火车、船舶、航空器或者其他公共交通工具上的秩序的；（四）非法拦截或者强登、扒乘机动车、船舶、航空器以及其他交通工具，影响交通工具正常行驶的；（五）破坏依法进行的选举秩序的。聚众实施前款行为的，对首要分子处10日以上15日以下拘留，可以并处1000元以下罚款。

同时，根据《铁路安全管理条例》第七十七条的规定，禁止实施下列危害铁路安全的行为：（一）非法拦截列车、阻断铁路运输；（二）扰乱铁路运输指挥调度机构以及车站、列车的正常秩序……

《铁路安全条例》第九十五条　违反本条例第五十一条、第五十二条、第五十三条、第七十七条规定的，由公安机关责令改正，对单位处1万元以上5万元以下的罚款，对个人处500元以上2000元以下的罚款。

根据《治安管理处罚法》第二十三条的规定，妨碍交通工具正常行驶的裁决标准是：处警告或者二百元以下罚款；情节较重的，处五日以上十日以下罚款，可以并处五百元以下罚款。所谓情节较重，是指违法行为人的动机恶劣，手段危险，目的卑劣，多次妨碍交通工具正常行驶，造成的后果严重等。本案中罗某的行为涉嫌“妨碍交通工具正常行驶”明显不属于情节严重，应当处以警告或二百元以下罚款。

根据《铁路安全管理条例》第七十七条第1款以及第九十五条的规定，罗某的行为涉嫌“非法拦截列车、阻断铁路运输”，应处责令改正，500元以上2000元以下的罚款。

【实训项目一】

实训名称：娱乐场所日常治安检查

（一）情景设定

为加强辖区娱乐场所的日常管理，大力整治辖区“黄赌毒”社会不良现象，净化社会风气。2012年5月29日，中山市公安局古镇派出所古一警务室驻村民警朱扬到辖区的新时代游艺中心及华乐新星游戏机室进行了日常检查，通过检查进一步规范经营秩序，确保了古一村社会治安秩序的持续稳定。

下午4时许，民警朱扬分别来到辖区的新时代游艺中心及华乐新星游戏机室进行日常监督检查。重点检查是否存在无照从事公共娱乐场所经营；是否存在消防安全隐患；超范围经营和转让、私自摆放带有赌博性质的机种、出租营业执照行为以及是否存在违法接纳未成年人进内消费等情况。在检查中，民警朱扬向各负责人就目前的经营情况进行详细的了解，并对其就如何经营游戏机娱乐事业相关法律法规进行耐心的解说，让其更加了解相关法律法规，再三督促他们要依法经营，杜绝一切赌博现象发生，进一步规范场所的经营行为。

通过这次的日常检查，进一步规范了辖区娱乐场所的经营秩序，为广大群众营造一个良好的文化娱乐消费环境。

娱乐场所安全检查的方法、内容、程序。

（二）目的

通过实训，使学生了解对娱乐场所治安管理的相关法律规定，掌握娱乐场所日常治安检查的方式方法和检查内容，并能够对存在违反管理规定的情形和相关责任人员进行处理。

（三）条件（场地、器材等）

1. 有关物品：场景所需必要道具；

2. 有关文书：治安检查记录表、场所人员登记表、治安隐患整改通知书、治安询问笔录、受案登记表、行政处罚决定书等；

3. 场地：实训场、宿舍、办公室、道路等一切可利用的设施。

（四）组织

1. 学生巩固复习娱乐场所治安管理中有关娱乐场所安全检查的法律依据；

2. 教师拟定并给出实训场景；

3. 将学生分成每 10 人一组，并进行角色分工，指定小组长负责；

4. 学生做好相关物品和道具准备；

5. 根据角色分工，按照“实训场景”的框架和要求演绎娱乐场所安全检查，认真记录相关情况；

6. 汇总、分析实训情况；

7. 老师点评总结。

（五）考核

提交娱乐场所日常检查分析报告

（六）注意事项

1. 实训学生要严肃认真，不能走过场。教师要全程监督、适时指导，各小组要互派人员全程进行观摩学习。

2. 实训各环节要紧凑，贴近实战。

舞娱乐场所日常检查表①

场所全称	
场所地址	
法人（负责人）姓名及联系电话	

① 源自河南省公安厅治安总队网站。

续表

<table>
<tr><td rowspan="13">检查事项及存在问题</td><td rowspan="4">审批备案</td><td>1. 未取得《工商营业执照》；</td><td rowspan="3">制度落实</td><td>14. 从业人员未办理或携带从业人员 IC 卡；</td></tr>
<tr><td>2. 未取得《娱乐经营许可证》；</td><td>15. 从业人员上下班未刷卡；</td></tr>
<tr><td>3. 未按规定向公安部门备案；</td><td>16. 未按规定配备具有专业资质保安人员或保安员数量不足；</td></tr>
<tr><td>4. 包厢、包间内设置房中房（卫生间除外）或隔断；</td><td rowspan="2">重点人员</td><td>17. 从业人员信息录入不齐全或不规范；</td></tr>
<tr><td rowspan="9">硬件设施</td><td>5. 照明设施不符合规定，或照明度不符合规定标准；</td><td>18. ________________________________</td></tr>
<tr><td>6. 包厢、包间未安装展现室内整体环境的透明门窗；</td><td rowspan="2">其他</td><td></td></tr>
<tr><td>7. 包厢、包间门设置内锁；</td><td></td></tr>
<tr><td>8. 无“三禁”警示标识或不合格；</td><td></td><td></td></tr>
<tr><td>9. 按摩间设置内锁；</td><td></td><td></td></tr>
<tr><td>10. 未安装娱乐场所治安管理信息系统专用计算机或不按规定联网上传信息；</td><td></td><td></td></tr>
<tr><td>11. 视频监控设施不能正常运转；</td><td></td><td></td></tr>
<tr><td>12. 图像资料留存不符合规定（达到 30 日）或删改监控录像资料；</td><td></td><td></td></tr>
<tr><td>13. 迪斯科舞厅未按规定配备安检设备或配备专职安全检查人员或未对进入营业场所人员进行安全检查；</td><td></td><td></td></tr>
<tr><td>整改和处理意见</td><td colspan="4">经检查发现，你单位在经营过程中存在上述问题中的第________项问题，依照《娱乐场所管理条例》、《娱乐场所治安管理办法》等有关规定，拟依法对你单位________，请于____日内到________接受进一步处理。</td></tr>
<tr><td>备注</td><td colspan="4">核查内容请逐项如实填写，发现存在上述问题请在“□”中划“✓”，检查情况和查处结果在归档同时要及时录入娱乐场所治安管理系统，其他情况请文字填写。</td></tr>
</table>

【实训项目二】

实训名称：娱乐场所从业人员管理

（一）情景设定

材料 1：河南省娱乐场所从业人员在上岗之前，必须接受性病、艾滋病检测，并接受相关知识培训；娱乐场所场所业主必须对从业人员进行实名登记，上报政府疾控部门备案。否则，从业人员不能上岗，娱乐场所不得营业。

材料2：广州白云区警方开始对重点娱乐场所从业人员进行“五提取”监管机制，即提取照片、身份信息、指纹、DNA和笔迹，方允许持证上岗。目前，棠景派出所已对辖区内118间公共娱乐服务场所和特种行业的4233名从业人员进行了“五提取”，对没有违法犯罪前科的人员发放《娱乐服务场所从业资格证》，并持此证上岗。

材料3：北京千余家娱乐场所的8万余名从业人员均已经办理了从业人员信息登记卡IC卡。北京警方明确要求，没有IC卡者不得在娱乐场所从业，使用无卡者的娱乐场所，情节严重的将可能被停业整顿。同时，北京警方在办理IC卡的过程中共发现违法前科人员1417名，其中，对有吸贩毒、卖淫嫖娼、淫秽表演等法规禁止从业的438名前科人员，责令场所予以清退，并要求全市各场所永不录用，对其他有前科人员，严格落实了分类管理措施。

结合上述材料讨论：如何加强娱乐场所从业人员的管理。

（二）目的

通过讨论，使学生认识到娱乐场所从业人员的特点以及娱乐场所从业人员的重要性，掌握娱乐场所从业人员治安管理的法律依据和基本措施，培养学生具备初步执法的基本技能。

（三）讨论地点

多媒体教室

（四）组织

1. 在多媒体教室复习相关基础知识和阅读案例材料；
2. 将学生分成10人一组进行讨论，指定组长负责；
3. 每个同学按照事先写好的提纲轮流发言、讨论；
4. 小组讨论完毕，每小组选出一名代表上台发言；
5. 教师点评总结。

（五）考核

每组提交一份《娱乐场所从业人员治安管理方案》

（六）注意事项

1. 实训学生要严肃认真，不能走过场。教师要全程监督、适时指导，各小组组长要主动配合教师提前做好实训的准备工作。

2. 实训各环节要紧凑，贴近实战。

【实训项目三】

实训名称：地铁、地铁站治安状况调查

（一）情景设定

材料一：自今年4月末起，市公安局公交（地铁）分局启动地铁站区乱象整治行动，重点整治地铁站区、站口及周边治安乱点的突出问题。截至目前，共劝阻地铁车厢内乞讨、卖艺54人，整治发放宣传单、小广告412人次，整治黑车拉客525人次，整治地铁口违规占道经营396人次。下一步，公交（地铁）分局将继续联合地铁运营公司开展常态化滚动式清理整治工作，彻底净化地铁车厢环境。同时，还将对清理整治过程中发现的出租车、摩托车、电动自行车、三轮车、“倒骑驴”围堵车站出口候客、拉客以及非法商贩占道经营和

乞讨卖艺、乱派发小广告、摆摊算命、设局骗财等影响治安或堵塞通行的问题及时劝阻、登记建档，对涉嫌违法犯罪的，及时依法予以查处。

材料二：广州市公安局新闻办公室通报：根据市政府的部署，10月10日广州地铁分批、分阶段逐步实施X光机安检以来，在安检人员的共同努力和广大市民的理解配合下，地铁安全运行，到目前为止，没有发生刑事案件和较大的治安案件。广州公交警方负责人对广大市民的理解和配合表示感谢，并表示在今后安检工作中，将协调地铁集团尽最大的努力优化措施，避免和减少因安检给市民出行带来的不便。

广州警方组织公交、属地分局以及协调武警、广东警官学院等单位支援力量，每天投入地铁的安保警力共达4500多人次。10月10日至10月17日，启动安检升级的20座车站，设置X光安检机、安检门，每天投入安检员、志愿者1300多人次，累计查获各类禁带品2618件，其中多数为发胶、摩丝等日用品，同时查获管制刀具、违禁品等物品33件。

下一步，公交分局将会同地铁集团组织人员对各安检试点车站的容纳候检人数规模和过检速度进行测算，过X光机安检每分钟约为40人。公交分局会同地铁集团，对各站点各通道进行测算，对出现大客流的站点，适时启动安检"3+3"模式，提高通行效率，方便广大群众快速通过安检进站乘车。

结合上述材料，模拟组织开展地铁、地铁站治安状况调查。

（二）目的

通过实地调查，了解地铁、地铁站的相关情况，发现、总结地铁、地铁站存在的治安问题，并提出有针对性的管控措施和治理对策。

（三）条件（场地、器材等）

1. 有关文书：《地铁、地铁站治安调查表》若干份、签字笔若干支。
2. 场地：学校附近地铁（火车）站。

（四）组织

1. 出发前，老师说明调查内容、调查意义，强调纪律要求和注意事项；
2. 将学生分成10人一组进行讨论，指定组长负责；
3. 分发调查表，每组同学领取调查表一份、签字笔一支；
4. 以小组为单位分别进入地铁站的不同部位以及地铁列车开展调查，如实记录治安问题；
5. 汇总、分析调查表，每组撰写并上交一份调查分析报告；
6. 教师点评总结。

（五）考核

每组提交一份《地铁、地铁站治安状况分析报告》。

（六）注意事项

1. 实训学生要严肃认真，不能走过场。教师要全程监督、适时指导，各小组要互派人员全程进行观摩学习。
2. 实训各环节要紧凑，贴近实战。

【思考与练习】

1. 重点场所的特点是什么？重点场所的治安管理措施有哪些？
2. 据市民反映，某KTV内存在有偿陪侍行为，还经常有人打架斗殴。对此，辖区派出所应如何解决？

3. 如何破解休闲服务场所治安管理的困境？

4. 近年来，旅游警务蓬勃发展，比较成熟的旅游警务模式有哪些？

5. 如何加强对娱乐场所从业人员的管理？

【本章小结】

重点场所，是指公共场所中，人员集中、成分复杂、流动频繁，容易发生违法犯罪活动和治安灾害事故，可能影响治安秩序和公共安全，需要由公安机关实施特别管理的场所。重点场所管理是整个社会治安秩序管理的重要组成部分，也是公安机关治安管理的重要业务内容之一。重点场所中的娱乐场所，黄、赌、毒社会丑恶现象屡禁不绝，火灾、踩踏伤亡等治安灾害事故频发，寻衅滋事、聚众斗殴等违法犯罪行为多发。国务院、公安部先后制定了《娱乐场所管理条例》《娱乐场所治安管理办法》对娱乐场所的管理进行规范。目前，公安机关对娱乐场所主要采取严格备案登记制度、强化日常监督检查、科学考核，分级管理、加强从业人员的管理和宣传教育、多部门联合执法以及推动场所管理社会化等措施进行管理。

【补充阅读】

广东省按摩服务场所治安管理规定

第一章 总则

第一条 为了加强对按摩服务场所的治安管理，保障按摩服务业的健康发展，维护社会治安秩序，根据有关法律法规，结合本省实际，制定本规定。

第二条 本省行政区域内的桑拿洗浴、水疗休闲、保健推拿、足部护理等提供按摩服务的经营场所，应当遵守本规定。

盲人医疗按摩、医疗保健活动，不适用本规定。

第三条 公安机关负责按摩服务场所的治安管理工作，依法履行下列职责：

（一）建立健全按摩服务场所治安管理制度；

（二）指导和督促按摩服务场所落实各项治安防范措施；

（三）维护按摩服务场所治安秩序，查处危害社会治安秩序的行为；

（四）法律、法规、规章规定的其他职责。

第四条 禁止国家机关及其工作人员开办按摩服务场所，参与或者变相参与按摩服务场所的经营活动。国家机关及其工作人员不得利用职权为他人从事按摩服务场所经营活动提供便利、谋取利益。

第五条 按摩服务场所经营者、从业人员和消费者应当遵守国家法律法规和本规定，配合公安机关维护按摩服务场所治安秩序。

第二章 治安防范

第六条 按摩服务场所经营者应当依法经营，不得从事法律、法规和规章禁止的活动。

第七条 按摩服务场所经营者应当自按摩服务场所登记设立之日起15日内向所在地公安派出所报送下列治安信息：

（一）名称、地址、面积；

（二）法定代表人和主要负责人姓名、身份证件的种类和号码、联系方式；

（三）经营项目；

（四）地理位置图和内部结构平面示意图；

（五）营业执照及卫生、公安消防等部门批准文件的复印件。

按摩服务场所治安信息发生变更的，应当将变更的信息自变更之日起5日内向公安派出所重新报送。按摩服务场所经营者可以通过信函、传真、网络等方式向所在地公安派出所报送治安信息。

公安机关应当逐步通过部门间信息共享等方式获取治安信息。

第八条　按摩服务场所应当符合下列治安要求：

（一）不得设置封闭式套间，按摩房内不得设立桑拿蒸汽室等形式的房中房；不得设置阻碍展现室内整体环境的屏风、隔扇、板壁等隔断物。

（二）按摩房的房门应当部分使用透明材质，确保能够由外而内观察室内按摩区域整体情况。

（三）按摩房照明灯的亮度应当能够清晰辨明房内整体情况；按摩房内不得设置可调试亮度的照明灯。

（四）按摩房的房门不得安装门锁、插销等阻碍执法人员检查的装置。

（五）按摩服务场所不得设置用于逃避、阻碍日常检查的信号灯、响铃等遥控装置及设施。

第九条　按摩服务场所应当在停车场、营业大厅出入口、消防安全疏散出入口、营业区域通道、收款台前等公共区域安装闭路电视监控设备，并保证闭路电视监控设备在营业期间正常运行。按摩服务场所应当将闭路电视监控录像资料留存30日以上，不得删改、复制或者挪作他用。闭路电视监控设备应当符合视频安防监控系统相关国家或者行业标准要求。

第十条　凌晨2时至上午8时，按摩服务场所继续营业的，应当及时登记在此期间在场所内消费的人员的身份信息并即时报送公安机关。

第十一条　按摩服务场所应当建立从业人员名簿，对参与经营活动的管理人员、服务员、按摩技师、保安人员和在按摩服务场所工作的其他人员统一建档管理。从业人员名簿应当记录下列内容：

（一）姓名、性别及有效身份证件号码；

（二）户籍所在地或者居住地地址、联系电话；

（三）具体工作岗位、职责；

（四）其他需要登记的个人信息。

第十二条　按摩服务场所应当根据需要配备保安人员，负责安全巡查工作。巡查中发现有涉嫌违法犯罪行为的，应当立即制止，并报告公安机关。

第十三条　按摩服务场所应当在营业大厅、按摩房内的显著位置悬挂场所结构图、消防安全疏散示意图和警示标志。警示标志应当含有禁毒、禁赌、禁止卖淫嫖娼等内容和公安机关的举报电话。

第十四条　按摩服务场所及其从业人员应当遵守法律、法规和规章的规定，不得有下列行为：

（一）卖淫、嫖娼、赌博、吸毒和传播淫秽物品，进行淫秽色情表演、提供色情服务等违法犯罪活动；

（二）为进入场所的人员实施违法犯罪提供条件；

（三）安排按摩人员离开本场所进行按摩服务；

（四）在按摩期间熄灯，遮挡房门的透明部分。

第十五条　公安机关应当协助、指导按摩服务场所安装治安管理信息系统。治安管理信息系统由公安机关免费提供。

按摩服务场所应当及时、如实将场所基本情况、从业人员、安全巡查等信息，通过治安管理信息系统报送公安机关。

第三章　监督检查

第十六条　上级公安、卫生、工商等部门应当建立健全按摩服务场所综合管理协调机制，推进各部门之间的信息共享和执法联动。

第十七条　公安机关应当加强对按摩服务场所的监督检查。

调查或者进行检查时，执法人员不得少于两人，并应当向当事人或者有关人员出示证件。当事人或者有关人员应当如实回答询问，并协助调查或者检查，不得阻挠。询问或者检查应当制作笔录。

第十八条　公安机关应当建立按摩服务场所监督管理档案，记录日常监督检查、违法行为查处等情况。对出现违法行为的场所应当重点检查，增加监督检查频次。

第十九条　公安机关应当建立健全举报制度，公布举报电话、通信地址和电子信箱，接受有关按摩服务场所违法行为的举报。公安机关接到举报后，应当及时、完整地记录并妥善保存举报信息。

对举报者的信息应当给予保密。

第二十条　公安机关及其工作人员执行职务，应当自觉接受社会监督。

任何单位和个人有权对公安机关及其工作人员在执行职务中的违法行为进行检举、控告。收到检举、控告的机关，应当按照职责及时处理，并将处理结果书面答复检举人、控告人。不属于本机关法定职权范围的，应当告知检举人、控告人向有权处理的机关提出。

第四章　法律责任

第二十一条　按摩服务场所发生卖淫嫖娼违法犯罪行为的，由公安机关依照《全国人民代表大会常务委员会关于严禁卖淫嫖娼的决定》和《中华人民共和国治安管理处罚法》进行处罚。

按摩服务场所发生其他违法犯罪行为的，依照有关法律法规进行处罚。

第二十二条　按摩服务场所有下列行为之一的，由公安机关给予警告，责令限期改正；逾期未改正的，处 1 万元以上 3 万元以下罚款：

（一）违反本规定第七条，未向公安机关报送治安信息或者报送信息不齐全的；

（二）违反本规定第八条，不符合治安要求的；

（三）违反本规定第九条，不按照要求安装闭路电视监控设备或者保存监控资料的；

（四）违反本规定第十条，未按照要求将场所内消费人员身份信息上传公安机关的。

第二十三条　按摩服务场所及其从业人员违反本规定第十四条第二项、第三项、第四项规定，不遵守有关行为规范的，由公安机关对按摩服务场所处 5000 元以上 1 万元以下罚款，对从业人员处 500 元罚款。

第二十四条　按摩服务场所发生卖淫嫖娼或者其他违法犯罪行为，造成重大社会影响的，由任免机关或者监察机关依法对所在地公安机关负有责任的领导人员和直接责任人员给予处分；涉嫌犯罪的，移送司法机关依法处理。

第二十五条　公安机关、其他国家机关及其工作人员有下列行为之一的，由任免机关或者监察机关依法给予处分；涉嫌犯罪的，移送司法机关依法处理：

（一）发现违法犯罪行为不依法查处，或者接到对违法犯罪行为的举报后不依法查处的；

（二）索取、收受他人财物或者谋取其他利益的；

（三）参与、包庇按摩服务场所违法犯罪行为，或者向有关单位、个人通风报信的；

（四）开办按摩服务场所；

（五）参与或者变相参与按摩服务场所的经营管理活动；

（六）其他滥用职权、玩忽职守、徇私舞弊的行为。

第五章　附则

第二十六条　本规定自2015年4月1日起施行。

第四章　治安秩序管理勤务

【本章要点】

- 治安秩序管理勤务的基本概念及特征
- 治安秩序管理勤务的具体内容
- 治安秩序管理勤务的实施

【教学目标】

- 知识目标

了解巡逻、守望、堵截、盘查等勤务的含义

理解巡逻、守望、堵截、盘查等勤务的要求规范

掌握巡逻、守望、堵截、盘查勤务的实施

- 能力目标

掌握巡逻、守望、堵截、盘查勤务的技巧；学会盘查的方法；学会根据不同巡逻区域的不同特点，设计出有针对性的巡逻方案；学会在巡逻中识别可疑物品与人员的方法；培养学生先期处置一般警情的能力，培养学生规范执法的意识。

【引导案例】

肥城市王瓜店派出所民警巡逻中抓获一名吸食毒品违法嫌疑人①

泰安齐鲁网7月16日讯（肥城台记者马兴强、通讯员胡艳艳）近日，肥城市公安局王瓜店派出所民警夜晚治安巡逻时，通过盘查抓获一名吸毒人员，并收缴部分吸毒用具。

7月14日凌晨2时许，肥城市公安局王瓜店派出所民警巡逻至辖区某村时，发现一辆遮挡号牌的蓝色出租车停靠在路边，车上有三名男子，形迹十分可疑，民警遂对该车辆进行检查，并命令出租车司机将出租车熄火，民警遂后对出租车钥匙进行控制，在民警即将对车上人员进行检查时，两名嫌疑人趁机分头逃跑，民警立即对两人进行围追堵截，一名嫌疑人在跑出1000米的玉米地里被当场抓获，另一名嫌疑人趁夜色逃跑。

随后，民警将出租车司机和嫌疑人带回派出所继续盘问，并对其二人进行人身信息采集，在进行尿液检测时，发现嫌疑人王某某（男，22岁，济宁市嘉祥县人）尿液检测结果呈阳性，随后民警对王某某进行审讯，经询问，逃跑的嫌疑人外号叫“黑子”，大名叫陈某某（男，30岁，济宁市嘉祥县人），当天“黑子”约王某某，对其说去肥城市“教训”一

---

① 齐鲁网，2014年7月17日。

个人。7月13日晚10时许，王某某在“黑子”家中一起吸食完毒品后，找来一辆出租车，“黑子”将车牌号遮挡住，在行至王瓜店街道办事处时迷路，停靠路边查找路线时，被巡逻民警当场抓获。王某某对自己吸食毒品的违法事实供认不讳。

目前，王某某因吸食毒品被依法给予行政拘留。

问题：

1. 案例中民警所实施的一系列行为在治安秩序管理中应如何界定？
2. 结合案例分析治安秩序管理勤务的现实意义。

第一节　治安秩序管理警察勤务概述

一、治安秩序管理警察勤务的概念

治安秩序管理的警察勤务又称治安勤务，是公安机关治安管理部门及其人民警察为履行治安管理职能，依法行使治安秩序管理手段与措施，执行治安秩序管理业务的活动。对这一概念，我们可以从以下四个方面来加以理解：

第一，治安勤务的主体，是公安机关治安管理部门及其人民警察。我国公安机关是武装性质的国家治安行政机关，是人民民主专政的工具，它的主要任务是保护人民，打击敌人，惩治犯罪，服务于社会主义现代化建设。这些任务由各级公安机关各个部门包括治安、侦查、保卫等部门运用公安手段协同完成。其中保卫部门使用的是保卫手段，侦查部门使用的是侦查手段，治安管理部门使用的是治安管理手段。但在治安管理手段中，有的手段在特定的情况下可以依法授权或委托特定单位和部门实施。

第二，治安勤务的实施目的是履行治安管理职能，是通过发挥治安管理部门的职能作用，来实现治安管理的决策目标，即通过履行社会管理职能、保护职能、专政职能和服务职能，以达到实现国家和社会的稳定、维护社会治安秩序的目的。

第三，治安勤务的表现形式是行使治安管理手段和措施，如巡逻、守望、堵截以及盘查等。

二、治安秩序管理警察勤务的特征

根据治安秩序管理警察勤务的概念，警察勤务具有如下特征：

（一）职能的行政性

警察勤务的这一特征是由治安管理的行政属性所决定的。它的行政属性主要表现在以下三个方面：第一，它是公安机关及其人民警察为履行自己的职责而实施的行政管理活动；第二，它是执行治安行政法律规范的行为；第三，警察勤务活动具有行政法律效力，相对人如有异议可以通过申诉、复议或诉讼来寻求法律救济。

（二）内容的执行性

治安秩序管理警察勤务就是为了实现治安管理目标而实施的各项管理活动，它是将治安管理法律、决策、决定、方案等运用于社会，解决具体治安管理事务的活动过程，具有明显的执行性特征。具体表现为：一是将治安管理决策通过各种手段和措施的综合运用，以实现治安管理的决策目标；二是执行治安管理法律法规授予的权力，协调各种治安关系，进行具体的治安行政执法；三是执行治安管理的各项决定，运用治安管理的各种手段和措施，解决具体的治安问题、化解社会矛盾。

（三）活动的强制性

治安秩序管理警察勤务活动的强制性是由治安管理的实际需要所决定的。主要表现在三个方面：一是警察勤务活动是以国家强制力为依托的，是由公安机关的性质所决定的；二是警察勤务是公安机关及其人民警察单方面的意志表现，并不以被管理者是否同意为实施条件和依据，只要有法律规定的情形出现，就可以采取相应的勤务措施和手段；三是警察勤务活动具有特殊的强制性。

（四）方式的多样性

治安管理手段，虽然是治安管理部门实施管理的主体活动方式方法，但它是以管理客体的活动为转移的。管理客体本身要素的多样性和其活动的复杂性，决定了治安管理手段的多样性。例如，对“人”这一管理对象，因其分为特定对象和不特定的对象，而特定的人，其行为也有一般违法行为、犯罪行为等，治安管理部门就分别采取保护、帮教和给予治安管理处罚等不同的管理手段。

三、治安秩序管理警察勤务的基本内容

根据警察勤务场所、地点的不同，可以将警察勤务分为内部勤务和外部勤务。

所谓内部勤务，就是警察在机关内部处置、处理事务。这种勤务属于警察内部组织分工的职责范围，依据组织法行事。它主要表现为整理警务信息、制定警务计划、警务决策等。

所谓外部勤务即警察在机关外部处置、处理警务。这种勤务多属于警察依法对外部治安因素的协调、管理和控制。诸如警察在外实施的警戒、押解违法犯罪嫌疑人、执行拘留、平息事件等均为外勤范畴。

内部勤务和外部勤务构成警察勤务的全部外延。但是，外部勤务被认为是警察勤务的重心。根据现行治安管理法律法规的规定和治安管理的实践，治安秩序管理警察勤务（外部勤务）的内容主要包括巡逻、守望、堵截、盘查等方面。

☞ 治安动态

分宜开展冬季武装联勤巡逻①

本报讯 记者肖海员、通讯员黄小军报道：日前，江西省分宜县公安局在辖区范围开展为期一个月的冬季武装联勤巡逻工作，切实加强街面见警率与管事率，进一步提升社会治安防控能力。

---

① 人民公安报，2016年12月7日。

据了解，此次武装联勤巡逻由治安、巡警、派出所等多警种在辖区内开展联勤巡逻，负责每日对辖区主要干道、繁华街区、车站广场、交通枢纽、重点要害部位以及治安情况复杂、人员密集区域武装巡逻防控。该局全面启动武装联勤巡逻工作机制以来，分宜县公安局领导结合城区实际情况，紧紧围绕城区社会治安特点，科学部署警力，积极防范和有效打击各类违法犯罪活动。牢牢把握治安防控工作的主动权，使有限的警力出现在最需要出现的地方。派出所领导亲自带队工作，组织民警、警务辅助人员深入社会面及重点区域、部位，采取步巡方式，在交通干道等采取车巡方式，做到车巡与步巡相结合，提高巡逻效率，确保工作实效。同时，巡逻民警在做好重点部位定点巡控的基础上，认真分析辖区案发地点、时间等规律，采取针对性较强的随机巡逻，警力向案件高发时段、区域集中，有效打击与震慑违法犯罪分子，有力地震慑潜在违法犯罪活动的发生，确保辖区治安稳定。

四、治安秩序管理警察勤务原则

为了确保治安秩序管理工作的质量和效益，勤务人员必须遵循依法、公正、文明、高效和安全以及保障当事人合法权益的原则。依法勤务就是警察在行使权力、从事管理、防范和服务过程中，必须由法律授权，并且依据法律的规定来进行。

依法勤务原则是“依法治国”方略在执法勤务中的运用和要求，是警察勤务原则中最重要的一项原则。其内容包括：恪守职权法定、遵循权力实施的条件、程序规范、坚持职权和职责相统一。公正原则强调实体公正、程序公正、说明理由及听取陈述和申辩。文明原则要求实行警务公开、严禁刑讯逼供以及态度和蔼热情待人。高效原则包括既要严格遵循法定的程序和时限规定，还要坚持将执法数量和质量有机地统一起来，同时强调提高勤务的科技含量、降低勤务成本。安全原则主要包括勤务主体安全以及客体的安全，即执法民警自身生命健康安全与勤务涉及的人、物、设施等管理对象的安全。

第二节 治安秩序管理中警察外勤勤务

一、巡逻勤务

（一）巡逻勤务的概念与作用

1. 巡逻勤务的概念

警察巡逻是一种勤务方式，不是一个警种，而各警种均可采用巡逻方式进行工作，巡逻勤务始终是警察工作中最古老、最重要、最基础的一种勤务方式。

巡逻勤务，是指公安机关及其人民警察为了维护公共安全和社会治安秩序，在一定区域内按照一定线路进行有组织、有计划的巡回观察和警戒，依法履行法定职责的一种警务活动。巡逻是公安机关依法公开管理的重要形式，也是日常勤务动态管理的突出表现。因此，巡逻勤务的主体只能是公安机关及其人民警察。警察巡逻具有专业性、执法性、强制性等特点。巡逻勤务是警察勤务的基本形，巡逻又被视为“外勤的轴心”。它具有良好的机动性和灵敏的反应能力，能积极主动预防和快速处置各种治安问题，是对社会治安进行动态控制的勤务方式。可见，巡逻勤务对于完成警察职责具有极其重要的意义。

在国外，尤其是英美等发达国家，巡逻是最经常、最广泛、最基本，也是最重要的警察勤务方式。巡逻警力占总警力相当大的部分，如美国巡逻警察是警察总数的60%左右，法国巡逻警察是警察总数的34%左右、德国巡逻警察是警察总数的37%左右，美国纽约市警察局更是提出“在马路办公”的口号。① 可见，许多国家的警察部门都非常重视巡逻。

巡逻勤务是一种外部勤务，但这种勤务与其他外部勤务不同的是，巡逻勤务是警务人员深入自己的责任区（巡逻区），通过巡回观察的方法实现警察目的。巡回观察进而对社会治安进行动态控制，这是巡逻勤务最为显著的特点。从根本上来看，警察巡逻的目的在于维护社会秩序，保障公共安全、增强公众的安全感，提升公众的生活质量，增进社会的和谐与稳定。

2. 巡逻勤务的作用

巡逻勤务是世界各国普遍采用的一种最主要的警察勤务方式。其作用主要体现在：

（1）维护社会秩序和确保公共安全。警察通过巡逻，对整个社会面进行着全时空的控制，对一切危害国家、社会与人民生命财产安全的活动进行制止、取缔与打击，维护正常的社会秩序。同时，给公众产生了警察无时、无处不在的印象，增强群众的安全感。

（2）预防和制止违法犯罪活动。巡逻勤务是警察通过在街面上动态执勤，是一种主动型的勤务方式。大量的警力被摆放在街面上，可以起到对违法犯罪人员的震慑作用，同时，一旦发生违法犯罪案件，群众可以随时报案，担负巡逻勤务的警察可以通过当场直接受理或由指挥中心统一调度就近出警，争取在最短的时间内赶到案发地点进行紧急处置。

（3）及时为公众提供服务，密切警民关系。毫无疑问，预防、打击违法犯罪是各国警察的重要职责。但是，随着社会的发展，警务民主化、服务化的理念已深入民心。我国警察巡逻勤务的又一重要职责是：结合巡逻工作为社会和广大人民群众提供各种力所能及的服务。由于警察巡逻时其“办公室”就在街面上，这样使得警务人员有更多的机会与寻求帮助的公民相遇，其服务的作用较之其他勤务方式发挥得更为充分。巡逻警察置身于广大民众之中，在职责范围内为公众提供各种报警、求助和投诉服务，为民排忧解难，加强警察与公众之间的沟通，进一步密切警民关系，树立良好的警察形象。

（4）协助其他部门进行行政执法活动

人民警察在巡逻过程中，依法协助城管、环卫等有关部门进行行政执法，也是巡逻勤务的一项重要作用。在治安秩序管理过程中，派出所民警在社区开展巡逻勤务，是完成派出所管理、防范和服务一种重要的途径和方式，同样具有上述作用和功能。

（5）及时了解和掌握社会动态

由于巡逻警察能深入街头巷尾，对人员往来、集会结社、群众聚散以及事件、事故和群众对党的路线、方针、政策的各种反应均能及时了解、收集，获得第一手资料，经过进一步调查研究，及时报告给有关部门，以供领导机关研究处理。

（6）是培养人民警察的“课堂”

巡逻的工作对象十分广泛，它既能锻炼人民警察的各方面能力，丰富和积累必要的警察

---

① 邱煜，唐洪文主编．治安秩序管理［M］．北京：群众出版社，2009：43.

工作经验，又能磨炼其艰苦意志，培养敬业精神。

☞ 媒体链接

容县石寨派出所为群众“巡更”护村①
辖区群众安全感排名从第108名上升为第15名

本报记者 莫水土 通讯员 朱东平

日前，记者来到广西壮族自治区容县公安局石寨派出所采访，看到所长饶兵正在电脑的巡更系统上查看民警的巡逻情况。所长饶兵不仅要像其他民警和协警一样坚持参加巡逻，还要花更多的时间抓实这项工作。自2015年4月派出所实行巡更制度以来，石寨镇的群众安全感大幅提升。

石寨镇下辖12个村委，共3.9万人，省道211线贯穿全镇南北，全镇交通十分便利。近年来，由于当地农村青壮年大多外出务工，一些不法分子乘虚而入，流窜于各村屯进行诈骗、盗窃等违法犯罪活动，群众对治安状况极为不满意。2015年1月，玉林市委政法委对全市110个乡镇的群众安全感进行统一测评，石寨镇的得分排在108名。

2014年底石寨派出所新一届班子成立，辖区群众安全感差的问题深深刺痛了新任所长饶兵的心。石塘一带的村庄治安防范工作薄弱，到了夜间更是处于不设防状态，偷盗案件多发生在夜间。饶兵决定用好派出所的警力，开展巡逻防范，提高见警率和对不法分子的威慑力，为群众巡村守家。

2015年4月，派出所投入1万多元，开发了巡更管理系统，对巡逻工作进行有效监管。该所在全镇12个行政村的重要部位、重点路段、公共场所设立了88个巡逻点，在各巡逻点分别安装巡更点卡，民警巡逻到各巡逻点时用手持巡更棒读卡，将自己巡逻到该地点的时间记录到巡更棒里。巡逻工作结束后，巡逻人员回到派出所，需将巡更棒里的信息导入专用计算机，通过系统进行处理。派出所领导通过系统就能掌握每组人员的巡逻线路，可以进行相应的考核。这样，有效保证了民警巡逻到点到位、覆盖全镇每个村和主要路段。

2016年3月至5月期间，容县多个乡镇连续发生村民的家禽被盗案。石寨派出所加大夜间巡逻力度和密度。5月22日凌晨，民警梁廷豪带着协警巡逻至上烟村附近时，发现候车亭内停着一辆两轮摩托车，车尾装有铁质的空鸡笼，驾驶人不知去向。梁廷豪带着协警在周围蹲守了一个多小时后，见一男子光着脚慌慌张张地从村里跑出来，立即将其控制。经审讯，男子供认，当晚窜到上烟村盗窃家禽，被村民发现后狼狈逃跑。他伙同覃某、卢某从3月起在6个乡镇疯狂盗窃村民的家禽，共作案57起。

石寨派出所不断完善巡逻制度，在坚持夜间巡更的同时，注意做好白天的巡村工作，把巡逻与服务、走访工作结合起来，巡逻到哪里，就服务到哪里。派出所规定，民警进村巡逻时，要随时接受群众的求助，及时帮助群众解决困难。为了方便群众，民警巡逻时，将已办好的证件、户口本等带进村，顺便发给证件的主人。今年以来，民警在巡逻中共为群众送证上门22批，帮助找回走失儿童3名。

今年上半年，石寨镇刑事发案同比下降23.8%，全镇群众安全感在全市110个乡镇的排

① 人民公安报，2017年11月15日。

名上升到第 15 名。

（二）巡逻勤务的任务、职责与权限

1. 巡逻勤务的任务

巡逻勤务是在城市特定区域内进行的，以此加强对社会治安的动态控制能力。主要任务可以概括为：防范、发现和控制违法犯罪，维护社会治安秩序，确保公共安全；维护重点目标、要害部位的秩序和安全；维护好交通秩序，依法处置突发事件；搞好社会服务，为公众排忧解难。

☞ 相关案例

民警巡逻发现可疑男，循线追踪破获“案中案”①

本报记者 张波　通讯员 殷广华

12 月 3 日，河南省临颍县公安局城关派出所老城警务室包村民警杜国贤带领协警宋明、邢紫云，到辖区进行日常治安和消防检查。在某厂区宿舍排查时，杜国贤发现一男子来回走动，东张西望，着装不像厂区员工。杜国贤感觉该男子形迹可疑，立即上前对其进行盘问。该男子想趁机溜走，被民警当场控制。杜国贤一边对可疑男子进行盘查，一边与派出所值班民警取得联系，发现所里刚接到该厂区职工祁某手机被盗的报警。经盘查，民警在可疑男子身上发现 2 部手机。经祁某辨认，其中 1 部正是他的。

在证据面前，李某承认了盗窃祁某手机的作案过程。杜国贤核实李某身份时，发现李某系网上在逃人员。经进一步核查，男子李某，43 岁，因涉嫌盗窃一辆电动自行车，被警方上网追逃。在民警法律教育和政策攻心下，李某供述了在临颍县城关镇盗窃电动自行车的犯罪事实。目前，李某已被依法刑事拘留。公安机关已将追回的手机和电动自行车及时返还给受害人。

2. 巡逻勤务的职责与权限

公安部《城市人民警察巡逻规定》和《公安派出所正规化建设规范》等规定了巡逻勤务中人民警察的职责与权限。

（1）巡逻勤务的职责

人民警察在巡逻执勤中履行的职责包括：维护警区内的治安秩序；预防和制止违反治安管理的行为；预防和制止犯罪行为；警戒突发性治安事件现场，疏导群众，维持秩序；参加处理非法集会、游行、示威活动；参加处置灾害事故，维持秩序，抢救人员和财物；维护交通秩序；制止妨碍国家工作人员依法执行职务的行为；接受公民报警；劝解、制止在公共场所发生的民间纠纷；制止精神病人、醉酒人的肇事行为；为行人指路，救助突然受伤、患病、遇险等处于无援状态的人，帮助遇到困难的残疾人、老人和儿童；受理拾遗物品，设法送还失主或送交拾物招领部门；巡察警区安全防范情况，提示沿街有关单位、居民消除隐患；纠察人民警察警容风纪；执行法律、法规规定由人民警察执行的其他任务。

---

① 人民公安报，2017 年 12 月 18 日。

（2）巡逻勤务的权限

根据《公安派出所执法执勤工作规范》的相关规定，人民警察巡逻勤务的主要内容是：维护巡逻区域特别是党政机关、重点要害部位、大型公共场所、校园周边、大型居民区等重点地区的治安秩序；对可疑人员依法进行盘问和检查；对可疑物品依法进行检查；抓捕违法犯罪嫌疑人员；及时处置矛盾纠纷以及接受群众询问及口头报案、举报、控告。

人民警察在巡逻执勤中依法行使以下权力：盘查有违法犯罪嫌疑的人员，检查涉嫌车辆、物品；查验居民身份证；对现行犯罪人员、重大犯罪嫌疑人员或者在逃人员，可以依法先行拘留或者采取其他强制措施；纠正违反道路交通管理的行为；对违反治安管理的人，可以依照《中华人民共和国治安管理处罚法》的规定，执行处罚；在追捕、救护、抢险等紧急情况下，经出示证件，可以优先使用机关、团体、企事业单位和公民个人的交通工具、通信工具；行使法律、法规规定的其他职权。

☞ **法律法规链接**

《中华人民共和国居民身份证法》（节选）

第十五条 人民警察依法执行职务，遇有下列情形之一的，经出示执法证件，可以查验居民身份证：

（一）对有违法犯罪嫌疑的人员，需要查明身份的；

（二）依法实施现场管制时，需要查明有关人员身份的；

（三）发生严重危害社会治安突发事件时，需要查明现场有关人员身份的；

（四）在火车站、长途汽车站、港口、码头、机场或者在重大活动期间设区的市级人民政府规定的场所，需要查明有关人员身份的；

（五）法律规定需要查明身份的其他情形。

（三）巡逻勤务的方式与方法

1. 巡逻勤务的方式

（1）步巡。即徒步巡逻，是最古老、最主要，也是最持久的一种巡逻方式。其优势：徒步巡逻一般不受天气、地形、时间等因素的限制和影响；容易发现可疑情况，便于处理各种违法行为；可以及时地接受公众的求助；更多地接触公众，易于了解社情、案情，也密切了警民关系。但是，徒步巡逻也存在着不足：徒步巡逻速度慢、体力消耗大，影响巡逻的效率；巡逻的活动范围小，反应速度慢，缺乏快速反应的能力；所需的警力较多，不经济。在我国，步巡和自行车巡逻共同构成警察巡逻的主要方式。

（2）骑巡。即骑马巡逻。西方国家的一些主要城市一般保留骑巡这种巡逻方式，我国的个别城市（如辽宁省大连市）也采用骑巡方式。骑马巡逻较步巡速度快、范围大，巡逻人员的体力消耗也低，而且颇显威严，更具有震慑作用。但骑马巡逻在处理事件时，安置马匹不方便，而且需要专人饲养马匹，耗资较大。

（3）自行车巡逻。被认为是目前既经济，又能增强巡逻效果的一种巡逻方式。近年来，一些发达国家也开始使用自行车巡逻。因为自行车巡逻比步巡速度快、范围广；行动敏捷，能够穿行于车辆和小巷间；又能与公众保持接触，密切警民关系，经费开支少。不过，自行车巡逻在追捕现代化、机动化的违法犯罪时，显得有些力不从心。

☞ 相关资料

低碳公务便捷巡逻①

为倡导低碳公务，方便广大民警和警辅人员的工作、生活，11月25日下午3时，淄博市公安局张店分局联合某网络科技公司举行了“低碳公务，绿色出行”免费骑行活动，在全局推行骑共享单车的低碳公务模式。

据介绍，不管是在民警的固定巡逻点，还是在人员密集的繁华地区，只要有共享单车，民警和警辅人员就可以用专用账号登录免费使用，在中心城区开展公务活动和巡逻。利用自行车巡逻能拉近民警与群众的距离，同时也使出警更加机动灵活。

（4）机动车巡逻。即驾驶汽车或摩托车执行巡逻勤务，一般适用于城市交通干线、重要街道和城郊结合部。车巡速度快，机动性强，控制范围大，节省人力，而且可装置现代化的通讯设施，便于与指挥中心联络，反应速度快。但是，机动车巡逻最大的缺点是阻隔了与公众的接触，淡化了警民关系，不便于深入掌握社情、案情。另外，车巡耗资大，巡逻时不便于细致观察事物。摩托车巡逻目前比较适宜于交通安全监督管理及在居民区等领域内使用。机动车巡逻是我国警察巡逻的辅助形式。

（5）舟巡。舟巡是指警察驾驶船、艇等水上工具在江、河、湖泊等水域中进行巡逻，主要适用于沿海、江河、湖泊等区域。但舟巡受气候、水域等自然条件的限制较大。

（6）空巡。空巡是指人民警察驾驶空中飞行器（如直升机、飞艇等）进行巡逻，多用于森林防火、重大活动安全保卫、追缉中担任空中指挥等。空巡机动灵活，视野开阔，通信方便，协同作战。但空巡技术要求高，易受气候影响，且经费开支特别大。

☞ 媒体链接

苏州浒墅关经开所：京杭大运河巡逻用时缩短1小时②

本报讯　记者邹巍、通讯员李路、王俐娇报道

长期以来，江苏省苏州市公安局高新区分局浒墅关经济技术开发区派出所辖区复杂的地形导致民警执勤执法等工作面临一系列困难，特别是辖区内京杭大运河全长3.5公里，巡逻艇在运河上来回巡逻一次需用80余分钟，加上维修保养及燃油消耗，水上巡逻成本极大。近日，这些情况发生了变化，该所运用警用无人机只需20分钟即可完成一次常规京杭大运河水上巡逻，大大提高了警务工作效率。

该所负责人介绍，随着社会的发展，传统的依靠人工到现场熟悉地理环境或凭借普通二维地图指挥调度已经不能满足公安工作需求，现场可视化的应用需求愈加迫切。“无人机拓

① 人民公安报，2017年12月5日。

② 人民公安报，2017年9月7日。

宽了我们的视野，有了这双‘眼睛’，我们的工作能更好地开展。”

在浒墅关经济技术开发区党委政府的大力支持下，该所购置两架无人机，选派 4 名民警参与培训，取得无人机操作资格，以便充分发挥高新科技的辅助作用，减少地形地貌管理障碍，形成高效、优质的防控工作模式。

根据《城市人民警察巡逻规定》之相关规定，人民警察巡逻执勤，采取徒步为主，自行车、机动车相结合的方式。

公安派出所巡逻的主要方式：第一，步巡与车巡相结合，以徒步和骑自行车巡逻为主，以驾驶摩托车、汽车巡逻为辅；第二，着装巡逻与便衣巡逻相结合，以着装巡逻为主，以便衣巡逻为辅。

2. 巡逻勤务的方法。巡逻勤务的方法主要有公开巡逻、秘密巡逻、秘密与公开相结合巡逻三种。

（1）公开巡逻。公开巡逻是指警察着制式服装徒步或乘警车（舟、船）在一定区域按一定路线公开的实施巡逻，是最基本的巡逻方法。公开巡逻通常采用穿行、往返和循环三种具体的实施方法。

穿行巡逻：即按巡区内的道路情况，采取分头穿行而过的方法进行巡逻。具有巡逻速度快，造成巡警频繁出现和无时不在的印象，适合于秩序较好或者相对稳定的街区、地段等特点。

往返巡逻：在同一巡逻路线上，采取一次或者多次不定时往返方法巡逻，具有出其不意的效果。适合于社会治安比较复杂，违法犯罪分子经常出没的地方，以及偏僻地区等。对于重点警卫区、重点商业街区、重点政治敏感区、刑事案件和治安案件多发区、易燃易爆物品堆放区往往采用这种巡逻方法，以保证遇事随时都有巡警在场处置。

循环巡逻：对某一街区、巡段、目标采取有重点的、反复多次的循环方式进行巡逻。适合于巡逻街区、巡段内重要目标、要害部位的分布以及繁华场所的外围。

（2）秘密巡逻。秘密巡逻是指警察着便服或乘民用牌号车辆进行的不公开身份的巡逻，秘密巡逻的实施方法主要包括重点区域控制和伪装机动巡查两种。

重点区域控制：即警察着便衣、伪装身份，在重点控制区域进行的秘密巡逻，也称“阵地控制巡逻”。如重点警卫区域；各级政府门前、群众易集聚的广场、使馆区等；案件多发区，如车站、码头、商场、城乡结合部的道路口等。有利于迅速果断地处置这些场所突发的一些事件，并利于捕获在这些场所作案的违法犯罪分子。

伪装机动巡查：即在治安案件和刑事案件多发地区，派出多个秘密巡逻小组，有准备地针对某类案件或某种特定的犯罪活动进行巡查，主动寻找、发现和打击违法犯罪活动。这种秘密巡逻没有固定的场所和巡逻路线，要随时根据需要进行部署。这种巡逻方法一般通过短期内集中警力秘密投入特定区域的途径，使该区域打击犯罪活动的力度迅速得到加强，社会治安秩序得到有效维护。

（3）秘密与公开相结合巡逻。秘密与公开相结合巡逻方法一般用于查缉重大暴力犯罪嫌疑人的场合，常常在车站、码头、交通要道的出入口、或者在汽车、火车、轮船内巡查时使用。这种方法将公开巡逻民警与便衣巡逻民警混合编组，通常公开巡逻民警 1 人，秘密巡逻民警 1 至 2 人。

巡逻时拉开一定距离相互配合行动，公开巡逻民警对可疑人拦截检查时，便衣民警跟近，监视可疑人动静，保护公开巡逻民警实施盘问和检查；便衣民警若发现重大可疑人员需公开巡逻民警配合时，则可发出信号，由公开民警上前拦截盘查；若发现重大暴力犯罪嫌疑人，则通常由公开巡逻民警转移其注意力，由便衣民警上前贴靠，先行动手，公开巡逻民警迅速上前配合便衣民警实施抓捕。秘密与公开相结合的巡逻方法在处理治安案件或民间纠纷等方面，均有一定的作用。

☞ 工作动态

长春南广场派出所：精细开展夜间巡逻防控工作①

吉林省长春市公安局宽城分局南广场派出所辖区面积不大，但治安形势十分复杂。多年来，南广场派出所大力提升夜间治安管控能力，严格落实夜巡工作措施，取得突出工作成效。派出所辖区内刑事案件和治安案件警情连年下降，群众安全感测评达到100%。

建立长效机制，科学安排夜巡勤务

南广场派出所注重科学配置警力，他们将刚参加工作的新民警和经验丰富的老民警进行合理搭配，每天召开派出所夜巡工作例会，通报白天警情和重点工作，检查夜巡人员着装、单警装备和车辆状况，发现问题立即纠正。

他们每天安排一名值班民警负责夜巡调度工作，21时前调度车巡和步巡组共同在重点部位高频次巡逻，提高见警率。21时后调度步巡组以背街巷路为重点，车巡组以快速机动为重点开展巡逻。每逢周末和传统节日，派出所所长、教导员、副所长全天候参与夜巡替班巡逻。

发挥警力优势，落实一警多能

一直以来，南广场派出所充分发挥一警多能优势，要求夜巡民警在承担夜巡职能的同时，依法严查各类道路交通违法行为，依据有关规定实施执法处罚。

去年1月，南广场派出所辖区某居民楼接连发生不明原因火情，多项民用基础设施受损。夜巡民警在大力强化消防安全检查力度的同时，重点开展走访排查和串案调查，很快抓获犯罪嫌疑人白某，破获系列楼道纵火案13起。

注重灵活施策，夯实社区基础工作

南广场派出所将基础工作与夜间治安巡逻有机结合。工作中，夜巡民警做好社区基础工作，针对新开张、新装修、新进货的商铺和库房。他们加强登记排查管理，帮助业主提高人防、物防、技防水平。

针对辖区砸盗抢案件多发易发的特点，南广场派出所重点部署夜巡警力加强对易发案部位巡逻防控，努力挤压犯罪空间。按照"警力跟着警情走"的思路，他们科学规划多套巡逻路线方案，最大化减少巡逻盲区，实现机动式巡逻防控。去年以来，辖区552个商铺、库房未发生攀爬、撬盗案件，治安形势持续稳定，辖区群众安全感、满意度明显提高。

（四）巡逻勤务的组织实施

根据《公安派出所执法执勤工作规范》之相关规定，公安派出所应当根据辖区面积、地域特征、治安、交通状况等，划分若干个巡逻区域，把重点单位、要害部位、治安混乱地区等作为巡逻重点，确定设立岗卡的部位和巡逻密度、快速反应所需的时间，形成巡逻路

---

① 人民公安报，2017年4月5日。

线，并根据治安形势的变化适时进行调整。具体如下：

1. 制定巡逻勤务方案，划定巡逻区域

巡逻勤务是公安机关组织人民警察对社会治安实施动态控制的执法行为，而这种动态控制必须建立在有一定巡逻区域的基础之上。也就是要有一定的巡逻警区，即警察巡逻所担负的任务区域，巡逻警区主要由路面和街道周边的居民区、商业区及企事业单位等组成。确定警区应当考虑人口、治安情况、警力和地段环境等因素，一般以道路、街道、自然地形或者重要目标、要害部位等分布状况来划定。常用的方法主要有以下几种：

第一种，按照行政区域划分。一般以一至三个行政街道或治安情况复杂具备相应条件的乡镇地域来划分一个警区。

第二种，按照地域特点划分。根据不同的地域结构特点，具体分为：繁华型即以商贸集中区、交通枢纽要道和娱乐场所等区域为重点，兼顾周围治安复杂的地段来确定巡逻警区；工企型即以关系国计民生的重要工厂企业单位所在区域为重点，兼顾偏僻地段和易发案部位来确定巡逻警区；居住型即以易发案的居民楼群、街巷为重点，兼顾周围易发案地区来确定巡逻警区；警卫型即以党政首脑机关和首长居住地周围、军事要地、广播电台、电视中心、新闻机构、银行等要害部位周围为主来确定巡逻警区；城郊型即以城郊结合部位易发案的交通要道、暂住人口聚集地区、各类集贸市场和偏僻地区为主来确定巡逻警区。

巡逻警区的情况，主要包括三个方面。

一是地理环境：主要是街道、里巷名称、走向，建筑物布局及单位、住户分布情况，重点设施、首脑机关，要害部位的位置及周围环境情况等，其中要害部位和易发生治安问题的地段、单位及其他需要重点控制地区的情况应了如指掌。同时，要随时补充新情况，把握新动态。

二是治安动态：一方面要掌握警区内的动态情况，即掌握警区内群防群治力量情况，以及有违法犯罪可疑的人员情况；另一方面掌握警区行业治安情况，掌握易发案部位、时间、规律及特点。

三是社会动态：主要是收集社情反映，即了解影响社会政治稳定及治安的社会动态。搜集对国内外重大事件或敏感问题的反映，尤其要注意从中发现群体性事件的苗头，有针对性地开展警区巡逻勤务活动。

2. 合理安排巡逻时间

巡逻时间选择直接关系到巡逻的效果及警力的利用率，一般情况下可分为常规选择和非常规选择两种。

常规选择即根据本地域的治安状况、季节、作息时间来安排相对固定的巡逻时间，形成静态中平面的巡逻时间规划。最常用的有三种分班制的巡逻时间，即二班制运转模式、三班制运转模式和四班制运转模式。二班制适用于巡逻勤务简单，任务轻、警力少、夜间人车流量少的城镇、冷清地带。三班制是一种较常用的运转模式，时间分割清楚，不留空白点，适用于各种情况状态下的需求。四班制有利于提高勤务效率，并使巡警得到充分的休息。

非常规选择即人民警察的巡逻时间是根据具体实际情况的需求而确定，巡逻时间没有相对固定性。巡逻时间的确定标准是根据信息统计资料及时间、空间特性或发生特殊情况下，由一定公安机构统一指挥部署。该模式的优点在于根据实际治安状况使有限的警力发挥得比较充分，但这种选择方法对管理、信息、科技等要求更高，目前在我国适用于巡警机动队或特警，常用于处理一些突发事件、保卫工作、聚众殴斗、暴力犯罪等。

☞ 治安动态

铜川王益“零点巡逻队”坚持每天夜间巡逻①

寒冬里，夜幕下，刺骨的寒风吹透了喧闹一天的大街小巷，陕西省铜川市公安局王益分局“零点巡逻队”还坚守在大街小巷、街道村组开展夜巡。

今年以来，王益分局新一届党委班子组成后，针对夜间盗窃案件频发的实际，适时调整工作思路，将零点夜巡工作作为提升人民群众安全感和满意度的抓手，牢固树立“宁吃防范苦，不受破案累”的理念，坚持内部挖潜，整合机关巡防警力，组建“零点巡逻队”，坚持每天夜间零时至6时开展夜巡，有效降低发案率。据统计，9月以来，王益分局机关民警、各派出所及巡警大队民警共开展夜巡700余人次，盘查各类人员1300余人次，救助群众30余人，破获各类案件70余起，全区“盗抢”案件发案率同比下降21.9%。

3. 确定巡逻路线

（1）确定巡逻路线的依据。最大限度地发挥警力与交通工具的效能，达到巡逻警区范围内最有效的控制和巡警职责全面的履行，是确定巡逻路线的根本依据。具体包括：第一，根据地理状况划定巡逻路线，实现有效控制警区，做到各巡逻路线的警力既能独立作战，又能在紧急情况相互增援，发挥整体作战的效果；第二，根据繁华商贸集中区、交通枢纽要道、娱乐场所、人口稠密的车站、码头、影剧院等选择巡逻路线；第三，根据事故、案件易发部位、重点区域等选择巡逻路线，保持必要的巡逻密度；第四，根据要害地段，如政府机关、军事要地、广播、电视台、银行、重要企事业单位等，选择巡逻路线；第五，根据特殊任务确定巡逻路线，如对突发事件的处理、重要人员的出行保卫、对交通要道的封堵等；第六，根据人口居住情况分层次选择巡逻路线，如重要人员居住地、外国人居住区、居民生活区以及暂住人口聚集地区等。

（2）巡逻路线的选择。不同巡逻方式的路线选择是不一样的。常见的巡逻方式路线的选择如下表：

常见的巡逻方式、路线的选择

名称	内　容
步巡路线选择	徒步巡逻路线一般选择在繁华街道或要害部门驻地的周边道路，如人口稠密的商业街和政府机关、外事机构、金融机构等。步巡一般采用单线往返或定向循环巡逻方法，巡警在街面及群众面前的频繁出现，达到预防犯罪、发现犯罪、打击犯罪、维护正常的社会治安秩序的目的。

① 人民公安报，2016年12月7日。

续表

名称	内　　容
自行车巡路线选择	自行车巡逻路线一般选择在居住社区、市区边缘道路、人口活动密度相对较小的僻静处。自行车巡逻是徒步巡逻的补充，交叉穿插于徒步巡逻路线之内，使警区成为一个有机的整体。自行车巡逻具有一定的机动应变能力，能较快地补充警力薄弱环节。
车巡路线选择	车巡路线一般采用一定区域内随机选择巡逻路线，参与夜间机动巡察。车巡还可以组织指挥警区内其他巡逻方式的巡逻。由于快捷反应能力强、完备的通讯工具，使之有能力及时组织警力应对各种突发事件，使更大范围内的警力形成统一作战的整体。

☞ **媒体链接**

十堰张湾全面推行巡逻防控新机制（节选）①

为破解社会治安难题，最大化压降辖区可防性案件，今年以来，湖北省十堰市公安局张湾分局着力升级巡防力量，进一步完善社会治安防控体系建设，让警力走在警情前面，有效压低发案，降低盗抢骗等可防性警情，提升驾驭社会治安局势的能力，牢牢把握住社会治安工作的主动权。

升级巡逻力量盘活有限警力

2015 年，按照“政府主导、社会参与、公安管理、群众受益”的原则，张湾分局组建一支 50 人的专职巡逻队，负责全天候、全时空的区域治安巡逻防范。

今年 6 月，张湾分局立足实际、调整观念、攻坚克难，积极争取财政资金，以面向全社会公开招投标的形式，将这些专职巡逻队伍与派出所原有保安巡逻队进行整合，化零为整，重组起一支 90 人的综合素质过硬的专职巡逻队。

科学布警严密布点健全防控机制

在运作机制上做文章，张湾分局全面推行等级化、网格化巡逻防控模式。按照城区 1、3、5 分钟快速处警圈布局要求，将辖区划分为三个巡控区，实行巡控区域制。一旦有突发情况，确保警力最快可在一分钟内到位。

日常实行“三班倒”机制，采取徒步巡逻与警车巡逻相结合、流动巡逻与固化督查相结合的方式，24 小时全天候“在线”，对辖区开放式居民区、商业区、背街小巷、人员密集场所等重点部位开展不间断、全覆盖、无死角巡查。

建立健全调度机制，每日值班领导、各组巡逻队一律携带对讲机，信息共享，相互策应、联调联动。一旦当日警情超过控制线，或遇到紧急、重大警情时，立即启动应急预案，确保第一时间防范，第一时间处置。

4. 制定巡逻勤务制度

巡逻勤务制度是为了保证切实落实巡逻勤务，要求全体巡逻民警必须遵守的规则和准则。巡逻勤务制度要结合本地区社会治安秩序的实际情况和现有警力的情况来设定，主要包

① 人民公安报，2017 年 9 月 9 日。

括五项制度：

（1）出巡制度，是指巡逻民警在巡逻之前以及在巡逻过程中应当遵守的制度。主要包括：一是参加派勤，明确巡逻任务和注意事项，检查警容风纪、警械装备和通讯器材等；二是接受巡逻任务后，按照一定的方式进行巡视。

（2）记事制度，是指要求巡逻民警记录巡逻情况的制度。记事内容主要包括：巡逻的起止时间、巡逻路线、巡逻范围内的治安情况、社会动态、预防和制止违法犯罪情况、为民服务的情况、检查安全防范的情况、纠正警容风纪的情况等。记事制度既是公正考核巡逻民警工作的保证，又是保证掌握社会动态、总结经验的资源。

（3）警情报告制度，是指巡逻民警在巡逻过程中，发现各种治安情况和问题，及时向指挥中心报告的制度。对于其职权范围内的一般情况，巡逻民警可以先期处置，并及时向上级报告；如果发生超越其职权范围或自己无法控制的治安问题时，例如，非法集会、游行、示威活动，聚众上访、以及重大治安灾害事故等，应当在先期处理的同时，向上级报告；如果是十分紧急的情况，可以越级报告，再作处理。报告时，要先报告本人所属单位、姓名、所在地理位置，然后简明扼要地报告所请示的事项，并注意听取上级的指示和要求。

（4）交接班制度。为了使巡逻勤务保持连续，出巡执勤的民警与下岗休息的民警应做好交接班。交接班制度包括巡逻民警应当在指定的地点、时间进行交接班；交接班时，上一班人员应当向下一班人员交代巡逻路段或区域的基本情况以及有关问题，并按照有关规定履行警械、通信等装备的交接。交接班时，应互相敬礼。

（5）检查考核制度。为了有效落实巡逻勤务的工作，公安机关主管部门要建立检查、考核制度。检查可以采取定期与不定期、普查与抽查、自查与互查、明察与暗察相结合的方法。其主要内容有：民警执勤的警容风纪是否符合要求、履行职责情况、遵守纪律的情况、巡逻的效果等。考核可采取目标管理的方法，将民警巡逻的工作情况进行综合评定，其主要内容有上岗率、违法犯罪人员抓获率、责任区（巡区、巡段）违法犯罪控制率、为民排忧解难管事率等。

5. 巡逻勤务的基本要求

根据《城市人民警察巡逻规定》之相关规定，城市公安分局可以根据实际情况划定巡逻警区。在巡逻执勤中遇有重要情况，应当立即报告；对需要采取紧急措施的案件、事件和事故，应当进行先期处置；对需要查处的案件、事件和事故应当移交公安机关主管部门处理。人民警察巡逻执勤时必须做到：穿着警服，系武装带，佩戴枪支、警械和通讯工具；恪尽职守，遵守法律和纪律；严格执法，秉公办事，不得超越或滥用职权；举止规范，文明执勤，礼貌待人。人民警察在巡逻执勤中应当接受公民的监督；公民发现人民警察在巡逻执勤中有违法违纪行为的，有权提出控告和检举。

派出所民警在巡逻勤务时，除了严格遵循执法执勤规定（按规定着制式警服、携带必要的警用装备等）之外，还应当遵守《公安派出所执法执勤工作规范》规定的巡逻勤务规则：（1）按照指定路线巡逻，不得无故超出巡逻区域，或者减少巡逻时间和巡逻密度；（2）到达巡逻重点地区时，应当停留作小区域巡查；（3）对有违法犯罪嫌疑的人员、可疑物品依法进行盘问、检查；（4）遇有突发事件或者事故，先期处置，及时报告；（5）接受处理案（事）件任务时，将任务执行情况及时向下达指令的部门报告。

车巡组停留作小区域巡查时，除遵守上述规定以外，还应当遵守：停放车辆不得妨碍交通；必须下车徒步实施，不得仅在车内观望；下车巡查时，车上或车侧应当留一人，保护车辆安全及负责通讯联络和必要时请求支援以及记录巡逻起止时间、巡逻路线和任务执行情况，并向接班组进行工作交接等。

此外，执行便衣巡逻、蹲守时，应当做到：报经公安派出所所长批准并备案；随身携带工作证件；携带警械、武器或者其他装备时，应当进行隐蔽或者伪装。

同时，人民警察在巡逻中发现未成年人有下列情形之一的，应当立即予以制止、劝导，并采取相应措施：在公共场所寻衅滋事的；离家出走、逃学的；深夜在公共场所逗留或者游荡街头的；进入禁止未成年人入内的公共娱乐服务场所的；或者有其他不良行为的。

☞ 治安动态

北京“2.0 版”巡逻警务站加强街面防控（节选）①

近两年来，北京市公安局按照“巡逻警务站建设是提升街面掌控能力，优化巡逻勤务模式，提高群众安全感和满意度的一项重要工作”等工作要求，以“四个第一”工作理念为统领，牵动各单位强化街头巡控，完善以巡逻警务站为核心的社会面维稳防控体系建设，全面提升街面整体防控效能，全力维护首都治安稳定。

为进一步提升巡逻警务站在维护社会稳定和治安稳定中的积极作用，巡逻警务站升级为“2.0 版”后，北京警方将“社区警务、交通管理、综合治理、群众工作”理念融入“2.0 版”巡逻警务站，进一步深化牵动作用，提升街面治安掌控能力。

据海淀分局巡警支队有关负责人介绍，在严格落实市公安局巡逻警务工作要求的基础上，海淀分局从去年 7 月起，成立了特勤保安队伍，在经过专业化、全封闭的培训后，于去年 8 月全部分配至分局的 18 个派出所巡逻警务站。特勤保安担负着协助巡逻警务站公安民警发现和处置各类突发事件的重要任务，在巡逻警务站民警的带领下，先后参与了一系列重大安保活动，在维护辖区安全稳定方面发挥了积极作用。

二、盘查勤务

（一）盘查的概念、特点

1. 盘查的概念

根据《公安机关人民警察盘查规范》的规定，盘查是指公安机关人民警察在执行勤务过程中，为维护公共安全，预防、发现、控制违法犯罪活动而依法采取的盘问、检查等行为。盘查通常包括盘问和检查。盘问，主要是指对被盘问人的姓名、职业、从哪里来、到哪里去、是否有违法犯罪行为、所携带物品等可能与违法犯罪有关的情况进行询问。检查，是对与被盘问人有关物品进行的检验、核查。盘查是指公安机关人民警察在执行职务过程中，依法对可能具有违法或犯罪行为的嫌疑人进行盘问和检查，以发现或确认其是否有违法、犯罪或者辨别是否为重大犯罪嫌疑人身份的警务活动。在治安管理活动中，盘查运用得比较广泛，是人民警察在治安秩序管理活动中预防和打击违法犯罪最重要的一种专业手段。关于盘查，我国法律法规作出了明确的规定。

---

① 人民公安报，2017 年 9 月 9 日。

《中华人民共和国人民警察法》第9条规定："为维护社会治安秩序，公安机关的人民警察对有违法犯罪嫌疑的人员，经出示相应证件，可以当场盘问、检查。"据此，盘查的实施必须符合以下条件：

第一，实施盘查的主体必须是公安机关的人民警察。根据《中华人民共和国人民警察法》的规定，我国的人民警察包括公安机关、国家安全机关、监狱的人民警察和人民法院、人民检察院的司法警察。只有公安机关的人民警察才具有盘查权。

第二，实施盘查的目的是判断、排除、发现违法犯罪行为，维护社会治安秩序。公安部在《关于公安机关执行〈中华人民共和国人民警察法〉有关问题的解释》中指出："公安机关的人民警察在执行追捕逃犯、侦查案件、巡逻执勤、维护公共场所治安秩序、现场调查等职务行为中，经出示表明自己人民警察身份的工作证件，即可以对形迹可疑、有违法犯罪嫌疑的人员进行盘问、检查。"公安机关的人民警察实施盘查权，必须是在执行上述职务行为过程中，否则，公安机关的人民警察就不得实施盘查权。

第三，盘查的对象必须是形迹可疑、有违法犯罪嫌疑的人。在实施盘查前，公安机关人民警察必须有合理的理由说明盘查对象具有违法犯罪的嫌疑，即有证据证明这种嫌疑的存在：已预谋违法犯罪，正在赶赴作案现场；在实施违法犯罪的过程中；已经完成违法犯罪行为，正在逃离作案现场或者携带赃物的途中；通缉的违法犯罪嫌疑人；其他有违法犯罪嫌疑的人员。

第四，必须经过一定的法律程序。即在盘查前，必须"出示表明自己人民警察身份的工作证件"，例如，警察证、工作证、执行公务的证件等。未经出示相关证件，公民有权拒绝接受盘查。并应当告知公民：盘查是法律赋予人民警察的权力，公民应予以配合，否则要承担法律责任。根据法律规定，人民警察实施当场盘查必须符合两个条件：其一，盘查的目的是为了维护社会治安，履行警察的职责。除此之外，不得以任何理由盘查有关公民；其二，当场盘查的对象只能是有违法犯罪嫌疑的人员，对其他公民不得进行盘查。

当场盘查的程序规则是：根据法律规定，人民警察对有违法犯罪嫌疑的，经表明执法身份后即可盘问；未着制式警服的，必须出示执法证件表明执法身份后，方可进行盘问。

2. 盘查的特点

（1）盘查具有监督检查的特性

盘查是对可能具有违法或犯罪行为的嫌疑人员进行盘问和对其所携带的物品进行检查的行为，因而从严格的意义上讲，它具有治安监督检查的性质。

（2）盘查具有初步审查的性质

盘查就是通过警察与盘查对象进行面对面的直接较量，初步查明与违法犯罪分子有关的事实或重要的嫌疑点，为有关部门进行进一步审查或依法处理提供必要的条件。

（3）盘查具有一定的遭遇性

由于盘查对象极有可能是犯罪分子，当遇到警察的盘查时，犯罪分子特别是严重的暴力犯罪分子，往往会为了逃脱罪责而对警察实施暴力，因而使警察与犯罪分子之间出现正义与非正义的暴力遭遇。

（二）盘查的实施步骤

有效地发现和准确地识别各种违法犯罪嫌疑人员，是提高执法质量的重要保证。为此，盘查民警要勤于总结经验和教训，结合违法犯罪的规律、特点，掌握发现盘查对象、接近盘查对象的技能以及盘问、检查技巧。

1. 观察、发现盘查对象

依照《中华人民共和国人民警察法》相关规定，人民警察对有违法犯罪嫌疑的人员可以当场盘问、检查。所以，在勤务中通过细心观察，进而发现违法犯罪嫌疑人，就成为行使盘查权的前提。众所周知，违法犯罪过程的危险性和违法犯罪后的受处罚性，决定了不法者在实施这种行为时或者行为之后总要发生巨大的心理变化，产生一定的紧张、慌乱、恐惧、急躁等情绪。这些心理变化又必然通过行为者言谈举止的失常等表现出来。违法犯罪嫌疑人主观心理的变化和客观言行的异常，就成为勤务人员观察、发现盘查对象的基础和标准。

警察在巡逻勤务中的观察、发现作为特殊领域的认知活动，既具有认知的普遍性又具有警务的特殊性。因此，民警在巡逻时，要根据辖区的治安状况和现实公安工作的需要，充分利用各种感知器官，把全面观察和重点观察有机地结合起来。特别是对于下列具有治安意义的可疑现象，更应该留心观察，认真甄别，确定盘查对象。

（1）可疑现象的发现。在盘查过程中常见的可疑对象主要有以下几种：

第一，身份可疑者。即穿着与身份不符，口音与自述籍贯不符，体貌特征与被通缉、通报的对象相似。如身份证与本人不相符或持假身份证的人；与身份证相貌、年龄、籍贯、口音等有明显差别的或不相符的人；一个人持几个身份证或几种工作证的；其行为与其所处的时间、空间及装束不合时令，且神色慌张的人，对该类可疑现象一经发现，便应进行盘查。

第二，举止行为可疑者。即举止行为有违背正常人的行为模式，而且符合或相似于一些违法犯罪活动特征的行为人。如人的神态异常、行为慌张，在人群中挤来挤去；在居民区、商场、仓库、银行等地方张望窥视、鬼鬼祟祟；或不断地接近妇女、儿童，并与之同行；看到人民警察后，躲躲闪闪，表情惊慌，疾步走开等。

☞ **相关案例**

兴国民警强化夜间巡逻，接连抓获盗窃嫌疑人①

中国江西网讯 邱亮、记者李明水报道：12 月 1 日，中国江西网记者从兴国县公安局获悉，近日，该局特巡警大队开展强化夜间巡逻盘查，布控蹲守工作。继 11 月 22 日凌晨抓获一名盗窃嫌疑人后，11 月 25 日凌晨，民警在巡逻途中再次抓获一名入室盗窃嫌疑人。

11 月 25 日凌晨 3 时许，兴国县公安局特巡警大队夜间巡逻民警巡逻至五福广场路段时，发现一名手提蛇皮袋的男子鬼鬼祟祟、四处张望，行迹可疑。

巡逻民警立即上前将该男子截停盘查，并当场从该男子携带的蛇皮袋中发现香烟、金银首饰、现金等物品。根据工作经验，巡逻民警断定该男子有盗窃嫌疑，于是迅速将其控制并带回审查。后经比对相关影像资料，民警发现该男子系近期兴国多起盗窃案的主要嫌疑人之一。

第三，体貌与面部表情可疑者。如是已知犯罪嫌疑人或具有与通缉、通报对象相似的体

① 中国江西网，http：//jxgz. jxnews. com. cn/system/2015/12/02/014499801. shtml2015-12-02.

貌特征，且年龄相一致，口音相符合，衣着和随身所携带的物品相似；或面带惊恐之状，疲劳困倦之意；戴黑色眼镜，戴大口罩或整容、化妆奇特、有意改变原面貌，企图蒙混过关的人等。

第四，携带可疑物品者。如携带疑似作案工具的人；携带现金数额巨大的人；携带可能是毒品、枪支、管制器具等违禁物品的人；或在夜间携带数量较多、体积较大、包装无规则的包裹，或身背、肩扛、用自行车、手推车、三轮车装运，且遮遮掩掩，怕碰撞、怕触摸、躲躲闪闪、神情紧张的人等。

第五，带有明显犯罪迹象者。如身负枪伤或可疑外伤，浑身血迹或污渍的人；衣服被撕扯或破损严重的人；所携带的自行车、推着行走的摩托车车锁有明显撬痕的人；驾驶汽车挡风玻璃被砸破，车锁有明显撬痕的人等。

第六，其他异常的可疑者。如关系可疑者等。即与之相处于同一空间的人的关系或形迹可疑，说不清对方的姓名、住址、年龄等基本情况，或双方不能提供能证明其所述关系的有效证明等。

（2）可疑对象的识别途径。盘查中警察对可疑对象的识别主要有两大途径，即心理观察与行为观察。比如，注意嫌疑人的眼睛，通过眼睛，窥测出他们的心理状态，并视情况作出相应的判断。也可以通过眼神或嫌疑人自窥身体携带物品、藏匿的物品等作出相应的判断。警察要掌握各种犯罪活动的特点和手法，并注意从嫌疑人的正常行为中找出异常的动作。同时，警察在判断嫌疑人的行为表现时，还应注意那些紧随其后的，特别是目光交流时出现的动作变化及这种行为的反应方式。

（3）识别可疑对象应注意的问题

第一，选择观察对象和环境。发现和判定违法犯罪嫌疑人具有多层次、多方面的特点而且都与之形成的周围环境有着密切的联系。因此进行实地观察，要慎重选择观察对象及所处的环境，尽可能收到良好的观察效果。

第二，灵活安排观察程序。主要是指对观察过程的安排，要根据实地发生的变化情况，及时作出调整。特别是实地观察中产生的、由观察者与观察对象双方因素造成的不自然的失去常态的情况，要及时修正计划，以减少观察过程中的误差。

第三，把观察与思考紧密结合起来。观察是以一定的理论、目的为指导，以一定的经验知识为基础的认识活动。只有在观察活动中明确目的，有理论作指导，在广博知识和丰富经验的基础上，善于思考，才能发现和判定各种违法犯罪嫌疑人员。实践证明，只有把观察现象与思考相结合，才能捕捉到可疑点。

2. 接近盘查对象

为了保障盘查顺利、有效、安全进行，必须选择恰当的盘查时机和正确的盘查地点，采取灵活、有效的接近方式、方法。

（1）盘查时机的选择。

盘查时要对时机进行选择，盘查时机并没有固定的模式，勤务中只能根据可疑情况的自身特点和具体情况，如人数、性质、周围环境、地点等相关因素，加以分析比较，努力做到不早不迟，恰到好处。早了容易打草惊蛇，犯罪活动没有充分暴露，使我们不能获得足够的证据。迟了可能使犯罪嫌疑人跑掉，或形成严重犯罪事实，对人民生命和财产等造成重大损失。因此，分析判断应建立在丰富的工作经验之上，因事而异、因情而异，要相机行事。一般可以把握以下四条原则：一是嫌疑人的违法犯罪活动已经充分暴露，再拖下去无必要时；

二是嫌疑人如惊弓之鸟，东张西望，有迹象表明是在焦急等待同伙接应或准备逃跑时；三是在嫌疑人可能实施重大犯罪活动之前，为避免使公共利益受到实际损害，及时进行盘查；在没有获得违法犯罪证据时，可以根据违法犯罪动向和现场环境，运用欲擒故纵的策略和手段，等待其露出马脚，再立即出击。如有盗窃、兜售毒品或淫秽物品、诈骗等嫌疑的，可以先麻痹对方，跟踪观察，待其暴露时，再将其拦住盘查。

（2）盘查地点的选择。

警察在执勤中发现可疑情况，需要对可疑人进行盘查，一定要提高警惕，防止可疑人员反抗、突袭或者逃跑。因此，选择合适的盘查地点显得尤为重要。尽管在执勤中发现可疑情况具有随机性，但选择盘查地点需要由人民警察来决定。一般情况下，选择盘查地点注意以下要求：

第一，选择视野开阔，地貌简单之处。选择视野开阔，有利于观察周围情况的变化；地形地物简单，道路宽敞、平直、少弯，周围无复杂多出入口的建筑物或小巷，无丛林、高秆作物等地方，有利于控制盘查对象，使其不易脱逃。

第二，选择光线明亮之处。选择光线明亮，尤其在夜间尽可能选择路灯等照明条件好的地方，有利于观察和检查，也便于看清盘查对象的体貌特征、面部表情变化、携带物品等，以便掌握情况的变化。

第三，选择安静人流较少之处。盘查应尽量避免人群围观、起哄，防止发生意外，并保证盘查时听得清、问得明，所以盘查应当避开人群，选择人流较少的地方。

第四，选择易获得支援之处。尽可能在附近有行人、车辆来往的地点进行盘查，以防处于孤立无援之境。

总之，根据上述要求，民警应主动选择好盘查地点。当发现可疑情况后，如果周围环境、条件不宜进行盘查时，可尾随一段，待到了较为适宜的地点，再行盘查。如果可疑情况严重，发现嫌疑人有重大犯罪嫌疑或可能时，可将其带到治安岗亭或公安派出所盘查。

（3）接近盘查对象的方法。

接近嫌疑人的方式方法，是关系到能否制敌取胜的关键。接近嫌疑人的方法多种多样，采用何种方法更适宜，必须根据可疑情况的性质、嫌疑人的特点、周围环境、地形以及时间等相关因素确定，采取有针对性的、灵活机动的接近方法，防止嫌疑人逃跑、藏匿、毁灭罪证或行凶、自杀等。通常采取接近的方法有：

接近盘查对象的方法

名称	内　　容
正面接近、阻拦法	警察在公共场所以公开的身份进行盘查，一旦发现嫌疑对象，可以直接迎上去，要求对方接受盘问。在实践中，对嫌疑人人数较少，年龄较大、携带物品较多，行动不便；或毫无逃跑等迹象，以及其他确实不具有勤务危险的，可采取正面接近、拦截的方法。
化妆尾随，秘密跟近法	当嫌疑人处在群众聚集的场所，夹杂在人流中，或乘坐飞机、汽车、轮船等交通工具，为防止嫌疑人穷凶极恶、伤及无辜，可采取化妆尾随，秘密跟进的方法，待时机成熟后，先将嫌疑对象控制住，确认无危险后再行盘查。

续表

名称	内　容
迂回包围，隐蔽接近法	不惊动被盘查对象，从对象的侧面、后面悄悄贴近，再转为正面阻拦，或要求对方停住，接受盘查。一般而言，对于可疑情况尚需进一步观察或嫌疑人有逃跑企图时，人民警察可采取侧后迂回，左、右两侧迂回贴近的方法，秘密、隐蔽地接近，而后突然袭击，进行盘查。

3. 当场盘问

盘问是在初步发现疑点的基础上，为了核实、确认疑点是否存在，而对盘查对象进行的仔细询问。盘问是盘查的中心环节，它通过人民警察与盘查对象的提问与回答，澄清人民警察对盘查对象的身份、行为、携带物品的疑问，确认或消除盘查对象的违法犯罪嫌疑。盘问一般分为启问和质疑两个阶段。启问是指对盘查对象进行的不涉及疑点的询问，质疑是人民警察对盘查对象有目的、有控制、有针对性地提出疑问，并进行质询或详细核实。

（1）表明身份，告知法律依据。

根据当场盘查制度的要求，警务人员对有违法犯罪嫌疑的，经表明执法身份后即可盘问；未着制式警服的，必须出示执法证件表明执法身份后，方可进行实施盘查。但是，特别需要指出的是，由于警务情景极为复杂，被查对象各具特点，况且不少犯罪分子为了逃避打击，越来越隐蔽狡诈、阴险毒辣、诡计多端。近年来暴力抗拒盘问越来越突出，由此造成民警严重的伤亡。因此，在接近嫌疑人时，一定要依据嫌疑人的可疑性质、特点，高度警惕并采取必要的防护措施。对具有一定危险情形的，必须在先行控制的基础上，适时表明自己的身份，确保警务人员的生命安全。

（2）实施盘问。

盘查的目的是为了核实被盘问人的身份和可疑情况，确定有无违法犯罪事实。因此，要实现这一目的，就必须通过恰当的盘问方法。

实施盘问的常用方法

名称	内　容
常规式盘问法	通过例行公事的问话，从了解对方的身份、住址、职业等情况入手。在交谈中，发现可疑情况之后，再作进一步盘查。这种盘问方法对方一般易于接受，比较适合没有明显疑点的可疑对象。
针对式盘问法	针对盘问对象的明显疑点，进行核实盘问。如携带物品可疑，身上有可疑伤痕或污迹，可以就这些疑点直接发问，无需过渡。突然针对性发问往往可以打乱对方防线，有利于及时发现违法犯罪事实。但提问要注意使用策略，因为有些疑点当事人无法掩饰，因此在心理上早已作了各种应对准备。同时，即使针对性盘问，也要注意问题的广度，以便更多的发现破绽，注意盘问的连续性，让对方无暇思考，难以自圆其说。
试探式盘问法	针对可疑人员的特点，用探询性的口气向被盘查人员提出问题。试探式提问可以在提出关键问题之前，通过对被盘问对象探询性发问，观察了解其心理变化，便于审时度势，随机应变地提出关键的问题。

续表

名称	内　　容
迂回式盘问法	把所要提问的诸多问题，按照一定的逻辑顺序加以排列，不直接接触主题，就外围问题先行提问，进而逐步缩小提问范围，待切入主题后，对方已无法回避。对于一些戒备心较重的对象，可以先问其他，避其锐气，使其误认为问题尚未被发现而无戒备时，突然发问，步步紧逼。
交谈式盘问法	采用漫不经心聊家常的方法，在交谈中通过观察、追问，寻找盘问切入的话题，从而核查疑点。

（3）当场盘问的基本要求。

依据《公安机关人民警察盘查规范》规定，民警执行盘查任务时，应当始终坚持理性、平和、文明、规范，因情施策，确保安全。

民警执行盘查任务时，应当着制式服装；未着制式服装的，应当出示人民警察证；应当向被盘查人敬礼并告知："我是×××（单位）民警，现依法对你进行检查，请你配合。"经盘查排除违法犯罪嫌疑的，民警应当向被盘查人敬礼，并说"谢谢你的合作"，礼貌让其离去。盘查可疑人员时，应当遵守下列规定：与被盘查人保持适当距离，尽量让其背对开阔场地；对有一定危险性的违法犯罪嫌疑人，先将其控制并进行检查，确认无危险后方可实施盘问；盘问时由一人主问，其他人员负责警戒，防止被盘查人或者同伙的袭击。盘查多名可疑人员时，民警应当责令所有被盘查人背对开阔场地，并在实施控制后，分别进行盘查。当盘查警力不足以有效控制被盘查人时，应当维持控制状态，立即报告，请示支援。

4. 当场检查

检查是盘查的重要组成部分，它和盘问一起构成盘查这一治安法律措施。检查不仅可以证实盘问的内容，还可以进一步发现问题，深化盘问。同时，及时同步进行检查盘问对象的身体和携带物品，可以有效控制盘查对象，防止其行凶或者脱逃。

（1）证件检查。

人民警察在盘查中检查盘查对象的证件，目的就是要通过证件真伪的判断和对证件记录内容与持证人的核对，查明盘查对象的真实身份，进而确认或者排除盘查对象的违法犯罪嫌疑。

在警务实践中，检查的身份证件主要包括：居民身份证、护照与签证、机动车驾驶证等。

证件检查的内容：确认人证相符；核对证件内容；判断证件真伪；收缴非法证件。

证件检查的方法：第一，眼、手并用，判定证件的真伪。一般情况下，判定证件的真伪主要靠现场直观识别，这就需要勤务人员眼、手并用，从外观上首先判定证件的真伪。眼看，主要是看证件的式样、文字图案等外观特征。法定证件都有固定统一的设计、制造标准，而且制造精细，有的还有暗记。伪造的证件即使仿造、变造技术高超，只要细心观看，还是可以发现疑点的。其他证件或证明文件的查看，可以从证件、文件的式样、格式、字体、印章等方面发现问题，特别是要注意观看印章是否符合有关国家规定。对变造的文件要注意观看是否有擦刮、消褪、涂改、接贴、更换照片等变造迹象。手摸，即通过手感辨别证件的真伪。居民身份证是公安机关按照统一标准制作颁发的。一般而言，涂改、变造会留下明显痕迹，用手触摸即能感觉到。必要时，可用手适度折弯证件，以感测证件用料的质地。

第二，人、证对照，查验证件内容。将证件内容与被盘查人对照，这是查清持证人身份的重要一环。人证相符，即查清了持证人的真实身份；人证不符，要么持证人有假，要么证件有假。勤务中，查验证件要特别注意将证件上的照片与持证人相对照，具体做法是“问证先看人，接证对照片”。即看着被查人，要求其出示证件，同时用心识别其面部特征，接过证件即先看照片，以便将其面部与照片核对，必要时可反复核对。要将证件上登记的项目与持证人相对照。主要是看年龄，对体貌：看职业，对衣着举止；看住址，对携带物品；看民族、籍贯、来处，对语言口音；看证件颁发时间、有效期限，对实际年龄。注意持证人自述与证件内容之间的逻辑关系。各种证件内容间有一定的逻辑关系，特别是居民身份证各项目之间有固定的逻辑关系。被盘查人持假证件，有时自述明显违反这种逻辑关系。

证件检查的要求：第一，查验身份时，应当先查验身份证件并遵守下列规定：查验证件防伪暗记和标识，判定证件的真伪；查验证件内容，进行人、证对照；注意被盘查人的反应，视具体情况让持证人自述证件内容，边问边查；通过身份证识别仪器或者公安信息系统进行核对。第二，始终注意持证人的反应。索要证件、核查证件、退还证件都要密切注视盘查对象，不要忙于其他事而只伸手不抬头地索要证件；不要只低头研究证件内容而不抬头核对；不要不正眼看持证人而随手递出证件给对方。要看着对方要证、看证和送还证件。这既是文明礼貌的要求，也是发现持证人情绪变化、寻找疑点的关键。第三，边查边问。在验证时，要视具体情形让持证人自述证件内容，边问边查。这样，持假证件的人自述的内容就有可能与登记项目相矛盾，暴露问题。第四，注意安全防范。检查证件的过程中，始终要有安全防范意识。索要证件时，要让被盘查对象站在面前、明亮处，要密切注视其双手掏证的动作，发现异常，应立即阻止其动作，或先检查身份，后检查证件。查验、核对证件时，也要密切注视持证人的情绪、动作变化，发现异常，应立即控制持证人，防止低头看证时，被盘查人行凶或逃脱。如果两人以上执行盘查任务，其中必须有人负责控制被盘查对象。第五，防止发生差错。查验证件无误后，应将证件发还持证人。在有多人被检查时，要严防错发和他人重领或冒领。应将证件发还持证人本人，一般情况下不准代领、代发。如果需要作技术鉴别的，应向持证人说明事由。

（2）人身检查。

违法犯罪嫌疑人的身体往往留有违法犯罪的痕迹，比如藏有凶器、作案工具、危险物品、违禁物品和赃款、赃物。检查违法犯罪嫌疑人身体，就是要及时发现、收集违法犯罪的痕迹物证，确认和排除违法犯罪嫌疑，及时收缴凶器、危险物品，防止违法嫌疑人行凶、继续违法犯罪或自伤、自残。

人身检查的对象：实施人身检查是警察勤务中一项非常重要和极其严肃的工作。通常，依法需要人身检查的对象主要有：查获持有伪造、变造证件，冒名顶替，企图蒙混过关的人员或其他违法犯罪嫌疑人；抓获通缉或协查的犯罪嫌疑人；事先掌握有确实情报或群众指控、扭送的犯罪嫌疑人；经盘问、调查，证实确有违法犯罪行为的人；有其他现行违法犯罪行为的人。

检查的内容。人身检查的内容应当包括人的身体的全部及其衣物和随身携带的其他物品。人身检查应发现的痕迹主要有人身体上的伤痕、血迹斑痕，衣服、鞋帽上的痕迹、斑痕，以及随身携带的物品上的痕迹。人身检查应发现的凶器主要有各种枪支、刀具、绳索以及其他能够伤人的物品。人身检查应发现的作案工具则因不同案件而形态各异，如撬锁置具、攀援工具、吸附工具等。人身检查应发现的危险品主要有爆炸物品、易燃易爆化学物品、放射性物品、剧毒物品等。人身检查应发现的违禁物品主要有毒品、麻醉药品和反动、淫秽物品等。对违法犯罪的赃物，要认真甄别、核实。

人身检查的基本要求：对经过盘问，确认有违法犯罪行为或者嫌疑不能排除的，应当先对被盘查人依法进行人身检查，并进一步检查其携带物品。对可疑人员进行人身检查时，应当遵守下列规定：有效控制被检查的嫌疑对象，在警戒人员的掩护下对其进行检查，防止自身受到攻击和伤害；对女性进行人身检查，应当由女性工作人员进行，可能危及检查民警人身安全或者直接危害公共安全的除外；对拒绝接受检查的，民警可依法将其带回公安机关继续盘问；对可能携带凶器、武器或者爆炸物品的违法犯罪嫌疑人检查时，应当先检查其有无凶器、武器和爆炸物品，如有，则应当当场予以扣押，必要时，可以先依法使用约束性警械，然后进行检查；责令被检查人伸开双臂高举过头，面向墙、车等，扶墙或者扶车站立，双脚分开尽量后移，民警站于其身后并将一只脚置于其双脚中间，迅速从被检查人的双手开始向下对衣领及身体各部位进行检查，特别注意腋下、腰部、裆部及双腿内侧等可能藏匿凶器或者武器的部位；当盘查对象有异常举动时，民警应当及时发出警告，命令其停止动作并做好自身防范，可以依法视情使用警棍、催泪喷雾器及武器等予以制止。经盘查能确认是逃犯、通缉犯等犯罪嫌疑人、被告人或者罪犯的，民警应当立即使用约束性警械将其控制，移交办案的公安机关、人民检察院、人民法院或者原羁押机关。

检查时，人民警察应命令被检查人按要求摆出接受检查的姿势。在确保安全、便于控制的条件下接近对象，最好能在同伴持枪控制或者保持高度警戒状态的情况下进行。

（3）物品检查。

对盘查对象携带的物品进行检查，其目的在于认定被查物品性质，发现违法犯罪证据，确认和排除违法犯罪嫌疑，发现和收缴凶器、作案工具、危险物品和违禁物品，防止违法犯罪嫌疑人行凶、自杀、继续违法犯罪和制造事端。

物品检查的方法：违法犯罪嫌疑人大多利用箱包来隐藏赃物和凶器等物品。因此，物品检查主要是对箱包的检查。物品检查的勤务方法为：首先，人包分离，控制盘查对象和物品。需要进行物品检查时，警察应命令盘查对象将箱包放在适当位置。然后，令其离开一段距离，由一名警察负责对其控制。必要时，可以令其转过身体，背对检查的物品。其次，按照看、听、闻、摸、拆的顺序进行检查。看，就是看物品的现状、结构、包装、质地；听，就是听物品是否有声响，有什么声响；闻，就是闻一下物品的气味，有无异味；摸，就是摸一下物品的形状、质地，掂一下物品的重量。以上每一环节，都要认真分析，作出判断。如果能够断定物品性质，就尽量不要拆开物品，以免破坏物品的性能或破坏物品上的痕迹。再者，要轻开、慢拉，谨慎开启箱包。开启箱包之前，仔细观察一下开启的方式，先轻轻挪动一下拉链、纽扣，看是否方法正确，以防将其损坏；同时，要注意拉链、纽扣上是否另有机关，防止箱包内有爆炸装置。最后，要轻拿、轻放。对箱包及有关物品要轻拿、轻放，以防损坏；对有连线、有声响、有气味的物品，更要谨慎拿取；拿取物品时要从上往下顺序进行，不要掏底取物，更不能将箱包内东西反复上下翻动；对赃物、凶器，一定不要满把抓，尽可能用干净布垫手或戴手套轻取，防止破坏违法犯罪痕迹。

物品检查的基本要求：对可疑物品进行检查时，应当做到以下几点：责令被检查人将物品放在适当位置，不得让其自行翻拿；由一名人民警察负责检查物品，其他人民警察负责监控被检查人；开启箱包时应当先仔细观察，注意避免接触有毒、爆炸、腐蚀、放射等危险物品；按照自上而下顺序拿取物品，不得掏底取物或者将物品直接倒出；对有声、有味的物品，应当谨慎拿取；发现毒害性、爆炸性、腐蚀性、放射性或者传染病病原体等危险物质时，应当立即组织疏散现场人员，设置隔离带，封锁现场，及时报告，由专业人员进行排除；对于需没收或者扣押的各类违禁物品，应当会同在场见证人和被扣押物品持有人查点清楚，当场开列清单，及时上交有关部门，避免损坏或者遗失财物。

（4）车辆检查。

对违法犯罪嫌疑人驾驶、乘坐车辆进行检查，目的在于认定车辆的性质和车辆运载物品的性质，发现违法犯罪证据，继而确认或排除违法犯罪嫌疑。

车辆检查的内容：车辆检查包括对车辆本身的检查和车辆装载货物的检查。对车辆本身的检查，主要是检查车辆的证件、牌照、外观，确认车辆的合法性，发现车辆被盗、被抢和驾车作案的痕迹物证。对车辆装载货物的检查包括对货运车辆装载货物的检查和对客车及相关物品的检查，以确认货物的性质，发现、收缴隐藏其中的赃物、危险物品和违禁物品，以及凶器、作案工具等。

车辆检查的方法：第一，做好车辆检查的准备。对车辆的检查，警察在明处，而犯罪嫌疑人却在暗处，很容易发现警察及卡位的存在。因此，警察要做好充分的准备，特别要针对避卡、冲卡、混卡的犯罪嫌疑人采取相应的对策，不使其漏网。第二，严格车辆检查程序。对车辆检查的程序是先证件检查，后车体检查。检查车体按先外后内，自前向后的顺序进行，也可以对证件与车体同时进行检查。第三，对人和车辆实施控制。车辆检查，除了首先控制人以外，还应控制车辆。检查前，应令驾驶员熄火、拉紧手制动后下车，必要时应收存车钥匙。如车上有其他人员，也应令其下车等候。在实施检查期间，未经允许不得离开指定地点。第四，检验证件和牌照。车辆的行驶执照和牌照是车辆的合法证明。违法犯罪嫌疑人盗、抢机动车，或利用机动车作案，往往在行车执照和牌照方面有种种破绽。有的有牌无照，有照无牌；有的牌、照不符，牌、车不符，照、车不符；有的无牌、无照；有的挪用牌、照。所以，检查时必须认真查验、核对牌、照，以便发现伪造牌、照或污损、涂改牌、照，特别是要将牌、照与车辆的种类、产权性质、使用情况等认真核对，发现或排除疑点。第五，认真、仔细观察车辆外观和锁具。对车辆外观和锁具进行认真仔细地观察，以发现违法犯罪的痕迹物证。观察应从前往后顺序进行，不要有遗漏。要特别注意观察汽车的前保险杠、车灯是否有被撞的痕迹；车门、车身两侧及摩托车车把是否有擦痕；车轮附着物、车辆四角、车身上是否有血迹和其他斑痕；摩托车锁具、汽车门锁具和点火装置是否有被撬、破坏的痕迹。第六，检查车载货物和车内物品。对车辆装载货物的检查一般是采用翻动、抽查的方法，必要时可卸车倒包检查。观察货物要注意货物层是否夹藏赃物、危险物品、违禁物品和凶器、作案工具。对可疑货包要作重点检查。检查车内物品，首先要认真观察、搜寻，对座椅、后背厢等易藏东西的部位，要仔细搜寻，可用手反复触摸。对通报协查的可疑物品，要重点检查。在检查完毕前，未经允许，不得上下人员装卸物品，并对停车现场进行巡视警戒。第七，扣押违章车辆和违禁物品。驾驶人员违章驾驶车辆或非法携带、运载危害公共安全和社会秩序的违禁物品，应依法予以扣留。对于易燃、易爆、剧毒物品、放射性物品等都要妥善保管或移交有关部门处置。第八，协查逃逸车辆。在实施盘查过程中，发生车辆逃逸案件，应立即组织人员布置堵截和追缉，并根据违法犯罪嫌疑人的体貌特征、车辆类型、车辆颜色、车牌号码、逃逸方向，向协助堵截和追缉的有关单位提供线索。同时，向上级公安机关报告情况。

车辆检查的基本要求：对可疑车辆进行检查时，应当做到以下几点：对行进中的车辆进行拦截检查时，应当手持停车标志牌或者放置停车标志，在被检查车辆前方向其作出明确的停车示意；责令驾驶员将车辆熄火，拉紧手制动，将双手放在方向盘上，确认安全后拉开车门责令其下车，必要时应当暂时收存车钥匙；对人员进行检查并予以控制；查验身份证、驾驶证、行驶证和车辆牌照，条件允许情况下，通过公安信息查询系统进行查询比对；观察车辆外观、锁具和内部装置；检查车载货物和车内物品；如驾驶员拒检逃逸，应当立即报告，请求部署堵截、追缉。

☞ 案例资料

吸毒男子假扮“警察”夜间闯卡被太原警方查获①

人民网太原9月14日电 近日，太原公安迎泽分局柳巷所民警在执行设卡盘查安保任务时，查获一名夜间闯卡假扮“警察”的吸毒男子，目前，李某因非法持有、使用人民警察服装、器械、标志及吸食毒品被行政扣留，太原公安迎泽分局禁毒大队对毒品来源追查仍在进行中。

当日凌晨3时，一辆急驰的奔驰轿车向太原长风东高速路口驶来，在此执行设卡盘查的太原公安迎泽分局柳巷所民警马识途等人示意轿车停下接受检查，但轿车快速闯过卡口，驶入高速口收费通道，面对荷枪实弹武装设卡的民警，竟然闯卡，让民警也处于高度戒备状态，民警朝着车追过去，强行将其拦下。

民警要求司乘人员迅速下车、双手抱头接受检查，只见从车上下来一名年近25岁的男子，双手抱着头，喊着：“误会了，弟兄们，我也是警察”，民警马识途联系单位值班人员通过警员信息系统，核实其真实身份时，男子才说：“不用查，我是假警察。”卡口民警将其带至警车，并将其驾驶车移至安全地带，经对车例行检查，缴获假警服一套及手铐等物。

太原公安迎泽分局柳巷派出所民警将该男子带回，经尿检呈阳性，曾吸过毒。经审查得知，25岁的李某刚结婚一年多，当晚与朋友聚会后，溜了几口冰，准备返回晋中，在高速口发现民警设卡盘查，怕让民警识破自己是假警察，慌张驾车闯了卡。民警询问其私自购警服、手铐、制作警察证、冒充警察的原因，李某称在朋友圈无地位，便冒充自己进了公安局，办了假警察证、购置警服及器械，以提高自己身份地位，且自从有了警服，朋友们也不敢私下说他风凉话，连他所居住的小区停车费也很少向他收，使其虚荣心得到满足。不曾想与朋友在太原刚开始尝了冰毒就被民警抓获。(实习生 谢忻 通讯员 王宏力)

5. 当场盘查后的处置

盘查后的处置是人民警察对被盘查对象的可疑点基本弄清后所采取的措施。人民警察盘查基本目的是通过盘问和检查，弄清可疑人员身份、可疑行为和可疑物品，确认其有无违法犯罪行为。因此，盘查中的处置包括对盘查对象的处置和对携带物品的处置。

(1) 对被盘查人员的处置。

对被盘查人员的可疑情况基本弄清后，区分不同的情况，采取不同的措施进行处理，详细记载全部处理情况；没有发现违法犯罪行为的，应立即放行，并应向他们说明盘查对维护

① 人民网，http：//sx. people. com. cn/n/2015/0914/c352640-26373786. html2015年9月14日。

社会治安的重要性，感谢他们对执行勤务所给予的协助；查明有轻微违法行为，有的进行批评教育后放行，必要的，当场给予治安管理处罚或者送交所在地公安派出所处理；查明有犯罪嫌疑的或有犯罪事实的人员，应立即带回或者移交办案单位，依法办理刑事拘留或者逮捕手续；对有违法犯罪嫌疑的人员当场盘问、检查后，不能排除其违法犯罪嫌疑，且具有继续盘问法定情形之一的，可以将其带至公安机关继续盘问。

（2）对盘查对象携带物品的处置。

通过盘查，对盘查对象携带物品应根据情况分别作出退还、收缴或扣押的处置，以便及时收集、保全证据，准确打击违法犯罪，确保公民的合法权益不受侵犯。对于没有发现违法犯罪迹象的盘查对象，在被放行时，应将其随身携带的物品如数退还本人；对于违禁物品、违反治安管理所得的财物和使用的工具，应依法实行临时性收缴或没收；对与犯罪有关的物证、书证应依法予以暂时扣押。

（三）盘查中应注意的问题

由于盘查涉及到公民的人身自由权利，因此，盘查应严格按照法律规定的条件和程序进行。人民警察应当依照《公安机关人民警察盘查规范》相关规定进行。

1. 要严格执行法律规定，正确行使职权。一是要按照法律规定，准确把握盘查对象；二是要严格按法律规定的程序办事，履行必要的法律手续。

2. 要严加防范，确保安全。一是参加盘查的人民警察要分工协作；二是要保持高度警惕，严密监视和控制盘查对象的行为；三是带离盘查对象的方式要科学、严密，对于不便当场进行盘查的违法犯罪嫌疑人，应就近选择更适宜的场所进行盘查，或者经初步盘查后，将其带至公安机关继续盘问，但带离的方式一定要科学。

3. 尽量取得支持。盘查工作必须取得群众的支持和配合才能做好。因此，警察应做好盘查现场有关人员的工作，使其愿意充当证人，提供证言，为依法处理违法犯罪分子做好必要准备。

☞ **法律法规链接**

《公安机关人民警察盘查规范》（节选）

第十六条　对有违法犯罪嫌疑的人员当场盘问、检查后，不能排除其违法犯罪嫌疑，且具有下列情形之一的，民警可以将其带至公安机关继续盘问：

（一）被害人、证人控告或者指认其有犯罪行为的；

（二）有正在实施违反治安管理或者犯罪行为嫌疑的；

（三）有违反治安管理或者犯罪嫌疑且身份不明的；

（四）携带的物品可能是违反治安管理或者犯罪的赃物的。

第十七条　执行盘查任务的民警应当携带单警装备，每个盘查组应当携带手持电台及手持身份证识别仪器。各地可根据实际情况，为盘查民警配备现场执法录音录像设备。民警执行设卡检查任务时，应当穿着防弹背心，戴防弹头盔；夜间视情穿着反光背心。

盘查民警驾驶车辆上应当配备轻型冲锋枪、防弹衣、反光背心、防弹头盔、防毒面具、车载电台、停车示意牌、救生器材、急救药箱、搜索灯、强光手电、阻车路障、警戒带等装备。

盘查卡点应当配置机动车辆、通讯工具、阻车路障、强光手电、警戒带、停车示意牌等装备器材，并视勤务需要配置防弹盾牌。

（四）继续盘问

继续盘问，是指公安机关的人民警察为了维护社会治安秩序，对有违法犯罪嫌疑的人员当场盘问、检查后，发现具有法定情形而将其带至公安机关继续进行盘问的措施。继续盘问是当场盘查的延续，是一种限制公民人身自由的强制性审查措施。

《中华人民共和国人民警察法》第 9 条规定：为维护社会治安秩序，公安机关的人民警察对有违法犯罪嫌疑的人员，经出示相应证件，可以当场盘问、检查；经盘问、检查，有下列情形之一的，可以将其带至公安机关，经该公安机关批准，对其继续盘问……公安部于 2004 年 10 月 1 日施行的《公安机关适用继续盘问规定》对继续盘问的定义、适用对象、时限、程序、审批权限、法律责任等作出明确规定。

公安机关适用继续盘问，应当遵循依法、公正、及时、文明和确保安全的原则，做到适用对象准确、程序合法、处理适当。继续盘问工作由公安机关主管公安派出所工作的部门负责业务指导和归口管理，公安派出所执行。继续盘问工作由人民警察执行。严禁不具有人民警察身份的人员从事有关继续盘问的强制性审查措施。

根据规定，实施继续盘问必须注意：

1. 适用对象准确

准确把握适用对象是正确行使继续盘问权的前提。《中华人民共和国人民警察法》第 9 条规定："经盘问、检查，有下列情形之一的，可以将其带至公安机关，对其继续盘问：被指控有犯罪行为的；有现场作案嫌疑的；有作案嫌疑身份不明的；携带的物品有可能是赃物的。"多年来，基层公安机关根据警察法的这一授权规定，充分行使继续盘问权，对维护社会治安秩序起到了积极作用。在此基础上，根据警察法规定盘查权的立法宗旨和目的，对继续盘问对象做出必要限定，公安部进一步明确了它的范围。《公安机关适用继续盘问规定》第 8 条规定："对有违法犯罪嫌疑的人员当场盘问、检查后，不能排除其违法犯罪嫌疑，且具有下列情形之一的，人民警察可以将其带至公安机关继续盘问：被害人、证人控告或者指认其有犯罪行为的；有正在实施违反治安管理或者犯罪行为嫌疑的；有违反治安管理或者犯罪嫌疑且身份不明的；携带的物品可能是违反治安管理或者犯罪的赃物的。"《公安机关适用继续盘问规定》对继续盘问的适用对象作出两个非常重要的限定：第一，经过当场盘问、检查，不能排除其违法犯罪嫌疑，方可带回公安机关继续盘问。这一限定实际明确了当场盘查是继续盘问的必要前置要件，必须经过当场盘查且不能排除违法犯罪嫌疑的。第二，将《中华人民共和国人民警察法》第 9 条规定的"违法"限定为"违反治安管理"。根据适用继续盘问的目的即"为了维护社会治安秩序"，结合公安机关的职责，该规定作出这样限定，不仅完全符合警察法立法原意，而且十分必要。

同时，为了便于执法部门实际操作，正确行使继续盘问权，《公安机关适用继续盘问规定》进一步规定了不得继续盘问的对象：有违反治安管理或者犯罪嫌疑，但未经当场盘问、检查的；经过当场盘问、检查，已经排除违反治安管理和犯罪嫌疑的；涉嫌违反治安管理行为的法定最高处罚为警告、罚款或者其他非限制人身自由的行政处罚的；从其住处、工作地点抓获以及其他应当依法直接适用传唤或者拘传的；已经到公安机关投案自首的；明知其所涉案件已经作为治安案件受理或者已经立为刑事案件的；不属于公安机关管辖的案件或者事件当事人的；患有精神病、急性传染病或者其他严重疾病的等。

此外，为了真正做到执法为民，发挥现代法治保护人权的价值，《公安机关适用继续盘问规定》还规定了限制继续盘问的对象。对符合继续盘问的法定条件，且具有下列情形之一的人员，可以适用继续盘问，但必须在带至公安机关之时起的 4 小时以内盘问完毕，且不得送入候问室：怀孕或者正在哺乳自己不满 1 周岁婴儿的妇女；不满 16 周岁的未成年人；已满 70 周岁的老年人。对这些人员在晚上 9 点至次日早上 7 点之间释放的，应当通知其家属或者监护人领回；对身份不明或者没有家属和监护人而无法通知的，应当护送至其住地。

☞ **相关案例**

牟平巡警夜间巡逻盘查抓获一名盗窃人员①

胶东在线网 3 月 30 日讯（通讯员 孙伟杰 赵宏宇）近期，牟平巡警大队积极转变工作思路，针对城区治安特点，强化了夜间巡逻盘查工作的力度。

3 月 28 日凌晨 2 点 30 分左右，牟平巡警大队队员巡逻至北关大街与永安路口时，发现一名男子行走在路边刻意躲避巡逻车辆，手上戴着一副白手套，形迹十分可疑。民警当即拦下该名男子，并对该男子进行盘查。在盘问该男子的过程当中其言语闪烁，民警通过检查该男子随身物品发现，其携带了多把管制刀具和一个手电筒。根据多年工作经验，巡逻民警怀疑该男子有涉嫌盗窃的嫌疑，于是决定将其带回办案区进一步盘查。

经查，该男子曾某，男，30 岁，四川省德阳市人。经审查，该男子承认其 2014 年以来在牟平某彩票站和工地实施盗窃。现该男子已被刑事拘留，案件正在进一步审理当中。

2. 适用程序合法

程序合法是正确行使继续盘问权的关键。继续盘问权行使的程序规则，从形式上看是对这一警察权的规范和制约，就实质而言则是对相对人人权保护的机制。因此，在执法实践中必须高度认识程序规范在保护人权方面的独特价值，恪守程序规则。

第一，严格审批。根据公安部规定，公安派出所民警对符合法定条件，确有必要继续盘问的有违法犯罪嫌疑的人员，可以立即带回，并制作当场盘问、检查笔录，填写继续盘问审批表，报公安派出所负责人审批决定是否继续盘问。对批准继续盘问的，应当将继续盘问审批表复印、传真或者通过计算机网络报所属县、市、旗公安局或者城市公安分局主管公安派出所工作的部门备案。县、市、旗公安局或者城市公安分局其他办案部门和设区的市级以上公安机关及其内设机构的人民警察对有违法犯罪嫌疑的人员，应当依法直接适用传唤、拘传、刑事拘留、逮捕、取保候审或者监视居住，不得适用继续盘问；对符合法定条件，确有必要继续盘问的有违法犯罪嫌疑的人员，可以带至就近的公安派出所，按照规定适

① http：//www. jiaodong. net/ytzfw/system/2015/03/30/012647981. shtml.

用继续盘问。

执法中，严禁未经依法审批擅自留置他人盘问。对有违法犯罪嫌疑的人员批准继续盘问的，公安派出所应当依法填写继续盘问通知书，送达被盘问人，并立即通知其家属或者单位；未批准继续盘问的，应当立即释放。对被盘问人身份不明或者没有家属和单位而无法通知的，应当在继续盘问通知书上注明，并由被盘问人签名或者捺指印。但是，对因身份不明而无法通知的，在继续盘问期间查明身份后，也应当依照规定立即通知其家属或者单位。需要特别注意的是，在执法实践中，对被盘问人的家属为老年人、残疾人、精神病人、不满16周岁的未成年人或者其他没有独立生活能力的人，因实施继续盘问而使被盘问人的家属无人照顾的，公安机关应当通知其亲友予以照顾或者采取其他适当办法妥善安排，并将安排情况及时告知被盘问人，从而体现勤务工作的人性化。

第二，依法盘问、记录。对有违法犯罪嫌疑的人员批准继续盘问后，应当立即结合当场盘问、检查的情况继续对其进行盘问，以证实或者排除其违法犯罪嫌疑。在继续盘问期间，公安机关及其人民警察应当依法保障被盘问人的合法权益，严禁实施下列行为：对被盘问人进行刑讯逼供；殴打、体罚、虐待、侮辱被盘问人；敲诈或者索取、收受贿赂；侵吞、挪用、损毁被盘问人的财物；违反规定收费或者实施处罚；以及其他侵犯被盘问人合法权益的行为。同时，对继续盘问的情况，应当制作继续盘问笔录，并载明被盘问人被带至公安机关的具体时间，由被盘问人核对无误后签名或者捺指印。对被盘问人拒绝签名和捺指印的，应当在笔录上注明。

第三，遵守时限制度。根据规定，继续盘问的时限一般为12小时；对在12小时以内确实难以证实或者排除其违法犯罪嫌疑的，可以延长至24小时；对不讲真实姓名、住址、身份，且在24小时以内仍不能证实或者排除其违法犯罪嫌疑的，可以延长至48小时。这里特别需要指出的是，对符合规定确有必要将继续盘问时限延长至24小时的，公安派出所应当填写延长继续盘问时限审批表，报县、市、旗公安局或者城市公安分局的值班负责人审批；对符合条件且确有必要将继续盘问时限从24小时延长至48小时的，公安派出所应当填写延长继续盘问时限审批表，报县、市、旗公安局或者城市公安分局的主管负责人审批。县、市、旗公安局或者城市公安分局的值班或者主管负责人应当在继续盘问时限届满前作出是否延长继续盘问时限的决定，但不得决定将继续盘问时限直接从12小时延长至48小时。继续盘问的时限自有违法犯罪嫌疑的人员被带至公安机关之时起，至被盘问人可以自由离开公安机关之时或者被决定刑事拘留、逮捕、行政拘留、收容教育、强制戒毒而移交有关监管场所执行之时止，包括呈报和审批继续盘问、延长继续盘问时限、处理决定的时间。

3. 处理适当

处理适当是正确行使继续盘问权的根本之所在。在继续盘问期间，勤务部门应当根据盘问中出现的情况依法妥善处理：

一是终止继续盘问：作为对违法犯罪嫌疑人继续审查的一项治安行政措施，继续盘问的基本功能就在于通过继续盘问进而确定和排除有关人员的违法犯罪嫌疑。因此，民警要根据继续盘问的进展情况，在能够确定或者排除有关人员的违法犯罪嫌疑后，依法作出相应的处理：对已经证实有违法犯罪行为的或有证据证明有犯罪嫌疑的，要依照刑事法律的规定立即移交给主管机关、部门，终止继续盘问；对已经证实具有违反治安管理行为，且达到事实清楚、证据确凿等治安处罚条件的，要及时做出治安处罚决定，并终止继续盘问。对有一定证据证明有违反治安管理嫌疑，但尚不够治安处罚条件的，要及时立为治安案件，启动行政处罚程序，并终止继续盘问；发现盘问对象为规定的不得盘问对象时，要依法终止继续盘问，并立即释放被盘问人；经过继续盘问已经排除违法犯罪嫌疑，或者经过批准的继续盘问、延长继续盘问时限届满，尚不能证实其违法犯罪嫌疑的，应当立即释放被盘问人。对终止继续盘问或者释放被盘问人的，应当在继续盘问登记表上载明终止继续盘问或者释放的具体时间、原因和处理结果，由被盘问人核对无误后签名或者捺指印。被盘问人拒绝签名和捺指印的，应当在继续盘问登记表上注明。

二是妥善处置非正常情况：在继续盘问期间，遇到一些非正常情况，勤务人员一定要沉着应对，依法果断处置：对突患疾病或者受伤的被盘问人，应当立即采取措施予以救治，通知其家属或者单位，并向县、市、旗公安局或者城市公安分局负责人报告，做好详细记录。对被盘问人身份不明或者没有家属和单位而无法通知的，应当在继续盘问登记表上注明。被盘问人在继续盘问期间死亡的，应当做好保护好现场，保管好尸体，并立即报告所属县、市、旗公安局或者城市公安分局的主管负责人或者值班负责人、警务督察部门和主管公安派出所工作的部门，同时立即通知被盘问人的家属或者单位。对被盘问人行凶、脱逃的，要依法使用械具果断处置，必要时及时报告上级公安机关。

☞ **法律法规链接**

《中华人民共和国出境入境管理法》（节选）

第五十八条　本章规定的当场盘问、继续盘问、拘留审查、限制活动范围、遣送出境措施，由县级以上地方人民政府公安机关或者出入境边防检查机关实施。

第五十九条　对涉嫌违反出境入境管理的人员，可以当场盘问；经当场盘问，有下列情形之一的，可以依法继续盘问：

（一）有非法出境入境嫌疑的；

（二）有协助他人非法出境入境嫌疑的；

（三）外国人有非法居留、非法就业嫌疑的；

（四）有危害国家安全和利益，破坏社会公共秩序或者从事其他违法犯罪活动嫌疑的。

当场盘问和继续盘问应当依据《中华人民共和国人民警察法》规定的程序进行。

县级以上地方人民政府公安机关或者出入境边防检查机关需要传唤涉嫌违反出境入境管理的人员的，依照《中华人民共和国治安管理处罚法》的有关规定执行。

第六十条　外国人有本法第五十九条第一款规定情形之一的，经当场盘问或者继续盘问后仍不能排除嫌疑，需要作进一步调查的，可以拘留审查。

三、守望勤务

（一）守望勤务的概念与任务

1. 守望勤务的概念

守望勤务是指在人民警察在治安秩序管理过程中，为了掌握、控制某些特定区域或者案件多发地段的治安状况，通过设置岗亭、进行观察瞭望，处置治安问题的一种警察勤务方式。是预防、控制和打击各种违法犯罪活动，密切监控勤务区域治安动态，实时收集、掌握治安信息的有效措施。主要是大中城市的公安机关在治安情况复杂的重点地区、繁华的闹市街头、重要的交通路口、地段和公共复杂场所采用这种勤务方式。

2. 守望勤务的任务

通过守望勤务，对控制范围的守望目标或对象进行观察，维护社会治安秩序和公共安全，掌握守望区域治安动态，预防和打击违法犯罪活动。具体包括以下任务：严密注视社会动向，防范政治性突发事件和群体性事件；防范暴力性犯罪活动；制止和取缔扰乱公共秩序和妨害公共安全行为，防止其他治安案件的发生；根据通报、协查报告、通缉令，查缉和盘问可疑人员，抓捕现行犯、流窜犯和逃犯；对作案嫌疑人或可能危害公共安全的人员实行监视、控制，为侦查破案和维护治安服务；对醉酒闹事和精神病人临时处置，净化守望区域的环境；观察发现事故或险情，支持救灾和救援工作；协助维护交通秩序，疏导行人、车辆；为群众排忧解难，做一些群众需要的事情。

（二）守望勤务的形式及方法

1. 根据守望勤务方式不同，分为公开守望和秘密守望

公开守望是治安勤务人员在公开的位置或者岗亭中观察治安情况、处理治安问题、服务群众的一种勤务方式。公开守望的地点一般设置在比较繁华的道路口、商贸业集中地段、公共交通枢纽、案件多发地区，以及人员成分复杂的居民区。为方便群众报警和求助，威慑违法犯罪分子。公开守望的岗亭一般应具有醒目的警务标志，执勤民警一般应着警用服装。执勤民警要明确守望区域和任务，熟悉守望区域的地形、地物和经常往来人员的基本情况，通过不间断的观察、巡视，收集治安信息，并对区域内发生的各种警情进行及时处置。

秘密守望，是为了监视重点对象的活动，发现和掌握案件线索，查获证据，捕获现行违法犯罪分子，在其经常出没或者易出现的地方和场所，设置临时性的隐蔽岗哨进行观察和控制的一种勤务方式。守望民警一般应着便衣执行勤务。秘密守望是一项艰苦和战斗性很强的工作，要做好周密的准备工作。守望前，必须充分调查守望地点的场地构造、周围环境等实际情况，根据守望的目的和违法犯罪活动的规律和特点，因地制宜的选好守望地点。守望民警要掌握好案情，守望对象的体貌特征、衣着打扮、携带物品、所持凶器以及守望地违法犯罪规律、特定等有关情况。要充分估计守望的艰巨性、变化性和持久性，做好有关设备、物品的准备。同时，在控制守望目标的前提下，应确保守望人员的人身安全。

秘密守望常用的方式主要包括定点、寻查以及伏击三种。定点，即对固定地点、目标的守望；寻查，指为寻找案件线索而在一些交通要道口和场所布置隐蔽力量进行观察、搜索；伏击，是指对拘捕缉拿对象架网捕捉。公开守望注意与岗区内和毗邻的治安保卫组织沟通信息，加强联络。秘密守望时以能够控制守望目标和区域而又不暴露自己为主要原则，做到自然、稳妥、安全、可靠、积极、果断。

2. 根据守望勤务岗哨方式不同，分为固定岗亭守望和临时岗哨守望

固定岗亭守望是指在治安情况复杂、容易发生违法犯罪活动和治安灾害事故的公共复杂

场所、交通道口和区域设置固定岗哨执行守望的一种勤务方式。在固定岗亭进行守望是守望勤务的主要形式。临时岗哨守望是根据治安情况和交通管理的需要，临时设置的守望检查哨点。这种守望是固定岗亭守望的一种补充，守望点具有临时性、非固定性的特点。

☞ 媒体链接

民警日夜蹲守，抓获敲车窗小贼①

中国警察网讯 5 月 3 日以来，江安城区连续发生凌晨敲车窗盗窃现金案，造成严重的社会影响，江安警方在案发后组织精干警力，利用各种侦查手段，经过连日来的蹲守、布控，于 5 月 18 日，成功抓获 4 名敲车窗盗窃现金的犯罪嫌疑人。

小贼疯狂作案，引发民众恐慌

“喂，110 吗？我的车窗被人敲了，车里的东西都被人偷走了，你们快来呀……”。今年 5 月以来，我县城区晚上频发敲车窗盗窃案，小贼的疯狂作案，使得广大车主人心惶惶。

警方日夜蹲守，小贼插翅难逃

接警后，刑侦民警认真进行现场勘查、分析案情，通过对案件的串并，发现多起案件发生在凌晨，盗窃目标以停放在路边车辆为主。为此，案侦民警分为两组，一组负责在街面灯光昏暗和照明设施不佳的路段进行伏击守候，另一组驾驶警车加强路面巡逻。不分昼夜的伏击守候终于换来了成果，5 月 18 日凌晨 4 时，蹲守的便衣民警在江安县江安镇盛源酒店旁将刚刚作案成功的王某、李某抓获，当场查获部分赃物和作案工具弹弓一把、弹珠若干。面对从天而降的民警，二人是一脸惊恐，嘴里还不时说：真想不到，真想不到。

民警全力追捕，抓获漏网之鱼

经审讯，李某、王某二人对自己敲车窗的犯罪事实供认不讳，同时还供出了同伙陈某和王某，获知信息的民警很快将二人缉捕归案。

经查，今年 5 月份以来，李某四人因无钱上网，便心生邪念，将犯罪“黑手”伸向了停放在街边的汽车，为了顺利得手，几人将犯罪时间选在了夜深人静的凌晨，用弹弓等工具将汽车车窗玻璃破坏后，盗取车内的财物。作案以来，四人分别在江安县城区车船码头、帝壹园小区、长江桥头等地连续作案 30 余起，盗得赃款、赃物共计 4 万余元。

目前，该案正在进一步侦办中。

警方提醒：车主晚上不要将车辆随意停放在无人看守的路边，不要将现金、提包等贵重财物放在车内。从银行等金融部门取出大量现金，要特别注意，犯罪嫌疑人可能已经一路尾随而来，上下车时要特别留心附近可疑人员，离开时应该将现金随时携带。遇到车窗被撬财物被盗时应及时报案，避免重大损失。

（三）守望勤务的实施

1. 选择守望地点

---

① 中国警察网，2017 年 5 月 22 日。

守望是以点控面的一种勤务方式，执勤民警的基本活动是以守望点为依托进行的。守望点的设置要科学合理、严谨周密，应从以下三个方面考虑：第一，守望点的设置与布局必须要从整个社会面控制的全局出发，合理分布和设置，保证守望点的设置与巡逻线路的布局、与社会面整体控制相协调，以充分发挥守望点在区域控制中的作用。第二，守望点必须是在能对社会面治安秩序控制起关键作用的部位和场所布建，通常固定的守望点应该是当地政治、经济、文化活动的中心，易于发案的重点部位和主要交通要道进行设置。第三，守望点布局的具体位置应该选择那些视野开阔和利于观察、控制全局的观察点上。

2. 准备守望所需装备

守望点既是观察和控制该地区周围治安秩序的据点和依托，同时也是处置各类治安案件、群体性事件和其他突发警情的重要场所。为了保证守望人员能及时、有效地处置治安案件、事件和其他突发警情，要充分估计守望的艰巨性、变化性和持久性，守望点应根据需要配备必要的器材和装备，如守望岗亭，必要的照明设备、通信设备、交通设备、观察设备、武器警械等。

3. 组织精干力量

无论固定岗亭还是临时岗哨都应配备相应的力量轮岗执勤。一般地，要选择机智灵活、善于随机应变、行事果断的人民警察执勤。要制定守望勤务的任务和岗位巡守制度，明确守望人民警察的具体职责，制定不同的预案，达到配合默契，并根据治安情况的变化，适时调整守望方案。

4. 动静结合控制

守望虽然是在固定地点和区域执行观察、警戒、控制的勤务活动，但绝不是警务人员在某一点上固定不动。要严密守望点的时空控制，必须要以守望点为依托，采取定点观察瞭望与动态巡视相结合，经常在守望点周围进行巡逻、警戒。只有动静结合，瞭望与巡视相互补充，互为依托，才能做到点面结合，有效控制社会面治安秩序。

☞ 相关材料

五旬辅警慧眼识端倪，流窜盗窃团伙终落网①

中国警察网讯 日前，重庆市綦江区公安局破获系列团伙盗窃案，共侦破案件 8 起，抓获犯罪嫌疑人 4 人，及时打掉了一个社会毒瘤。而破案的关键，是一名 57 岁辅警在巡逻时发现的线索。

8 月 18 日上午 9 时，綦江区公安局篆塘派出所辅警喻宏生，骑着摩托车在辖区开展治安、消防巡逻防控。当行至陶家村时，喻宏生发现路边停着一辆外地牌照的“江淮”面包汽车，出于职业敏感性，他察觉情况有些异常，便悄悄藏在路边蹲守观察，并用手机拍摄了面包汽车的车牌等信息。蹲守近 10 分钟，三个形迹可疑的陌生男子上了面包汽车，其中一人手提装有疑似家畜的塑料编织袋。见此可疑情形，喻宏生迅速将该情况电话向派出所领导

① 中国警察网，http：//zhian. cpd. com. cn/n26237008/c39145618/content. html. 2017 年 9 月 15 日。

汇报。

当天下午，辖区村民马某报案称，发现自家檐沟内的3只乌骨鸡和3只大鹅被盗，而案发地就是在喻宏生发现可疑车辆处。篆塘派出所立即根据喻宏生手机拍摄的车辆信息，展开摸排侦查。通过车辆信息这一关键线索，办案民警迅速展开信息比对和线索摸排，并成功研判出章某等多名犯罪嫌疑人。

9月1日，经过数天蹲守，办案民警在重庆渝北区成功将涉嫌盗窃犯罪的章某、杨某、段某、张某4名犯罪嫌疑人抓获。目前，章某等4名犯罪嫌疑人已被警方依法刑事拘留。

据了解，喻宏生自1983年起参与协助公安工作，30多年的辅警工作经历，让喻宏生练就了一双善于发现违法犯罪线索的火眼金睛，给公安机关打击违法犯罪提供大量的破案信息。自党的十九大安保启动以来，喻宏生还经常主动向所领导请缨，先后参与辖区治安、消防巡逻28次，值班备勤14次，参与处置服务民营经济警情2次，协助公安机关开展交通、消防、治安管理8次，提供违法犯罪线索3条。

5. 守望勤务应注意的问题

守望勤务应注意守望与巡逻紧密结合、守望岗的设置要合理、守望人员要耐心细致以及守望点要配备必要的装备等问题。

四、堵截勤务

（一）堵截勤务的概念和任务

1. 堵截勤务的概念

堵截勤务是指公安机关依法在交通要道、特定区域设置关卡，对进出关卡的可疑车辆、行人拦截，进行必要的检查，发现和截获赃物、违禁物品，缉捕违法犯罪嫌疑人的一种警察勤务方式。堵截勤务是打击犯罪，维护社会治安的一项有效措施。

堵截勤务是在治安管理和刑事侦查中都经常运用的重要措施。治安管理中的堵截侧重于日常性的卡口检查，通过治安检查站进行公开的定点检查，从而发现各种与违法犯罪有关的人员、物品和车辆等，也配合刑侦部门开展缉捕性堵截。侦查类堵截其主要目的是截获与特定案件有关的犯罪嫌疑人和物品，其针对性更强，勤务具有临时性。

2. 堵截的种类

根据治安工作的需要，实践中，堵截勤务可以作如下两种划分：即经常性堵截和临时性堵截；公开堵截和秘密堵截。

（1）经常性堵截与临时性堵截。经常性堵截，也就是通常所说的固定堵卡勤务，一般是在重要道口、重要界区和治安情况复杂地区，设置一些固定检查站、卡，形成层层关防，派员昼夜值勤，盘查过往的可疑车辆、行人和物品，发现和查获违禁物品、赃物和违法犯罪分子等。临时堵截勤务，也就是通常所说的临时设卡，一般是根据公安机关追捕犯罪分子或专项斗争的需要，在犯罪分子可能逃窜的方向、路线上或重点区域内，采取紧急行动，临时布防，组织力量拦截逃犯或截获有关物品。这项工作一般由多警种参加，组成联合堵截队伍，如交警、治安警、刑警、特警等。要求做到预案充分，始终处于临战状态，防止违法犯罪分子逃跑或伺机反扑行凶。

在实际工作中，经常性堵截和临时性堵截是相辅相成、互相配合的两种方式。经常性的工作是紧急行动赖以存在的基础，紧急行动又是对经常性工作的重要和有力的补充，二者紧密结合，形成对违法犯罪活动的围、追、堵、擒之势，以确保社会的安全。

（2）公开堵截与秘密堵截。公开堵截也可称之为“明卡”，是指堵截人员穿着制服、携带有关证件、配备必要的武器和警械，在设置的固定和临时站、卡上对过往行人、车辆及物品进行盘查，以发现违法犯罪分子、赃物和违禁物品。秘密堵截也称为“暗卡”，是指堵截人员伪装身份，隐蔽待敌，对已知的违法犯罪分子或特征明确的犯罪嫌疑人以及赃物和违禁物品进行堵截。公开堵截和秘密堵截这两种方式也是相辅相成、密切配合的。

3. 堵截勤务的任务

堵截勤务是公安机关加强社会点、线、面控制的重要一环，其主要任务包括：第一，及时发现、捕获在逃人员和其他违法犯罪嫌疑人。第二，截获赃款赃物，查获违禁物品，减少国家和公民的损失。第三，协助查破各类刑事案件。第四，配合公安机关人民警察的其他勤务活动。

☞ **媒体链接**

弋阳堵截追捕两疑犯，震撼如大片①

中国江西网讯 沈春华报道，“追踪、设卡堵截，喊话立即停车，逆行疯狂逃窜，路边草丛厚实，把摩托车撞进草丛，飞奔抓捕……”，这一影视大片里的震撼场景，真实的发生在5月14日的320国道弋阳段。2名飞车抢夺嫌疑人被弋阳警方成功抓获，破获横跨弋阳、横峰、万年等多地的系列飞车抢夺案。

5月14日10时许，防控专班民警巡逻至320国道弋阳圭峰段，迎面驶来的一辆摩托车引起民警高度警觉。驾乘的两男子戴着头盔遮挡面部，体型、衣着及摩托车特征与近期发生的飞车抢夺犯罪嫌疑人、作案车辆相符。

该局在进城要道及城区卡点接到指令后，张网以待准备“瓮中捉鳖”时，天网监控员实时巡查到俩嫌疑男子往横峰方向驶去。该局派出追捕警力的同时，将相关情况通报至临县兄弟单位。

12时21分，嫌疑男子沿着320国道折返过弋阳，快速闪过的画面被严阵以待监控员捕捉到。午饭时间，该局科学调度警力，在320国道增加三道堵截卡点，并立即赶到第一道卡点320国道天桥处堵截抓捕。嫌疑男子一到弋阳国道圆盘，就被巡逻防控民警盯上，两组分别驾驶民用轿车和摩托车的便衣接力追踪。民警追踪至第一道堵截卡点约150米处，喊话可疑男子靠边停车。两男子不但置若罔闻，反而驶向左侧车道逆行，加速逃窜。

见前方一草丛茂密，追踪民警为了抓捕需要，并防止嫌疑人危险驾驶行为祸及过往车辆，他们把握有利时机，“前面草丛厚实，撞进草丛”，果断驾车撞击摩托车尾部，将两名嫌疑人撞入草丛。

两嫌疑男子跌入草丛后，仍抱着侥幸心理，起身拔腿就往路边逃跑。驾车追踪民警和堵截卡点增援警力奋起直追，成功将逃窜至路边菜地及山脚的两名嫌疑人成功抓获。

目前，徐某权（男，40岁，贵溪市流口镇人）和徐某红（男，43岁，贵溪市流口镇

① 中国江西网，http：//police. jxnews. com. cn/system/2017/05/17/010421643. shtml2017-05-17.

人）因涉嫌抢夺罪已被刑事拘留，该案仍在进一步办理之中。

（二）堵截勤务的主要方法

堵截是一种以静制动的勤务手段，它主要是在交通要道口、重要界区、治安情况复杂地点和违法犯罪嫌疑人逃窜的路线上和区域内设置关卡，昼夜派人执勤，盘查可疑人员和车辆，检查可疑物品。堵截勤务的主要方法如下：

堵截勤务的主要方法

名　称	内　　容
设卡堵截	设卡堵截是根据违法犯罪嫌疑人逃跑的方向和路线，在城市周边的主要交通道口、重要界区之间及违法犯罪嫌疑人可能经过线路的前方设置检查站或关卡进行堵截。设置治安检查站，是公安机关治安管理部门最基本的堵截勤务方式和途径。同时，在发生重、特大刑事案件后，也是快速反应、追击堵截违法犯罪嫌疑人的重要阵地。此种方式的关键在于能够把犯罪嫌疑人的体貌特征及其他特征和简要案情及时、准确地通知前方堵截人员，使堵截人员能够准确识别。
巡查堵截	巡查堵截是在违法犯罪嫌疑人可能出没的特定区域、地段、落脚藏身的地点和场所部署警力巡查，用以发现和查获违法犯罪嫌疑人。也可以在这些地点、场所建立临时掩护点，化装成其他职业身份，进行定点巡查，发现和查获违法犯罪嫌疑人。
围捕堵截	围捕堵截是在追缉堵截违法犯罪嫌疑人的过程中，发现违法犯罪嫌疑人已经逃至某个建筑物、路段或者一片山林、庄稼地中，应该抢占有利地形、地物，将违法犯罪嫌疑人所在区域包围起来，然后组织力量进行围剿、搜查和抓捕。
设伏堵截	设伏堵截是在违法犯罪嫌疑人经常活动或者连续发生同类案件的地区，选择隐蔽的地点埋伏，发现、堵截和缉捕犯罪嫌疑人。一旦违法犯罪嫌疑人进入潜伏区域后，立即实施抓捕。
监视控制	在犯罪嫌疑人可能逃往的地区，采取公开与秘密相结合的方法，进行监视控制，查缉犯罪嫌疑人。例如，加强车站、码头、旅店、商场等公共复杂场所的控制，发现、堵截和缉捕犯罪嫌疑人。
定点堵截	在犯罪嫌疑人可能落脚的地点，布置力量进行堵截，以便堵截查缉潜逃来此的犯罪嫌疑人。此种方式的关键在于对犯罪嫌疑人的特征要摸准，识别要正确，伪装、化装要严密、逼真，不要让犯罪嫌疑人发觉。

☞ **媒体链接**

洛阳深夜发生一起暴力刑事案，民警连夜设卡堵截（节选）①

一起暴力性刑事案件在深夜突然发生，县公安局实战化指挥中心民警部署、指挥沿途4个派出所民警连夜设卡堵截，经过3个多小时的紧张的查缉、追捕工作，犯罪嫌疑人终于落

---

① http：//henan. qq. com/a/20171120/033204. htm？ pgv_ref=aio2015&ptlang=2052.

入法网，被警方依法刑事拘留。

10月26日凌晨3时38分，县公安局实战化指挥中心110的报警电话铃声大作，有一名女受害人报警在付店镇西泰山景区一家宾馆被人强暴。110中心负责人张石头在向县局值班领导汇报的同时，立即向付店派出所民警下达指令进行设卡堵截。付店派出所民警立即驾车赶到拔菜村口附近设卡，刚刚部署完毕有几分钟后，民警把一辆小轿车堵截，从车上抓获了3名涉案嫌疑人。经民警当场盘查、询问，发现要抓捕的涉案犯罪嫌疑人赵某杰却刚刚跳下车窗，已经仓惶逃走。与此同时，县局刑侦大队社控中队中队长曹海新带领值班民警迅速驾车赶到了付店派出所。

史所长带领民警迅速又赶到上店，在上店派出所民警的大力支持下，两个派出所的二十多名民警在嫌疑人下车的西街村附近开始走访排查，终于于7点15分，在上店一家跆拳道馆将犯罪嫌疑人赵某杰抓获。

经县局刑侦大队大案四队民警的审讯、调查，犯罪嫌疑人赵某杰这才不得不如实交待了犯罪事实：原来25日下午，赵某杰四人驾车来到付店镇西泰山景区一饭店，约来了朋友介绍认识的段某3名女青年，7个人在一起大吃海喝之后，被酒精喝晕了脑袋的赵某杰突然打起段某的主意，趁其他朋友出去，在一家宾馆内他对段某强行施暴。之后赵某杰四人驾车向县城方向仓惶逃跑，110接到受害人的报警之后，立即部署、指令沿途派出所，进行设卡堵截、抓捕。

11月6日，报经汝阳县人民检察院批准，涉嫌强奸的犯罪嫌疑人赵某杰被依法逮捕。

（三）堵截勤务的规范要求

1. 合理设置卡口

在堵截勤务中，无论是经常性的治安检查站的堵截，还是为追缉特定违法犯罪嫌疑人的堵截，科学、合理地设置卡口是确保堵截取得成效的关键和基础。作为固定的治安检查站，应在城市中心区与边缘区的交界处的主要进出口要道或者市、县交界的交通道口设置，这既便于常规性的区域控制，也便于在遭遇突发警情时，能快速展开区域封锁和堵截违法犯罪嫌疑人。作为临时性布建的堵截卡点，要根据具体案情和违法犯罪嫌疑人可能逃窜的路线、区域布设卡口，并与固定卡相互配合，形成严密的控制网络。在勤务实施方面，要将各堵截网点联成一体，形成点、线、面组合的防控体系。

2. 明确堵截的任务

执勤民警必须快速、准确地了解案情，掌握堵截对象的基本情况、犯罪特征、携带物品和凶器及所乘交通工具等情况，了解堵截现场环境特点和可能出现的其他情况。在此基础上，明确指挥员的作战意图、行动方案、行动地点，主要工作方式和联络信号、方式，以及与上级和友邻警力的协作程序、方式等内容。

3. 制定行动方案

制定堵截行动方案是实施勤务的重要环节。堵截行动方案主要包括以下内容：一是确定堵截行动的指挥人员，明确其任务、职责及权限。二是根据需要部署警力并进行明确分工，确定联络方式、手段和信号。三是落实堵截行动的保障，根据需要配备必要的武器警械、通信工具、交通工具、防护器材及其他必需用品。如，每个堵截查控车辆小组应配备反光的停车检查警示牌以及强光手电，以备夜间车辆使用。

4. 防范对象冲关闯卡

由于堵卡警察在明处，尤其是大范围地搜捕目标，堵截对象又在暗处，其很容易觉察警察及卡位的设置，可能出现堵截对象避卡、混卡、冲卡的行为。因此，在卡位的设置上，既要有着装警察实施堵截的公开卡位，又要有适当可资利用的身份掩护的秘密卡位，还要注意卡位前后力量的配合协调和补位控制。宜以“卡”为中心，在卡前处布置前卡警力，及时发现避卡的违法犯罪嫌疑人，并对其进行询问和检查；而在卡后处布置后卡警力，果断地对冲卡违法犯罪嫌疑人进行堵截缉捕。卡中实施堵截时，要灵活、细致，不要轻易放过任何疑点。

5. 果断完成堵截任务

在实施堵截行动时，应由指挥人员下达指令、发出信号，也可以依据堵截预案或者抓捕小组的行动，适时控制，果断完成缉捕任务。在实施堵截行动后，要迅速寻找、收缴一切与案件有关的人证和物证，必要时应对现场进行保护、清理或者复原。造成现场物品损坏的，要进行登记，以便善后处理。将堵截对象抓获后，向上级领导报告情况、请求指示，并根据需要按有关规定组织撤离。

【引导案例】

1. 从案例的内容可以看出，人民警察实施的一系列行为在治安秩序管理中界定为警察勤务，根据现行治安管理法律法规的规定和治安管理的实践，案例涉及治安秩序管理勤务的内容主要包括：巡逻、盘查、继续盘问、堵截等。

2. 在现实社会中，治安秩序管理勤务的重要性是不言而喻的，主要包括以下几方面：

（1）在治安行政执法领域，能否正确适用治安秩序管理勤务，不但关系到职责的正确履行，而且关系到当事人的合法权益，因此我们必须树立正确的执法理念，正确适用治安管理勤务；

（2）学习和研究治安秩序管理勤务，是法治公安的必然要求；

（3）有利于进一步完善治安勤务制度，提高治安勤务活动的科学化和现代化水平。

【典型案例解析】

案情：

根据广州市公安局关于开展全市统一清查行动的部署，黄埔区公安分局加强了社会面的巡逻盘查工作。3 月 3 日中午 1 时 50 分许，分局巡警大队二中队民警吴警官与方警官在中山大道塘口路段巡逻。在盘查一名神色慌张的男青年时，该男子突然拔出一把尖刀猛刺方警官，致其受伤。吴警官见歹徒行凶，便奋不顾身地扑向歹徒，搏斗中又被凶徒刺伤。就在该名丧心病狂的歹徒拔刀欲再次行凶时，吴警官迅速鸣枪示警，并在忍痛奋力追赶歹徒约 100 米后，果断开枪击中歹徒，并在路过的群众的协助下，将歹徒擒获。

经医院检查，两名受伤民警暂时没有生命危险，在医院接受手术治疗。

问题：民警在盘查时应注意哪些问题？

解析：

1. 要严格执行法律规定，正确行使职权。一是要按照法律规定，准确把握盘查对象。二是要严格按法律规定的程序办事，履行必要的法律手续。

2. 要严加防范，确保安全。一是参加盘查的民警要分工协作。二是要保持高度警惕，严密监视和控制盘查对象的行为。三是带离盘查对象的方式要科学、严密。

3. 注意选择盘查的时机。一是，当违法犯罪活动已经充分暴露或已经确认是逃犯、通缉犯时，应当及时实施盘查；二是，当违法犯罪行为人正在实施不法行为时，人民警察应当当场盘查，及时制止；在没有获得违法犯罪证据时，可以根据违法犯罪动向，根据现场环境，巧妙运用欲擒故纵等技巧，等候其露出马脚，再实施盘查。

4. 尽量取得支持。盘查工作必须取得群众的支持和配合才能做好。

【实训项目一】

实训名称：巡逻防控实训

（一）实训情景设定

某年夏季，由于人员流动量加大，某社区情况复杂，治安案件频发，针对社区附近高档酒店、娱乐会所众多、金融网点，治安形势严峻，实行24小时街面巡逻防控工作。

1. 巡逻的职责有哪些？

2. 设置巡逻路线注意哪些问题？

（二）目的

通过治安巡逻防控模拟训练，使学生加深对治安巡逻概念的理解，熟悉治安巡逻从巡逻计划的制定到巡逻中问题的处置的全过程，掌握治安巡逻防控的方法和基本技能，初步具备开展巡逻防控的实际工作能力。

（三）内容

巡逻防控模拟训练应以小组为单位进行，做好巡逻勤务规划，确定巡逻路线，绘制巡逻区域图表，遇到紧急情况的处置办法等事项，每组3人可设模拟公安派出所或巡逻领导小组对模拟训练小组进行指导、监督和考核。

（四）条件

巡逻防控模拟训练可安排在校园内进行。所需器材包括：手机或对讲机、手电筒、防弹衣、钢盔、手铐、警棍、武装带、巡逻证件、巡逻日志、当场处罚裁决书、钢笔、A4材料纸等。

（五）组织

主要有演示法、讨论法以及模拟演练和作业训练相结合的方法等。

训练对象与分工：50人（一个区队）为一个教学训练单元，每个区队分为10~15个训练小组，每个小组3人（人数多时，可每组5人），巡逻中的案件情况或治安问题，可由模拟训练小组成员交叉扮演。训练步骤：

第一步，巡逻前的准备。第一，制定巡逻计划。根据模拟公安派出所辖区治安情况和重点目标分布等情况制定巡逻的目的、任务和实施方案。第二，划定巡逻区和巡逻路线。根据辖区内地形地物的特点，以主要干道、重点部位、商业金融网点为主，兼顾比较狭窄小巷等偏僻地段，划定若干巡逻区和巡逻路线，并进行编号。

第二步，巡逻的实施。第一，每3~5人编一小组，按规定着装，佩带好武装带、警衔标志、警号、“治安巡逻”袖章标识、巡逻证件。第二，带上手电筒、无线对讲机、手铐、电警棍、巡逻日志（每小组各一件）。第三，记录上级下达的命令和任务。第四，各小组按规定的路线，以徒步方式，在巡逻区域内以穿行、往返、循环、隐蔽守候等形式进行巡察。

第三步，巡逻中问题的处置。第一，发现非法携带、运输危险物品或其他可疑物品者，及时进行治安盘查；需进一步调查的，带回模拟公安派出所处理。第二，发现可疑人员，要巧妙进行盘查。第三，听到呼救声。应迅速赶往现场，查明情况，采取对策。第四，遇有人员报告某地发生问题或举报不法分子时，先问清事由、地点、报告人姓名、单位，然后请报告人一同前往现场，查明情况，酌情处理。第五，发现精神病患者、呆痴人员、醉酒人闹事，应先行制止，然后送交有关部门处理。第六，对突然受伤、患病遇险等处于无援状态的人，给予救助，对需要帮助的残疾人、老人、儿童、孕妇、问路人给予帮助。

第四步，训练要求。第一，按规定着装，警容严整，服从安排，遵守纪律。第二，三—五人一组徒步巡逻，采取一字队形即一前一后的形式，间隔距离在1~3米之间。第三，巡逻人员不得并肩闲谈、交头接耳、嘻笑喧闹，不准吸烟、吃零食。不准随意使用手铐、警棍等械具。

（六）考核

学生在实景或模拟空间中完成巡逻勤务交接班工作的所有程序。根据实景或模拟空间现场条件，提交编制巡逻勤务方案。

【实训项目二】

实训名称：人民警察巡逻中对可疑人员的识别与盘查实训

（一）实训情景设定

某日晚10时许，某治安大队二中队民警刘某、王某在某广场附近执行巡逻任务时，巡逻至某地铁站口时，发现刚刚走出地铁站口的一名男子，手里拎着一个大包，东张西望，见到不远处的民警后，先是一愣，然后脸色又变得煞白，眼神慌乱，上衣口袋东西掉落地上也没顾上捡起来，在停顿了几秒钟后，该人随即返身又走进了地铁站。民警对此进行了盘查，发现三部手机、两张银行卡、一个女士手提包。

1. 识别形迹可疑人员的方法有哪些？

2. 盘查的程序要求有哪些？

（二）目的

通过实训使学生加深对盘查相关理论知识的理解，切实掌握对可疑物品与人员的识别与盘问的基本技能，具备开展当场盘问检查的基本能力。

（三）内容

根据教师所给情景进行可疑人员的实际识别与盘问。

（四）条件

模拟街景、模拟可疑物品、模拟可疑人员、模拟工作证件、情景设置等。

（场地、器材等）：

（五）组织

1. 学生以6人为一单位进行分组；

2. 教师依据分组情况下发模拟可疑物品、模拟工作证件，确认模拟可疑人员，进行情景设置；

3. 学生依据当场盘查相关理论知识进行可疑物品与人员的识别与盘问操作；

4. 角色轮换（每人承担被盘查对象及盘查民警各一次）；

5. 教师点评。

（六）考核

完成实训报告。本训练评分标准按优秀、良好、中、及格、不及格五级记分制评定，从以下方面考核记分：实训态度及精神状态；准备情况；法律、法规的熟悉掌握情况；操作规范情况；执法语言规范情况；对突发事件的应急反应和处置情况；善后处理情况以及笔录制作情况。

【实训项目三】

实训名称：公安机关继续盘问的实施实训

（一）实训情景设定

某日下午3时许，某派出所民警高某与林某某在巡逻中，遇见张甲、王乙两个人每人手上提着一个大包，其中张甲一个人脸上有明显被抓伤的痕迹，由于见他们二人行踪可疑，表明身份后对其二人进行盘问和检查。在盘问中两人均拿不出任何证明自己身份的证明，而且对其所提包内的物品都不能准确回答。高某与林某某还是决定将这二人带回派出所进行进一步的盘问。

1. 请分析本案中对张甲、张乙的继续盘问正确与否，并写出执法依据。

2. 实施继续盘问应该注意哪些事项？

（二）目的

通过本项目的实训，使学员对《公安机关继续盘问规定》的基本内容有所了解，明确继续盘问这样一种重要的警察行政强制行为的性质和特点，并能在实践中正确运用。

（三）内容

1. 继续盘问措施的适用情形和程序。

2. 继续盘问措施的适用过程中各种复杂问题的处理。

（四）条件

巡逻民警用的警服、警械；扮演嫌疑人的便装及其携带的作为嫌疑物品等；询问笔录纸和笔、继续盘问审批表等。

应由各个小组根据自己的继续盘问对象要求，分别选择适合自己小组活动的地形环境，如校园道路上、教学楼前后等室外场地。

（五）组织

1. 分组进行，分工明确。各小组分别对继续盘问对象的四种情况进行模拟实训。

2. 每名同学都要制作一份继续盘问笔录。

3. 教师进行即时点评。

4. 活动结束后，以小组为单位，写出详尽的实训报告。

（六）考核

本实训评分标准按优秀、良好、中、及格、不及格五级记分制评定，从以下方面考核记分：实训态度及精神状态；准备情况；法律、法规的熟悉掌握情况；操作规范情况；执法语言规范情况；笔录制作情况等。

【思考与练习】

1. 如何实施巡逻勤务？
2. 人民警察实施盘查站位有何要求？
3. 如何依托现代科学技术提升守望勤务在治安秩序管理中的效能？
4. 如何实施堵截勤务？
5. 可适用继续盘问的法定情形有哪些，有哪些适用要求？

【本章小结】

治安秩序管理是治安管理的一项主要业务内容，治安秩序管理勤务是治安管理部门及其人民警察，为了完成治安管理任务按照警察勤务制度依法履行职责的活动。依据相关法律法规，治安秩序管理勤务主要包括：巡逻勤务、盘查勤务、守望勤务以及堵截勤务等。不同的勤务方式的性质、特征、方式不同，在维护社会治安秩序，保障公共安全及人民群众生命财产安全中发挥着不同作用。巡逻、守望、堵截、盘查勤务是治安秩序管理中必不可少的措施和手段。各种勤务的实施也有不同的规范要求。因此，在治安秩序管理工作中，要根据实际需要，科学选用不同的勤务方式，并分类组织实施，确保各种勤务方式发挥最大的作用。

【补充阅读一】

深圳坪山警方构建“三大巡查”模式强化防控力度①

今年以来，深圳坪山公安分局围绕公安部、省厅、市局“四项建设”的工作部署，继续强化警务实战化、规范化建设，探索构建“动静结合、公密并济、情报信息引领”的巡逻盘查模式。据悉，该巡查模式实施以来，坪山区实现路面抢劫案件“零发生”，盗窃电动车、自行车警情同比分别大幅下降40.9%、48.2%，给予辖区群众更多获得感和安全感。

设卡盘查，全面阻截违法犯罪流窜入深

结合坪山地处深圳东北部，与惠州市的惠阳区、大亚湾区长线接壤，出入口多，受到来自粤东违法犯罪冲击较大的实际，坪山警方不断健全设卡盘查机制。警方在与惠州交界的沙田、白石、工业三路、大窝村口、下廖村口设置五个卡点，开展常态化、全天候设卡盘查；在坑梓高速入口、宝龙路口（同乐高速入口附近）每天22时至次日凌晨2时开展设卡盘查，全面堵截流窜违法犯罪。

另外，对深惠交界其余车流、人流相对较小或新开通的路口，及深汕公路、人民路等主干道开展流动设卡，提高查缉效果。通过开展定点常态设卡盘查和流动设卡盘查动静结合的方式，全面阻截违法犯罪流窜入深。

做实做强巡查勤务，严打违法犯罪行为

同时，根据上级部门关于“平安巡城”的部署，通过提高路面“见警率”“管事率”，

---

① http：//www.gdga.gov.cn/jwzx/gdjx/szsj/201706/t20170602_791862.html2017-06-07.

最大限度屯警街面，打造治安巡逻综合勤务体系。自2017年起，警方重新规划部署一级巡段12条、二级巡段13条、三级巡段67条；一级防控点15个、二级防控点21个、三级防控点131个；在各派出所组建不少于30人的辅警专职巡逻队和不少于10人的视频巡逻队伍，实施24小时巡查，并严格落实巡逻签到、督导检查和通报制度。通过以上措施，做细做实公开巡查勤务。

为弥补公开巡查的不足，分局在各派出所组建1至3支伏击队，全面加强对商场、超市、自行车停车场等重点区域、案件高发部位，尤其是夜间的伏击守候力度。3月26日，路面盘查警力在金牛西路盘查时，成功查获一名非法携带枪支和爆炸物品的人员，有效化解了一起重大安全隐患。目前，全局已组建15支伏击队伍，力争做大做强秘密巡查勤务。

善用情报信息，提升精准防控水平

为改变以往机械式、盲目式的巡查，提高巡查的针对性和实效性，分局构建情报主导巡查勤务，建立情报会商和警情研判机制，每周结合辖区警情至少开展两次研判，分析发案特点、规律和重点区域等，制作下发情报专刊、情报周刊，指导各单位更加科学合理地调整部署巡查勤务，真正实现“警力跟着警情走”。

另外，构建“互联网+巡查”，组建坪山巡逻盘查微信群，最快速度、最大限度共享信息资源，提升防控的精准性。在今年“4·28”迈克风商店被盗窃案发生后，警方通过第一时间在巡逻盘查微信群上发布嫌疑人的体貌特征、涉案工作、逃跑路线等信息，指导路面巡查警力立即开展协查，当天下午就将嫌疑人雷某抓获。

【补充阅读二】

库尔勒“三+”模式强化社会面防控水平①

新疆维吾尔自治区库尔勒市公安局积极实行“三+”警务巡控模式，推进立体化社会治安防控体系建设，进一步健全屯警街面、动中备勤、武装巡逻机制，提升“第一时间、第一现场”处置能力，全力做好当前各项维稳安保工作。

多警联动+相互呼应守住点

库尔勒市公安局由处置专班牵头，整合指挥中心、治安、交警、武警、军队、兵团、民兵等1800余名专业应急处置力量，坚持在公安机关统一指挥下混编巡逻，通过打破管辖界限、叠加巡逻防控，实现应急处突力量无缝衔接。

实行网格化巡控，库尔勒市公安局依托街面346座警务服务站，将城区划分为5大网格，下设27个小网格，加大对人员密集区域的武装巡控力度，按照2分钟内到达巡区内任何位置的要求，共计部署38支快速反应小分队；按照1分钟内到达重点部位的要求，在城区19个最容易受到暴恐袭击的场所，提前预置30支常驻防控小分队；常态情况下，日均投入武装巡控警力1200余人。库尔勒市形成时间交叉、区域重叠的多警种联合巡逻防控态势。

实行等级化巡控，库尔勒市公安局根据维稳反恐形势和重要活动安保需求等，进入一级响应级别后，将勤务模式由三班两运转调整至两班两运转，确保警力最大化投入街面。日均出动警力较日常巡逻模式大幅增加。以人员密集场所、防范薄弱区域和重点要害部位为重

① 人民公安报，2017年11月29日，第5版。

点，有针对性强化工作措施，在每日凌晨1时至9时，将街面巡控警力由12支增加至30支；在每日21时至次日9时，增加10支快速反应力量协同公安交管部门在进出城区5个主要路口设立临时治安卡点，对进出城区的车辆和人员做到进城必查、出城必检，与“线上巡”“点上守”形成有效互动和策应，减少防控盲区。

库尔勒市公安局还实行信息化巡控，将全市2850个高清监控探头接入警务服务站，加强路面巡逻与视频巡逻衔接互动，努力做到发现早、反应快、处置好。

车辆搭配+混合编组控住线

以实战、实效为指向，根据勤务需求，库尔勒市公安局着力完善机动车、冲锋车、电动车、自行车、摩托车和巡逻艇等多种巡控车辆合理搭配、混合编组、互相补充的工作机制。根据城市主次干道分布情况，库尔勒市公安局在主干道部署集通信、照明、攀爬、图传、防护等功能于一体的冲锋车，策应增援周边次干道巡控警力，提升“第一时间、第一现场”处置能力；在道路拥堵路段错时搭配设置电动自行车，提高快速通行能力。

同时，为应对“三河贯通”区域人员密集场所增多带来的治安防控压力，依托梨香湖码头警务服务站，成立全疆唯一一支城市水上巡控中队，装备巡逻艇2艘，按照两班一运转的模式，建立水上快速处置机制。库尔勒市公安局根据反恐维稳形势需要，购置了一批越野摩托车，用于应对山地战、戈壁战等特殊复杂环境需要。

动中备勤+武装巡逻管住面

库尔勒市公安局坚持屯警街面、动中备勤、武装处突，实行常态“一级巡控”勤务模式，按照夜间、日常和重大活动、重要时间节点采取不同等级的安保模式，分季节、分时段配置防控力量。在敏感节点强化重点区域巡控力度，确保街面警力最大化。

积极落实特别联勤勤务模式。库尔勒市公安局逢全国重要会议、敏感节点等特殊时间段抽调治安、刑侦和巡警等警力，按照警便结合的勤务模式和局领导分片包干一线调度的指挥模式，强化金三角、金孔雀市场和州政府广场为中心的3个重点区域的巡控力度。

库尔勒市公安局落实守望平安巡控模式，在进入响应级别后，每晚组织机关各科室、专业大队备勤警力，在人员密集区域开展“守望平安”行动，通过徒步武装巡逻，最大限度地组织警力投入社会面。

与此同时，库尔勒市公安局落实常态夜间备勤制。采取前置街面、定点备勤的模式，根据近年来全疆暴恐案（事）件发案规律，每日凌晨1时至9时在街面主要路段部署多支专业快打小分队，加强夜间巡控力度。库尔勒公安机关还在街面20座警务服务站和特战中队驻地分区域部署若干名机动处置警力，把武装巡逻力量压向街面、压到重点地区、压到重点时段。

库尔勒市公安局落实一体化指挥调度模式。各种安保力量在公安机关的统一指挥下开展混编联勤巡控工作，依托新疆公安一体化指挥调度平台，利用350兆数字集群、移动警务、手机等通信资源，强化与指挥中心的工作对接，精准指令推送和线索预警，及时调度指挥特巡警、交警、派出所和武警部队兵力联勤联动，实现精确打击。

第五章　大型群众性活动安全管理

【本章要点】

- 大型群众性活动基本概念、范围
- 大型群众性活动安全管理的方针、原则、责任划分
- 大型群众性活动安全许可、安全保卫工作方案制定
- 大型群众性活动现场监管
- 大型群众性活动安全风险评估
- 对违反大型群众性活动安全管理行为的处罚
- 大型群众性活动中突发事件应急处置

【教学目标】

- 知识目标

了解对违反大型群众性活动安全管理行为处罚的法律依据

理解大型群众性活动安全管理的概念、范围及管理原则

掌握大型群众性活动中常见治安问题的处置方法

- 能力目标

通过学习，是学生初步具备制定大型群众性活动安全监管方案的能力；能够对大型群众性活动进行安全许可；提高大型群众性活动中常见治安问题现场处置的能力。

【引导案例】

“12·31”外滩陈毅广场拥挤踩踏事件①

2014年12月31日23时35分，上海市黄浦区外滩陈毅广场东南角通往黄浦江观景平台的人行通道阶梯处发生拥挤踩踏，造成36人死亡，49人受伤。

事件发生后，习近平总书记、李克强总理等中央领导同志分别作出重要批示，要求上海市全力以赴救治伤员，做好各项善后工作，抓紧调查事件原因，深刻吸取事件教训，及时准确向社会发布信息。

---

① 人民网，《上海外滩拥挤踩踏事件调查报告》，2015年1月20日。

“1·5”宁夏西吉北大寺踩踏事故①

2014年1月5日上午西吉北大寺发生踩踏事故，部分群众到西吉县北大寺参加已故宗教人士忌日纪念活动，下午1时左右，在为信教群众散发油香（油饼）过程中，由于群众相互拥挤，发生意外踩踏事故。受伤人员在第一时间全部送到西吉县人民医院进行抢救，事故造成14人死亡，其中包括多名儿童，其余受伤人员10人（其中4人重伤）。

问题：

1. 大型群众性活动的范围包括哪些？
2. 在现实工作中，公安机关对大型群众性活动监管职责是什么？

第一节　大型群众性活动安全管理概述

一、大型群众性活动的含义及范围

（一）大型群众性活动的含义

大型群众性活动是指法人或者其他组织面向社会公众举办的每场预计参加人数达到1000人以上的下列活动：①体育比赛活动；②演唱会、音乐会等文艺演出活动；③展览、展销等活动；④游园、灯会、庙会、花会、焰火晚会等活动；⑤人才招聘会、现场开奖的彩票销售等活动。

我们可以从以下四个方面理解：①组织者要求，举办方可以是政府性质的机构或者是非政府性质的机构，群众自发活动不属于大型群众性活动范畴。②空间要求，必须在现实中的场所场地进行活动，网络虚拟空间开展的活动不属于大型群众性活动的范畴。③时间要求，大型群众性活动开展的时间是暂时性的，并非长年累月开展，比如某工厂大量工人的劳作就不属于大型群众性活动范畴。④参与人员要求，首先参与人员可以具备某一方面的共同特征，比如大众车车友会、退伍军人联谊会等。其次参与人员有一定的数量要求，根据2007年10月1日施行的《大型群众性活动安全管理条例》中的相关规定，每场次预计参加人数达1000人以上的活动属于大型群众性活动。

（二）大型群众性活动的分类

根据不同的标准，大型群众性活动可以划分为不同的种类：

1. 根据活动内容的不同，我们可将大型群众性活动分为以下四类活动：（1）文体类活动，比如足球赛、演唱会、签售会等。（2）商业类活动，比如打折促销活动、展销活动等。（3）会议交流类活动，比如联合国防治荒漠化公约大会、学术交流活动等。（4）庆典类活动，比如内蒙古自治区成立七十周年庆典活动。

2. 根据是否对参加活动人员有要求可以分为无参加条件的活动和有参加条件的活动。无参加条件的活动无论谁都可以参加，比如游园会、体育赛事。有参加条件的活动：例如治

① 腾讯网，《宁夏西吉发生踩踏事故，目前已致14人遇难》2014年1月6日。

安学学术交流会就需要从事治安学领域相关工作的人员，全国人大会议就需要参加人员具有全国人大代表身份。

3. 根据能否对参与人数进行控制可分为可控性活动和非可控性活动。比如体育比赛就属于可控性活动，根据场馆的座位数量可设置售票数量的上限，从而控制人员数量。在开放性地域举办的公益演出就属于非可控性活动，无法对参与人数进行预估和限制。

4. 根据是否需要审批，可分为需要审批的活动和不需要审批的活动。一般的大型群众性活动，比如某明星的个人演唱会就属于需要审批的大型群众性活动。不需要审批的活动包括两类，一类是定期举办的活动，比如每年全国的“两会”等，另一类是指由政府申办的活动，比如冬奥会、世博会等。根据《大型群众性活动安全管理条例》的要求，不需要进行安全许可的大型群众性活动，公安机关应当全力做好安全保卫工作。

二、大型群众性活动的方针及原则

（一）大型群众性活动的方针

大型群众性活动的方针是“安全第一、预防为主”，安全是开展大型群众性活动的第一要务。大型群众性活动具有参与人数众多、媒体关注度高、社会影响广、管控难度大等特点，一旦发生安全事故必将造成严重损失及广泛不良影响。要确保安全就必须重视预防，“预防为主”是做好安全的基本保障。所谓预防为主，是指对于安全管理要做到谋事在前，开展安全教育，进行安全检查，优化场所安全性能，提高公众素质；做好人群分流引导和疏散救援预案等事前工作，把大型群众性活动发生事故的概率降到最低。

（二）大型群众性活动的原则

1. “谁主办，谁负责”的原则

在市场经济条件下，主办方通过组织活动得到相应的经济利益和社会声誉，不去承担活动安全责任，把安全问题推给公安机关是不可行的。因此，在《大型群众性活动安全管理条例》中明确规定：“大型群众性活动的承办者对其承办活动的安全负责，承办者的主要负责人为大型群众性活动的安全责任人。”同时还对承办者具体负责的内容作出了相关的规定。通过对大型群众性活动责任人的确定，避免了出现责任不清，任务不明，致使安全管理工作混乱的局面。

2. 有效协调，相互配合的原则

举办大型群众性活动涉及多个相关方，包括主办方、承办方、协办方、场地提供方、活动赞助商等。同时，大型群众性活动的安全运行还涉及多个行政职能部门，如果缺乏协调和配合，容易出现安全管理死角。因此，大型群众性活动参与各方要做到以下几点：一是合理分工，根据各方的角色来划定工作任务；二是步调统一，提前做好活动方案，按计划开展工作；三是沟通顺畅，建立协调机制，实现信息及时准确传达；四是统一指挥，并建立指挥机构，各方均要服从安排。

3. 内紧外松，确保重点原则

保障安全并不需要搞得剑拔弩张，如临大敌一般。在安排活动保卫人员的过程中，首先要注意着装、警力和便装警力的配比，既要有着装警力来提高群众的安全感，又不能布置过多着装警力，让群众感到压抑，影响活动气氛。并不需要把所有警力都布置在会场，可以把一定数量的警力布置在会场的外围，比如地下停车场、看台后方这些可以方便机动的区域。其次，进行保卫过程中不要面面俱到，要有所侧重，比如进出场通道、看台前方等一些重点部位就需要多安排警力。

4. 整体与局部相结合原则

仅将工作重心局限在大型群众性活动本身而忽视对当地社会面治安秩序的管控，会增加大型群众性活动的安保压力。而活动本身安全水平的高低，也取决于当地的治安大环境的好坏。因此，做好大型群众性活动的安全保卫工作，要做到整体与局部的统筹兼顾，“整体”安全保障“局部”安全，“局部”安全促进“整体”安全，二者相辅相成，辩证统一。

三、大型群众性活动的治安特点

（一）人员众多，构成复杂

大型群众性活动面向的对象是不特定的社会公众，一般规模较大，人员众多。大型群众性活动不仅仅是人“多”，还有另一个特点就是“杂”，大型群众性活动对参加对象一般没有要求或是要求较低，这给不法分子制造事端提供了相对较低的准入门槛。2017 年 8 月 27 日到 9 月 8 日的第十三届全国运动会期间，来自全国各省市、港澳台地区和行业体协的 8500 多名运动员、2000 多名记者、17000 多名志愿者、十几家赞助企业，观众更是达到几十万人之多。① 人员众多导致管理上的难度加大，极易导致治安灾害事故、群体性事件等问题的发生。

（二）人员情绪波动大，容易现场失控

情绪感染是通过语言、表情、动作等方式引起他人相同的情绪的一种情绪模仿现象，在大型群众性活动中，当人员聚集在一起，在好奇或伸张诉求等动机驱使下，注意力集中在共同关注的问题上。此时个体更容易受到他人影响，在缺乏公开的信息和合理的引导时，不知不觉就会在认知和行为上表现出与他人一致的现象。因此，一个人的行为往往激发他人的情绪，使他人激动起来，他人的情绪也会反过来加强自己的情绪。此外，一个人情绪感染另一个人，另一个人情绪会感染第三人，情绪接近几何增长速度的感染其他在场人员，本来无动于衷的围观者，在感染后也会卷入狂热行为之中。由于情绪亢奋，逐渐使无组织人员形成一个有共同态度和相似行为的临时集合体，热烈的情绪往往导致人群情绪爆发，一般表现为手舞足蹈、大声喊叫，严重的会造成打砸抢等暴力行为。在 1989 年“希尔斯堡惨案”中与警方发生大规模冲突的人群中，一部分是臭名昭著的英国足球流氓，还有相当一部分人群是被足球流氓情绪所感染参与到暴力活动的。

（三）社会影响大，容易成为不法分子攻击对象

在大型群众性活动中，从举办者的角度讲，主要目的还是希望通过举办大型群众性活动获得更大范围的社会影响和知名度，形成舆论爆炸效应。因此在活动现场通常会聚集大量媒体记者，在 2008 年北京奥运会期间就有媒体人员 2100 人，2017 年金砖五国厦门峰会中来自 30 个国家的 3000 多名记者注册采访此次会晤。同时，在 1972 年的慕尼黑惨案中 11 名以色列运动员被杀，至今成为奥运会历史上挥之不去的阴影；2015 年 11 月 13 日在法国巴黎发生的恐怖袭击事件就是以法兰西体育场举办的足球赛为目标的。②

---

① 中华人民共和国第十三届全运会官网公告。

② 2016 年中国音乐产业发展报告。

四、大型群众性活动的管理现状

我国的大型群众性活动安全保卫工作起步于1990年的第11届亚洲运动会，完善于2008年的第29届北京奥运会。随着改革开放的不断深入，国民经济的飞速发展，文化的广泛交流，从北京奥运会之后大型群众性活动呈现不断增多的趋势，仅就大型的演唱会和音乐会而言，2016年全年就有2100余场①。大型群众性活动已经成公安机关日常勤务工作的重要组成部分。公安机关的大型群众性活动安全保卫工作日益成熟，但也存在着以下问题：

（一）对于内部人员的防范措施不够到位

从某种角度讲"防内慎于防外"，在直接进入现场有困难的情况下，不法分子通常会化装成警卫人员或重要来宾，慕尼黑惨案中的恐怖分子就是通过化装成运动员混进奥运村的。在实际保卫工作中，经常发现部分外来人员通过穿警服、保安服等方式进入现场或部分安保人员违规将其他人员带进现场的情况。

（二）活动现场沟通机制不健全，协调指挥不畅

举办一场大型群众性活动，通常会有党委、政府、公安、消防、城管、保安公司、志愿者等多家官方机构和非官方机构共同参与，多家机构在活动前会进行大量的协调沟通，制定相关预案。但在活动开始之后，各部门分散在会场各个不同方位，各方面的指令通过各种渠道传达，很容易造成现场工作的混乱。

（三）公安机关单打独斗，群防群治意识不强

在实际工作中，一些公安机关领导不敢发动群众，怕发动群众就导致混乱，怕出现问题承担责任，宁愿从其他地方抽调大量警力也不愿让群众参与到保卫工作中来。公安机关的力量是有限的，人民群众的力量是无限的，只有大胆的发动群众、正确的组织群众，发挥志愿者、保安服务公司等民间安保力量的作用，才能做好大型群众性活动的安全保卫工作。

第二节　大型群众性活动安全职责划分

根据《大型群众性活动安全管理条例》的规定，承办者、场所管理者和公安机关都对大型群众性活动的安全负有法定的职责。

一、承办者责任

根据《大型群众性活动安全管理条例》第5条规定，大型群众性活动的承办者对其承办的活动的安全负责。根据"谁主办，谁负责"的原则，承办者在举办活动的过程中，除了要保证活动的正常举办，给观众创造一个良好的观看环境外，还应承担安全责任，保证观众在安全的前提下观看相应的演出或者其他节目。

承办者的主要职责有：

（1）制定大型群众性活动安全工作方案、安全责任制度，明确安全措施、安全工作人员岗位职责，开展大型群众性活动安全宣传教育；

（2）保障临时搭建的设施、建筑物的安全，消除安全隐患；

---

① 新华社，法国巴黎发生恐怖袭击事件，2015年11月13日。

（3）配备安全设备、实施安全检查。按照负责许可的公安机关的要求，配备必要的安全检查设备，对参加大型群众性活动的人员进行安全检查，对拒不接受安全检查的，承办者有权拒绝进入；

（4）根据安全要求发放或出售门票。按照核准的活动场所容纳人员数量、划定的区域发放或者出售门票；

（5）落实医疗救护、灭火、应急疏散等应急救援措施并组织演练；

（6）对妨碍大型群众性活动安全的行为及时予以制止，发现违法犯罪行为及时向公安机关报告；

（7）配备大型群众性活动安全工作需要相适应的专业保安人员以及其他安全工作人员；

（8）为大型群众性活动的安全工作提供必要的保障。

二、公安机关责任

在大型群众性活动的举办过程中，公安机关还承担着一定的安全管理责任和安全监督责任。公安机关的权利和其他的政府部门权利是有区别的，公安机关不仅仅要实施审批等间接性的管理活动，还要直接参与到大型群众性活动的举办当中，比如对一些违反治安秩序的人员进行处罚。这个责任和举办方的责任也不一样，不是完全的责任，而是指导性、帮助性和监督性的责任，比如限制演唱会门票数量，规定配备相应的消防设施。在实际工作中决不可以公安机关的性质为理由，将承办者责任转嫁给公安机关。

根据《大型群众性活动安全管理条例》公安机关应当履行下列职责：

（1）审核承办者提交的大型群众性活动申请材料，实施安全许可；

（2）制订大型群众性活动安全监督方案和突发事件处置预案；

（3）指导对安全工作人员的教育培训；

（4）在大型群众性活动举办前，对安活动场所组织安全检查，发现安全隐患及时责令改正；

（5）在大型群众性活动举办过程中，对安全工作的落实情况实施监督检查，发现安全隐患及时责令改正；

（6）依法查处大型群众性活动中的违法犯罪行为，处置危害公共安全的突发事件。

三、场所管理者责任

大型群众性活动中，承办者一般是以租用、借用或者以其他形式进行场所占用，因此场所管理者也应当在大型群众性活动中承担相应的安全职责。

根据《大型群众性活动安全管理条例》场所管理者应当履行下列职责：

（1）保障活动场所设施符合国家安全标准和安全规定；

（2）保障疏散通道、安全出口、消防车通道、应急广播、应急照明、疏散指示标志符合法律、法规、技术标准的规定；

（3）保障监控设施和消防设施、器材配置齐全，完好有效；

（4）提供必要的停车场地，并维护安全秩序。

四、参加大型群众性活动人员的义务

大型群众性活动参加人员的权利与义务是辩证统一的，一方面享受着各方提供的服务与安全保障，另一方面，参与者同样需要承担相应的义务。

根据《大型群众性活动安全管理条例》参与人员应当履行下列义务：

（1）遵守法律、法规和社会公德，不得妨碍社会治安、影响社会秩序；

（2）遵守大型群众性活动场所治安、消防等管理制度，接受安全检查，不得携带爆炸性、易燃性、放射性、毒害性、腐蚀性危险物质或者非法携带枪支、弹药、管制器具；

（3）服从安全管理，不得展示侮辱性标语、条幅等物品，不得围攻裁判员、运动员或者其他工作人员，不得投掷杂物。

第三节　大型群众性活动的安全许可

一、大型群众性活动安全许可的含义

大型群众性活动安全许可是指政府对《大型群众性活动安全管理条例》规定的大型群众性活动，针对其活动性质、活动承办人资质、活动场所的安全条件等项目进行审核，以决定是否批准其开展活动。公安机关的安全许可是开展大型群众性活动的必经前置程序。

二、实施安全许可的主体

（一）大型群众性活动的预计参加人数在1000人以上5000人以下的，由活动所在地县级人民政府公安机关实施安全许可。

（二）预计参加人数在5000人以上的，由活动所在地设区的市级人民政府公安机关或者直辖市人民政府公安机关实施安全许可。

（三）跨省、自治区、直辖市举办大型群众性活动的，由国务院公安部门实施安全许可。各级公安机关治安部门具体负责对大型群众性活动实施安全许可。

三、大型群众性活动安全许可的程序

（一）申请。承办者应当在活动举办日的20日前提出安全许可申请，申请时应填写申请表（见附录1），并提交下列材料：

1. 承办者合法成立的证明以及安全责任人的身份证明；

2. 大型群众性活动方案及其说明，2个或者2个以上承办者共同承办大型群众性活动的，还应当提交联合承办的协议；

3. 大型群众性活动安全工作方案；

4. 活动场所管理者同意提供活动场所的证明。

依照法律、行政法规的规定，有关主管部门对大型群众性活动的承办者有资质、资格要求的，还应当提交有关资质、资格证明。必要时还应要求承办者提供活动安全风险评估综合报告；承办者提出申请一般采取到公安机关治安部门现场申请的方式进行。

附录 1

大型群众性活动安全许可申请表

承 办 者______________

活动名称______________

申请时间______________

<table>
<tr><td colspan="4">活 动 基 本 情 况</td></tr>
<tr><td>活动名称</td><td colspan="3"></td></tr>
<tr><td>起止时间</td><td colspan="3"></td></tr>
<tr><td>活动地点/路线</td><td colspan="3"></td></tr>
<tr><td>场地面积/里程</td><td colspan="3"></td></tr>
<tr><td>额定容量</td><td colspan="3"></td></tr>
<tr><td>拟发售票数</td><td colspan="3"></td></tr>
<tr><td>活动内容</td><td colspan="3"></td></tr>
<tr><td colspan="4">承 办 者 情 况</td></tr>
<tr><td>名　　称</td><td colspan="3"></td></tr>
<tr><td rowspan="3">安全责任人</td><td rowspan="3"></td><td>职 务</td><td></td></tr>
<tr><td>身份证件
种类和号码</td><td></td></tr>
<tr><td>联系电话</td><td></td></tr>
<tr><td rowspan="2">联系人</td><td rowspan="2"></td><td>职　务</td><td></td></tr>
<tr><td>联系电话</td><td></td></tr>
<tr><td colspan="4">场 所 管 理 者 情 况</td></tr>
<tr><td>名　称</td><td colspan="3"></td></tr>
<tr><td rowspan="2">主要负责人</td><td rowspan="2"></td><td>职　务</td><td></td></tr>
<tr><td>联系电话</td><td></td></tr>
<tr><td rowspan="2">联系人</td><td rowspan="2"></td><td>职　务</td><td></td></tr>
<tr><td>联系电话</td><td></td></tr>
<tr><td colspan="4">现场临时设施建筑物搭建单位情况</td></tr>
<tr><td>单位名称</td><td colspan="3"></td></tr>
<tr><td>企业类型</td><td></td><td>企业注册号</td><td></td></tr>
<tr><td>主要负责人</td><td></td><td>职 务</td><td></td></tr>
<tr><td colspan="4">保 安 员 情 况</td></tr>
<tr><td>保安公司名称</td><td colspan="3"></td></tr>
</table>

续表

主要负责人		职　务	
		联系电话	
受雇保安员数量		备 注	
承办者意见	（承办者印章） 年　月　日		
场所管理者意见	（场所管理者印章） 年　月　日		

（二）受理。公安机关治安部门接到申请后，对承办者申报的材料进行审核，甄别是否属于本单位管辖。对于不属于本单位管辖的，应明确告知管辖单位；属于本单位管辖的，按照相关规定审核承办者出具的证明文件和相关材料，对于申办材料齐全、规范、有效的，予以受理并填写《大型群众性活动安全许可申请受理凭证》（见附录2）；对申办材料不符合要求的不予受理，但应一次性书面告知申办人需补充、更改的事项、内容。

附录2

×××公安局

大型群众性活动安全许可申请受理凭证

×公（治）大安受字［　］　号

______________你单位于_____年_____月_____日申请的______________活动，现已受理，预计_____个工作日办完。您有何要求或需询问有关问题，请与_____联系，咨询电话：__________。

申请材料目录：

欢迎您对于我们的工作提出意见与建议。

（公安机关印章）

年　月　日

一式两份，一份交申请人，一份附卷

附录 3

×××公安局

大型群众性活动安全许可申请不予受理决定书

×公（治）大安不受字［　　］第　　号

____________：

你单位申请的_______________活动，本机关经审认为：

根据《大型群众性活动安全管理条例》第____条规定，决定不予受理。如不服本决定，可以在收到本决定书之日起六十日内申请行政复议或者在三个月内依法向___________人民法院提起行政诉讼。

（公安机关印章）

年　　月　　日

一式两份，一份交申请人，一份附卷

（三）审查和查验。公安机关对受理的申请，应当自受理之日起 7 日内进行审查，对活动场所进行查验。审查主要包括：

1. 主体资格审查

承办者的身份是否合法；承办者是否是依照法定程序成立的法人或者其他组织；是否具有法定的资质、资格；是否有相关部门的批准文件。

2. 活动的内容审查

审查内容是否有违反宪法、法律、法规的规定和社会公德的情况。具体而言，活动不得包含以下内容：一是违反宪法基本原则，危害国家安全和社会稳定的；二是侵害少数民族风俗习惯、破坏民族团结、煽动民族分裂的；三是宣扬迷信邪说、色情、淫秽或者渲染暴力，有害群众身心健康的；四是违背社会公德或者侮辱、诽谤他人的。

3. 安全工作方案审查

是否具有符合规定的安全工作方案；安全责任是否明确、措施是否有效；现场人数核定是否合理；现场安保人员的数量是否符合实际需要，是否具备相应的安保能力等。

查验就是安全许可机关在审批许可期间组织专人对活动现场和周边及设施进行实地踏勘和现场安全检查。安全检查的重点包括：

（1）场内临时搭建设施。包括悬挂物、舞台、展台、展架等是否是有资质的单位搭建，是否符合相关安全要求。

（2）可能影响活动顺利进行的保障设施，包括水、电、气、热、通信、广播设备等重点要害部位是否运转正常，是否有专人值守。

（3）可能发生人员聚集的部位。包括现场售票处、场地内通道、安全出口、疏散通道，现场桥梁、涵洞、河（湖）沿岸、陡坡、窄路、转弯等重点地区、地段是否设立警示牌，是否采取了人员流量限定措施并安排专门疏导力量。

（4）场所出入口是否足够，周边道路是否通畅，消防设施是否正常运转，活动现场布局是否合理，热点活动和热点部位是否均匀分布等情况。

（5）其他可能对大型群众性活动安全形成隐患的设施或场所是否采取了相应的安全防护措施。

对活动现场进行查验，一般应填写《大型群众性活动安全检查记录》（见附录4），对检查中发现的问题，要填写《大型群众性活动责令整改通知书》（见附录5），提出整改要求，督促消除隐患。对逾期未消除的，责令承办者延期或停止举办。

附录4

×××公安局

大型群众性活动安全检查记录

× 公（治）大安检字［ ］第 号

活动名称		起止时间	
承办者		安全责任人	
场所管理者		主要负责人	
检查时间		检查地点	
公安机关参加检查单位			
公安机关参加检查人员	等 共 人		
安全检查记录			
整改意见			
被检查单位负责人签字		公安机关检查人签字	
填表人		填表时间	

一式两份，一份存根，一份附卷

附录 5

×××公安局

大型群众性活动责令整改通知书

× 公（治）大整通字［ ］第 号

<table>
<tr><td colspan="2">根据《大型群众性活动安全管理条例》有关规定，公安机关于______年______月______日对你单位于______年______月______日至______年______月______日在__________举办的______________活动进行安全检查，发现该活动违反《大型群众性活动安全管理条例》第______条第______款（项）的规定，要求你单位进行整改。整改不合格或不整改的，停止举办活动。

（公安机关印章）
年　　月　　日</td></tr>
<tr><td>整改要求</td><td></td></tr>
<tr><td>整改情况</td><td></td></tr>
</table>

一式两份，一份交承办者/场所管理者，一份附卷

（四）决定。经审查和查验，应当在受理之日起 7 日内，对符合安全条件的，作出许可决定，颁发《大型群众性活动安全许可决定书》（见附录 6）；不符合安全条件，或经整改仍未达到安全条件的，作出不予许可决定，发给《大型群众性活动不予安全许可决定书》（见附录 7），并说明理由。

必要时，公安机关在作出决定前，应从人、地、物、事等方面对大型群众性活动进行综合性风险评估，具体评估因素包括观众数量、组织程度、年龄结构、心理承受能力和安全意识、承办者的举办经验、赔偿能力、内保人员数量、场地的安全性、社会关注度、是否有明星到场、是否有领导人到场、是否涉及政治或社会敏感因素、宣传冷热程度等。进行风险评估的目的主要是要求承办单位有针对性地加强安全措施，同时也为监管工作明确重点，提高工作的针对性和效率。

附录 6

×××公安局

大型群众性活动安全许可决定书

×公（治）大安许字［　］第　号

________： 依据《大型群众性活动安全管理条例》，经对你单位于____年____月____日申请举办的________活动相关安全事项进行审核，现决定予以安全许可，同意该活动于____年____月____日____时____分至____年____月____日____时____分在________举办。 请认真落实安全责任，切实保障活动安全顺利进行。 （公安机关印章） 年　月　日 一式两份，一份交申请人，一份附卷

附录 7

×××公安局

大型群众性活动不予安全许可决定书

×公（治）大安不许字［　］第　号

________： 依据《大型群众性活动安全管理条例》，经对你单位申请于____年____月____日____时____分至____年____月____日____时____分在________举办的活动相关安全事项进行审核，决定不予安全许可。 不予安全许可的理由如下 如不服本决定，可以在收到本决定书之日起六十日内向申请行政复议或者在三个月内依法向________人民法院提起行政诉讼。 （公安机关印章） 年　月　日 一式两份，一份交申办人，一份附卷

（五）变更和取消。对经安全许可的大型群众性活动，承办者不得擅自变更活动的时间、地点、内容或者扩大大型群众性活动的举办规模。如确有必要变更已经安全许可的大型群众性活动，应按以下要求办理变更或者取消手续：

1. 承办者变更大型群众性活动时间的，一般应当在原定举办活动时间之前向作出许可决定的公安机关申请变更，经公安机关同意方可变更。

2. 承办者变更大型群众性活动地点、内容以及扩大大型群众性活动举办规模的，应当依照规定重新申请安全许可。

3. 承办者取消举办大型群众性活动的，应当在原定举办活动时间之前书面告知作出安全许可决定的公安机关，并交回公安机关颁发的准予举办大型群众性活动的安全许可证件。

四、开展现场检查

（一）对安全许可材料的检查

1. 对《大型群众性活动安全许可申请表》进行审核，注意查验申请表填写单位与活动实际举办单位是否相一致，相关部门的签字和盖章是否齐全、真实，举办场地与实际的举办场地和相关设施是否吻合，配备的安保人员数量和资质是否达到要求。

2. 对《大型群众性活动安全保卫方案》和《大型群众性活动应急处置预案》进行审核，首先查验两个方案的内容是否包括法定相关事项，其次看相关工作对应的人员和部门是否真实存在，最后看方案制定是否切实可行。

（二）活动场地和相关设施的要求①

1. 场地选择基本要求

大型群众性活动场地首先应符合场地本身应具备的安全要求，根据活动的需要，因地制宜地进行布局。应符合消防、交通、建筑、卫生、用电、地质、安全生产、安全防范、园林绿化特种设备等有关方面的规定要求，为活动参与人员提供安全和舒适的环境，为活动工作管理人员提供方便有效的工作环境，必要时应进行专门的安全评估。

场地选择应考虑的环境条件包括：

（1）应避免易发生滑坡、泥石流、洪涝等自然灾害的地理环境；

（2）活动举办期间应监测高温、大风、雾霾、暴雨等天气条件及其活动场地的影响；

（3）场地与周边重大危险源、厂房、仓库、高压线缆、易坍塌物等建筑物、设备设施的距离应符合安全规定；

（4）场地与周边人员密集场所、大型居住区、大型公共建筑、制高点、文物保护单位、重要标志性建筑等的建筑物的距离应符合安全规定；

（5）场地周边的道路级别数量、公共交通、日常和高峰车流量、停车场地、交通管制、步行条件等交通情况应符合活动规模的要求；

（6）活动承办者应掌握所在区域的卫生条件、经济水平、社会稳定状况以及活动周边可利用的消防医疗综合救援等应急资源。

2. 场地布局基本要求

（1）符合大型群众性活动的特点和使用要求；

（2）应充分考虑活动的规模大小，应有足够的通行能力和避免大规模人群聚集的缓冲空间；

（3）突发事件情况下，满足人群尽快离开场地的应急疏散能力；

（4）便于利用已有的基础设施和安全设备；

（5）与有毒、有害、易燃、易爆危险源的距离达到有关防护规定，避开自然灾害和重

① 《大型群众性活动安全要求系列标准》。

大社会不稳定区域，并注意避免大型群众性活动可能对周边带来的安全问题；

（6）根据活动是否有固定座椅的情况，设置满足不同通行能力需求的通道。

3. 安全导向标识基本要求

安全导向标识要实现对安全信息的有效传达、危险的明确警示、对人流合理引导和对人群紧急疏散的功能。标识的内容应简单明了，确保准确、快速理解标识的含义。

大型群众性活动承办者和场所管理者应在现场安全疏散通道、消防车通道、安全出入口、楼梯口设置明显的标志、标识、标明疏散方向，并保证场地建筑设施、消防设施、照明设施、电视监控和广播系统等应急疏散设备设施运转正常，并做好管理和值守工作。室内或者有夜场的大型群众性活动现场及其周边地区还应当具备充足的照明和应急照明设备。

4. 活动现场人员容纳量的要求

对于现场容纳量又可分为安全容纳量和极限容纳量。安全容纳量是指在一定时间、一定空间范围内，在保证场所自然生态环境不受破坏，各类公共服务能够正常进行，每位进入场所的人员都能享受到正常公共资源前提下，整个场所的容纳总数。极限容纳量为避免发生治安灾害事故容纳人员的最高限度。

由于每个场所的情况不尽相同，场所人员的容量应根据场所所在位置、面积、安全出口数量、安全保障设施、安保人员数量等情况进行具体确定。对于一般大型体育场所而言，部分省市进行了量化规定，即在设固定座位的场所，按照固定座位的有效座位比例核准人员安全容量；在无固定座位的场所，按照场所有效使用面积人均不少于 1 平方米核准人员安全容量。①

第四节　大型群众性活动安全保卫工作方案制定

一、安全保卫工作方案的目标

工作目标是指大型群众性工作获得圆满成功的标准，包括积极目标（如：整个活动欢乐祥和、井然有序等）和消极目标（不发生滋扰活动，不发生治安灾害事故等）。2016 年 10 月 13 日国家质量监督检验检疫总局、中国国家标准化委员会联合发布《大型群众性活动安全要求系列标准》，大型群众性活动安全保卫方案的目标制定不应低于国家标准。

二、制定安全保卫方案的原则

（一）责任明确原则：大型群众性活动安全保卫方案的制定必须把各项工作落实到每个部门、每个人头上，做到事事有人管，防止因责任不清而互相扯皮。

（二）全面性原则：大型群众性活动制定的全面性包括时间和空间两个维度，时间上要从筹备到活动结束再到善后工作，空间上从前台到后台，从场内到场外。

（三）重点突出原则：要求全面并不意味着胡子眉毛一把抓，没有主次。安保力量是有限的，必须把容易发生危险的部位要在安保工作方案中突出其重要性。

---

① 《广东省大型群众性活动安全管理办法》。

三、安全保卫方案的结构内容

（一）大型群众性安全保卫方案一般应由承办者负责制定，公安机关予以指导和审查。主要内容包括：

1. 活动的时间、地点、人数、内容及组织方式；
2. 安全工作人员的数量、任务分配和识别标志；
3. 活动场所消防安全措施；
4. 活动场所可容纳的人员数量以及活动预计参加人数；
5. 治安缓冲区域的设定及其标识；
6. 入场人员的票证查验和安全检查措施；
7. 车辆停放、疏导措施；
8. 现场秩序维护、人员疏导措施；
9. 应急救援预案。

县级以上各级人民政府、国务院部门直接举办的大型群众性活动的安全保卫工作，由举办活动的人民政府、国务院部门负责，不实行安全许可制度，但应当按照大型群众活动安全管理条例的有关规定，责成或者会同有关公安机关制订更加严格的安全保卫工作方案，并组织实施。

（二）制定方案一般先要进行调查研究，在调查研究基础上，组织有关人员进行论证，提出初步方案，经过反复讨论和完善，报经有关部门和领导审批后确定下来。方案一般应当包括：

1. 背景及情况分析；
2. 任务范围、工作目标和指导思想；
3. 组织领导和指挥；
4. 各小组、各部门具体职责任务分工及具体要求；
5. 警力部署、岗位配置民警职责范围和划分及任务交接规定；
6. 其他安全保卫措施及其落实；
7. 时间、阶段安排；
8. 突发情况的预防与处置；
9. 注意事项及纪律要求；
10. 活动场所图、警力部署图及指挥联络图。

四、安全保卫应急处置预案

方案与预案既有联系又有区别，二者都是通过书面文件的形式对工作进行安排，但是二者的区别也是存在的。方案是根据已经存在的客观情况，再结合实际的基础上，对安全保卫工作的正式安排；预案是根据以往的工作经验，社会治安形势以及活动可能面临的风险，就安全保卫工作中可能出现的影响活动正常进行的各种突发事件处置进行的预先假设。方案要付诸实施，预案则是“备而不用，以防万一”。

对经安全许可的大型群众性活动，公安机关应当制定应急处置预案。预案主要包括：

（一）先期处置阶段

1. 快速接报：事件发生后，应先确认事件的性质、地点、部位，受害人员情况，现场情况，尽量掌握事情起因和确定相关人员基本信息。

2. 快速上报：事件发生后应当立即上报现场指挥机构。

3. 快速处置：事件发生后应当调集相关安保力量，指挥人员进入指挥岗位，最大限度地控制局面，避免进一步伤亡的发生。

（二）中期处置阶段

各专业应急处置力量应迅速集结到位，在指挥机构的统一指挥下，开展现场控制和救援工作。

1. 现场保护组

在到达现场后，设置警戒线，加强重点单位和要害单位的保卫工作，负责为现场指挥部提供参谋服务，搜集、整理现场处置情况信息。

2. 抢险救灾组

及时控制现场发生的各种灾害，搜救受困群众，对现场进行检查，防止发生二次灾害。

3. 医疗救护组

对受伤群众开展救护。

4. 现场管制组

封闭现场和相关区域，疏散群众，核实查验进入现场的人员身份，对前往现场的各主要通道进行交通管制，堵截盘查犯罪嫌疑人。

5. 事故调查组

对现场进行勘验，查找事故原因，搜集相关证据。

6. 防爆组

对现场闹事人员实施武力驱散，控制挑头闹事人员。

7. 媒体应对组

根据指挥部的要求，统一对外口径，召开记者见面会，澄清谣言，公布事件事实。

（三）后期处置阶段

1. 对现场被破坏的设施进行恢复。

2. 解除现场处置的各项紧急措施。

3. 将事故相关责任人移交公安司法机关进行处理。

4. 密切注意社会公众反映，防止事态反复，避免事态升级。

第五节　大型群众性活动安全风险评估

一、风险评估的基本概念

（一）风险

“风险”一词，本身充满了不确定性，是指不确定事件发生的可能性以及它可能带来的后果。任何大型群众性活动都存在着风险。大型群众性活动的风险是与活动的既定目标联系在一起的，能够对大型群众性活动产生影响，让活动遭受损失，甚至导致活动失败的不确定事件，才是大型群众性活动的风险。如果某些不确定性与大型群众性活动目标不相关，它们就不属于大型群众性活动的风险范围。

☞ 媒体链接

“风险”一词的由来①

“风险”一词的由来，最为普遍的一种说法是，在远古时期，以打鱼捕捞为生的渔民们，每次出海前都要祈祷，祈求神灵保佑自己能够平安归来，其中主要的祈祷内容就是让神灵保佑自己在出海时能够风平浪静、满载而归；他们在长期的捕捞实践中，深深的体会到“风”给他们带来的无法预测无法确定的危险，他们认识到，在出海捕捞打鱼的生活中，“风”即意味着“险”，因此有了“风险”一词的由来。

而另一种据说经过多位学者论证的“风险”一词的“源出说”称，风险（RISK）一词是舶来品，有人认为来自阿拉伯语、有人认为来源于西班牙语或拉丁语，但比较权威的说法是来源于意大利语的“*RISQUE*”一词。在早期的运用中，也是被理解为客观的危险，体现为自然现象或者航海遇到礁石、风暴等事件。大约到了19世纪，在英文的使用中，风险一词常常用法文拼写，主要是用于与保险有关的事情上。

现代意义上的风险一词，已经大大超越了“遇到危险”的狭义含义，而是“遇到破坏或损失的机会或危险”，可以说，经过两百多年的演绎，风险一词越来越被概念化，并随着人类活动的复杂性和深刻性而逐步深化，并被赋予了从哲学、经济学、社会学、统计学甚至文化艺术领域的更广泛更深层次的含义，且与人类的决策和行为后果联系越来越紧密，风险一词也成为人们生活中出现频率很高的词汇。

（二）风险管理

风险管理是人类追求安全目标，把前人经验和近代科学成就结合起来的一门新兴的特殊管理系统。风险评估包括风险的识别、衡量和控制等环节，目标在于控制和减少损失。大型群众性活动举办期间的突发事件是安全保卫工作当中最棘手的问题，这是由突发事件固有的特性所决定的。所以，重视和加强大型群众性活动的风险分析与评估，控制和减少突发公共事件的损失，对确保大型群众性活动安全、维护社会安全稳定具有十分重要的作用。

（三）风险评估

风险评估是指在风险事件发生之前或之后（但还没有结束），对该事件给人们的生活、生命、财产等各个方面造成的影响和损失的可能性进行量化评估的工作。风险评估就是量化测评某一事件或事物带来的影响或损失的可能程度。风险评估的过程包含三个基本内容，即风险识别、风险分析、风险评价，目的是回答三个问题：即大型群众性活动会发生什么事件、会产生什么后果和风险概率有多大。风险评估是应对突发事件的关键环节和基础工作。

二、大型群众性活动风险评估的特点

（一）科学性

大型群众性活动安全风险评估工作是一项具有技术含量的工作，是在科学的理论指导下完成的。在实践中，风险评估工作要遵循风险评估的一般原理，运用坚实的理论基础和具体的评估方法进行。同时，还要综合考虑大型群众性活动的具体实际情况，确保风险评估全

---

① https：//baike. so. com/doc/1002008-1059378. html.

面、科学。

（二）专业性

在大型群众性活动安全管理中，尝试建立风险评估机制，在专业团队的主导下，运用各种专业风险评估方法，制定风险管理计划，对活动进行风险监控，对活动过程中的风险事件作出响应。充分发挥专业人才的作用，提高风险评估结果的正确性和全面性，力图使风险评估引领各项安保工作，从整体上提升公安机关的安保能力。

（三）可操作性

进行大型群众性活动安全风险评估是为了更好地指导安保工作的开展，风险评估结果作为安保工作决策的依据，必须具有可操作性。评价指标体系必须是具体而不是抽象的，通过合理选择风险评估方法，对风险等级进行量化，为科学高效地配备安保力量提供依据。

三、大型群众性活动安全风险评估的意义

（一）有利于最大限度减少因各种事故造成的损失和侵害

大型群众性活动本身具有参与人数众多，容易发生治安灾害事故等特点，风险是客观存在的，可能会影响社会治安秩序和人民群众的生命财产安全，严重的可能还会影响社会稳定。公安机关对于大型群众性活动负有安全监管的职责，即首先要有针对性地做好预防工作，把安保工作重心转移到事件发生之前，实施安全风险评估工作就是预测、把握可能出现的危机和危害，提高预防和化解突发安全事件的能力，减少各种危机事件出现的频率和损失，为大型群众性活动举办创造安全环境。

（二）有利于提高工作效率，合理利用警力

目前，我国举办大型群众性活动的数量逐年上升，活动中的安保工作用警需求量巨大，很多地方的公安机关在执行大型群众性活动安保任务的过程中，没有从实际出发，没有科学地对大型群众性活动进行风险评估工作。为了达到活动万无一失，确保安全的目的，要求全员出动、人海战术，形成大量的警力聚集，一些执勤民警不清楚具体的岗位责任，没有提高安保的工作效率，同时还造成了警力的巨大浪费。因此，大型群众性活动安全风险评估是科学用警，节省安保力量，提升工作效率的前提。

（三）有利于指导各项安保工作顺利开展

通过大型群众性活动安全风险评估，能够更全面的了解活动中潜在的风险因素，预测可能发生的危害和后果，这是做好其他工作的基础。在实际工作中，不能将风险评估工作与各项安保工作割裂开来，它在一定程度上对决策的制定提供支持，更有利于活动顺利开展。

（四）有利于推进大型群众性活动安保工作社会化

虽然《大型群众性活动安全管理条例》中明确规定了安全管理必须坚持“承（主）办者负责、政府监管”的原则，承办者的主要负责人为大型群众性活动的安全责任人，同时也明确了公安机关在大型群众性活动中应当履行的职责。但在实际工作中，一些地方的公安机关存在着误解，还是认为安全就是公安机关分内之事，对活动安全问题大包大揽，事无巨细地参与，投入大量警力确保活动安全。这种做法，实际是缺乏大型群众性活动安全风险评估意识的体现。在大型群众性活动举办过程中，涉及承办者、场地管理者、活动参与者等多方利益主体，按照“谁受益，谁负责”的原则，将安全风险评估机制引入安保工作之中，明确各方都应承担维护活动安全的责任，推进大型群众性活动安保工作社会化。

四、大型群众性活动安全风险评估的工作流程

大型群众性活动安全风险评估是指在活动筹备期间，主承办单位自行组织或聘请专业风险评估机构对涉及活动安全的风险因素，通过现场调（勘）查，运用安全风险的评估方法，对活动中现实存在的安全薄弱点和威胁等因素进行识别与分析，确定风险因素和环节，预测可能发生的危害和后果，提出合理、可行的防范建议，这些建议包括风险识别、风险分析、风险评价等环节。

（一）风险识别

风险识别就是风险因素信息采集的过程，是通过文献阅读、现场勘查、走访面谈、专家意见等方法，尽量全面地对可能会影响大型群众性活动安全的风险因素进行罗列，并对每个风险因素进行识别分析的过程，是开展风险评估的基础性工作。大型群众性活动的风险是多方面的，有学者主张从理论上进行不同分类。大型群众性活动风险一般包括三部分：固有风险、附加风险、突发风险①。固有风险指由活动本身特性因素、场馆因素、人员因素等引起的风险，此类风险伴随着活动举办而必然存在。附加风险指由于活动举办期间的天气、供应商、临建设施与材料等因素引起的风险。此类风险是在固有风险的基础上附加给活动的风险，在活动举办过程中不一定会发生。突发风险指在活动过程中由于突发事件发生所带来的，如观众从看台跌落而引发人群恐慌等。

1. 大型群众性活动风险因素

大型群众性活动的风险是多方面的，对于各类性质不同的大型活动而言，其风险因素是相对固定的。因此，不同类型的大型群众性活动安全风险评估的内容也相对固定，这些内容称之为大型群众性活动风险和风险控制点。大型群众性活动风险因素一般包括人的因素、场地因素、事件因素、物品因素、紧急疏散、安全防范及安全管理、事项审核等方面的因素。

☞ 执法参考

《北京市大型群众性活动安全风险评估工作规范（试行）》中的风险因素

（一）人的因素：30 分

1. 参加活动的群体性质、年龄比例、心理特性、文化程度、数量、国籍等；

2. 活动主办方、承办方、各主要服务提供商的背景与举办此类大型群众性活动的经验，灾害事故情况下的赔偿能力；

3. 是否有要人及国内外贵宾参加；

4. 活动组织人员的安全管理能力；

5. 安保人员的职责与工作定位、服务范围。

（二）场地因素：10 分

1. 场地建筑基本情况；

2. 活动主要分布区域的容量，场地开放程度、避难与紧急疏散能力；

---

① 许俊友，张伟，张翔．大型群众性活动风险评估模式初探［J］．中国公共安全：学术版 2011（4）：26-29.

3. 周边道路交通情况及内部人流、车流控制与管理；

4. 场地安全保障设施服务能力与运行状态（应急广播、通风、照明），包括场地消检、电检、电梯、主要服务设施情况；

5. 临时应急或动力电源增容保障情况；

6. 经营设施与分布情况；

7. 防爆安检措施；

8. 周边建筑、商业密度、加油（气）站、危险化学品仓库、河流等状况；

9. 场地所处地理位置情况；

10. 场地条件是否适合拟举办的活动。

（三）事件因素：20分

1. 举办该项活动历史上是否曾经发生过安全方面的问题，有无不良安全记录；

2. 活动的内容与规模（社会关注度、社会影响力、知名度、热度情况），参与活动各类人群的互动性、刺激性、社会敏感性；

3 活动类型与性质；

4 票务销售渠道与发行情况；

5. 媒体宣传及舆论导向情况；

6. 餐饮卫生管理情况；

7. 活动使用的音响、焰火、灯光、大屏幕及主题内容对公共环境的噪声、视觉、交通等环境的影响；

8. 气象变化可能对活动带来的影响；

9. 医疗救护设置情况；

10. 社会重大疫情对活动的影响；

11. 季节气候变化对活动的影响情况。

（四）物品因素：10分

1. 临建设施情况；

2. 活动主要道具及设备设施的安全保障情况；

3. 食品饮料等销售品种、规格、包装、运输管理情况；

4. 活动所涉及的贵重物品、危险物品情况。

（五）紧急疏散：10分

1. 疏散通道与应急出入口状况；

2. 应急广播系统与通讯保障情况；

3. 周边建筑环境及交通对紧急疏散的影响；

4. 重要环节和区域的人员流量状态及控制方案；

5. 活动入场及结束后的人流、车流疏导方案。

（六）安全防范及安全管理：10分

1. 防爆安检设置及人员资格；

2. 禁限带物品的管控措施；

3. 视频监控状况；

4. 一般物品的寄存管理；

5. 突发事件的处置方案预案；

6. 活动拖延、取消、提前终止的应对方案；
7. 要人警卫工作方案；
8. 各项安全方案预案的编制、演练及人员培训情况；
9. 各项安全方案预案的组织落实情况；
10. 指挥调度及通讯保障方案。
（七）事项审核：10 分
1. 政府相关行业主管部门的批准文件；
2. 主办者与承办者、活动各服务提供商签署的《大型群众性活动安全管理协议书》；
3. 保安公司资质；
4. 食品、餐饮服务公司资质；
5. 活动临建设施搭建公司资质；
6. 活动场地布置平面图及主要尺寸；
7. 活动策划方案，包括议程、活动亮点及预期效果等；
8. 场地租用方应急广播、消防、照明系统保障有关文件；
9. 场地租用方供暖、热、水、电、气系统运行保障有关文件；
10. 场地活动区域安全防范设施、安检系统运行有关保障文件及其他方面涉及的行政许可文件；
11. 主承办方安全工作责任制情况；
12. 各类突发事件处置预案，主要包括：突发恐怖爆炸事件，火灾，临建倒塌，医疗救护，活动因故拖延、停办、提前举办，群体性事件，紧急疏散，抢险自救，应急处置等。

2. 大型群众性活动风险识别方法

确定可能会影响大型群众性活动安全的风险因素，尽量全面地进行罗列并对每个风险因素的特征进行分析。风险因素信息采集的主要方法有：

（1）审阅文献法。是指风险识别人员通过阅读书面材料，查找风险因素的方法。① 如通过参阅活动的相关申报材料进行了解。包括主办方单位的性质及隶属关系、活动的批准文件、活动的具体内容、性质、规模、举办场地平面图、活动安全工作方案、安检设备的证明材料、活动使用的证件和门票情况等基础信息。还可以通过以往大型群众性活动安全保卫工作中经验积累，来确定如举办方的诚信度、工作规范落实情况、有无不良记录等。

（2）走访面谈法。风险识别人员通过和主办单位相关人员进行深入交谈，了解大型群众性活动的流程细节、活动的举办意义、内容，参加的组织观众的群体，拟邀请参加的领导等。

（3）现场勘查法。风险识别人员根据实际需要，在活动主办方和场地管理方主管人的陪同下，亲身感受实地情况，对活动现场进行勘查，识别风险因素，是获取风险识别信息过程中的不可缺少的一个环节。

（4）专业机关情报法。获取其他政府部门掌握的信息，如政法、气象、卫生、工商等部门，建立部门情报信息协调机制，同时还要注重公安机关内部各警种部门之间掌握的情报信息，以及治安秘密力量和信息员掌握的信息等。

---

① 王志勇，朱得旭．大型群众性活动安保风险评估要略［J］．中国公共安全，2008（6）：149-153.

（二）风险分析

风险分析是要增进对风险的理解和认识。它为风险评价、决定风险是否需要应对以及最适当的应对策略和方法提供信息支持。

1. 可能性分析

风险因素最终是否变成事件，取决于其发生的可能性。因为不是所有的危险因素都会产生现实危害，都会造成现实损失，潜在的危险因素必须有触发条件才会发生。分析事件的可能性时，需要利用相关历史数据来识别那些过去发生的事件或情况，借此推断出它们在未来发生的可能性，当历史数据无法获取或不够充分时，有必要通过分析系统、活动、设备或组织及其相关的失效或成功状况来推断风险发生的可能性，于此同时，还需要系统化和结构化地利用专家观点来估计可能性。

危险发生的可能性分为五个等级，但是五个等级的名称和具体描述存在一定差异。有学者把五个等级分为不可能、很小、偶尔、可能、经常。①（1）不可能：是指事件根本不会真实地发生，以往也没有发生过。（2）很小：是指该事件不太可能发生，并在以往的活动中极少发生过，或具备在多个威胁源和薄弱点的条件共同作用下，强制性突然攻击所发生。（3）偶尔：是指该事件在本次活动中有时可能发生，并在以往的活动中曾经发生过，或在具备多个威胁源和薄弱点的条件下共同作用发生。（4）可能：是指该事件在本次活动中可能独立发生，并在以往的活动中曾经发生过，它也可能在已经具备威胁源和薄弱点的某个或极少数几个条件共同作用下发生。（5）经常：是指该事件在本次活动中可能重复发生，并在以往的活动中经常发生。

2. 后果分析

后果分析也被称作严重性分析，风险分析从某种意义上来讲就是可能性与严重性的结合。假设特定事件、情况或环境已经出现，后果分析可确定风险影响的性质和类型。在某些情况下，事件发生的几率完全相同，但是一些事件具有潜在严重后果的风险，一些具有轻微后果的风险，造成的后果区别甚大，风险评估的结果也会迥然不同。风险管理者往往是最关心的是这些严重后果的风险。然而，频繁而轻微的问题可能具有很大的累积或长期效应。因此，在后果分析时应全面考虑严重后果和轻微后果的风险可能是十分重要的。

后果分析也是采取等级划分方法。按照严重程度，后果分级如下表：②

后果等级			
级别	后果类型		
	人	环境	财产
5. 灾难级	严重伤亡	生态资源恢复的时间不少于5年	系统全部损失，系统外遭受重大破坏
4. 重大损失	一人死亡	生态资源恢复的时间为2~5年	系统主要部分损失；造成数月的生产停滞

① 马文·拉桑德．风险评估：理论、方法与应用［M］．清华大学出版社，2013.

② 丁辉．大型群众性活动安全风险管理［M］．化学工业出版社，2012.

续表

后果等级			
级别	后果类型		
	人	环境	财产
3. 严重破坏	永久性致残，长期住院治疗	生态资源恢复的时间不多于 2 年	无法忽视的系统破坏，生产停顿数周
2. 破坏	医护治疗和损失受伤	当地环境遭到短期破坏（不多于 1 个月）	轻微的系统破坏；对生产有轻微影响
1. 轻微破坏	轻微受伤、烦躁和干扰	有轻微的环境破坏	轻微的财产损失

3. 风险等级的划分

大型群众性活动安全风险等级从高到低一般划分为五级，依次是极高、高、中、一般、低。①

风险等级极高：诸如有情报信息显示，严重涉恐涉爆及国内外敌对势力的行动性破坏信息；有重大突发群体性事件倾向；地方政府承办或主办的国家级（含国家级）以上、洲际综合性体育赛事；地方政府承办的国际间政治峰会或者重大活动；国家性重大庆典活动；其他特殊时期特定任务需要实施的安保勤务。

风险等级高：有相关群体性、敏感性或者针对活动的围堵、滋事信息；单独警种部门牵头实施的重大安保勤务；省内举办的省级重大综合性体育赛事、全国高考等其他重大活动安保和重要工作部署需要实施的安保勤务。

风险等级中：无相关敏感信息但本身社会关注程度高、热度高、规模大的活动。

风险等级一般：社会关注程度不高、无敏感信息，但规模相对较大、持续时间长的活动。

风险等级一般低：社会关注度不高的小型活动或者《大型群众性活动安全管理条例》中规定的专业展销展览、会议等活动。

☞ 知识链接

通常风险评估体系是通过一个 5×5 的二维坐标图来衡量风险的：风险率最低为 1 = 1（风险程度）×1（风险可能性），最高为 25 = 5（风险程度）×5（风险可能性）。

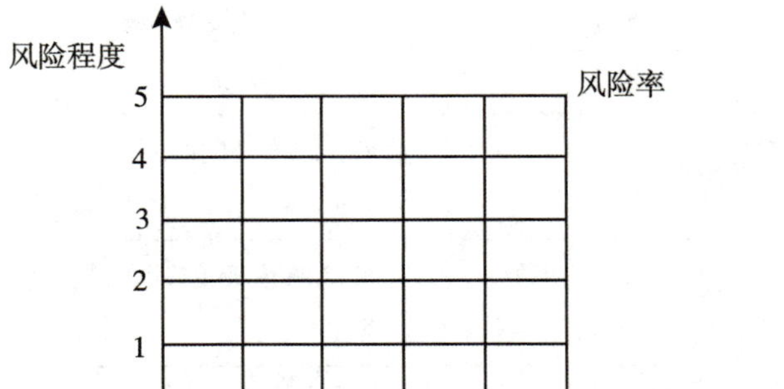

① 《北京市大型群众性活动安全风险评估工作规范（试行）》。

大型群众性活动风险评估中主要使用的公式：级别＝风险发生的损失程度×危险发生的可能性①

（三）风险评价

根据《风险管理：风险评估技术》国家标准，风险评价包括将风险分析的结果与预先设定的风险准则相比较，或者在各种风险的分析结果之间进行比较，确定风险的等级。风险评价利用风险分析过程中所获得的对风险的认识，对未来的行动进行决策。道德、法律、财务以及包括风险感知在内的其他因素，也是决策的参考信息。决策包括：某个风险是否需要应对；风险的应对优先次序；是否应开展某项应对活动；应该采取哪种途径等。

☞ 法规链接

以《北京市大型群众性活动安全风险评估工作规范（试行）》中的安全风险评估方法为例，风险评价内容应包括：

1. 大型群众性活动风险评估等级评定

按照"全面分析预测，科学评估研判"的原则，将人的因素（30分）、场地因素（10分）、事件因素（20分）、物品因素（10分）、紧急疏散（10分）、安全防范及安全管理（10分）、事项审核（10分）7个风险因素分配权重分值，共100分。由评估企业根据活动具体情况，全面考虑活动所涉及的各分项风险因素，进行综合测评和量化打分，最终确定活动风险等级。

2. 等级评定：

风险等级分为五个级别：

（1）当总分值在85—100分，测评为极高风险活动；

（2）当总分值在70—84分，测评为高风险活动；

（3）当总分值在55—69分，测评为中风险活动；

（4）当总分值在40—54分，测评为一般风险活动；

（5）当总分值在0—39分，测评为低风险活动。

3. 评估报告撰写

大型群众性活动安全风险评估报告是对评估过程的记录、汇总和整理，是大型群众性活动主承办方和相关活动服务单位进行安全防范组织方案制定与调整、公安机关活动行政许可与警力资源部署决策的依据。

☞ 知识链接

评估报告在内容上要求相对固定，一般应当包含以下几个方面：

（一）风险管理总体概况

评估目的与范围。介绍风险管理工作的组织情况，参与单位和人员信息等。

（二）总体结论

---

① 例如，大型群众性活动中，由于有大量追星族到场，场地又相对狭窄，如果发生人员拥挤踩踏事件，可能会伤及大量群众，这时风险具备的损失程度是3，但采取人员控制措施后，发生人员拥挤踩踏事件的可能性降为1，则此类事件的风险级别就是3×1＝3级。

评估出的风险与风险控制点总体情况，包括数量、可控性、控制措施和工作建议等。重点描述主要风险（极高、高风险），每类风险包括哪些主要风险控制点，并提出主要措施和建议。该部分是供活动主承办方、公安机关行政许可部门参阅的主要内容，要求重点突出，结论鲜明，语言精炼，其主要内容为风险管理结果和对策建议的简要论述。

（三）主要风险分析与控制对策

评估出的各项风险

1. 风险名称	风险描述：风险的表现形式、发生原因、后果与影响（直接影响，对城市或企业形象、社会舆论等的影响）、历史情况（国内及本市历史情况等）、现有控制能力和承受能力、需特别关注的薄弱环节和问题、重点防护点（场所、区域、人群、服务内容、活动环节等）。
2. 风险控制对策	消除风险的措施，提高事前控制力的措施，特殊控制措施，重点防护点（场所、区域、人群、服务内容、活动环节等）的具体防护措施，预案、演练和联动机制等应急准备措施，需要相关单位或组织协调解决的问题。
3. 风险控制点总体情况	包括风险控制点的数量、等级、性质等。详细描述主要风险控制点的具体情况，风险控制点名称、表现形式、发生原因、后果、影响范围、现有控制能力和承受能力等。
4. 风险控制点控制对策	消除风险的措施，提高事前控制力的措施，特殊控制措施，预案、演练和联动机制等应急准备措施，需要相关单位或组织协调解决的问题。

（四）风险控制总体工作建议

要综合各风险点的情况，提出可操作的整体安全对策和工作建议。

（五）附件

应包括相关列表和必要说明等。

第六节　大型群众性活动现场监管

一、大型群众性活动现场监管概述

对大型群众性活动现场监管是公安机关大型群众性活动安全管理的重要职责。现场监管要围绕确保活动现场安全的工作目标，坚持“积极预防、教育疏导、控制局势、依法查处”的指导思想，积极做好票证管理工作、维护现场观众秩序和外围控制工作、落实好活动过程中的安全检查制度、依法查处各种违法犯罪行为、有效处置各类突发事件，严防发生群死群伤等治安灾害事故和重大刑事案件。

（一）大型群众性活动现场监管基本原则

1. 统一指挥、协调

由于大型群众性活动涉及部门多、范围广、影响大、综合性强，相互配合比较困难，协调难度大，因此，大型群众性活动安全管理必须在工作中建立强有力的指挥系统，做到统一部署、通盘考虑，统一指挥，以保证各部门步调一致，协同配合，形成合力。

2. 内紧外松，确保重点

大型群众性活动的主要目的是满足群众的精神需求或其他文化要求，需要的是热烈祥和的气氛和正常的秩序，如果安保人员和警察过多，安保人员和警察行为不当，必然冲淡主题，影响现场气氛。因此，要制定有针对性的工作方案和处置预案，做到场内与场外相结合，着装与便衣相结合，尽量减少着装民警在现场出现的数量和频率；民警在现场要表现出良好的专业素质、热情服务和文明执勤状态，努力营造宽松祥和的气氛。但是，在安保机构内部，必须高度关注活动举办情况，加强戒备，随时准备处置各种突发事件。同时，安保工作要在全面布控的基础上突出工作重点，确保重点部位、重点人员、重点设施、重点财物的安全，切忌平均使用警力，缺乏重点。

3. 及时发现，果断处置

在大型群众型活动现场安全管理过程中，安保人员和执勤民警要加强敏感意识和责任意识，积极作为，及时发现，果断处置。对出现的可能引发突发事件的征兆要“抓早、抓小、抓苗头”，防止他人效仿。但是，在处置过程中要注意方式方法和态度，在现场尽量少采用强制措施或其他对抗性措施，能通过语言劝解和制止的尽量不采取其他强制行为，对于确需采取强制措施的，要坚决果断、雷厉风行。

（二）建立现场安全监管指挥体系

1. 根据安保方案建立现场安全监管指挥机构和分支机构，落实具体参勤人员，明确工作职责和要求、纪律。针对不同类型大型群众性活动的特点，根据实际需要，可分别成立秩序维护、社会面巡逻防控、机动勤务、交通疏导、情报信息、消防安全、警卫、后勤保障等安全保卫工作组，明确任务分工和执勤区域，力求做到内容具体，责任明确。

2. 建立相关的会议制度、情况通报制度、联系制度、协调配合制度，明确联系方式。

3. 提前召开安全工作协调部署会议，进一步明确有关单位的职责及任务分工，要求各单位逐条落实各项安全保卫工作措施，对存在的问题及时协商解决。

二、大型群众性活动证件管理

（一）大型群众性活动证件管理工作的概念

证件，就是大型群众性活动主办方或承办方等安全保卫责任主体，事先制作的用来表明级别和通行权限，进而实现对活动有效安全管理的证明文件。大型群众性活动证件管理工作，是指安全保卫责任主体为了实现对大型群众性活动的有效管理，实行对证件的制作、发放和查验等管理活动。

证件是现代大型群众性活动举办期间参与者进入场馆或区域的唯一凭证。证件管理工作是大型群众性活动安全管理的重要一环，它是大型群众性活动安全保卫工作的重要防线和现场监管工作的必要手段。由于大型群众性活动的参与人数众多，活动规模庞大、现场的情况复杂多变，同时又涉及行行色色的行业部门，为了有效地对大型群众性活动的秩序进行控制，就必须实行证件管理工作。可以说，无论是需要公安机关审批的大型群众性活动，还是政府主办由公安机关负责监管的大型群众性活动，都已经离不开证件管理工作。规模越大、层次越高的活动对证件管理工作的要求就越高。只要证件管理工作做好了，工作人员就能有效地上岗执勤，群众就能有序地参加活动，车辆就能有序地通行、停放。只要证件管理做严密了，就能有效地控制要害部位，就能有效地防止无关人员混入，才能确保大型群众性活动的安全。从某种意义上说，证件管理工作决定着大型群众性活动安全管理工作的成败，责任重大、意义深远。

（二）当前我国大型群众性活动证件管理工作中存在的问题

随着我国综合国力的不断增强，人们物质文化生活水平的提高，大型群众性活动数量逐渐增多，而且种类繁多、规模不一、层次复杂，当前我国公安机关管理大型群众性活动任务繁重，在证件管理方面也存在着一些问题。有些地方的公安机关为了提高工作效率，节省制作成本，通过“一证多用”方式对活动进行管理，证件管理工作流于形式。一些不法分子对证件进行伪造、变造、仿造的现象也时有发生，影响大型群众性活动的正常开展。一些工作证件通过各种途径转借给亲戚朋友，甚至是辗转到一些不法分子手中，给大型群众性活动的有序管理带来了安全隐患。这都是当前我国大型群众性活动证件管理方面存在的问题，这些问题严重制约了我国大型群众性活动的健康发展，扰乱了警方正常的工作秩序，同时影响了公安机关及其人民警察的形象。

总体来说，当前困扰公安机关证件管理工作的主要问题包括：

1. 证件内容简单，格式单一

一些地区的公安机关出于经费或者其他方面的原因，在实际的公安工作中表现出能省则省，能减则减的情况。同时在大型群众性活动证件的管理方面，公安机关治安管理部门没有严格的证件管理规章制度，缺乏证件管理的文件依据。有些地方的公安机关为了节约制作成本，一次性制作一批证件，每次大型群众性活动都使用同样的证件，没有做到专人专证，也没有形成一次大型群众性活动制作一种证件的良好习惯，并且证件本身缺乏防伪技术，格式比较单一，内容也十分简单，仅仅印制了“值勤证”或“工作证”几个字，既没有执勤民警的照片、编号、姓名、执勤区域，也没有当次大型群众性活动的名称、时间等信息，背面也没有注明工作职责、工作纪律、注意事项等内容。这种防伪性极差、内容简单的工作证件很容易让犯罪分子钻空子，同时会纵容犯罪分子，其结果必然是公安机关工作难度的成倍增加和安全系数的大幅下降。

2. 假证现象普遍

随着人们物质生活水平的逐步提高，越来越多的人更加注重精神方面的需求，人们在闲暇之余，会选择现场观看文化演出、演唱会、体育赛事等方式丰富自身的业余生活。一些热度较高的大型群众性活动，如体育比赛、明星演唱会，票源比较紧张，经常会出现“一票难求”的情况，当供求矛盾凸显时，倒卖票证、制造假票证就成为不少违法犯罪分子的生财之道。常见的造假现象主要是伪造、变造、仿造、涂改等。一些明星演唱会的价格较为昂贵，有一部分观众无力购买或者购买不到，打上了举办方工作证件的主意，一部分人制作假冒证件，借机混入大型群众性活动的举办场所。这样做不仅侵害他人的合法权益，经常会引发大型群众性活动现场的矛盾纠纷，同时扰乱了警方正常的工作秩序，给活动的正常开展带来了不良影响，甚至会威胁到活动本身的安全。

3. 证件的区分程度不够

一些地方的公安机关在工作证件制作的过程中，存在敷衍的思想，缺乏对证件的设计，工作证件没有鲜明的特征，和其他部门的工作证件较为相像，在实践中不容易区分，尤其是公安机关使用的工作证件与社会安保力量的证件。同时，绝大部分大型群众性活动中会使用大量的保安工作人员，他们的服装和人民警察的正式装备较为相似。这样的证件在使用过程中，很容易让观众对公安机关产生误解，经常将其他社会安保力量当作公安机关执勤民警，造成误会，这也无形之中增加了公安机关的工作难度和工作量，给活动带来安全隐患。

4. 证件管理不严格，流失现象严重

很多大型群众性活动具有很强的商业特点，活动本身具有很强的娱乐氛围，并且群众参与的程度较高。一些公安机关存在证件管理不严格的现象。工作开始前，多发证件，发放证件不进行登记；安保结束后，也没有收回和销毁证件。有的执勤民警工作态度不端正，抱着边玩儿边工作的态度，出现证件丢失的现象，还有的执勤民警私自将工作证件转借给亲朋好友。这些行为严重扰乱了大型群众性活动警方证件的管理制度，也直接危及大型群众性活动正常、有序进行。

（三）大型群众性活动证件管理的方法步骤

加强证件管理有利于实现对大型群众性活动的有效管理，更好地促进大型群众性活动的顺利开展。大型群众性活动证件管理工作步骤一般包括：证件的设计、制作、发放和查验等管理活动。

1. 证件设计、制作

证件在大型群众性活动中是参与者的唯一凭证，既是显示身份的标志，又是活动场所通行的凭证。大型群众性活动证件设计、制作工作是一项十分严肃和认真的工作，对证件的设计要遵循标志醒目、内容齐全、分类合理、便于查验、安全可靠的基本原则。证件制作具体步骤包括：归口申报、信息汇总审核、安保核发、统一制作。

（1）归口申报。大型群众性活动组织部门较多，人员来自方方面面，因此证件的申领必须归口进行。在证件发放范围内的人员和工作车辆需要由相关部门或机构提前向证件管理部门提出申请。一般以部门或者团体为单位，采取集中报送的方式，有人员所在的单位填写证件申请表，申请表上要填写工作单位、领证人姓名、拟领何种证件等内容，然后报上级部门审批。

（2）信息汇总审核。证件申请信息上报证件管理部门之后，证件管理部门对申请信息进行分类汇总，按照通行权限和通行区域以及活动内容等情况，对需制证人员进行分类。信息汇总后，为确保人员纯洁可靠，确保活动安全，公安机关必须对人员信息进行背景审查工作。对背景审查不予通过的人员不予制证，并采取不解释原则，对未通过原因不对外进行解释和说明。但是，要将不予制证的情况反馈至上级单位，并对背景审查不通过人员建立档案，按照规定存档，以备公安机关内部查询。

（3）安保核发。大型群众性活动证件设计、制发工作由安保部门负责。安保部门对证件的核发，主要是对持证人员的资格进行复核，对各类证件发放数量从宏观上进行量化控制，对复核中发现的问题及超额人员与审批部门协商解决。

（4）统一制作。大型群众性活动的证件应采取集中制证、统一制证、封闭制证的方式。不搞“证出多门”，有利于总量的控制，有利于统计、查询，封闭制证有利于证件的保密性，确保证件制作过程中不丢失，不遗漏、不重复。

2. 证件发放

对于制作完毕的证件，要立即发放。证件发放要采取集中统一发放的方式，按照提出申请的部门，统一领取，设立专人负责，建立书面领取登记簿，确保证件一次制定，一次发放到位。这样做的目的主要是防止在发放过程中出现错发、漏发等情况，避免给证件管理工作带来不必要的麻烦。

3. 证件查验

证件的查验工作是全部证件管理工作发挥作用的关键一环，也是证件管理的最后一道防线。当前的证件查验是通过装载了一定软件技术装备的设备，来确定证件真伪等信息的证件管理工作，在实际的工作中也需要安保执勤人员目测核验证件，要求做到细致严格，内紧外松，防止混入。

（1）细致严格。细致认真是执勤的工作人员应有的工作态度，在查验证件的过程中要本着“认证不认人”的工作方法，认真辨别证件上的照片是否与本人相符，证件外观、制作工艺是否有伪造的痕迹，等等。一旦发现证件有问题，不可轻易放人，不确定情况要向场馆证件管理部门报告，切勿心存侥幸心理。发现冒用他人证件或使用无效伪造证件时，执勤人员应当立即控制行为人，暂扣证件，将行为人交治安处理点审查处理。

（2）内紧外松。大多数大型群众性活动本身具有轻松热烈的活动氛围，活动现场的工作人员要在确保安全的前提下尽量营造一种宽松的活动氛围。内紧外松是安保工作的一项重要原则。“内紧”要求执勤人员始终保持高度的警惕心，切忌思想懈怠。“外松”要求执勤人员查验证件时，要讲究礼貌，方式缓和，态度和蔼，文明执勤。在核验票证过程中发生重号、假票等票务纠纷时，安保人员应当及时报告现场指挥部，协调场馆和观众服务部门进行处理；对因票务纠纷引发的治安问题，要及时处置，维护好现场秩序；经票务部认定使用假票的，将行为人交治安处理点审查处理。

（3）防止混入。防止混入是为了维护场内秩序，以确保整个活动安全，也是证件查验的目的所在。大型群众性活动全面实行证件管理，其目的在于：首先是控制活动人数，防止人数失控，场内爆满，造成混乱、踩踏风险；其次是控制重点部位，防止无关人员进入；最后是维护活动现场的工作秩序，使各个工作岗位上的人员有个良好的工作环境。当执勤人员在活动场院区发现无证件人员时，应当立即对其进行核查，经核查可疑的交治安处理点审查处理；发现佩戴非本活动区域证件的人员，应询问情况后，劝其离开。

三、现场场地控制

（一）入场安全检查

大型群众性活动安全检查，是指公安机关在大型群众性活动举办过程中，为了确保活动的安全，采取以器材检查等方式对参与活动的人员、物品、设施、场所、车辆等实施检查的活动。大型群众性活动入场安全检查主要包括两个方面，即人身检查和车辆检查。

1. 人身检查

人身检查是指对进入场所人员的人身及其随身携带物品实施的安全检查。主要的检查方法包括目测检查、安检门检查、手持金属探测器检查、利用 X 光机检查等。参照国际人身安检工作惯例，我国大型群众性活动的人身安检通常将一台 X 光机、两台安全门作为最小器材配备单元，人身安检分为七个岗位，即前引导员、前传员、手检员、执机员、后传员、后引导员、指挥员组成。

（1）目测检查。

安检人员不借助任何防爆安检专业器材设备，选择有利位置，在直视范围内与受检人保持 2 米左右的距离，密切注视其神态、动作，并注意周围可疑动向，发现异常，立即警示其他民警，并迅速采取果断措施，必要时依法使用警械武器。

（2）利用安检门检查。

安检门广泛应用于火车站和机场的安全检查，现在也被应用于大型群众性活动安全检查中，是现代大型群众性活动安全检查最行之有效的方法之一。被检查人首先通过安检门，引导员提示他们取出身上的金属物品放在托盘内，如果安检门不报警，则可以认为被检查人安全，予以放行。如果安检门报警，则应由安检人员使用手持金属探测器检查。

（3）利用手持金属探测器检查。

手持金属探测器简称手检器，在通电后其前段的线圈产生电磁场，在扫过被检查目标时与金属表面产生相对运动，切割磁力线使磁场产生变化而报警，红色指示灯亮。

安检人员使用手持金属探测器检查时，采取一对一的检查方式，一般要和安检门配合使用，在被检查人通过安检门后，使用手检器再次进行检查。安检人员要站在被检查人斜对面，注意其神态、动作，通过手检器与手摸配合检查，重点检查头部、肩胛、胸部、腋下、臀部、腰部、裆部、大小腿内侧、两脚踝、鞋内等重点部位。

（4）利用 X 光机检查。

X 光机等 X 射线类安检器材主要用于大型群众性活动中对被检查人所携带的物品进行检查。每台 X 光机最低警力为 3 人。前传员，位于 X 光机前，主要负责提示并协助受检人将被检物品放置在传送带上，并观察受检人的神态、动作，遇有可疑物品，示意执机员实施重点检查。执机员，主要负责图像识别，特别要注意分辨电视、线路、匕首、强制、弹药等危险可疑物品，如发现可疑物品时，示意后传员实施开包检查。后传员，主要负责协助执机员进行图像识别，并负责观察 X 光机检查现场有无可疑动向，且对执机员提示的重点物品进行开包检查，复检后没有异常情况，提醒被检查人将自己的物品拿好并予以放行。

☞ **知识链接**

人身检查的注意事项

第一，坚持“男不检女”的安检原则；

第二，要注意安检礼仪和使用安检规范用语；

第三，安检动作要规范，举止大方得体，手检力度把握到位；

第四，安检小组成员之间要注意配合；

第五，所有安检人员要做好与带班人员的联系和沟通，注意请示汇报，遵守各项纪律。

人身安检规范用语

1. 引导员

“您好，请您自觉排好队，按照顺序入场并接受安全检查。”

“带包的同志请走左（右）侧安检门。”

2. 前传员

“您好，请您把包放在传送带上，把身上的金属物品放在托盘里，通过安检门接受人身安检。”

3. 手检员

“您好，请接受安全检查，请您微张双臂。”

“请您把兜中的物品拿出检查。”

“请您转身。”

“谢谢您的合作，您可以入场了。”

4. 执机员

“您好，您的包需要打开检查。”

“请问，您包里类似××的物品是什么东西，请拿出来检查一下。”

5. 后传员

“您好，这是您的包吗？请您打开一下。”

“对不起，根据规定，您的这件物品属于禁带物品，请您跟我来一下。”

“请您拿好自己的物品入场，谢谢合作。”

6. 指挥员

“您好，根据规定，您的这件物品属于禁带物品，请您配合我们工作到场外处理一下，您可以先到寄存处寄存，谢谢合作。”

“您好，根据规定，您的这件物品属于违禁物品，我们将依法对其收缴，请您出示您的证件。”

2. 车辆检查

车辆检查即对进入场所和停放在专用停车场的车辆及车载物品实施的安全检查。车辆常配备配备的安检器材主要有强光手电、手持金属探测器、天棚检查镜、可视车底检查镜、车底检查系统等。

车辆检查要综合利用人员检查、器材检查相结合的办法。检查员引导车辆进入安检车道后，用手势示意驾驶员停车，驾驶员熄火下车后接受人身安检，然后对车辆进行检查。车辆安检通常按照由外而内、由前到后的顺序进行。安检员利用车底检查系统和车底检查镜检查车辆底盘，对于发动机、后备箱、驾驶室、仪表盘等车辆其他部位和车内物品由车检员徒手检查，同时，要特别加强对车底、发动机、行李箱、油箱和排气管等重点部位的检查。经上述检查后，若未发现可疑危险物品，再将所有电器装置打开，如空调、雨刷、音响等，并将汽车发动 1-2 分钟，如果一切正常，就可以认为被检车辆是安全的。

☞ **知识链接**

车辆安全检查中的注意事项

第一，一般由司机本人亲自打开前机器盖和后备箱盖；

第二，各个部位要遵循从上到下、从前到后、从一侧到另一侧的检查顺序，确保无遗漏；第三，检查人员不要随意在座椅上坐、卧；

第四，不要随意剪断或者拉动可疑连线；

第五，不要轻易打开车内外的可疑物品；

第六，注意对车辆底部、发动机、后备箱、车内座椅、油箱和排气管的重点检查；

第七，车辆基本检查完毕后，再对车辆电气部分进行通电检查；

第八，克服麻痹轻敌思想。

（二）场内区域控制

1. 工作人员区控制

活动现场的工作人员一般分为主席台工作人员、场地工作人员、看台工作人员、场院工作人员等几种情况，以上人员通常佩戴不同类型的证件，在活动期间，除持有全通工作证件的人员外，工作人员须在指定区域内开展工作，禁止跨区、带人入场等行为的发生。

2. 运动员区、演员区控制

在大型体育赛事或大型文艺表演活动中，一般对体育运动员或演员采取集中管理的原则，安保人员对比赛演出场地、运动员、演员休息区、混合采访区等区域实施安全保卫，防止无关人员进入，保护运动员、演员安全，比赛演出任务结束后要迅速退场，通常情况下不与现场观众发生接触，以免引起人员拥挤、混乱等问题的发生。

3. 观众区控制

对活动现场的观众要坚持凭票入场、对号入座的原则。观众入场时，安保工作人员在入口处负责引导观众有序入座，维护观众入场秩序，在观众区部署便衣警力，其余警力分布在各个观众区内，维护活动现场秩序。遇有情况时，在第一时间内控制、疏导人流，防止发生安全问题。散场时，应开通广播系统，引导观众迅速、有序退场。

四、大型群众性活动现场外围控制

（一）周边道路控制

在大型群众性活动期间，要以活动现场为中心，向外辐射一定半径范围内实施道路控制。对区域内的交通路口、露天广场、公交车站、过街天桥等重点要害部位由交警、民警、武警或动员社会治保力量共同参与，采取定岗定位、巡逻盘查、交通疏导等措施进行控制，必要时可采取交通管制、封闭等措施。交通管制是《人民警察法》赋予人民警察的一项执法权力，目的是维护社会治安秩序。为了确保大型群众性活动的安全，公安机关要做好周边道路的交通秩序维护及远端车辆封控分流工作，引导车辆绕行，确保该区域内交通顺畅、通行有序。

（二）车场控制

大型群众性活动现场必然会有很多机动车辆出入和停放，活动前由交管部门会同活动组织者根据活动规模大小、参与人员数量，在活动现场周边划定机动车停车区域，由活动组织者责成场地提供方雇用保安人员封闭控制，所有活动车辆一律凭车证出入，交管部门派出适当警力负责车辆调度。当发现有违规误行的车辆，应劝其离开；对形迹可疑的，由治安部门负责带离现场审查处理，若有车辆欲冲闯警戒线时，应迅速封闭车辆入口，拦截车辆，控制驾乘人员，同时向指挥部报告请求支援。

（三）指挥、控制出场、散场秩序

大型群众性活动出场、散场秩序如果维持不好，极易发生拥挤伤人事故。在活动即将结束时，各出口及主要交通路口部署的警力应当到位，做好以下出场、散场的指挥控制工作：

1. 出口及交通路口要保持足够畅通，促使散场人流有序退场；
2. 对重要首长和来宾应采取针对性保护措施，可利用专用通道、车辆护送其退场；
3. 密切关注散场时动态局势的变化，防止发生突发事件；
4. 随时处置出现的各种问题，以免事态激化；
5. 要重点控制球迷等易滋事人群的散场秩序，避免发生冲突和事端。

五、活动现场常见的治安问题处置

大型群众性活动过程中会发生各种治安问题，通常按以下方法进行现场处置：

（一）观众起哄问题的处置

1. 安保人员发现或接到报告后，应以违反活动现场观众规则为由，立即上前教育、引导、告诫，原则上不带离现场。

2. 对警告无效不服从管理、扰乱秩序或阻碍执行职务的，应强行带离现场送至治安处理点审查处理。

3. 在处置过程中，要注意礼貌用语，慎用肢体动作。

4. 对于人数较多的起哄现象，公安机关要密切注视事态发展和群众情绪，不要轻易介入，避免激化矛盾。

（二）观众向看台或活动场内投掷物品问题的处置

1. 就近执勤民警或安保志愿者应以违反活动规则为由，立即劝阻、制止，予以警告。

2. 对行为人服从管理的，可在进行批评教育后，纳入重点关注对象，暂不带离现场。

3. 对拒不服从劝阻警告继续扰乱活动现场秩序的，应迅速带离现场至治安处理点审查处理。

4. 在不影响活动现场秩序的情况下，注意及时全面收集证据。

（三）因判罚不公、误判，引发观众不满，造成现场秩序混乱以及观众围攻、追打裁判员、运动员或工作人员问题的处置

1. 因为运动员、裁判员对判罚不公、误判等，引发群众不满，导致观众情绪躁动，造成现场秩序混乱情况发生时，由场馆运行团队领导统一指挥各业务口开展先期应急处置，安保团队应加强观众看台秩序控制，注意发现挑头滋事人员，严防观众跳入场地、向场内投掷物品等情况的发生。对于有可能引发大规模骚乱的，应及时建议活动组委会或举办方暂停或终止活动。

2. 当出现观众围攻、追打裁判员、运动员或工作人员情形时，现场民警应立即报告现场指挥部，同时上前宣传劝阻、制止，对听从劝解的，原则上不带离现场。

3. 对不听劝阻继续滋事甚至造成危害后果的，应强制带离现场送治安处理点审查处理。

4. 对参与人数较多的，要随时观察时态动向，注意盯控挑头闹事人员，随时报告情况，按照指挥部的指令开展工作。

5. 现场指挥部接报后视情调集机动备勤力量赶赴现场增援进行先期处置，同时做好视频图像监控和录像取证工作。

（四）场馆内观众之间发生斗殴问题的处置

1. 对苗头性的情况，现场执勤民警应组织安保志愿者和工作人员先行疏导、劝阻化解。

2. 对已经发生双方互殴的，要立即制止，问明情况，进行调解，原则上不带离现场；对拒绝调解，甚至继续扭打的，强制带离现场至治安处理点审查处理。

3. 对已经发生双方互殴并且有人受伤的，要立即上前制止，将双方分割，问明原因，报告现场指挥部协调医疗救护人员救治，带至治安处理点审查处理。

4. 对参与人数较多的，要报告现场指挥部，同时上前制止并注意盯控挑头闹事人员，现场指挥部应迅速调集备勤力量赶赴现场处置，同时做好视频图像监控和录像取证工作。

（五）人员拥堵聚集问题的处置

1. 安保人员要及时劝解，促使其迅速离开，减缓拥堵压力。

2. 对于入场，要加快入场安检和验票速度；对于出场，要及时开放所有出口，有效进行疏散。

3. 要及时开通现场广播系统，通过语言进行宣传疏导，必要时组织安保力量对拥挤人群进行分段隔离。

4. 对于围堵演员或运动员，演出或比赛结束后，工作人员应及时引导演员和运动员迅速离场。有时可以利用打时间差的方式，等演出一结束，音乐还未停止时，演员就要离开场馆，防止退场观众与演员交叉，必要时从备用路线离场。

（六）违法使用假票证问题的处置

1. 在现场外围部署公开力量和便衣民警及时打击查处，加大打击场外倒票行为的力度，提醒参观者防止上当受骗。

2. 要求活动组织者在活动现场设立票务工作处理点，及时处理因假票引发的各类问题和纠纷。

3. 配合承办部门加强安检，对于使用假票假证的人，带到出入口以外的地方进行处理。

4. 严格遵守规定，防止工作人员或安保使用假证送其他人进入场内。发现假证，立即予以收缴，对携带假证者要详细查问其本人情况、工作单位、证件来源等基本情况，深挖线索，对于触犯法律的要依法进行打击、处理，同时，将情况上报现场公安指挥部。

（七）活动现场存在安全隐患的处置

1. 对于临时搭建设施如演出台、展台展棚（架）、广告牌等，要及时检查其安全性，发现问题，要及时疏散群众，控制现场，进行拆除或加固，落实安保措施；

2. 对于现场私拉用电、使用明火等要及时制止；

3. 对于人员超过核定数量，要及时控制人员进入，无法控制的，要加大安保措施；

4. 对于人员攀爬观看的危险行为要及时制止；对于现场水面、桥梁、涵洞、山石、阶梯等危险地段无警示标识的，要立即进行标志设置，或落实专人看护疏导等。

（八）对于其他治安问题的处置

大型群众性活动还容易发生盗窃、打架斗殴、侮辱妇女、物品车辆丢失被盗、人员走失、纠纷等治安问题。要加大巡查力度，防止发生盗窃、打架斗殴、侮辱妇女、物品车辆丢失被盗等问题发生，对于已经发生的情况要及时劝解，给予帮助，需要收集证据的，及时收集固定证据。对于纠纷，一般由工作人员或保安员先期处置，力争就地解决。如短时间内仍无法解决的应由民警出面劝离现场，避免观众围观或影响活动正常进行；对于不熟悉环境出现的走失、迷路的情况，要问明情况，告知其所在位置，并详细说明其应走路线和如何乘坐交通工具；对于儿童走失，应耐心询问本人情况和监护人情况、联系方式、家庭住址等有利于帮助其找到监护人的各种信息，也可协调场地部门开通现场广播帮助寻找走失儿童的父母或其他监护人。

第七节　大型群众性活动突发事件应急处置

大型群众性活动突发事件主要是指在活动期间突然发生，造成或者可能造成重大伤亡、重大财产损失和重大社会影响的突发事件或状态。大型群众性活动突发事件具有突发性、公共性、不确定性、多样性等特征。突发事件给大型群众性活动的安全管理带来极大的挑战和影响。国家、地方政府以及公安机关都对大型群众性活动突发事件给予高度重视，并积累了许多好的经验和做法。公安机关在应对大型群众性活动突发事件应急处置中扮演着重要角色。

一、突发事件的涵义与分类

《中华人民共和国突发事件应对法》将突发事件界定为：突然发生，造成或者可能造成严重社会危害，需要采取应急措施予以应对的自然灾害、事故灾难、公共卫生事件和社会安全事件。

突发事件有四个方面的涵义：一是事件的突发性，事件发生突然，难以预料；二是事件的严重性，事件造成或者可能造成严重社会危害；三是事件的紧急性，事件需要采取应急措施予以应对，否则将出现严重后果；四是事件的类别性，我国把各种突发事件划分为自然灾害、事故灾难、公共卫生事件和社会安全事件四大类，如下图：

分类标准	表现形式
自然灾害	水旱、气象、地震、地质、海洋、生物和森林草原火灾等。
灾难事故	工矿企业等的各类生产安全事故、交通运输事故、公共设施和设备事故、环境污染和生态破坏事件等。
公共卫生事件	传染病疫情、群体性不明原因疾病、食品安全和职业危害、动物疫情以及其他严重影响公众健康和生命安全的事件。
社会安全事件	恐怖袭击事件、经济安全事件、涉外突发事件、大规模群体性事件等。

二、突发事件的预警级别

根据《中华人民共和国突发事件应对法》的规定，突发事件可分为以下四个预警级别：

【红色等级（一级）】预计将要发生特别重大以上突发公共安全事件，事件会随时发生，事态正在不断蔓延。

【橙色等级（二级）】预计将要发生重大以上突发公共安全事件，事件即将发生，事态正在逐步扩大。

【黄色等级（三级）】预计将要发生较大以上突发公共安全事件，事件已经临近，事态有扩大的趋势。

【蓝色等级（四级）】预计将要发生一般以上突发公共安全事件，事件即将临近，事态可能会扩大。

三、公安机关处置群体性突发事件的基本原则

（一）坚持依法处置的原则

在处置群体性事件中，要针对不同的群体性事件和不同的发展阶段，正确分析判断群体性事件的法律性质，严格掌握合法与非法、罪与非罪的界限，并严格按照法律、法规的有关规定开展处置工作。因此，依法处置原则应作为处置群体性事件的首要原则。

（二）防止矛盾激化的原则

即按照“可散不可聚、可解不可结、可顺不可激”的工作规律，以教育疏导为主，千方百计、冷静稳妥地缓解、化解矛盾。

（三）统一领导下的谁主管谁负责原则

统一领导下的谁主管谁负责原则指为了确保处置工作的协调一致、迅速及时，必须坚持在政府统一领导下，各部门分工负责，各司其职，并实行分级负责、归口管理，严格落实领导和部门责任制，把责任落实到部门、落实到个人。

（四）讲究策略的原则

讲究策略的原则指在处置群体性事件中，既要依法办事，也要统筹考虑，把握时机，因情施策，妥善处置。既要迅速及时，对严重的群体性事件进行果断处置，又要妥善谨慎，防止矛盾的进一步升级激化。

（五）慎用警力、慎用武器警械、慎用强制措施的原则

公安机关要根据群体性事件的性质、起因和规模来决定是否使用、使用多少和如何使用警力，根据事态的发展来决定是否采取强制措施。在处置群体性事件中，一般情况下不携带杀伤性武器弹药，特别情况有携带必要时，应当严格按照《人民警察使用警械和武器条例》、《公安机关处置群体性事件程序规定》等规定携带和使用武器警械。既要防止使用警力、武器警械、强制措施而激化矛盾，使事态扩大，又要快速反应，果断对严重影响社会稳定的群体性事件依法采取措施，及时处置，尽快恢复秩序。对插手群体性事件的敌对分子、蓄意制造事端的幕后操纵者和实施打、砸、抢、烧的违法犯罪分子，要及时依法打击。同时，人民警察在处置群体性过程中也要注意严格公正、文明执法，防止因言语、举止不当，引起警民冲突。

（六）做好处置群体性事件的善后工作

为了确保处置工作的成果，防止群体性事件的反复，在处置工作结束后，要积极协调相关部门，做好善后工作，可能导致群体性事件反复的因素，要保持高度警觉，并积极采取措施，进一步做好化解工作。

四、公安机关在群体性突发事件处置中的职责

（一）信息预警

突发事件的发生一般都会有一定的预警信息流露，而这些预警信息正是公安机关处置突发事件的决策依据。只有掌握突发事件的完整、真实信息，才能正确地分析事态发展，进而采取应对措施，因而对于信息的准确掌握是公安机关应急处置工作的第一要务。公安机关尽早发现各种苗头和潜在因素，及早干预，及早预警。

（二）及时辟谣

信息时代，公安机关经常会被海量的信息所包围，而面对如此浩瀚繁杂的信息，公安机关必须要具备足够的信息研判能力，进行信息筛选，以寻找和捕获那些真正有价值并可能引发突发事件的各种信息。而对于发现的虚假信息，要及时通过媒体、微博、新闻发布会等途径及时进行辟谣，防止引起公众不必要的恐慌。

（三）做好预案

凡事预则立、不预则废。如果平时就缺乏相关预案，等突发事件发生后再去平息处理，那么公安机关的处置工作，就会陷于疲于应付的困难境地。因此，公安机关应根据国内外已

有的突发事件的处置经验和规律，针对不同突发事件的不同特点，制定出适应性强的处置应急方案，一旦有突发事件发生，即可根据预案迅速展开处置工作，有备无患。

（四）控制犯罪

抢劫、盗窃、哄抢物资等犯罪往往伴随着突发事件的发生而发生，公安机关承担着维护社会治安秩序、预防、制止和惩治违法犯罪活动的任务，因此，控制事件所衍生的犯罪行为，并对其发生与发展的趋势、特点和类型作出科学预测，及时采取相应的处置对策，才能确保突发事件处置工作的稳定。

（五）交通疏导

交通基础设施往往会因为严重的突发事件而造成毁灭性的破坏，大量旅客也会因为交通中断而滞留在机场、车站、码头等交通枢纽，从而造成安全隐患，同时，急救医疗、物资运输等也迫切需要公安机关及时疏导交通，恢复正常的交通秩序，以保证处置工作的正常进行。

（六）安全保卫

公安机关针对突发事件的性质和特点，对易受冲击的核心机关和单位的警卫，在国家机关、军事机关、国家通讯社、广播电台、电视台、外国驻华使领馆等单位附近设置临时警戒线，采取应急处置措施。

五、公安机关处置大型群众性活动群体性事件的一般程序

大型群众性活动群体性事件的处置过程大致可以分为初期处置、中期处置和后期处置三个阶段，各个不同阶段都有着不同的工作重点和处置方法。

（一）初期处置

（1）迅速组织就近警力，赶赴事件现场；（2）观察动态，掌握情况；（3）管制现场，控制局势。

（二）中期处置

（1）进行宣传教育，疏散现场群众。

（2）采取强制措施，果断平息事态。

第一，封闭现场和相关地区：未经检查批准，任何人不得进入；第二，设置警戒带，划定警戒区域；第三，实行区域性交通管制；第四，守护重点目标；第五，查验现场人员身份证件，检查嫌疑人员随身携带的物品；第六，未经现场指挥批准，任何人不得在事件现场进行录音、录像、拍照、采访、报道等活动。

（3）做好取证工作，掌握违法犯罪事实。

做好现场取证工作，查清和掌握事件中有关人员的基本情况，可以使用录音、录像、照相等手段，采取公开与秘密的方法及时取证，为后期处理做好准备。

（4）及时清理现场，迅速恢复秩序。

事件平息后，应及时组织力量协助有关部门和单位清理现场，迅速恢复正常的社会秩序。要及时救治受伤人员，清理现场遗留物品，撤除路障，解除现场交通管制，恢复交通秩序。

（三）后期处置

1. 事件调查

事态平息后，应重点调查事件的各个阶段和事件主体的层次构成，区分出“幕后”、

“操纵”、“为首”、“参与”、“围观”等参加事件的各个层次。

2. 对事件主体的处理

对没有违法行为的，进行法制宣传教育，不予追究法律责任；对危害行为情节显著轻微的，给予批评教育，或建议其所在单位给予行政处分；对扰乱社会秩序，劝告无效的，依法给予治安处罚；对外地参加闹事的，要做好遣送工作；对刑事犯罪分子要移交司法部门，依法严惩；对事件负有责任的法人，应协助有关部门进行调查，并向党委、政府报告，作出处理决定。

3. 对事件危害后果的处理

第一，对事件中造成的人身伤亡应做好善后工作，依法分清责任，区别对待；第二，对造成人身和财物损害需要赔偿的，要依法做好赔偿工作；第三，对处置中获取的有关物证，进行登记造册后归档，妥为保存。

六、大型群众性活动常见突发事件处置要点

（一）公安机关对大型群众性活动中发生爆炸袭击事件处置要点

1. 在体育场馆及周边发现疑似爆炸装置处置要点：（1）不要触动疑似爆炸装置，立即上报现场情况；（2）确定为爆炸装置后，迅速疏散现场人员，尽量避免引起群众恐慌；（3）迅速通知专业排爆人员到场进行排爆。

2. 发现体育场及周边有人携带可疑物品并扬言引爆的处置要点：（1）立即上报相关情况，并及时派遣专家、搜爆人员赶赴现场；（2）稳定嫌疑人情绪，迅速疏散周围群众，尽可能将嫌疑人及疑似爆炸物控制在现场；（3）设置警戒线并视情况疏散现场群众；（4）对发现的可疑物品，通知专业排爆人员进行处置。

（二）大型群众性活动中发生暴力事件公安机关处置要点

1. 公安机关执法执勤民警应迅速赶到现场，表明身份、出示执法证件，情况紧急来不及表明身份的除外；

2. 命令嫌疑人立即停止违法犯罪行为，按照要求的姿势和动作接受检查，告知拒不服从指令的后果以及将要采取的强制性措施；

3. 根据《中华人民共和国人民警察使用警械和武器条例》第7条、第9条，对拒绝服从命令的嫌疑人，根据现场情况、选用强光手电、抓捕网、催泪喷射器、警棍等警械将其制服，对正在实施可能危及他人生命安全的嫌疑人，经警告无效，可以使用武器将其制服。对现场出现人员伤亡的，无论是嫌疑人伤害造成的，还是警察使用武器和警械所致，都应及时采取必要救治措施，通知120急救中心。嫌疑人受伤救治期间要加强看管和约束。根据《中华人民共和国人民警察使用警械和武器条例》第12条、第13条，人民警察使用武器造成犯罪分子或无辜人员伤亡的，要保护现场，并立即向当地公安机关或者该人民警察所属机关报告；人民警察使用武器的，应当将使用武器的情况如实向所属机关书面报告；

4. 对犯罪行为人人身及携带物品进行检查；

5. 保护现场，收集、固定相关证据，防止证据灭失；

6. 填写接处警记录，制作相关法律文书。

（三）在大型群众性活动中发生聚众冲击国家机关、企事业单位违法行为警情处置要点

1. 处警民警携带警戒绳、电台、高音喇叭、电筒、灭火器、防护器具等装备赶赴现场，必要时，应携带枪支、警棍等武器警戒；

2. 到达现场后迅速控制现场事态，制止过激行为，设置警戒区，维持秩序，疏导交通，劝离围观群众，警力不足的，报告指挥中心请求增援；

3. 向现场知情人了解情况，掌握冲击者身份、所属单位及冲击的目的、原因，通过指挥中心立即报告当地党委、政府主要领导；

4. 向冲击者进行政策、法律宣传，联系所属单位或基层组织负责人到场对话，做好劝说、疏导工作；

5. 注意发现冲击人群的组织者和骨干人员，向围观人员做好调查取证工作，不听劝阻，拒不离开的，通过指挥中心调集消防车，可以使用高压水枪等驱逐性警械将人群驱散，将组织者、骨干人员强行带离，带至公安机关审查，按办案程序处置；

6. 注意收集、固定证据，具备条件的，对冲击现场及带离过程予以拍照、录音、录像。

（四）大型群众性活动中发生涉外突发事件处置要点

1. 当确认涉外突发事件即将或已经发生时，应按照"统一指挥、属地为主、分工负责、专业处置"的要求，现场执法人员应当在第一时间内将突发事件基本情况向市公安机关报告，并通报市政府的外事部门；

2. 现场人员应维护好事发地区治安秩序，做好交通保障、人员疏散等各项工作，尽全力防止事态的进一步扩大。采取公开与秘密相结合的方法，获取证据，为事件处理提供依据，要注重现场取证的及时性、准确性和程序合法性；

3. 在处置涉外突发事件过程中，防止事态扩大，引起其它案件的发生，现场处置组要有针对性地加强对重点人员和敏感部门的控制、保卫；

4. 主动向现场指挥部和参与事件处置的相关部门提供与应急处置有关的基础资料，尽全力为实施应急处置、开展救援等工作提供各种便利条件；

5. 对外国人依法拘留、逮捕、监视居住或者外国人死亡的，及时通知有关外国驻华使、领馆，现场处置组应当在有关国际公约和双边领事条约规定的期限内通知其所属国籍国驻华使、领馆。

（五）公安机关对大型群众性活动上访事件处置要点

1. 当发生各类上访闹事事件时，执勤民警要迅速了解事件起因、目标指向、规模程度、趋势状况，立即向领导报告；

2. 领导小组要迅速调动足够警力赶赴现场，控制事态，一旦发生围堵现场和驻地的群体性上访闹事事件，各单位要按照属地管理原则，根据各自的职责分工，进行先期处理，迅速控制现场范围和群体规模，劝离疏散围观人员，必要时实行局部交通管制，封闭现场，维护秩序；

3. 要积极配合有关方面发动宣传攻势，讲明法律政策，解释有关问题，引导群众通过正当渠道反映解决问题，发现个体异常上访、个体闹访和拦截与会领导的人员，就近执勤民警应立即上前劝阻并先行将上访人员带离现场。

（六）大型群众性活动发生重特大火灾事故处置要点

1. 发生重特大火灾事故时，现场执勤民警要配合维护现场秩序，疏导群众迅速离开，消防部门应立即控制火灾，抢救伤员；

2. 要用警戒带划定警戒区，并在警戒区外设置警告标志；

3. 交警和巡警部门疏导现场周边道路交通，保证救护车辆、抢险车辆等有关车辆途径线路的交通畅通；

4. 准确、仔细勘查事故现场，查找事故原因；

5. 做好事故善后工作。

（七）大型群众性活动发生重特大交通事故应处置要点

1. 当发生重特大交通事故时，事故发生地交警、巡警部门应立即组织民警到达现场，抢救伤员；

2. 对因抢救伤员需要移动车辆、物品的，应先标明原始位置；

3. 用警戒划定警戒区，并在警戒区外设置警告标志；

4. 维护现场秩序，疏导现场周边道路交通，保证救护车辆、抢险车辆等有关车辆途经线路的交通畅通，顺利通行；

5. 准确、仔细勘查事故现场；

6. 寻找事故目击人、被害人，控制肇事司机，开展现场走访工作。

（八）在大型群众性活动场馆周边等重点地区发生非法集会、游行、示威的处置要点

1. 交警部门对现场及现场周边实行交通管制；

2. 组织警力对游行队伍进行拦截，没收游行人群所持标语、横幅、旗帜等物品，做好现场取证工作，在游行队伍两侧前后合理布警，隔离游行队伍和无关群众，防止无关人员混入游行队伍；

3. 了解游行队伍的诉求和要求，确定游行队伍的组织者，协调大客车做好人员分流，并通知相关部门出面做好教育疏导工作；

4. 着装警力劝离围观群众，恢复正常的现场秩序，同时确保现场信息管制及时有效；

5. 组织警力将游行人员劝至信访部门或指定的接待场所；

6. 对拒不服从公安机关安排的人员，强行带离现场；

7. 到限令时间后，对依旧不离开现场的，集中优势警力对游行群众进行穿插、分割，将聚集人员强行带离到附近指定接待场所；

8. 属地公安机关、刑警部门对组织闹事、幕后策划者以及现场挑头闹事者开展调查取证工作，掌握其违法犯罪的证据；

9. 必要时，经过指挥部同意，可以对组织闹事者、幕后策划者以及挑头闹事的进行抓捕；

10. 交警部门做好游行线路主要路口的交通管制工作，避免人车混流，引发交通事故；

11. 其他辖区分局要加强重点路段巡查，对发现人员聚集等苗头性事件，尽快摸清情况，采取有效措施有效疏导制止，并及时上报；

12. 加强对现场的管控工作，做好新闻管制工作，及时制止未经许可的采访行为。出入境管理处警力对境外记者查验身份、讲明理由、进行劝离；

13. 清理现场结束后，由所在地公安机关警力在现场设立警戒线，设置观察哨，维护现场秩序。

第八节　大型群众性活动安全管理相关法律责任

一、承办方的相关法律责任

（一）未经许可或擅自变更的法律责任

根据《大型群众性活动安全管理条例》第 20 条的规定，承办者擅自变更大型群众性活动的时间、地点、内容或者擅自扩大大型群众性活动的举办规模的，由公安机关处 1 万元以上 5 万元以下罚款；有违法所得的，没收违法所得。未经公安机关安全许可的大型群众性活动由公安机关予以取缔，对承办者处 10 万元以上 30 万元以下罚款。

同时，根据《治安管理处罚法》第 38 条的规定，举办文化、体育等大型群众性活动，违反有关规定，有发生安全事故危险的，责令停止活动，立即疏散；对组织者处 5 日以上 10 日以下拘留，并处 200 元以上 500 元以下罚款；情节较轻的，处 5 日以下拘留或者 500 元以下罚款。

（二）发生重大伤亡事故、治安案件或者造成其他严重后果责任人的法律责任

根据《大型群众性活动安全管理条例》第 21 条的规定，承办者或者大型群众性活动场所管理者违反本条例规定致使发生重大伤亡事故、治安案件或者造成其他严重后果构成犯罪的，依法追究刑事责任；尚不构成犯罪的，对安全责任人和其他直接责任人员依法给予处分、治安管理处罚，对单位处 1 万元以上 5 万元以下罚款。

（三）发生公共安全事故责任人的法律责任

根据《大型群众性活动安全管理条例》第 22 条的规定，在大型群众性活动举办过程中发生公共安全事故，安全责任人不立即启动应急救援预案或者不立即向公安机关报告的，由公安机关对安全责任人和其他直接责任人员处 5000 元以上 5 万元以下罚款。

☞ **知识链接**

大型群众性活动重大安全事故罪

大型群众性活动重大安全事故罪是指举办大型群众性活动违反有关安全管理的规定，因而发生重大伤亡事故或者造成其他严重后果的行为。

☞ **相关案例**

正月十五是传统的闹花灯的时间，某县文化局为了活跃群众文化活动，在公园举办了大型迎春灯展活动。大型迎春灯展活动人山人海，游人如织。在正月十五夜 9 时灯展达到高潮时，因观灯游人在公园桥上跌倒，导致身后游人不明真相引起骚动发生拥挤，游人争相四散，由于无人疏导，找不到安全通道，造成踩死 36 人，挤伤 14 人特大恶性事故。事后，文化局大型迎春灯展的主管副局长周某、安全管理员王某及其他相关直接责任人员，被法院以大型群众性活动重大安全事故罪定罪处罚。①

---

① 华律网，http：//www. 66law. cn/laws/82252. aspx。

案例分析：

该案例涉及《刑法修正案（六）》第三条新增加的刑法第一百三十五条之一。全文为："举办大型群众性活动违反安全管理规定，因而发生重大伤亡事故或者造成其他严重后果的，对直接负责的主管人员和其他直接责任人员，处三年以下有期徒刑或者拘役；情节特别恶劣的，处三年以上七年以下有期徒刑。"该条将举办大型群众性活动违反安全管理规定，发生重大安全事故的行为增加规定为犯罪。根据最高人民法院、最高人民检察院《关于执行〈中华人民共和国刑法〉确定罪名的补充规定（三）》，该刑法第一百三十五条之一确定罪名为大型群众性活动重大安全事故罪。

《刑法修正案（六）》第三条之所以新增加刑法第一百三十五条之一，原因在于大型群众性活动关乎不特定的众多人员及财产安全，而大型群众性活动重大安全事故却屡有发生，危害极大。这些年来，随着国民经济的快速发展，人民生活水平亦逐步提高，各类群众性文化娱乐活动、体育活动越来越多，规模和人数也不断扩大。有些大型文艺演出、春节庙会，少则几百人，多则数万人，安全压力自然接踵而至。但是，有的大型群众性活动的组织者，背离国家相关部门规定的"谁主办，谁负责"的原则，盲目追求经济利益，却把广大群众的生命安全置之脑后而不顾。有的未经依法批准擅自举行，有的根本没有安全保卫应急预案，最后致使在大型群众性活动中现场秩序严重混乱、失控，酿成挤压、踩踏等死伤多人的恶性伤亡事故。基于大型群众性活动重大安全事故往往伤亡人数众多，危害性极大，《刑法修正案（六）》新增加大型群众性活动重大安全事故罪是万分必要的，会对大型群众性活动重大安全事故起到遏止作用。

由案例可以看出，大型迎春灯展活动属于大型群众性活动，由于主办方文化局疏于对大型群众性活动的安全管理，以至于酿成特大型群众性活动安全事故，法院对其直接负责的主管人员和其他直接责任人员以重大型群众性活动安全事故罪定罪量刑。由于该事故不是发生在生产作业的领域，故不构成重大责任事故罪。由于发生特大伤亡事故不是源于外在的不可抗力，而是源于举办方疏于对大型群众性活动的安全管理，没有尽职尽责，所以不是意外事故。

二、活动参与者的相关法律责任

根据《大型群众性活动安全管理条例》第九条的规定，参加大型群众性活动的人员应当遵守法律、法规和社会公德，不得妨碍社会治安、影响社会秩序；遵守大型群众性活动场所治安、消防等管理制度，接受安全检查，不得携带爆炸性、易燃性、放射性、毒害性、腐蚀性等危险物质或者非法携带枪支、弹药、管制器具；服从安全管理，不得展示侮辱性标语、条幅等物品，不得围攻裁判员、运动员或者其他工作人员，不得投掷杂物。参加大型群众性活动的人员有违反以上规定行为的，由公安机关给予批评教育；有危害社会治安秩序、威胁公共安全行为的，公安机关可以将其强行带离现场，依法给予治安管理处罚；构成犯罪的，依法追究刑事责任。

同时根据《治安管理处罚法》第 24 条之规定，有下列行为之一，扰乱文化、体育等大型群众性活动秩序的，处警告或者 200 元以下罚款；情节严重的，处 5 日以上 10 日以下拘留，可以并处 500 元以下罚款：1. 强行进入场内的；2. 违反规定，在场内燃放烟花爆竹或者其他物品的；3. 展示侮辱性标语、条幅等物品的；4. 围攻裁判员、运动员或者其他工作人员的；5. 向场内投掷杂物，不听制止的；6. 扰乱大型群众性活动秩序的其他行为。因扰乱体育比赛秩序被处以拘留处罚的，可以同时责令其12个月内不得进入体育场馆观看同类比赛；违反规定进入体育场馆的，强行带离现场。

☞ 执法参考

大型群众性活动中几种常见的违反治安管理行为的认定

（一）强行进入大型群众性活动场内违法行为

强行进入大型群众性活动场内违法行为，是指行为人未持有票证，并且不听工作人员的制止，强行进入大型群众性活动举办的场所内，或者虽持有票证，但不服从安全人员的安全检查，而强行进入大型群众性活动举办的场所内以及其他强行进入场内的行为。根据大型群众性活动的举办场地，“场内”主要是指：封闭式的场地，如音乐厅、体育馆、有围墙或栅栏的场地等，封闭的场所内属于“场内”；没有围墙或栅栏的露天场所，如道路、广场、开放式公园等，活动中心区域和观众密集区域属于“场内”。

（二）违规在大型群众性活动场内燃放物品违法行为

违规在大型群众性活动场内燃放物品违法行为，是指行为人违反规定，在大型群众性活动举办场所内燃放烟花爆竹或者衣物、纸张等其他物品，扰乱活动秩序，尚不构成刑事处罚的行为。在《烟花爆竹安全管理条例》中第42条第2款规定，在禁止燃放烟花爆竹的时间、地点燃放烟花爆竹，或者以危害公共安全和人身、财产安全的方式燃放烟花爆竹的，由公安部门责令停止燃放，处100元以上500元以下的罚款；构成违反治安管理行为的，依法给予治安管理处罚。扰乱活动秩序，尚不够刑事处罚，是指本违法行为情节没有达到刑事犯罪的程度，即违规在大型群众性活动场内燃放物品仅仅造成局部秩序影响，没有造成人员伤亡和财产重大损失，没有对大型群众性活动的正常进行造成破坏。若燃放物品造成大型群众性活动无法正常进行，出现现场人员伤亡和重大财产损失，造成严重危害后果，符合刑事立案标准的，则按照失火罪进行立案。

（三）在大型群众性活动场内展示侮辱性物品违法行为

在大型群众性活动场内展示侮辱性物品违法行为，是指在文化、体育等大型群众性活动场内展示侮辱性标语、条幅、画像、服装等物品，扰乱活动正常秩序，尚不构成刑事处罚的行为。所谓侮辱性的标语、条幅等物品，是指含有对人格、名誉破坏性、侮辱性、诽谤性内容的文章、图片、漫画等条幅、标语等。所谓展示，是指在大型群众性活动场内，向公众出示侮辱性标语、条幅等，让公众知晓标语、条幅等物品所包含的侮辱性内容。本违法行为只需要具有展示侮辱性标语、条幅等物品的行为，就构成治安违法。所谓情节严重，是指展示侮辱性标语、条幅，造成大型群众性活动现场秩序混乱，构成治安处罚的加重情节。如果展示侮辱性标语、条幅，造成大型群众性活动出现骚乱、斗殴、人员踩踏伤亡，造成重大社会影响等，则展示侮辱性标语、条幅构成刑事犯罪，应以寻衅滋事罪立案。

（四）围攻大型群众性活动工作人员违法行为

围攻大型群众性活动工作人员违法行为，是指在大型群众性活动举行期间，对大型群众性活动裁判员、运动员或者活动的组织者、活动场地管理者和其他为活动正常履行管理职责的人员，进行辱骂、指责、推搡，影响裁判员、运动员及其他工作人员的正常工作和活动，尚不构成刑事处罚的行为。围攻，是指不特定的多人包围裁判员、运动员或者其他工作人员，并击打裁判员运动员或者其他工作人员身体，击打的方式包括徒手击打、使用工具（矿泉水瓶块、板凳、棍棒等）击打。本违法行为只要出现围攻裁判员、运动员或者其他工作人员的行为，即构成治安违法，应给予相应治安处罚。如果围攻裁判员、运动员或者其他工作人员造成被害人轻伤、重伤或死亡的，则构成犯罪，应以故意伤害罪追究犯罪嫌疑人的刑事责任。

（五）向大型群众性活动场内投掷杂物违法行为

向大型群众性活动场内投掷杂物违法行为，是指在大型群众性活动举行期间，向场内投掷杂物不听制止，投掷的物品足以造成他人人身伤害或者活动不能正常进行，尚不构成刑事处罚的行为。向大型群众性活动场内投掷杂物违法行为主体既包括参加大型群众性活动的人员，也包括明知是正在举办大型群众性活动而故意投掷的未参加活动的人员。例如，某市正在举办元宵灯会，李某在位于灯会举办场地附近的高楼上将矿泉水瓶等垃圾向赏灯的人群中投掷，致使人群中出现短暂的恐慌和拥挤。

三、主管部门的相关法律责任

根据《大型群众性活动安全管理条例》第24条的规定，有关主管部门的工作人员和直接负责的主管人员在履行大型群众性活动安全管理职责中，有滥用职权、玩忽职守、徇私舞弊行为的，依法给予处分；构成犯罪的，依法追究刑事责任。

【引导案例】

1. 大型群众性活动的范围包括哪些？

大型群众性活动是指法人或者其他组织面向社会公众举办的每场预计参加人数达到1000人以上的下列活动：

（1）体育比赛活动；

（2）演唱会、音乐会等文艺演出活动；

（3）展览、展销等活动；

（4）游园、灯会、庙会、花会、焰火晚会等活动；

（5）人才招聘会、现场开奖的彩票销售等活动。

2. 在现实社会中，公安机关对于大型群众性活动安全监管的主要职责是什么？

公安机关对于大型群众性活动安全监管主要职责包括：

（1）审核承办者提交的大型群众性活动申请材料，实施安全许可；

（2）制订大型群众性活动安全监督方案和突发事件处置预案；

（3）指导对安全工作人员的教育培训；

（4）在大型群众性活动举办前，对安活动场所组织安全检查，发现安全隐患及时责令改正；

（5）在大型群众性活动举办过程中，对安全工作的落实情况实施监督检查，发现安全隐患及时责令改正；

（6）依法查处大型群众性活动中的违法犯罪行为，处置危害公共安全的突发事件。

【典型案例解析】

案情：

2017年4月6日，某有限公司向×××公安局递交了在某某体育场举办“文化节演唱会”活动的安全许可申请。×××公安局在对活动相关安全事项进行审查后，认为活动存在诸多安全隐患，遂决定不予安全许可，并对某有限公司下达了不予安全许可决定书。

收到不予安全许可决定书的某有限公司仍然我行我素，继续进行演唱会的各项准备工作，并将演出场地擅自变更至。为此，×××公安局又于4月21日对某有限公司下达了责令停止举办大型活动告知书，责令其立即停止一切关于演唱会的宣传和售票等筹备工作。某有限公司以演唱会门票已经售出为由，在未经安全许可的情况下，于4月27日晚在变更的地点举办了“文化节大型演唱会”。×××警方为了参与群众的安全，抽调大批警力维护秩序，保证了演唱会现场的安全。

日前，×××公安局已依法作出对某有限公司罚款20万元的决定，同时对承办此次活动的某国际文化传播有限公司依法予以训诫。

问题：

公安机关如何对大型群众性活动实施安全许可?

解析：

本案中某有限公司未经公安机关安全许可，举办大型演唱会的行为，违反了《大型群众性活动安全管理条例》第二十条之规定。未经公安机关安全许可的大型群众性活动由公安机关予以取缔，对承办者处10万元以上30万元以下罚款。结合本案，公安机关对大型群众性活动实施安全许可程序如下：

1. 按照《大型群众性活动安全管理条例》规定，预计每场次参加人数达到1000人以上的体育比赛、文艺演出、展览展销、游园灯会、庙会花会、焰火晚会、人才招聘会等属于大型群众性活动，要于活动举办日的20日前提出安全许可申请，公安机关治安部门接到申请后，对承办者申报的材料进行审核，属于本单位管辖的进行受理。

2. 公安机关对受理的申请，应当自受理之日起7日内进行审查，对活动场所进行查验。对检查中发现的问题，提出整改要求，督促消除隐患。对逾期未消除的，责令承办者延期或停止举办。

3. 经审查和查验，应当在受理之日起7日内，对符合安全条件的，作出许可决定，颁发《大型群众性活动安全许可决定书》；不符合安全条件，或经整改仍未达到安全条件的，作出不予许可决定，发给《大型群众性活动不予安全许可决定书》，并说明理由。

4. 对经安全许可的大型群众性活动，承办者不得擅自变更活动的时间、地点、内容或者扩大大型群众性活动的举办规模。如确有必要变更已经安全许可的大型群众性活动，应按要求办理变更或者取消手续。

【实训项目一】

实训名称：大型群众性活动安全监管方案的制定

（一）情景设定

×××年××月××日北京市某大学准备在其校园体育场举办露天校园歌手晚会，其体育场为封闭式体育场，东南西北各一个进出通道，固有座位5000余个，操场为标准足球场场大小，舞台搭建在体育场北侧，且一部分延伸至操场中央，舞台总面积达150平米。晚会参与人员包括观众近八千人，其中有五千人的在校学生、两千人的校外嘉宾和一千人的教职工及家属，上台演出人员一百人左右，后台工作人员三十余人，学校专业安保人员七十人。

（二）实训目的

大型群众性活动作为大型群众性活动安全保卫工作的重要环节，方案制定是否全面合理直接影响着活动的开展。通过制定安全监管方案的实训，让学生了解大型群众性活动的组织方式、监督的重点，如何分配保卫工作任务，熟悉大型群众性活动的工作流程，提高学生的实战能力，为做好大型群众性活动安全保卫相关工作打下良好基础。

（三）实训内容

1. 大型群众性活动保卫工作的责任分工
2. 大型群众性活动的指挥与组织
3. 大型群众性活动的监管重点
4. 大型群众性活动中突发情况的应急处置

（四）实训准备

1. 交代实训案例，说明方案制作要求
2. 对学生进行分组，每组以4~6人为宜

（五）组织实训

1. 讲解监管方案的相关内容和制作要求

监管方案应当包括：组织领导、监管重点、警力部署、处置预案等内容。在制做方案的过程中应当条理清楚、分工明确、表达顺畅。

2. 指导学生实训

在方案制作过程中，随时了解各小组的进展，对学生们提出的问题进行解答。

3. 对实训方案进行讲解

每组同学派一个代表对本小组方案进行讲解。

4. 对实训进行打分

教师根据监督方案的可行性、合理性、完整性进行打分。

（六）实训总结

1. 学员按照实训项目完成实训，指导教师对实训过程进行讲评、总结。
2. 学员课下完成实训报告。

【实训项目二】

实训名称：大型群众性活动的现场检查

（一）情景设定

×年×月×日20点，某著名歌星将在我市体育场举办大型演唱会，演唱会持续约三个半小时，共发放门票三万张，本次演唱会内场共设置7000个座位，外场共有23000个座位，在体育场外设有检票口和安检口。在举办前主办方聘用专门保安公司负责演唱会安保工作，相关手续符合法律规定。

（二）实训目的

作为大型群众性活动安全保卫工作的关键环节，现场检查的成效关乎着活动的成败。通过本次实训让同学们了解现场检查的程序和步骤、现场检查的重点、对于检查出来的问题如何处置。

（三）实训内容

1. 现场检查的重点
2. 现场检查的步骤
3. 检查过程中问题的处置

（四）实训准备

1. 准备体育场的平面地图
2. 对学生进行分组，每组以6~8人为宜

（五）组织实训

1. 教师向学生讲明实训要求及注意事项
2. 每组同学针对体育场的实际情况，在平面图中标注出安保力量部署，划分区域，应急处突设备的布置和进场退场通道等相关安保工作
3. 一个小组派一名成员到讲台上进行讲解，其他同学针对其布置指出其存在的问题

（六）实训总结

1. 学员按照实训项目完成实训，指导教师对实训过程进行讲评、总结
2. 学员课下完成实训报告

【实训项目三】

实训名称：大型群众性活动安全保卫工作现场勤务

（一）情景设定

×年×月×日上午，某名牌大学拟在校园塑胶操场举行建校100周年庆典活动。届时，将有来自教育部、省政府、省教委、省教育厅及多所知名大学的领导前来祝贺，同时还有历届校友、全院师生员工及学院周边社会群众近1万人参加。在庆典期间邀请了相关文艺演出单位在庆典现场进行历时两小时的文艺表演，省卫视等省内多家媒体将对庆典仪式和文艺演出作现场采访报道。午餐后，前来参与庆典的各级领导和历届校友相继离校。

（二）实训目的

现场勤务作为大型群众性活动安全保卫工作的核心环节，勤务效果的好坏直接决定着大型群众性活动安全保卫工作的整体效能。通过现场勤务实训，让学生了解现场勤务的组织方式、掌握现场勤务的基本方式方法，学会合理设置勤务岗位、分解勤务工作任务，熟悉现场勤务相关器材及装备的使用，熟练掌握现场勤务的实施步骤，提高学生在现场勤务中的实战能力，为今后从事大型群众性活动安全保卫工作工作奠定良好基础。

（三）实训内容

1. 现场勤务的组织指挥
2. 现场勤务的警力配置
3. 现场勤务中的安全检查
4. 现场勤务中突发事件的处置工作

（四）实训场地

1. 选择塑胶操场作为主训场地，实训前任课教师对塑胶操场相关区域进行相应布置
2. 利用学院安全防范技术实验室（X 光机和车辆安全检查仪）作为辅训场地

（五）实训器材

1. 现场安保勤务人员的证件标示
2. 参与庆典人员、车辆的专场证件标示
3. 对讲机、警戒带、隔离墩、交通提示牌
4. 身份证读卡器、手持式安检仪
5. 学院安全防范技术实验室的 X 光机、车辆安全检查仪
6. 违禁物品（非法宣传品、危险品）等
7. 手持式扩音器、活动现场相关安全规定文稿

（六）实训组织

1. 实训准备

布置实训场地，准备好相应的实训器材。

2. 学生分组

对学生进行分组，根据现场勤务要求，每组以 10 人为宜，6 人扮演现场勤务安保人员（其中，确定 1 名勤务小组长），4 人扮演参加庆典领导、群众、违禁品携带人员及需要帮助的群众。

3. 组织实训

（1）场内力量布置。

要求各学生小组组长依次科学筹划、分配场内勤务力量，重点对主席台和操场群众观礼区局部的勤务岗位设定和力量安排。

（2）入场安检和入口控制警戒。

要求各学生小组组长对本小组成员进行角色分配、职责划分，组织对入场人员进行准予票证、身份查验，落实入口现场警戒和秩序维护措施；模拟群众携带违禁物品、持假票证进入活动场地情景，由小组长组织现场处置工作。

（3）现场引导，安全宣传。

要求学生组织引导群众入场，利用手持扩音器进行现场安全宣传工作。

（4）现场巡逻。

要求各学生组长组织成员对塑胶操场及外围进行巡逻勤务，小组成员内商定巡逻方式、区域和线路。

（5）现场突发性事件处置。

要求各小组安排学生扮演群众，模拟活动现场观众投掷杂物、高举违法宣传条幅、人群哄闹滋事等情景，由各小组组长组织成员扮演应急人员和勤务人员联合处置。

（6）现场媒体应对。

要求各小组安排学生扮演媒体记者，模拟对现场勤务人员进行采访，被采访人员按勤务新闻纪律要求应对。

（七）实训总结

1. 学员按照实训项目完成实训，指导教师对实训过程进行讲评、总结。

2. 学员课下完成实训报告。

【思考与练习】

1. 大型群众性活动的主办方有哪些职责？

2. 公安机关如何开展现场安全检查工作？

3. 开展大型群众性活动安全风险评估的作用？

4. 安保志愿者是大型群众性活动重要安保力量，结合实例谈谈安保志愿者在活动中发挥的作用？

【本章小结】

随着我国综合国力的不断增强，大型群众性活动的数量呈逐年上升趋势，大型群众性活动一般具有参与人数众多，规模较大，容易发生治安灾害事故等特点，给公安机关安全管理工作带来了巨大的挑战。根据《大型群众性活动安全管理条例》有关规定，大型群众性活动本着“承（主）办者负责、政府监管”的原则，公安机关首先要明确自身承担的安全监管职责，主要包括活动前的安全许可、安全检查、应急预案的制定；活动过程中的安检工作、票证管理工作、场地内外的秩序维护以及现场违法行为的查处等工作。为了确保大型群众性活动安全有序开展，公安机关要对大型群众性活动整个过程建立安全风险评估机制，准确预测风险、危害，为各项安保工作提供科学依据；同时，还要切实加强大型群众性活动中突发事件的应急处突能力，将事态控制于萌芽之中。

【补充阅读一】

第五届中国广昌国际莲花节安全保卫工作实施方案

根据《第五届中国广昌国际莲花节筹备工作总体方案》的部署和要求，为了切实做好第五届中国广昌国际莲花节安全保卫工作，确保节日期间各项活动顺利进行，特制定本实施方案：

一、指导思想和工作目标

总的指导思想：在县委、县政府的领导下，本着“预防为主、从严管理、安全第一”的方针，按照“精心组织，周密部署，扎实稳妥，万无一失”和“统一指挥，分级负责，分片包干，各司其职，服从命令，严守纪律”的原则，全警动员，全力以赴，确保第五届中国广昌国际莲花节安全保卫工作万无一失。

总的工作目标是：做到“十个不发生”：不发生影响大的政治事件；不发生闹访和越级上访事件；不发生涉爆涉枪恶性案件（事故）和暴力行凶案件；不发生挤踩伤亡事故和看台（或其他建筑物）垮塌事故；不发生重大交通堵塞和交通安全事故；不发生重大火灾事故；不发生侵害首长、嘉宾人身和财产安全的严重案件；不发生黄赌毒等社会丑恶现象；不发生因民警执法执勤不当引发各种问题。

二、组织领导（略）

三、工作任务

1. 县人武部抽调民兵预备役人员协助公安机关做好大型歌舞晚会、焰火晚会的安全保卫工作；

2. 县信访局、县改制办做好不稳定因素的摸排和控制，及时掌握上访人员的有关情况信息；

3. 嘉宾住地的安全保卫；

4. 发布交通管制通告，整顿交通秩序，在县城重点路段适时进行交通管制；

5. 整顿县城区域范围和主要旅游景点乡镇的社会治安秩序，做好县城内乞丐、精神病人的收容、遣散工作；

6. 开展消防安全大检查；

7. 开展不稳定因素安全大排查和县城城区治安整治；

8. 做好首届“莲花仙子”评选、“魅力莲花·激情广昌”歌舞暨焰火晚会及广昌县招商引资恳谈会暨重大项目签约会等节日期间各项活动的安全保卫工作。

四、时间安排（略）

五、警力配备与职责

本届莲花节共组织警力（含民兵应急分队）450人，包括县公安局160人、县交警50人、森林警察大队20人、县消防大队10人、县武警中队10人、县人武部民兵应急分队200人。

（一）来宾住宿保卫组

职责：对来宾住宿宾馆进行安全检查，排除不安全隐患，对宾馆服务工作人员进行安全教育；配合卫生防疫部门搞好食品卫生；对出入来宾住地宾馆人员进行严格盘查，来宾及服务人员凭证进出宾馆，尤其要防止少数以上访、举报、投诉为名纠缠围攻领导和来宾，确保领导、来宾的人身财产安全。

（二）交通安全组

职责：负责整个莲花节期间的交通秩序维护工作并由交警大队制定具体的实施方案。

（三）治安秩序专项整治组

职责：排查和整治县城城区和旴江、甘竹、赤水、驿前等节庆重点活动场所的治安乱点问题；排查和整治全县公共场所和重点要害部位的治安隐患、消防隐患，规范特种行业和娱乐场所依法经营，打击违法犯罪行为。

（四）严打整治组

职责：在莲花节前期及莲花节期间，开展多种形式的严打整治专项行动，特别是要开展卓有成效的“两抢一盗”专项行动，确保社会治安的稳定。

（五）旅游景点保卫组

职责：整治和维护旅游景点的社会治安秩序，严防极少数人以上访、举报、投诉为名纠缠围攻到景点观光浏览的领导和来宾，确保来旅游景点的领导、来宾的人身财产安全，秩序良好。

（六）文化活动保卫组

职责：对节庆期间各种文化活动的场所、路线、设施等进行严格的安全检查、清场，加强值班巡逻，严禁无关人员和车辆进入，确保文化活动顺利进行。

（七）处置突发事件组

职责：24 小时值班备勤，听从领导指挥，随时做好出警和应付制止各种突发事件，确保召之即来，来之能战，战则能胜。

（八）通信指挥组

职责：及时准确传达指挥部和领导的指令、部署，确保有线、无线通信设施性能良好，畅通无阻。

（九）后勤保障组

职责：做好后勤保障和机关内部安全保卫，热情接待上级领导和来宾来客，认真做好与市公安局的工作联系，完成局主要领导交办的其他任务。

六、工作要求

（一）提高认识、加强领导、精心组织

此次莲花节的安全保卫工作至关重要，是对公安机关整体作战能力的再次重大考验，也是对公安民警素质和纪律作风的一次严格检阅。因此各级领导和广大公安民警务必引起高度重视，全力以赴投入到安全保卫工作中去，要服从大局，服从指挥，切实加强组织领导，充分发挥各单位、各警种的职能作用和工作优势。各安全保卫组和处置突发事件组要按照总体方案的要求，认真研究制定具体实施方案，精心组织、周密部署、层层动员、各司其职，各级领导要率先垂范，按照方案要求和职责分工逐警种、逐单位、逐人落实责任，确保人人有事做，事事有人做。

（二）狠抓社会治安集中整治，为莲花节创造良好的治安环境

1. 要加大对刑事犯罪的打击力度，把打击现行和侦破积案结合起来，狠狠打击盗窃、抢劫（夺）、诈骗等多发性，侵财性案件的违法犯罪分子。

2. 要加大对治安乱点的整治力度，派精兵，集中警力和时间进行整治，彻底改变治安面貌。

3. 要集中对枪支弹药、爆炸危险品开展拉网式清理收缴工作，严厉打击涉枪涉爆犯罪活动。加强民用爆炸危险物品的管理，严防爆炸物品流失、被盗。

4. 要加强重点人口的控制和暂住人口，出租私房管理，以旅店业、文化娱乐等场所为重点，加强安全检查和行业从业人员教育，扫除“黄赌毒”等社会丑恶现象。

（三）加强培训演练，熟练掌握保卫技能

参与安全保卫工作各单位、各部门必须加强对执勤民警的安全保卫技能培训，提前熟悉活动场地，了解、掌握现场情况，要紧密结合“全警大练兵”活动，把大练兵各项要求、任务、考核目标纳入培训演练工作之中，按照“干什么练什么，缺什么补什么”的原则，有针对性地进行安全保卫演练，特别是要提前进行大型群众性活动安全保卫演练、交通调度指挥演练、灭火救生演练、处置突发性事件等演练、锻炼应急处突能力。

（四）加强联系，互通情况，搞好协作配合

各单位、各部门要密切配合，互相协作，联合作战，形成合力，严防各自为政，工作脱节。要加强与有关单位的经常性联系，针对一些活动内容变更和可能出现的情况，适时调整警力和安全保卫部署，提高临场应变和处置能力。各职能组要及时将执勤情况向安全保卫指挥部办公室报告。

（五）落实责任，加强督察，严格执法，热情服务

要将各项安全保卫工作任务分解到岗，责任落实到人，督办工作到位。全体参战人员要服从命令、听从指挥、坚守岗位、认真负责，做到着装整齐，警容严整，不迟到早退，不脱岗溜岗，不违反执勤规定，做到严格执法，热情服务，遵守纪律，礼貌待人，充分体现人民警察的良好素质和形象。

【补充阅读二】

××公安局关于××大型赛车赛事活动的风险评估分析报告

一、风险评估的方式及标准

公安机关组成风险评估小组，采取座谈会、民意测评、重点走访、网络调查的形式，广泛征求活动主办方政府、承办方企业、安保工作成员单位、涉及地群众以及社会各界的意见和建议，对可能引发风险的情况进行摸排汇总，对潜在的风险进行预测评估，在了解民情、掌握政策、熟悉情况、依靠群众的基础之上，将风险等级由小至大划分为5个等级，依次表述为：低、较低、中、较高、高，以此界定各类风险发生可能性的大小。

二、维护社会稳定方面存在的风险

（一）风险内容

1. 企业欠薪问题严重，不稳定因素突出。近几年经济下行压力增大，企业欠薪问题引发的群体性上访事件高发频发，不稳定因素突出。

2. 部分重点群体、重点人员活动频繁。活动期间，一些长期重点人员活动异常频繁，多次借敏感时期进京赴呼表达诉求，活动期间可能继续到各级部门甚至活动场地周边上访，借此向政府部门施压。

3. 活动场地变更，影响周边商家、群众利益。2016年××大型群众性活动场地由2015年的××迁至××，对原场地周边的商家、群众的利益造成影响，其可能通过各种方式抵制本届活动。同时，新建场地的施工修路行为对生态环境造成影响，当地社会群众对此多有不满，可能在活动期间集中爆发。

（二）风险评价

风险等级为较高。

（三）风险防范措施

承办方企业要履行好社会责任，确保内部不发生拖欠工人工资事件、不发生侵占土地的事件。公安机关要广泛搜集可能影响社会稳定的社情动态，协助政府排查不稳定隐患。主办方政府要做好涉稳群体及人员的矛盾化解工作，确保其活动场地周边的治安秩序。

三、活动现场管理方面存在的风险

（一）风险内容

一是人员、车辆、违禁品核查问题。××活动规模大，影响力大，对人员及车辆的安全

检查问题十分重要。但活动期间参与人员多、车辆多，每日流动量大，现场安检任务极为繁重。参与人员携带刀具、小型灶具、酒精炉情况难以避免。二是活动现场开放性问题。根据规划，活动场地四周将架设网围栏，但地处沙漠少人看管仍具有开放性，周边群众和一些赛车爱好者以及逃票人员可能从四周沙漠向场地涌入，管理难度大；同时部分户外旅行爱好者可能在活动期间深入沙漠腹地，沙漠地形复杂、环境恶劣，对驾驶技能和安全防护的要求较高，处理不好可能发生陷车、翻车情况。三是实名制管理问题。活动参与人员虽然实名制凭票凭身份证入场，但工作人员及安保人员只需佩戴工作证即可入场，如果工作证丢失或将工作证转借他人，现场人员成分更加复杂难以有效控制；同时，由于活动对当地居民免费开放，现场人流量大，即便逐人核查也难免有闲杂人等混入。四是酒后滋事、驾车问题。作为一年一届的赛车活动，现场气氛热烈，更离不开饮酒。但饮酒可能引发的打架斗殴等治安问题也很突出，酒后滋事难以避免；而活动现场居住条件有限且房源稀少，绝大多数人仍会选择返回××市区居住。酒后驾车事件可能发生，进而引起交通事故。五是现场盗窃等违法犯罪活动。活动期间，车辆停放区、帐篷休息区等偏僻位置区域将成为不法分子的主要目标，盗窃案件可能发生，进而影响群众的安全感受。

（二）风险评价

风险等级为较高。

（三）风险防范措施

承办方企业要配齐安检设备，在公安机关的指导下做好实名制验票工作及人车核查工作。公安机关对活动期间危害公共安全、人民生命财产安全以及妨害社会管理的违法犯罪活动，要依法严厉打击。

四、公共安全领域存在的风险

（一）风险内容

一是游客数量激增、场面热烈，可能发生拥挤踩踏事故。根据规划，活动场地内部最多可容纳 13 万人。而据互联网资料统计前年活动现场 2.5 万台车辆、8 万人，去年增至 4 万台车辆、17 万人，分别上涨 60%和 112.5%。近两年车辆和人数上涨幅度均达到 60%和 100%以上。从上述情况来看，预计今年虽然经济下行压力较大，车辆和人数上涨幅度将趋缓，但参与人员及车辆数量仍将超过去年。随着现场人流量的增加，现场人数一旦临近其可容纳人数的峰值，可能发生混乱。特别是在××热门赛等活动中，场面热烈，观众情绪高涨，现场控制难度大，更容易发生拥挤、踩踏事故。二是可能发生群体性食物中毒事件。活动期间天气炎热，饮食及卫生条件有限，活动现场虽然为参赛者及游客提供的大量的食品，但要满足上万人的食品食材，在制作、储藏、搬运过程中易在高温下变质，可能引发群体性食物中毒事件。

（二）风险评价

风险等级为较高。

（三）风险防范措施

承办方企业要对活动每日的参与人数、车辆总数进行科学预测、精确统计，真正做到底数清、情况明；要根据实际情况在活动场地增设紧急出口，一旦活动现场人流、车流接近峰值，要做好场地内部人员、车辆的引流疏导以及限额入场工作；要在公安机关的指导下在场地四周架设监控探头，活动中心区域设置警务工作站，以更好掌握现场情况。公安机关要指导工作人员及保安人员做好现场巡逻、巡查工作，遇有重大突发事件要及时报告、第一时间处置。主办方政府要强化食品安全检查，必要时组织相关部门做好重大突发事件的应急演习。

五、道路交通安全方面存在的风险

（一）风险内容

一是人流、车流量大，道路拥堵的可能性较大。活动场地距××市区 30 余公里。道路窄、不利于通行一直为媒体和游客所诟病。但今年活动场地有所变更，目前仍有 10 余公里的穿沙公路较为狭窄，路宽 7 米仅可容纳 2 台车辆同时通行。承办方虽然在穿沙公路两边规划有 50 米宽的越野车临时通道，但其他小型车辆、大型班车仍只能经由穿沙公路通行。活动时间正值十一黄金周，人流量、车流量将大增，周边地区车辆将会大量涌向活动举办场地。途中一旦发生事故，往返车辆便会受阻，造成场外大面积、长时间的车辆拥堵。特别是早晚高峰期，道路交通形势更加严峻。二是赛会周边加油站少，加油困难。活动场地周边 30 公里内只有××市区内有加油站。活动期间参赛车辆用油量需求增加，远在××市区的加油站恐无法满足全部加油需求，容易造成加油站周围道路拥堵现象的发生。加之长时间排队加油和加不上油，可能造成个别驾驶人情绪失控，引发其他案事件。三是停车场需求量大。此次活动期间参加人员多，车辆多，给正常交通秩序带来了较大压力。根据规划，活动场地规划有 15000 个停车位，但从近五年的参与活动车辆逐年递增的情况来看，仍无法满足需求。大批车辆仍会就近停放在穿沙公路两侧，使本就狭窄的道路更加难以通行。

（二）风险评价

风险等级为高。

（三）风险防范措施

承办方企业要做好场地内部停车场、车辆通道、消防通道的规划，区分设置参赛车辆、大型车辆、小型车辆停车区域，在公安机关的指导下保证活动现场内部交通安全畅通；提前向参赛者和游客发布道路交通指南。公安机关要加强交通管理工作，及时掌握并向社会通报活动期间现场的车流量数据，根据实际科学调整、部署警力；严格禁止活动期间在较窄的穿沙公路两侧停放车辆。主办方政府要协调在活动场地周边、穿沙公路两侧增设临时、大型停车区域，保障道路通行畅通。

六、消防方面存在的风险

（一）风险内容

一是活动现场缺少水源、道路拥挤，存在消防隐患。活动现场位于沙漠之中，灭火水源难以保证供应，且通往活动场地的道路较为狭窄，一旦发生车辆拥堵情况可能导致消防车辆无法在第一时间抵达火源区域。二是活动参与人员自带的酒精炉、煤气炉等物品存在风险。根据规划，活动现场将设有美食体验区、帐篷酒店等，一些酒精炉、煤气炉等火源在搬运、储存、安置过程中，如果处理不慎可能引发火灾及爆炸安全事故。三是现场温度较高，多数车辆缺少灭火器材。大多数私家车辆均未配备车载灭火器材，长时间行驶后可能因温度过高发生火灾。

（二）风险评价

风险等级为较高。

（三）风险防范措施

承办方企业要制定消防方案，提前通过网络、报纸向参赛者及游客发布车辆内部须配置灭火器材的公告，违者禁止入场；要在消防部门的指导下科学设置场地内部管道、水泵、灭火器等消防设施以及消防车辆停车地点，及时报消防部门审验，确保消防通道畅通。消防部门要派驻车辆、人员在现场值班备勤。

七、综合评估情况

综合上述风险点，评估××大型赛车赛事活动风险为较高，活动期间可能发生各类案件、事件并造成不良影响，特别是道路交通疏导方面面临的形势严峻。承办方企业要针对存在的问题抓紧时间协调、整改，抓紧基础设施建设，努力将各项风险降至最低，确保活动安全、顺利举办。

八、下一步工作建议

（一）承办方企业要切实强化安保责任意识。要根据国务院《大型群众活动安全管理条例》“大型群众性活动的承办者对其承办活动的安全负责，承办者的主要负责人为大型群众性活动的安全责任人”规定，切实承担起大型群众性活动安全责任人的责任，抓紧成立安保部，确定专人做好与公安、国土、住建等单位的对接工作，制定符合实际、内容详尽的工作预案，确保工作不出现漏洞和盲区。要根据预案要根据安保工作方案及有关部门指导意见，尽快配齐安检设备、消防设施和技防措施，配齐保安人员做好培训工作，落实好安保工作各项要求。

（二）公安机关要加强对活动的安全指导。根据活动筹备情况，分阶段继续开展安全指导和风险评估工作，扎实开展不稳定隐患的排查和预警防范工作。要加强道路交通安全、消防安全以及社会治安形势的分析研判，根据情况合理部署警力、开展工作，确保不发生影响国家安全和社会政治稳定的重大案事件，不发生重大恶性刑事案件，不发生群死群伤的重大交通、火灾、公共安全事故。

（三）××政府要切实履行好主办方的责任，出台政府层面的工作方案，全力做好活动的组织指挥、应急救援、通讯保障、后勤服务、舆情引导各项工作。要加强对活动的监管和协调，发现问题及时督促、协调承办方企业整改。

第六章　危害治安秩序行为的查处

【本章要点】

● 卖淫嫖娼的概念；当前卖淫嫖娼行为的特点；卖淫嫖娼行为的认定；查禁卖淫嫖娼活动的基本措施

● 淫秽物品的概念与范围；涉及淫秽违法犯罪行为的认定；涉及淫秽违法犯罪行为的现状与特点；查禁涉及淫秽物品违法犯罪行为的基本措施

● 赌博及相关行为的认定；赌博活动的主要形式和特点；查禁赌博行为的主要法律规定；查禁赌博行为的基本措施

● 毒品的概念及种类；吸食、注射毒品行为的特点；对查获的毒品、吸食毒品工具和吸毒人员的处理；查禁吸食、注射毒品等涉毒违法犯罪行为的基本措施

【教学目标】

● 知识目标

了解卖淫嫖娼活动、涉及淫秽物品行为、赌博等危害治安秩序行为的概念与特征

理解卖淫嫖娼活动、涉及淫秽物品行为、赌博等危害治安秩序行为的法律规定

掌握查禁卖淫嫖娼活动、涉及淫秽物品行为、赌博等危害治安秩序行为的基本方法

● 能力目标

学会识别卖淫嫖娼活动、涉及淫秽物品行为、赌博等危害治安秩序的行为；学会查禁卖淫嫖娼活动、涉及淫秽物品行为、赌博等危害治安秩序的行为的基本方法；能够适用卖淫嫖娼等危害治安秩序的行为的主要法律规定

【引导案例】

南京破获一运输毒品案：男子包里的巧克力、饼干都是新型毒品（节选）①

香甜美味的巧克力、卡通形状的曲奇饼干、色彩艳丽的小纸片……这些在人们生活中经常接触到看似最普通的食品和物品，居然会是流行于市面的新型毒品。2017 年 10 月 10 日，南京铁路公安处南京南火车站派出所民警破获一起运输毒品案。

10 日傍晚 6 点多，南京南火车站派出所民警耿振宇在车站到达层巡逻时，发现一名年轻男子站在麦当劳餐厅门口，耳朵里塞着耳机听着歌，不时地抬头四处张望似乎在等人。此人身材干瘦，面色蜡黄，有点像长期吸毒的状态，看见民警走过来，他立马低下了头，双腿有些微微颤抖，一只手插在鼓起的牛仔裤口袋内，在他身上背的双肩背包上居然印着一枚貌

① 扬子晚报，2017 年 10 月 12 日。

似麻叶的图案。民警立即警觉起来，将该男子带回派出所进行盘问检查。经查，男子王某，27岁，东北人，大学文化，曾在外企工作，2015年辞职后出国，白天从事海外代购的业务，晚上混迹酒吧。在那里，王某在“朋友”的诱导下，接触到了毒品，染上了毒瘾，沉迷其中不能自拔。

民警在男子随身携带的钱包夹层内发现了两片指甲盖大小的“纸片”。经过鉴定，“纸片”是新型毒品LSD致幻剂，俗称“邮票”，这是南京南火车站派出所第一次查获该种类型的毒品。民警还从男子的上衣口袋内搜出一个塑料袋，里面装着黄色的“干蘑菇”，这是另一种新型毒品，俗称“迷幻蘑菇”。打开男子的双肩背包，里面装有各种各样的零食，其中一包巧克力和一袋曲奇饼干引起了民警的注意。装有巧克力的包装袋上没有任何品牌，且巧克力包装粗糙简陋，里面装着两块爱心形状的“巧克力”。民警再仔细观察另一袋曲奇饼干，和超市里卖的某款饼干无异，只不过里面又夹杂着绿色的物质。打开包装袋，一股异味扑鼻而来，民警断定这里面含有大麻成分。这些大麻饼干价格高昂，一片售价50元，相比大麻原料，饼干成品的身价翻了10倍。

问题：

1. 毒品的种类有哪些？
2. 公安机关如何查处吸食、注射毒品行为？

第一节　卖淫嫖娼行为的查处

一、卖淫嫖娼的概念

卖淫，是指以营利为目的，自愿与他人发生性关系的行为，其本质是提供有偿服务。嫖娼，是指以给付金钱、财物或其他物质利益为手段，与卖淫者发生性关系的行为，其本质是接受有偿性服务。卖淫者多数为女性，嫖娼者大多为男性，近年来也出现了男性向女性卖淫和同性之间卖淫的现象。联合国大会签署的《禁止贩卖人口及取缔意图营利使人卖淫的公约》中所指的卖淫者既包括女人也包括男人。

卖淫嫖娼现象的出现，历史悠久。美国犯罪学和社会学者布勤格在《社会和历史中性的特许》一书中指出，“有关妓女的最早记录出现在古代美索不达米亚。那时，所有妇女必须到神庙里尽职责，在向过路男人提供了性服务后接受一定的赠物。这些赠物又必须奉献给神庙”。①

公元前594年，雅典城邦在建立国家政治体制的同时，就开办了营业的妓院。“卖淫”与“嫖娼”在古代及近代中国伴随着“男尊女卑”思想和私有制经济的发展而持续发展，经历了整个封建社会时期，尤其到了清末和民国初年，更是达到了巅峰。在中国的传统文化中，受男尊女卑思想的影响，女性一直被认为是男性的附属品，女人不具有和男人一样的尊严和社会地位，去风化场所“嫖娼狎妓”一方面在法律上受到认可；另一方面在道德上，当时大多数男性看来更是理所应当。可以说，“卖淫嫖娼”作为中国文化的寄生现象一直流

① 鲁宏立、郑加佳．论组织卖淫罪的历史沿革［J］．法制与经济，2016（3）．

传至今。中华人民共和国成立后，仅用短短几年的时间，通过对旧中国卖淫场所进行严厉打击和整治、对妓女进行教育改造，曾经在一段较长的时间内在中国彻底清除了卖淫嫖娼现象，这也曾经被看做社会主义建设的巨大成就之一。但是，伴随着改革开放，市场经济体制的建立以及私有制的重生，加之部分人理想、信念的真空，以及西方性自由思想和中国传统“男尊女卑”思想的双重侵蚀，当代中国卖淫嫖娼现象得以重生并迅速蔓延至各地。

卖淫嫖娼及其诱发的性病、酗酒、弃婴、拐卖妇女、黑社会犯罪等成为世界各国面临的主要社会问题之一。

二、当前卖淫嫖娼行为的特点

（一）团伙化、有组织化日趋明显

当前，卖淫活动已经从初期由卖淫妇女个别、分散、隐蔽地进行，发展成团伙化、窝点化、职业化，其中有些团伙还明显地带有黑社会性质。卖淫嫖娼的触角已广泛涉及歌舞厅、酒吧、茶室、宾馆、浴室、泳池、美容、发廊、按摩等多项产业，几乎到了无孔不入的地步。犯罪团伙内部组织严密，层次清晰，分工明确，有专人负责整个团伙的运行；有专人负责内部具体管理，收取保护费；有专人负责招集卖淫女并承担放风、“保卫”任务。有的团伙内部还制订有不准多收嫖客小费、不准无故殴打嫖客、不准向嫖客提供其他性服务、不准偷盗嫖客财物、不准不交保护费等“规章制度”。

（二）半公开化，以职业为掩护

当前，卖淫人员住住以某种职业身分为掩护，她们在发廊、美容美发厅、足浴店、旅馆、娱乐场所等公共场所以服务人员的身份出现，实际上从事的是卖淫活动。在一些地方，已经出现较为公开的卖淫地点，形成卖淫嫖娼“一条街”。

（三）卖淫人员的文化层次和性别比例逐渐发生变化

虽然目前卖淫人员总体文化水平依然不高，但大专院校学生作“三陪”、“认干爹”、“被包养”的现象开始增多，卖淫人员的文化层次呈现逐渐提高的趋势。在一些中大城市的各大宾馆、洗浴中心、酒吧等娱乐场所均发现女大学生从事有偿性服务的行为。这些女学生中，有相当一部分都有着较好的生活背景，没有生计和学费的压力。这些女学生思想“开放”，对自己所从事的“工作”的性质也非常清楚，而且目的很明确，这一社会现象值得深思。卖淫人员的性别比例也在发生变化，除了以往女性服务男性为主的类型之外，已经出现男性服务女性和男女同性之间服务的情况。

（四）卖淫形式多样，网上卖淫突出

当前，已经形成一个不同层次的卖淫市场，有的卖淫人员在舞厅、KTV、迪厅搭识嫖娼人员，为较高层次人员提供性服务；有的卖淫人员在洗浴中心、美容厅等场所，以从业人员身份出现招徕顾客，进行卖淫活动；也有的以“站街女”的身份出现，主要面向外来务工人员、拾荒人员、中老年人提供性服务。随着互联网技术的发展和网民数量的剧增，网络已经成为卖淫嫖娼人员互相联络的重要途径，他们通过门户网站聊天室和网络聊天工具，如QQ、微信、陌陌等达成交易。

三、卖淫嫖娼行为的认定

查处卖淫、嫖娼行为，包括查处介绍、容留卖淫、嫖娼的行为，首要的问题是：如何认定卖淫、嫖娼行为。

（一）卖淫、嫖娼行为

卖淫，须“以营利为目的”。所谓“以营利为目的”，指卖淫者在与对方发生性关系时的主观目的是营利，而不是以感情、激情或者生理需求为目的。这就排除了以恋爱为基础发生的婚前、婚外性行为；以交朋友、单纯追求性刺激为目的而发生的性行为；双方没有金钱交易，单纯地为获得生理满足而发生的性行为。

目前，关于卖淫嫖娼行为认定的权威观点认为，“营利”不仅包括金钱，还包括财物或其他物质利益，大部分人也赞同这种观点，因而在实践中，只要行为人双方涉及金钱、财物或者其他物质利益，公安民警便将其认定为卖淫、嫖娼行为。但也有少数人认为“营利”必须是实实在在的利，如现金、存折、支票、代金券，或者能够直接用金钱来衡量价值的手饰、日用品等财物，“营利”不应包括其他间接的有可能获得的利益，例如，有的人为求职、晋级、调工作等利益而自愿与上级、主管者或同事发生的性关系，她（他）有可能获得利益，也有可能不获得利益，并且她（他）所追求利益的价值很难用金钱衡量，因而这种行为应由道德规范来调整，不属于法律调整的范围，不应认定为卖淫嫖娼行为。

卖淫，须“自愿”。所谓“自愿”，指卖淫者与他人发生性关系时是自愿的，卖淫者能够自主控制和决定自己的行为，知道自己的行为能够带来利益，并且积极地追求这种利益。如果非出于自愿，而是受到强迫、胁迫或引诱与嫖娼者发生了性行为，这时，不应对非自愿方认定为卖淫行为，而应依法追究强迫、胁迫、引诱者的刑事责任。

卖淫，须“发生性关系”。所谓“发生性关系”，指只要有性器官的接触，即为发生了性关系，可能是双方性器官的接触，也可能仅有一方性器官的接触。因而“发生性关系”的行为包括性交、口交、肛交、手淫以及一方以身体的其他部位或用具刺激对方性器官的行为。发生性关系、有性器官的接触（不论是接触到一方性器官或双方性器官），是认定卖淫嫖娼的关键。如果双方行为目的不是以发生性关系为目的，则不能认定卖淫、嫖娼。例如，进行色情表演和观看色情表演的行为，虽然有“营利”，但没有性关系的发生，因而不是卖淫、嫖娼行为。

嫖娼，须“以给付金钱等物质利益为手段”。所谓“以给付金钱等物质利益为手段”，指嫖娼者与对方发生性关系的手段和“出价”，由于卖淫者最希望得到的是金钱，所以嫖娼者给付的物质利益，一般情况下是金钱。但也有少数情况下，嫖娼者没有足够的金钱，会以其他物质利益作为“出价”去和卖淫者交易，其他的物质利益通常也是能够用金钱来衡量其价值的，如手表、钱包、购物券等，而不包括承诺“介绍工作”、“加薪”、“升职”等。即便有的人会为“被介绍工作”而与他人发生性关系，其行为仍属于道德范畴，真正的“职业”卖淫者只追求实实在在的物质利益，不会接受这种“出价”。

卖淫嫖娼行为还是一个过程，在这一过程中卖淫妇女与嫖客之间的相互勾引、结识、讲价、支付、发生手淫、口淫、性交行为及与此有关的行为都是卖淫嫖娼行为的组成部分，至于具体性行为采用什么方式，不影响对卖淫嫖娼行为的认定。不特定的异性之间或者同性之间以金钱、财物为媒介发生不正当性关系的行为，包括口淫、手淫、鸡奸等行为，都属于卖淫嫖娼行为，对行为人应当依法处理。

（二）卖淫、嫖娼的未遂

卖淫者、嫖娼者已讲价谈妥，并已准备、着手发生性关系，但因客观原因（如被公安机关及时发现并制止，或者其他客观原因）而未能发生性关系的，可以认定为卖淫、嫖娼行为，但是，在处理时，应从轻处罚或者免予处罚。

（三）卖淫、嫖娼人员

一般来说，卖淫者为女性，嫖娼者为男性，但在认定卖淫行为或嫖娼行为时并不需要考虑其性别因素，卖淫者也可以是男性，嫖娼者也可以是女性，只要双方发生的性关系是建立在营利与给付利益的基础上，就是卖淫、嫖娼行为。

卖淫、嫖娼人员必须是年满 14 周岁、具有责任能力的人。首先，不满 14 周岁的人不能成为卖淫、嫖娼的主体。“嫖娼者”与不满 14 周岁的幼女发生性关系，如果“嫖娼者”明知对方是或可能是幼女而与之发生性关系，则涉嫌强奸罪，而非嫖娼行为；如果女方谎报年龄，其外表也不像幼女，“嫖娼者”又不具备知道女方年龄的条件，则对“嫖娼者”的行为可以认定为嫖娼行为，但不论哪种情况，女方若不满 14 周岁，不受追究法律责任，不是卖淫人员。如果发生性关系双方中的男性不满 14 周岁，该男性同样不能认定为嫖娼或卖淫人员，但对方是 14 周岁以上的，可以认定为卖淫或嫖娼人员。

（四）认定卖淫、嫖娼的证据

认定卖淫、嫖娼行为必须重证据。目前，我国在查处治安案件所涉及的法律、法规中，没有明确规定“仅有嫌疑人的供述，没有其他证据的，不能作为定案的依据”。现有“查处治安案件”的教材或著述中，关于治安案件证据部分，一般都采纳了刑事诉讼中对证据的要求，即“客观性、相关性、合法性”。我国《刑事诉讼法》第 46 条规定：“对一切案件的判处都要重证据，重调查研究，不轻信口供。只有被告人供述，没有其他证据的，不能认定被告人有罪和处以刑罚；没有被告人供述，证据充分确实的，可以认定被告人有罪和处以刑罚。”查处治安案件，也应确立“不轻信口供，仅有嫌疑人供述不能认定治安案件”的原则。因而，在查处卖淫、嫖娼案件中，仅有卖淫、嫖娼人员的供述，而无其他证据的，不能认定卖淫、嫖娼行为。

认定卖淫嫖娼行为，除了嫌疑人的供述外，公安民警还应调查的其他证据，如：民警当场抓获时民警的证言；或者现场的有关物证或书证；或者能够证明卖淫嫖娼的视听资料；或者介绍或容留人的证言；或者其他人证、物证等。如果嫌疑人不承认卖淫嫖娼，但公安机关有充分证据证明的，可以认定卖淫嫖娼行为。

认定卖淫嫖娼行为时，常有一种情况困扰着公安民警，就是行为人自称是恋爱关系，是朋友，并一口咬定双方没有金钱交易，公安民警“明明知道”他们是在卖淫嫖娼，但苦于没有其他证据。要证明双方是否是恋爱、朋友关系也不太难，可以将双方分别进行讯问、查证，询问对方基本情况，两人认识的时间、场所、事由等即可。如果双方有感情基础，双方会对对方的姓名、年龄、职业、住址等情况比较清楚，双方甚至有可能是同事、同学、邻居等；而卖淫嫖娼人员一般并不了解对方的姓名、年龄、职业、住址等情况，或者了解的情况不属实，这样即可排除所谓的有感情基础。但是，即便分开讯问，公安民警仍有可能获取不到对嫌疑人不利的口供，这时，民警应认真地思考一个问题：就是自已“明明知道他们是在卖淫嫖娼”，不过是民警自己主观上的判断，并不一定就是事实。由于法律并不追究属于道德范畴的婚外性行为、婚前性行为，因此公安机关除非有证据证明双方的行为不是以感情为基础，而是基于金钱和性的交易，才能认定卖淫、嫖娼行为；否则，只能放人。

☞ 工作动态

公安部公布2015年打黄典型案例①

1. 云南“10·15”跨国组织卖淫案

7月中旬以来，云南省厅治安总队会同昆明、红河公安机关在前期缜密侦查基础上，成功侦破以陈某为首、跨境组织越南妇女卖淫案。经深挖突审，广西、四川、广东等地治安部门梯次开展打击行动，全案共抓获涉案人员187名，其中刑拘58人、拘留审查境外人员80余名，收缴涉案资金400余万元。经查，陈某会同阮某等多名越南籍犯罪嫌疑人，在越南境内招募卖淫女后运送、租赁至云南、广西、四川等地的犯罪团伙，组织进行卖淫活动。交易中，越南籍组织者、边境组织者、卖淫女按比例分成租赁费用，内地团伙经由组织卖淫活动抽头牟取暴利。

2. 广东深圳“3·27”微信招嫖组织卖淫案

3月，广东深圳市局治安部门根据工作中发现线索，对涉及多个微信群招嫖信息综合研判并立案侦查。经过四个多月缜密侦查，在多地公安机关大力协作下，深圳市局专案组分批组织实施收网，一举打掉涉及十多个省、市的多个利用微信组织、介绍高端卖淫犯罪团伙，依法刑拘103人。该案中，部分跨地域人员借助微信群众纠合成伙，利用线上平台，推介“外围女”等供嫖客筛选，线下比较、选择“消费”，且卖淫女多为跨地域“飞行卖淫”，嫖资在3000元至10万元之间，非法牟利逾百万元。

3. 福建厦门“3·06”微信招嫖组织卖淫案

3月，厦门市公安局思明分局根据工作中发现网络涉黄线索，综合研判后立案侦查。在缜密侦查基础上，8月，厦门市公安机关对该团伙多个活动地点实施打击行动，成功抓获杜某等利用微信发布招聘信息组织卖淫的涉案人员16名，查缴大量涉案物品。经查，杜某等人自2014年5月以来，利用多种手段招募卖淫女，与专业招嫖团伙合作，利用网络推介卖淫项目，组织卖淫逾千次，非法获利数十万元。现杜某、刘某等4人已被移送起诉。

4. 上海长宁“3·02”微信组织卖淫案

3月，上海市公安局长宁分局根据群众举报，对一利用网络招嫖线索进行研判并立案侦查。在前期缜密侦查和多地公安机关协作下，4月1日，上海市公安机关调集200名警力对本市及湖北、重庆、浙江等地的15处卖淫窝点进行查处，一举抓获以杨某为首的利用网络组织卖淫团伙成员42人。现杨某等13人已被移送起诉。

5. 江苏扬州“10·29”网上招嫖组织卖淫案

9月，扬州市局治安部门根据工作中发现线索，对一利用网络招嫖线索进行研判并立案侦查。在先期缜密侦查和重庆、广东等地公安机关大力协作下，11月中旬，扬州市局治安部门分派多个抓捕组在多地实施收网行动，一举查获主要犯罪嫌疑人张某等41名涉案人员。

① 中国警察网，2016年02月05日。

经查，自2015年9月至案发，该团伙在网上发布招嫖信息并招募多地卖淫女，跨地域组织卖淫活动逾千次，非法获利500余万元。现张某等7名主要犯罪嫌疑人已被依法逮捕。

6. 安徽蚌埠姚某等网上招嫖组织卖淫案

7月，安徽省蚌埠市公安机关根据工作中发现线索，对一卡片招嫖案进行经营并立案侦查。在先期缜密侦查取证的基础上，10月上旬，蚌埠市公安机关抽调警力120余名实施收网行动，成功打掉以姚某为首的12个组织卖淫团伙，共抓获涉案人员111名，现已采取刑事强制措施30人、行政处罚69人。经查，2015年以来，姚某伙同他人招募20余名卖淫女，通过卡片、QQ、微信招嫖等形式，先后在蚌埠市的58家宾馆组织、介绍卖淫活动，非法获利300余万元。

7. 湖北仙桃“嘉源商务会馆”网络招嫖组织卖淫案

10月，湖北省厅治安总队根据群众举报，经初查后交办荆州市公安局立案侦查仙桃市“嘉源商务宾馆”组织卖淫案。在前期缜密侦查取证基础上，12月上旬，湖北省公安厅组织荆州市公安机关出动警力，对该场所开展突击查处行动，成功抓获主要犯罪嫌疑人余某等涉案人员76名，收缴大量单据及POS机等相关物证。经查，自2015年9月中旬起，余某伙同他人租用仙桃市“嘉源商务宾馆”6至9楼房间，团伙内设“前台”、“技师房”和“业务”等部门，利用微信、QQ等发布招嫖信息组织卖淫，通过微信钱包和支付宝方式收取嫖资，涉案金额逾200余万元。

8. 浙江义乌“4·20”卡片招嫖组织卖淫案

4月，义乌市公安机关根据群众举报，对一发放卡片招嫖线索进行研判并立案侦查。在先期缜密侦查基础上，5月上旬，义乌市公安局抽调警力实施抓捕行动，抓获主要犯罪嫌疑人杨某等涉案人员115名。经查，杨某伙同他人组成多个团伙，招募卖淫女，大量发放卡片招嫖，先后在义乌市的三十余家宾馆、酒店组织卖淫活动，非法获利逾百万元。现杨某等20人已被移送起诉、另95人被行政处罚。

四、卖淫嫖娼活动的查处

（一）卖淫嫖娼线索的来源

1. 群众的举报和治安耳目的报告。人民群众熟悉自己工作与生活场所周边的治安情况，他们掌握着很多的违法犯罪线索，公安机关应当建立多种举报途径，公布举报电话，建立举报奖励制度，使群众手中的各种违法犯罪线索汇聚到公安机关。为及时有效地掌握深层次的治安信息，公安机关应在卖淫嫖娼多发的旅馆、娱乐服务场所等重点行业和重点场所物建治安耳目，秘密掌握卖淫嫖娼活动的情况。另外，受害人、违法犯罪团伙成员的举报也是查处线索的重要来源。

2. 侦办其他案件和日常治安管理中发现。公安机关在侦破其他案件中可能涉及到一些卖淫嫖娼的线索。另外，公安机关还可以通过日常的治安检查和通过报纸广告、短信、网络聊天室等渠道发现、搜集治安情报信息，并加以研判和分析，获取卖淫嫖娼人员的活动线索。

3. 其他行政部门转交。公安机关在与工商、市容、文化管理等部门的联系中，可以获取其他行政部门掌握的有关卖淫嫖娼活动的线索。①

（二）查处卖淫嫖娼活动前的准备

在获取有关卖淫嫖娼行为的线索后，公安机关应开展以下的工作：

1. 核实和分析线索的可靠性。在获取群众的举报和治安耳目的报告后，公安机关应通过观察的方式对线索的真伪进行核实，防止有人因同行之间的恶性竞争等原因而提供虚假情报，达到干扰其他场所正常经营的目的。观察的方式主要有以下几种：一是便衣观察，即由二名以上民警扮成适当的身份进入涉嫌卖淫的处所，观察相关的情况，必要时候可以携带秘拍秘录设备进入；二是外线观察，即采取跟踪、蹲守等方式获取相关的情况。

2. 了解掌握现场周边环境和内部结构。在核实所举报和报告处所确定存在卖淫嫖娼违法犯罪活动可疑后，公安机关要组织警力对现场周边情况和现场内部情况进行了解。调查了解的内容包括：该处所的详细地址、周边环境、结构设施、内部布局等，特别是要重点了解出入口的位置、内部通道的分布、房间布局、房门的开合方向、门锁的样式、灯光和电源的位置等细节情况。在便衣观察、外线观察无法摸清内部情况时，要通过组织公开的治安检查等方式，在不暴露真实意图的情况下，对相关可疑部位的情况进行核查，掌握其秘密通道、暗门、报警装置等情况。对一些内部结构比较复杂的处所，要制作现场草图。

3. 了解掌握违法犯罪的规律。公安机关还要通过化装观察、秘密观察等方式，查清拟查处处所卖淫嫖娼人员活动的规律，特别是发现卖淫嫖娼人员活动的重点区域，有关组织者、经营者、从业者的特征，卖淫嫖娼人员是如何接头、在哪里交易、如何抵达交易场所，在附近有无事先租住的私房，有无在附近安排通风报信人员，有无安装报警监控设施等。②

☞ **典型案例**

75人大型淫窝被破，仅接熟客性交易需领避孕用品③

2017年3月13日，某市甸柳新村派出所的社区民警在工作中发现解放路某大厦地下二层有人在装修。该场所是一个地下防空洞建筑结构，门口有一个几十厘米厚的门，从大厦的一层进入地下二层只有一个通道。派出所会同当地消防大队一起对该场所进行了检查，发现其没有办理任何手续，于是责令其停工。3月下旬，社区民警再次走访时了解到，该场所有人从物业处申请营业用电，并且晚上八九点钟后有不少陌生人进入地下二层。民警在侦查中发现，地下二层的经营者要求进入的人员必须有熟人带路，进去之后防空洞的门即关闭，并且门口有人放哨。

在随后的蹲守中，民警了解得知，地下二层房间是一间一间分开的，有效经营的房间是8间，其余的为厨房、休息室等。该娱乐场所人员分工精细，有人专门联系消费人员，有人在娱乐场所门口接待，消费人员进入场所后，如果和异性发生性关系，陪侍人员要给经理汇报，领取避孕用品后才能交易。经11天的蹲守，4月6日凌晨民警抓住了当晚12点多一拨

---

① 王精忠、谢川豫．治安秩序管理［M］．北京：中国人民公安大学出版社，2015：167.

② 邱煜、唐洪文．治安秩序管理［M］．北京：群众出版社，2009：302-303.

③ 中国青年网，2017年5月19日。

客人走后，娱乐场所的人员没有关闭防空洞的门机会，调集8名民警进入现场。民警利用该场所不同区域互相不能看见的机会，控制一个区域后让嫌疑人面向墙壁低头蹲下，然后再控制下一个区域，这样8名民警短时间内安全控制了场所内所有的75名嫌疑人，随后增援的大批巡警、刑警、治安民警火速赶到。凌晨5点左右，75名犯罪嫌疑人陆续带走分流至附近5个派出所进行审查，审查后11人因涉嫌组织卖淫罪被刑事拘留，8人因卖淫嫖娼被治安拘留。

（三）查处卖淫嫖娼行为的一般方法

查处卖淫嫖娼行为是根据不同的情形采取不同的方法，主要有：

1. 里应外合。这种方法适用于有条件进入卖淫嫖娼活动场所内部的查处行动。在实施时，由进入观察组前期进入充当眼线，掌握现场情况；突击行动组根据进入观察组发出的行动信号适时进入对现行违法犯罪人员进行抓捕；控制接应组进入对处所进行全面的控制；公开检查组进行全面的搜查、检查。

2. 张网预伏。这种方法主要适用于大型娱乐服务场所、宾馆饭店等的卖淫嫖娼活动的查处行动。这些处所的区域大、活动项目多，不便于实施全面的控制。因此，要求先期预伏，进而实施突击行动进行控制。

3. 外线跟踪。这种方法主要适用于站街卖淫、发廊卖淫、出租房卖淫、出台卖淫等查处行动。在这些情况下，由于不具备内线侦查的条件，在行动时应首先建立外线观察点，对涉及卖淫嫖娼人员的活动情况进行秘密观察。在卖淫嫖娼人员搭识外出时，采取外线跟踪确认落脚点的方法，适时予以查处。

（四）有组织卖淫行为查处的方案制定

为保障查处行动的顺利实施，应周密设计，制订明确具体的切实可行的查处方案。查处方案的内容应包括指导思想、组织指挥、实施布置、任务分工等后面，方案的重点是任务的分工和突击行动各环节的衔接。查处行动一般分为进入观察组、突击行动组、接应控制组合公开检查组等。进入观察组应在充分掌握查处目标违法犯罪活动规律的基础上，由两名以上民警化装进入，选择最佳的观察点，及时掌握违法犯罪的重点区域与违法犯罪嫌疑人的活动情况，适时发现现行违法犯罪现行，为领导决策与突击行动提供准确的信息；突击行动组由3~5名民警以便衣形式接近目标，根据观察组发出的信号，适时抓获现行违法犯罪嫌疑人，适时固定证据；接应控制组配合进入观察组和突击行动组对重点人员、重点区域进行控制，特别是要注意与前两组人员的衔接，掌握接应的时机；接应控制组一般配备的人员较多，目标比较大，其行为的指向性强，如接应过早，就会暴露行动意图，打草惊蛇；接应过晚，现场就可能失去控制，造成违法犯罪嫌疑人逃脱、现场证据灭失，还可能使前两组人员的人身安全受到威胁。公开检查组负责对现场外围进行控制，并对查处目标进行全面的检查、搜查、控制。有时，接应控制组与公开检查组也可以合二为一。

（五）查处卖淫嫖娼活动中的证据固定

在查处卖淫嫖娼的过程中，要注意搜集和发现现场的有关能够证明发生过卖淫嫖娼活动的证据，如现场或违法嫌疑人身上发现的安全套、性用具、性药、纸团等物证；记载卖淫、嫖娼款项的账单等可疑物品。有条件的地区应当对现场进行拍照或摄像。在一次查获多人卖淫时，对现场同时查获的卖淫嫖娼人员要进行标记和登记，以方便制作笔录。①

卖淫类案件的证据规格及注意事项②

通常而言卖淫类案件场所有：宾馆、个人出租房、洗浴中心、足浴店、按摩店、洗发店等。

一、宾馆（个人出租房也可参照）

案发地为宾馆的，一般是群众举报为多（比如熟悉人之间的暗算举报，还有因为房间隔音效果不佳而遭到隔壁住客举报），以及公安机关治安检查时发现（一般小宾馆容易被突击检查，尤其是长途车站、火车站附近流动人口多的地方）。

1. 侦查人员进房间后搜查并扣押使用过的避孕套及外壳包装。有经验的卖淫女都会将使用过的避孕套冲入马桶，但是外壳包装是冲不下去的，需要寻找，可能在垃圾桶，也可能藏在妓女的口袋里。还要检查其他物品，比如是否有性药、工具、毒品等。

2. 搜查并扣押招嫖小广告名片。一般多为地上小广告片，也可能是床头放置的按摩服务、保健服务的电话广告牌，还有可能是卖淫女直接打电话到房间里的方式（需要查看房间电话记录）。

3. 调取宾馆监控录像。调取监控查找卖淫女是否有他人接送陪同（侦查幕后的组织卖淫团伙），另外抓取发放小卡片的人的图像，以便在讯问卖淫女的时候使用。

4. 提取宾馆前台工作人员、管理人员的言辞证据。（证实当天进出情况，以及日常管理中发现的问题，顺带调查宾馆作为场所提供者有没有明知等情况，有些宾馆会收取发放小卡片的人一定的费用，宾馆可能涉嫌容留卖淫）。

5. 扣押嫖娼人员的手机等通讯工具。如果是地上小卡片联系的，那么就有拨打卡片的通话记录。顺藤摸瓜对卡片里的电话内容展开调查，结合卖淫女的言辞证据展开调查背后安排卖淫组织人员的情况。

6. 调查卖淫行为组织模式。一般发卡片类的卖淫，卖淫女不会亲自去发卡片，其幕后都有一个组织团伙，规模有大有小，小到“1+1”模式。通过讯问卖淫女、调取监控录像、调查卡片上的电话号码，找到发卡片人和接电话者甚至窝点。找到后扣押接听电话的业务人员的手机等通讯工具以备查找嫖娼人员。另外，搜查扣押招嫖卡片，调查印制卡片的地方（为了证实印制了多少张卡片，印制店有无共犯嫌疑等），并调查清楚组织模式：（1）谁出资、安排食宿等核心人员（有无固定的窝点，有没有其他提供帮助者）。（2）谁负责印制、发放卡片，获得报酬情况。（3）谁接电话联系业务谈价格，安排卖淫女出台。（4）谁负责接送卖淫女。（5）嫖资分成情况。

7. 其他证据收集。（1）检查卖淫女的身体，是否有性病。必要时也可以对嫖娼人员进行尿检，有无吸毒后嫖娼的情况。（2）有现场知情人的，做好相关人员的询问笔录。（3）互相辨认笔录、现场勘查笔录、扣押笔录，拍照并可以配合录像。（4）调查宾馆等场所提

① 王精忠、谢川豫．治安秩序管理［M］．北京：中国人民公安大学出版社，2015：168-169.

② 搜狐教育．卖淫类案件的证据规格及注意事项．［EB/OL］．（2017-04-22）．http：//sohu. com/a/135679270_480606.

供者，对卖淫嫖娼活动是否知情，有没有提供过帮助等。

二、洗浴中心、足浴店等场所

这类场所案发原因有的是周边群众举报，有的是其内部员工辞职后举报，有的是同行告发，更多的是公安机关的布控后查获。

1. 查处时先要通过便衣民警控制门口放风人员。一般比较有规模的场所，门口都有放风人员，这些人员有些是场地保安、停车指挥人员或类似普通消费者的人员。行动前需要观察这些人有无对讲机或者其他秘密通讯设备。很多场所的大厅前台下面有隐秘按钮、包厢内有接听设备、卖淫女身上有接听报信的设备甚至特定的背景音乐或灯光信号暗语等。

2. 固定书证、物证、影像资料类。调取监控录像，扣押账本清单、出台记录本、消费明细，收集避孕套、性药、性用品，对现场布局、人员位置等情况通过执法记录仪拍照固定。

3. 查清卖淫嫖娼具体情况。对卖淫场所的查处，一般很难追究查处之前的卖淫嫖娼行为，但可以根据现场抓到的嫖娼人员，以及卖淫女、场所工作人员的供述，理清卖淫场所的经营模式，比如服务方式有几种，每种服务方式的价格情况，卖淫女和场所的分成情况等，再对记账本上的金额记录进行分析，结合书证、物证、口供等证据明确组织架构和具体分工，查清卖淫嫖娼的相关情况。

4. 对幕后组织者的锁定和指控是此类案件的难点。幕后组织者不经常来场所，一般只跟场所中代理人接触，指控证据单一。这种案件查处时，可以通过工作人员的招供如老板出现后的神态举止、场内高级管理人员有没有陪同、有没有工作部署或内部训话等，通过这些表象的集合进行分析来推定幕后组织者对场所卖淫活动是否明知，这样即使定不了组织卖淫也能定容留卖淫行为。

五、卖淫嫖娼行为的处罚

（一）构成犯罪的卖淫嫖娼行为

根据《刑法》的规定，主要有以下几种情形可以构成犯罪：

1.《刑法》第 358 条规定：“组织他人卖淫或者强迫他人卖淫的，处五年以上十年以下有期徒刑，并处罚金。”

2.《刑法》第 359 条规定：“引诱、容留、介绍他人卖淫的，处五年以下有期徒刑、拘役或者管制，并处罚金；情节严重的，处五年以上有期徒刑，并处罚金。”

3.《刑法》第 360 条规定：“明知自己患有梅毒、淋病等严重性病卖淫、嫖娼的，处五年以下有期徒刑、拘役或者管制，并处罚金。嫖宿不满十四周岁的幼女的，处五年以上有期徒刑，并处罚金。”

4.《刑法》第 361 条规定：“旅馆业、饮食服务业、文化娱乐业、出租汽车业等单位的人员，利用本单位的条件，组织、强迫、引诱、容留、介绍他人卖淫的，依照本法第三百五十八条、第三百五十九条的规定定罪处罚。前款所列单位的主要负责人，犯前款罪的，从重处罚。”

5. 依法惩治组织、强迫、引诱、容留、介绍卖淫犯罪活动，可参见《最高人民法院、最高人民检察院关于办理组织、强迫、引诱、容留、介绍卖淫刑事案件适用法律若干问题的解释》（2017 年 7 月 25 日起施行）。

（二）应予治安管理处罚的卖淫嫖娼行为

应予治安管理处罚的几种情形：

1.《治安管理处罚法》第 66 条规定："卖淫、嫖娼的，处十日以上十五日以下拘留，可以并处五千元以下罚款；情节较轻的，处五日以下拘留或者五百元以下罚款。在公共场所拉客招嫖的，处五日以下拘留或者五百元以下罚款。"

2.《治安管理处罚法》第 67 条规定："引诱、容留、介绍他人卖淫的，处十日以上十五日以下拘留，可以并处五千元以下罚款；情节较轻的，处五日以下拘留或者五百元以下罚款。"

（三）可以采取强制性教育措施的卖淫嫖娼行为

《治安管理处罚法》第七十六条规定："有本法第六十七条、第六十八条、第七十条的行为，屡教不改的，可以按照国家规定采取强制性教育措施。"

（四）涉及卖淫嫖娼行为单位人员的处罚

根据刑法第三百六十二条、第三百一十条的规定，旅馆业、饮食服务业、文化娱乐业、出租汽车业等单位的人员，在公安机关查处卖淫、嫖娼活动时，为违法犯罪分子通风报信，情节严重的，以包庇罪定罪处罚。事前与犯罪分子通谋的，以共同犯罪论处。

《治安管理处罚法》第 74 条规定："旅馆业、饮食服务业、文化娱乐业、出租汽车业等单位的人员，在公安机关查处吸毒、赌博、卖淫、嫖娼活动时，为违法犯罪行为人通风报信的，处十日以上十五日以下拘留。"

第二节　涉及淫秽违法犯罪行为的查处

一、淫秽物品的概念

（一）刑法第三百六十七条规定，淫秽物品是指"具体描绘性行为或者露骨宣扬色情的诲淫性的书刊、影片、录像带、录音带、图片及其他淫秽物品。"。同时，该条也规定"有关人体生理、医学知识的科学著作不是淫秽物品，包含色情内容的有艺术价值的文学艺术作品不视为淫秽物品"。"具体描绘性行为"的含义是指较详尽、具体地描写性行为的过程及其心理感受，比如具体描写通奸、淫乱、卖淫、乱伦、强奸的过程细节，描写少年儿童的性行为、同性恋的性行为或者其他性变态行为及与性变态有关的暴力、虐待、侮辱行为和令普通人不能容忍的对性行为的淫亵描写。而"露骨宣扬色情"则是指公然地、不加掩饰地宣扬色情淫荡形象，着力表现人体生殖器官，挑动人们的性欲，足以导致人的腐化堕落的具有刺激、挑逗性的文字和画面。"其他淫秽物品"，包括具体描绘性行为或者露骨宣扬色情的诲淫性的视频文件、音频文件、电子刊物、图片、文章、短信息等互联网、移动通讯终端电子信息和声讯台语音信息。

但是，应当注意的是，有关人体生理、医学知识的科学著作不属于淫秽物品，包括有关人体的解剖生理知识、生育知识、疾病防治和其他有关性知识、性道德、性社会学等自然科学和社会科学作品。这些作品有助于医学科学和艺术事业的研究和发展，是不可缺少的。此外，有色情内容，但有艺术价值的文学、艺术作品也不视为淫秽物品。这里的有艺术价值的文学作品并不是指所有的文学作品，而是特指那些在现实生活中以及文化艺术发展的历史长河中具有较高文学、艺术价值，同时也包含有对性行为、色情等内容的描绘的文学、艺术作品。

（二）网上传播淫秽物品的行为主要表现为三个方面：向互联网上传淫秽物品、在线发送淫秽物品和建立淫秽物品的超链接。

1. 上传淫秽物品指行为人将淫秽电影、表演、动画、视频文件、电子刊物、图片、文章、短信息等淫秽物品载入互联网并公开的行为。如发送到公共网站或已公开的个人网页上供他人浏览和观看。

2. 在线发送淫秽物品指行为人将淫秽物品通过互联网在线即时发送到正在使用的公共论坛、QQ 群等使他人看到，或者是通过互联网将淫秽物品发送到不特定人群的 QQ 或电子邮件中，使他人一打开就能看到。但单纯地浏览淫秽网页的行为，因为缺乏向他人传播的要素，不能构成传播淫秽物品的犯罪。

3. 建立淫秽物品的超链接。超链接是一种可以从本网页转到其他网页的特殊计算机指令。建立超链接本身并非就一定是传播淫秽物品的行为，但是建立直接指向淫秽网页的超链接，能使他人能够轻而易举地打开淫秽网页观看到淫秽物品。因此，明知是淫秽网站或网页，而建立指向它的超链接应认定为传播淫秽物品的行为。

☞ 执法规范

最高人民法院、最高人民检察院关于办理利用互联网、移动通讯终端、声讯台制作、复制、出版、贩卖、传播淫秽电子信息刑事案件具体应用法律若干问题的解释

（2004 年 9 月 3 日 法释〔2004〕11 号）

为依法惩治利用互联网、移动通讯终端制作、复制、出版、贩卖、传播淫秽电子信息、通过声讯台传播淫秽语音信息等犯罪活动，维护公共网络、通讯的正常秩序，保障公众的合法权益，根据《中华人民共和国刑法》、《全国人民代表大会常务委员会关于维护互联网安全的决定》的规定，现对办理该类刑事案件具体应用法律的若干问题解释如下：

第一条　以牟利为目的，利用互联网、移动通讯终端制作、复制、出版、贩卖、传播淫秽电子信息，具有下列情形之一的，依照刑法第三百六十三条第一款的规定，以制作、复制、出版、贩卖、传播淫秽物品牟利罪定罪处罚。

（一）制作、复制、出版、贩卖、传播淫秽电影、表演、动画等视频文件二十个以上的；

（二）制作、复制、出版、贩卖、传播淫秽音频文件一百个以上的；

（三）制作、复制、出版、贩卖、传播淫秽电子刊物、图片、文章、短信息等二百件以上的；

（四）制作、复制、出版、贩卖、传播的淫秽电子信息，实际被点击数达到一万次以上的；

（五）以会员制方式出版、贩卖、传播淫秽电子信息，注册会员达二百人以上的；

（六）利用淫秽电子信息收取广告费、会员注册费或者其他费用，违法所得一万元以上的；

（七）数量或者数额虽未达到第（一）项至第（六）项规定标准，但分别达到其中两项以上标准一半以上的；

（八）造成严重后果的。

利用聊天室、论坛、即时通信软件、电子邮件等方式，实施第一款规定行为的，依照刑法第三百六十三条第一款的规定，以制作、复制、出版、贩卖、传播淫秽物品牟利罪定罪处罚。

第二条　实施第一条规定的行为，数量或者数额达到第一条第一款第（一）项至第（六）项规定标准五倍以上的，应当认定为刑法第三百六十三条第一款规定的“情节严重”；达到规定标准二十五倍以上的，应当认定为“情节特别严重”。

第三条　不以牟利为目的，利用互联网或者移动通讯终端传播淫秽电子信息，具有下列情形之一的，依照刑法第三百六十四条第一款的规定，以传播淫秽物品罪定罪处罚：

（一）数量达到第一条第一款第（一）项至第（五）项规定标准二倍以上的；

（二）数量分别达到第一条第一款第（一）项至第（五）项两项以上标准的；

（三）造成严重后果的。

利用聊天室、论坛、即时通信软件、电子邮件等方式，实施第一款规定行为的，依照刑法第三百六十四条第一款的规定，以传播淫秽物品罪定罪处罚。

第四条　明知是淫秽电子信息而在自己所有、管理或者使用的网站或者网页上提供直接链接的，其数量标准根据所链接的淫秽电子信息的种类计算。

第五条　以牟利为目的，通过声讯台传播淫秽语音信息，具有下列情形之一的，依照刑法第三百六十三条第一款的规定，对直接负责的主管人员和其他直接责任人员以传播淫秽物品牟利罪定罪处罚：

（一）向一百人次以上传播的；

（二）违法所得一万元以上的；

（三）造成严重后果的。

实施前款规定行为，数量或者数额达到前款第（一）项至第（二）项规定标准五倍以上的，应当认定为刑法第三百六十三条第一款规定的“情节严重”；达到规定标准二十五倍以上的，应当认定为“情节特别严重”。

第六条　实施本解释前五条规定的犯罪，具有下列情形之一的，依照刑法第三百六十三条第一款、第三百六十四条第一款的规定从重处罚：

（一）制作、复制、出版、贩卖、传播具体描绘不满十八周岁未成年人性行为的淫秽电子信息的；

（二）明知是具体描绘不满十八周岁的未成年人性行为的淫秽电子信息而在自己所有、管理或者使用的网站或者网页上提供直接链接的；

（三）向不满十八周岁的未成年人贩卖、传播淫秽电子信息和语音信息的；

（四）通过使用破坏性程序、恶意代码修改用户计算机设置等方法，强制用户访问、下载淫秽电子信息的。

第七条　明知他人实施制作、复制、出版、贩卖、传播淫秽电子信息犯罪，为其提供互联网接入、服务器托管、网络存储空间、通讯传输通道、费用结算等帮助的，对直接负责的主管人员和其他直接责任人员，以共同犯罪论处。

第八条　利用互联网、移动通讯终端、声讯台贩卖、传播淫秽书刊、影片、录像带、录音带等以实物为载体的淫秽物品的，依照《最高人民法院关于审理非法出版物刑事案件具体应用法律若干问题的解释》的有关规定定罪处罚。

第九条　刑法第三百六十七条第一款规定的“其他淫秽物品”，包括具体描绘性行为或者露骨宣扬色情的诲淫性的视频文件、音频文件、电子刊物、图片、文章、短信息等互联网、移动通讯终端电子信息和声讯台语音信息。

有关人体生理、医学知识的电子信息和声讯台语音信息不是淫秽物品。包含色情内容的有艺术价值的电子文学、艺术作品不视为淫秽物品。

二、涉及淫秽违法犯罪行为的种类及其认定

（一）涉及淫秽违法犯罪行为的种类

涉及淫秽违法犯罪行为的种类主要有以下几种：

1. 制作、运输、复制、出售、出租、传播淫秽物品行为。这里的“淫秽物品”，是指具体描绘性行为或者露骨宣扬色情的诲淫性的书刊、影片、录像带、录音带、图片及其他淫秽物品。

2. 利用通讯工具传播淫秽信息行为。包括利用计算机信息网络、电话、移动通讯终端声讯台以及其他通讯工具制作、复制、出版、贩卖、传播诲淫性的视频文件、音频文件、电子刊物、图片、文章、短信息等。

3. 组织或者进行淫秽表演行为。是指在公共场所，包括网络视频聊天室等虚拟的公共场所，进行各种淫荡、挑动人们性欲的形体、动作表演，如裸体展露、摸拟性动作、跳脱衣舞、进行性交表演等。

（二）涉及淫秽违法犯罪行为的认定

对在办案中收缴的涉嫌属于淫秽的物品和查处的涉嫌属于淫秽的表演行为，要根据相关规定由有鉴定权的部门作出是否是属于淫秽物品和淫秽表演的认定。

1. 淫秽物品的鉴定

对收缴的物品是否是淫秽物品，1993 年 1 月 19 日新闻出版署、公安部发布的《关于鉴定淫秽录像带、淫秽图片有关问题的通知》和 1998 年 11 月 27 日公安部的《关于鉴定淫秽物品有关问题的请示》的批复中作了明确的规定。按以上规定，各地公安机关在查获相关物品后，如需审查认定是否为淫秽物品的，可以由县级以上公安机关治安部门负责鉴定工作，并由其出具鉴定结论。

☞ 执法规范

公安部《关于携带、藏匿淫秽 VCD 是否属于传播淫秽物品问题》的批复

（1998 年 11 月 9 日 公复字〔1998〕6 号）

江西省公安厅：

你厅《关于携带、藏匿淫秽 VCD 是否属于传播淫秽物品的请示》（苏公厅［1998］449 号）收悉。现批复如下：

1990 年 7 月 6 日最高人民法院、最高人民检察院《关于办理淫秽物品刑事案件具体应用法律的规定》，已于 1994 年 8 月 29 日被废止，不再执行。对于携带、藏匿淫秽 VCD 的行为，不能简单地视为“传播”，而应注意广泛搜集证据，根据主客观相统一的原则，来判断

是否构成“传播”行为。如果行为人主观上没有“传播”故意，只是为了自己观看，不能认定为“传播淫秽物品”，但应当没收淫秽 VCD，并对当事人进行必要的法制教育。此外，还应注意扩大线索，挖掘来源，及时查获有关违法犯罪活动。

公安部《关于鉴定淫秽物品有关问题的请示》的批复

（1998 年 11 月 27 日 公复字〔1998〕8 号）

江苏省公安厅：

你厅《关于鉴定淫秽物品有关问题的请示》（苏公厅〔1998〕459 号）收悉。现批复如下：

鉴于近年来各地公安机关查获淫秽物品数量不断增加、查禁任务日趋繁重的情况，为及时打击处理走私、制作、贩卖、传播淫秽物品的违法犯罪分子，今后各地公安机关查获的物品，需审查认定是否为淫秽物品的，可以由县级以上公安机关治安部门负责鉴定工作，但要指定两名政治、业务素质过硬的同志共同进行，其他人员一律不得参加。当事人提出不同意见需重新鉴定的，由上一级公安机关治安部门会同同级新闻出版、音像归口管理等部门重新鉴定。对送审鉴定和收缴的淫秽物品，由县级以上公安机关治安部门统一集中，登记造册，适时组织全部销毁。对于淫秽物品鉴定工作中与新闻出版、音像归口管理等部门的配合问题，仍按现行规定执行。

2. “淫秽表演行为”的认定

从司法实践看，公安机关对查获的涉嫌淫秽表演行为是属于“淫秽表演行为”，还是属于“色情表演行为”或者是属于“低俗表演行为”，目前还没有具体的认定标准，也没有相关司法机构予以鉴定。对“淫秽”、“色情”、“低俗”内涵的界定是非常困难的。

3. 收缴淫秽物品的处理

按有关规定，对收缴的淫秽物品应全部销毁。在销毁前要统一清理登记，经地、市公安机关处、局长审查批准后，在纪检、监察部门监督下由少数可靠人员负责销毁。对淫秽录音、录像制品，可作销磁处理；淫秽影片、书画、图片等物品，均一律销毁。

☞ **网页链接**

“扫黄打非”：为党和人民守好文化阵地（节选）①

9 月 19 日上午，微信朋友圈一篇《满是盗版书也能当最美图书馆，篱苑书屋打了所有读书人的脸》的帖子刷屏，引起社会广泛关注。当日下午，全国“扫黄打非”办公室官方微博通报称：“北京‘篱苑书屋’被曝满屋盗版书，执法部门正核查整改。”该消息立即受到广大网友点赞，大家对执法部门雷厉风行的作风表示赞赏。

这只是全国“扫黄打非”工作的一个小小缩影。党的十八大以来，“扫黄打非”工作扎实推进，取得了显著成效。

---

① 中国扫黄打非网，2017 年 9 月 26 日。

五大变化：文化市场健康有序发展

“5年来，全国‘扫黄打非’工作有五方面的变化。”全国“扫黄打非”办公室专职副主任、国家新闻出版广电总局反非法和违禁出版物司司长薛松岩接受《中国新闻出版广电报》记者采访时说。

这五个变化，一是服务大局更紧密了。“扫黄打非”战线深入学习贯彻习近平总书记系列重要讲话精神，紧紧围绕“两个巩固”的根本任务，牢牢把握正确政治方向，持续深入开展“扫黄打非”，坚决打击各类非法出版物及有害信息，为捍卫我国意识形态安全和文化安全发挥了重要作用。二是文化市场更干净了。这些年市场上销售非法书报刊、音像制品等现象大幅减少，网上淫秽色情信息传播得到明显遏制，假记者、假媒体、假记者站得到了有效治理，文化市场面貌有较大改观。三是互联网主战场工作力度更大了。5年来，“扫黄打非”部门坚持以互联网为主战场，建立完善网上“扫黄打非”联席会议机制，督促互联网企业履行主体责任，大力加强日常监管，查办的网络案件数量越来越多。四是“扫黄打非”队伍战斗力更强了。“扫黄打非”战线全体同志面对工作形势、工作范围和工作要求的调整变化，讲政治、有担当、善协调、钻业务、肯吃苦、会创新，承担了很多急、难、险、重任务，自身建设不断得到加强。五是群众参与“扫黄打非”更深入了。“扫黄打非”工作比以往更加重视宣传教育，广泛发动群众参与和支持，仅全国“扫黄打非”办公室联合举报中心每年接到的群众举报线索就在10万件以上。各地深入推进“扫黄打非”进基层工作，广泛建立基层工作站点，强化基层工作力量，使得基层群众对“扫黄打非”工作的认同感普遍增强，参与“扫黄打非”的积极性得到极大提升。

三、涉及淫秽违法犯罪行为的现状与特点

（一）利用计算机信息网络传播淫秽电子信息违法犯罪行为突出

随着计算机网络在我国应用的普及，网上的淫秽色情活动已经取代传统的传播淫秽信息的方式，成为传播的主要方式。

（二）公众场所淫秽表演行为时有发生

公众场所淫秽表演行为可以分为现实世界的淫秽表演行为和虚拟世界的淫秽表演行为。主要有以下几种情况：一是在一些演艺场所，经营者为了吸引顾客，雇佣一些非法演出团体进行淫秽表演；二是在一些地方农村集镇上，一些非法演出团体搭建帐篷进行淫秽表演；三是在一些高档的娱乐场所，经营者为了获取经济利益，在包厢、包间内为顾客提供淫秽表演；四是利用互联网上，一些人在视频聊天室进行淫秽表演。

（三）零星贩卖淫秽音像制品少量存在

在一些城乡结合部、外来人员聚居的区域，存在零星贩卖淫秽音像制品的现象。这些人往往以过路行人的兜售对象，不少妇女还怀抱小孩，在附近树丛、角落隐藏淫秽音像制品，身上只带少量，以逃避打击。

四、涉及淫秽违法犯罪行为的查处方法

（一）发挥职能作用，协同有关部门，多方查控

随着科学技术特别是现代视听、传播技术发展，制作淫秽物品的形式越来越多样化，传播面越来越大。因此，公安机关治安管理部门应当充分发挥职能作用，在日常管理工作中，

认真查缴淫秽物品。同时，积极协同有相关职责的文化宣传、新闻出版、广播、影视、音像、工商、海关、邮政等部门，多方面、多渠道开展查控淫秽物品的工作。

（二）加强对重点场所、部位的检查

宾馆、影剧院、音像放映厅、歌舞厅、电子游戏厅、书报摊、车站、机场、码头等，是传播、贩卖、走私淫秽物品的主要场所和部位，公安机关治安管理部门、派出所和巡警，应当在管辖范围内经常检查，加强控制，随时发现。收缴淫秽物品，并对有关当事人依法处理。

（三）办案中发现线索，追根溯源

在日常办案中，特别是办理涉及淫秽物品和卖淫嫖娼等案件中，应当注意捕捉、发现淫秽物品的线索，顺藤摸瓜，追根溯源，扩大战果，彻底取缔。

（四）适时开展专项治理

淫秽物品、色情活动、卖淫嫖娼，是一根藤上的毒瓜，也往往是相关违法犯罪活动的“三部曲”。因此，应当注意搜集信息，掌握动态，选择适当时机，配合取缔卖淫嫖娼和色情活动，开展查控淫秽物品的专项治理工作，特别是对出版、文化市场和客运交通工具进行整顿、清查，防止淫秽物品蔓延。

（五）严格对音像设备、计算机信息网络和书刊、音像制作单位进行监督管理

治安管理部门应当积极协调政府有关职能部门，严格依法监督管理音像设备、计算机信息网络和书刊、音像制作单位，防止非法制作淫秽物品和传播“黄毒”，堵源截流。①

五、涉及淫秽违法犯罪行为的处罚

（一）构成犯罪的涉及淫秽行为

根据《刑法》的规定，主要有以下几种情形可以构成犯罪：

1.《刑法》第363条规定：“以牟利为目的，制作、复制、出版、贩卖、传播淫秽物品的，处三年以下有期徒刑、拘役或者管制，并处罚金；情节严重的，处三年以上十年以下有期徒刑，并处罚金；情节特别严重的，处十年以上有期徒刑或者无期徒刑，并处罚金或者没收财产。为他人提供书号，出版淫秽书刊的，处三年以下有期徒刑、拘役或者管制，并处或者单处罚金；明知他人用于出版淫秽书刊而提供书号的，依照前款的规定处罚。”

2.《刑法》第364规定：“传播淫秽的书刊、影片、音像、图片或者其他淫秽物品，情节严重的，处二年以下有期徒刑、拘役或者管制。组织播放淫秽的电影、录像等音像制品的，处三年以下有期徒刑、拘役或者管制，并处罚金；情节严重的，处三年以上十年以下有期徒刑，并处罚金。”

3.《刑法》第365条规定：“组织进行淫秽表演的，处三年以下有期徒刑、拘役或者管制，并处罚金；情节严重的，处三年以上十年以下有期徒刑，并处罚金。”

（二）应予治安管理处罚的涉及淫秽行为

根据《治安管理处罚法》的规定，主要有以下几种情形应予治安管理处罚：

1.《治安管理处罚法》第68条规定：“制作、运输、复制、出售、出租淫秽的书刊、图片、影片、音像制品等淫秽物品或者利用计算机信息网络、电话以及其他通讯工具传播淫秽信息的，处十日以上十五日以下拘留，可以并处三千元以下罚款；情节较轻的，处五日以

---

① 李香梅．治安秩序管理理论与实践［M］．北京：中国人民公安大学出版社，2015：159-160.

下拘留或者五百元以下罚款。”

2.《治安管理处罚法》第69条规定：“有下列行为之一的，处十日以上十五日以下拘留，并处五百元以上一千元以下罚款：（1）组织播放淫秽音像的；（2）组织或者进行淫秽表演的；（3）参与聚众淫乱活动的。”

（三）可以采取强制性教育措施的涉及淫秽行为

《治安管理处罚法》第76条规定：“有本法第六十七条、第六十八条、第七十条的行为，屡教不改的，可以按照国家规定采取强制性教育措施。”

第三节 赌博活动的查处

一、赌博及相关行为的认定

（一）赌博的概念

赌博，是指以营利为目的，2人以上以共同认可的方式比输赢，达到获得对方财物目的的行为。赌博的方式多种多样，只要有关当事人均认为“公平”即可。赌博是千百年来一直存在的社会痼疾，近年来又重新泛滥，甚至出现聚众赌博、开设赌场、利用互联网赌博等现象，并且趋于公开化。

我国传统上的赌博可以概括为四大类：棋类，如象棋、围棋、投壶等，球类，如马球、蹴鞠等；角抵类，如摔跤、斗牛、斗鸡、斗蟋蟀等；博戏类，如麻将、扑克、天九、套圈等。西方国家通常把赌博分为三类：游戏类、彩票类和竞技类。其中，利用轮盘和投币式自动赌博机赌博在游戏类赌博中最常见；六合彩在彩票中最著名；赛马在竞技类赌博中历史悠久，形式最完备。西方国家注重运用法律手段控制赌博活动，尽力保证参加赌博的认不受欺骗，逐渐解除赌禁，赌博业趋于合法化；赌博业的服务项目和招揽技术日趋改进，赌博趋专业化、标准化，对参赌人员越来越具有诱惑力。

☞ **执法规范**

最高人民法院、最高人民检察院、公安部
关于办理网络赌博犯罪案件适用法律若干问题的意见

（2010年8月31日 公通字〔2010〕40号）

各省、自治区、直辖市高级人民法院、人民检察院、公安厅、局，新疆维吾尔自治区高级人民法院生产建设兵团分院、新疆生产建设兵团人民检察院、公安局：

为依法惩治网络赌博犯罪活动，根据《中华人民共和国刑法》、《中华人民共和国刑事诉讼法》和《最高人民法院、最高人民检察院关于办理赌博刑事案件具体应用法律若干问题的解释》等有关规定，结合司法实践，现就办理网络赌博犯罪案件适用法律的若干问题，提出如下意见：

一、关于网上开设赌场犯罪的定罪量刑标准

利用互联网、移动通讯终端等传输赌博视频、数据，组织赌博活动，具有下列情形之一的，属于刑法第三百零三条第二款规定的“开设赌场”行为：

（一）建立赌博网站并接受投注的；

（二）建立赌博网站并提供给他人组织赌博的；

（三）为赌博网站担任代理并接受投注的；

（四）参与赌博网站利润分成的。

实施前款规定的行为，具有下列情形之一的，应当认定为刑法第三百零三条第二款规定的“情节严重”：

（一）抽头渔利数额累计达到3万元以上的；

（二）赌资数额累计达到30万元以上的；

（三）参赌人数累计达到120人以上的；

（四）建立赌博网站后通过提供给他人组织赌博，违法所得数额在3万元以上的；

（五）参与赌博网站利润分成，违法所得数额在3万元以上的；

（六）为赌博网站招募下级代理，由下级代理接受投注的；

（七）招揽未成年人参与网络赌博的；

（八）其他情节严重的情形。

二、关于网上开设赌场共同犯罪的认定和处罚

明知是赌博网站，而为其提供下列服务或者帮助的，属于开设赌场罪的共同犯罪，依照刑法第三百零三条第二款的规定处罚：

（一）为赌博网站提供互联网接入、服务器托管、网络存储空间、通讯传输通道、投放广告、发展会员、软件开发、技术支持等服务，收取服务费数额在2万元以上的；

（二）为赌博网站提供资金支付结算服务，收取服务费数额在1万元以上或者帮助收取赌资20万元以上的；

（三）为10个以上赌博网站投放与网址、赔率等信息有关的广告或者为赌博网站投放广告累计100条以上的。

实施前款规定的行为，数量或者数额达到前款规定标准5倍以上的，应当认定为刑法第三百零三条第二款规定的“情节严重”。

实施本条第一款规定的行为，具有下列情形之一的，应当认定行为人“明知”，但是有证据证明确实不知道的除外：

（一）收到行政主管机关书面等方式的告知后，仍然实施上述行为的；

（二）为赌博网站提供互联网接入、服务器托管、网络存储空间、通讯传输通道、投放广告、软件开发、技术支持、资金支付结算等服务，收取服务费明显异常的；

（三）在执法人员调查时，通过销毁、修改数据、账本等方式故意规避调查或者向犯罪嫌疑人通风报信的；

（四）其他有证据证明行为人明知的。

如果有开设赌场的犯罪嫌疑人尚未到案，但是不影响对已到案共同犯罪嫌疑人、被告人的犯罪事实认定的，可以依法对已到案者定罪处罚。

三、关于网络赌博犯罪的参赌人数、赌资数额和网站代理的认定

赌博网站的会员账号数可以认定为参赌人数，如果查实一个账号多人使用或者多个账号一人使用的，应当按照实际使用的人数计算参赌人数。

赌资数额可以按照在网络上投注或者赢取的点数乘以每一点实际代表的金额认定。

对于将资金直接或间接兑换为虚拟货币、游戏道具等虚拟物品，并用其作为筹码投注

的，赌资数额按照购买该虚拟物品所需资金数额或者实际支付资金数额认定。

对于开设赌场犯罪中用于接收、流转赌资的银行账户内的资金，犯罪嫌疑人、被告人不能说明合法来源的，可以认定为赌资。向该银行账户转入、转出资金的银行账户数量可以认定为参赌人数。如果查实一个账户多人使用或多个账户一人使用的，应当按照实际使用的人数计算参赌人数。

有证据证明犯罪嫌疑人在赌博网站上的账号设置有下级账号的，应当认定其为赌博网站的代理。

（二）赌博及相关行为的认定

1. 赌博行为的认定

赌博行为的构成具有特定的条件和具体表现形式，在司法实践中，正确认定赌博行为是查处赌博活动、追究赌博行为人相应的法律责任的前提。

☞ 执法参考

如何界定赌博行为和群众娱乐活动①

一是从主观方面看，是否以营利为目的，它是构成赌博罪的主观要件，而群众娱乐是以休闲消遣为目的。

二是从主体上看，群众娱乐多是家庭成员、亲朋好友间进行。

三是看是否有组织者从中抽头获利。构成赌博罪客观上以“聚众赌博”、“开设赌场”或“以赌博为业”3种行为为限。“聚众赌博”，是指组织、召集、引诱多人进行赌博，本人从中抽头获利的行为。“以赌博为业”，是指经常进行赌博，以赌博获取钱财为其生活或者主要经济来源的行为。“开设赌场”，是指提供赌博的场所及用具，供他人在其中进行赌博，本人从中营利的行为。

四是看彩头量的多少，要根据个人、地区经济状况及公众接受的消费水平而定。

☞ 执法规范

公安部关于办理赌博违法案件适用法律若干问题的通知

（2005年5月25日 公通字〔2005〕30号）

各省、自治区、直辖市公安厅、局，新疆生产建设兵团公安局：

为依法有效打击赌博违法活动，规范公安机关查禁赌博违法活动的行为，根据《中华人民共和国治安管理处罚条例》等有关法律、法规的规定，现就公安机关办理赌博违法案件适用法律的若干问题通知如下：

一、具有下列情形之一的，应当依照《中华人民共和国治安管理处罚条例》第三十二条的规定，予以处罚：

① 法制日报，2005年1月21日。

（一）以营利为目的，聚众赌博、开设赌场或者以赌博为业，尚不够刑事处罚的；

（二）参与以营利为目的的聚众赌博、计算机网络赌博、电子游戏机赌博，或者到赌场赌博的；

（三）采取不报经国家批准，擅自发行、销售彩票的方式，为赌博提供条件，尚不够刑事处罚的；

（四）明知他人实施赌博违法犯罪活动，而为其提供资金、场所、交通工具、通讯工具、赌博工具、经营管理、网络接入、服务器托管、网络存储空间、通讯传输通道、费用结算等条件，或者为赌博场所、赌博人员充当保镖，为赌博放哨、通风报信，尚不够刑事处罚的；

（五）明知他人从事赌博活动而向其销售具有赌博功能的游戏机，尚不够刑事处罚的。

二、在中华人民共和国境内通过计算机网络、电话、手机短信等方式参与境外赌场赌博活动，或者中华人民共和国公民赴境外赌场赌博，赌博输赢结算地在境内的，应当依照《中华人民共和国治安管理处罚条例》的有关规定予以处罚。

三、（略）

四、（略）

五、赌博活动中用作赌注的款物、换取筹码的款物和通过赌博赢取的款物属于赌资。

在利用计算机网络进行的赌博活动中，分赌场、下级庄家或者赌博参与者在组织或者参与赌博前向赌博组织者、上级庄家或者赌博公司交付的押金，应当视为赌资。

六、赌博现场没有赌资，而是以筹码或者事先约定事后交割等方式代替的，赌资数额经调查属实后予以认定。个人投注的财物数额无法确定时，按照参赌财物的价值总额除以参赌人数的平均值计算。

通过计算机网络实施赌博活动的赌资数额，可以按照在计算机网络上投注或者赢取的总点数乘以每个点数实际代表的金额认定。赌博的次数，可以按照在计算机网络上投注的总次数认定。

七、对查获的赌资、赌博违法所得应当依法没收，上缴国库，并按照规定出具法律手续。对查缴的赌具和销售的具有赌博功能的游戏机，一律依法予以销毁、严禁截留、私分或者以其他方式侵吞赌资、赌具、赌博违法所得以及违法行为人的其他财物。违者，对相关责任人员依法予以行政处分；构成犯罪的，依法追究刑事责任。

对参与赌博人员使用的交通、通讯工具未作为赌注的，不得没收。在以营利为目的，聚众赌博、开设赌场，或者采取不报经国家批准，擅自发行、销售彩票的方式为赌博提供条件，尚不够刑事处罚的案件中，违法行为人本人所有的用于纠集、联络、运送参赌人员以及用于望风护赌的交通、通讯工具，应当依法没收。

八、对赌博或者为赌博提供条件的处罚，应当与其违法事实、情节、社会危害程度相适应。严禁不分情节轻重，一律顶格处罚；违者，对审批人、审核人、承办人依法予以行政处分。

九、不以营利为目的，亲属之间进行带有财物输赢的打麻将、玩扑克等娱乐活动，不予处罚；亲属之外的其他人之间进行带有少量财物输赢的打麻将、玩扑克等娱乐活动，不予处罚。

2. 为赌博提供条件行为

为赌博提供条件行为是指为他人进行赌博提供便利条件，具体表现为：明知他人实施赌博违法犯罪活动，而为其提供资金、场所、交通工具、通讯工具、赌博工具、经营管理、网络接入、服务器托管、网络存储空间、通讯传输通道、费用结算等条件，或者为赌博场所、赌博人员充当保镖，为赌博放哨、通风报信等行为。

3. 赌资、赌具的认定

根据有关规定，对赌资、赌具的认定按以下方法进行：

（1）赌资的认定。根据公安部《关于办理赌博违法案件适用法律若干问题的通知》规定：赌博活动中用作赌注的款物、换取筹码的款物和通过赌博赢取的款物属于赌资。在利用计算机网络进行的赌博活动中，分赌场、下级庄家或者赌博参与者在组织或者参与赌博前向赌博组织者、上级庄家或者赌博公司交付的押金，应当视为赌资。对参与赌博人员使用的交通、通讯工具未作为赌注的，不属于赌资。

赌博现场没有赌资，而是以筹码或者事先约定事后交割等方式代替的，赌资数额经调查属实后予以认定。个人投注的财物数额无法确定时，按照参赌财物的价值总额除以参赌人数的平均值计算。

通过计算机网络实施赌博活动的赌资数额，可以按照在计算机网络上投注或者赢取的总点数乘以每个点数实际代表的金额认定。赌博的次数，可以按照在计算机网络上投注的总次数认定。

（2）赌具的认定。赌具是用做直接实施赌博行为的物品、工具，常见的赌具有麻将、骰子、扑克、牌九、赌博机等。由于赌博方式的多样性，任何器具、物品都可用来直接实施赌博，用来直接实施赌博的物品均属于赌具。对参财人员使用的交通、通信工具不得认定为赌具。但是根据公安部《关于办理赌博违法案件适用法律若干问题的通知》的规定，在以营利为目的，聚众赌博、开设赌场，或者采取不报经国家批准，擅自发行、销售彩票的方式为赌博提供条件，尚不够刑事处罚的案件中，违法行为人本人所有的用于纠集、联络、运送参赌人员以及用于望风护赌的交通、通讯工具，应当依法没收。

根据公安部《关于办理赌博违法案件适用法律若干问题的通知》规定：对查获的赌资、赌博违法所得，应当依法没收，上缴国库，并按照规定出具法律手续。对查缴的赌具和销售的具有赌博功能的游戏机，一律依法予以销毁。①

☞ **执法规范**

最高人民法院、最高人民检察院、公安部
关于办理利用赌博机开设赌场案件适用法律若干问题的意见

（2014 年 3 月 26 日 公通字〔2014〕17 号）

各省、自治区、直辖市高级人民法院，人民检察院，公安厅、局，解放军军事法院、军事检察院，新疆维吾尔自治区高级人民法院生产建设兵团分院，新疆生产建设兵团人民检察院、公安局：

为依法惩治利用具有赌博功能的电子游戏设施设备开设赌场的犯罪活动，根据《中华

① 李香梅．治安秩序管理理论与实践［M］．北京：中国人民公安大学出版社，2015：161-162.

人民共和国刑法》、《最高人民法院、最高人民检察院关于办理赌博刑事案件具体应用法律若干问题的解释》等有关规定，结合司法实践，现就办理此类案件适用法律问题提出如下意见：

一、关于利用赌博机组织赌博的性质认定

设置具有退币、退分、退钢珠等赌博功能的电子游戏设施设备，并以现金、有价证券等贵重款物作为奖品，或者以回购奖品方式给予他人现金、有价证券等贵重款物（以下简称设置赌博机）组织赌博活动的，应当认定为刑法第三百零三条第二款规定的“开设赌场”行为。

二、关于利用赌博机开设赌场的定罪处罚标准

设置赌博机组织赌博活动，具有下列情形之一的，应当按照刑法第三百零三条第二款规定的开设赌场罪定罪处罚：

(一) 设置赌博机 10 台以上的；

(二) 设置赌博机 2 台以上，容留未成年人赌博的；

(三) 在中小学校附近设置赌博机 2 台以上的；

(四) 违法所得累计达到 5000 元以上的；

(五) 赌资数额累计达到 5 万元以上的；

(六) 参赌人数累计达到 20 人以上的；

(七) 因设置赌博机被行政处罚后，两年内再设置赌博机 5 台以上的；

(八) 因赌博、开设赌场犯罪被刑事处罚后，五年内再设置赌博机 5 台以上的；

(九) 其他应当追究刑事责任的情形。

设置赌博机组织赌博活动，具有下列情形之一的，应当认定为刑法第三百零三条第二款规定的“情节严重”：

(一) 数量或者数额达到第二条第一款第一项至第六项规定标准六倍以上的；

(二) 因设置赌博机被行政处罚后，两年内再设置赌博机 30 台以上的；

(三) 因赌博、开设赌场犯罪被刑事处罚后，五年内再设置赌博机 30 台以上的；

(四) 其他情节严重的情形。

可同时供多人使用的赌博机，台数按照能够独立供一人进行赌博活动的操作基本单元的数量认定。

在两个以上地点设置赌博机，赌博机的数量、违法所得、赌资数额、参赌人数等均合并计算。

三、关于共犯的认定

明知他人利用赌博机开设赌场，具有下列情形之一的，以开设赌场罪的共犯论处：

(一) 提供赌博机、资金、场地、技术支持、资金结算服务的；

(二) 受雇参与赌场经营管理并分成的；

(三) 为开设赌场者组织客源，收取回扣、手续费的；

(四) 参与赌场管理并领取高额固定工资的；

(五) 提供其他直接帮助的。

四、(略)

五、关于赌资的认定

本意见所称赌资包括：

（一）当场查获的用于赌博的款物；

（二）代币、有价证券、赌博积分等实际代表的金额；

（三）在赌博机上投注或赢取的点数实际代表的金额。

六、（略）

七、关于宽严相济刑事政策的把握办理利用赌博机开设赌场的案件，应当贯彻宽严相济刑事政策，重点打击赌场的出资者、经营者。

对受雇佣为赌场从事接送参赌人员、望风看场、发牌坐庄、兑换筹码等活动的人员，除参与赌场利润分成或者领取高额固定工资的以外，一般不追究刑事责任，可由公安机关依法给予治安管理处罚。对设置游戏机，单次换取少量奖品的娱乐活动，不以违法犯罪论处。

（3）赌债的认定。赌债是在赌博活动中，赌博者之间因赌博而产生的债务以及参赌人员与明知其借贷将用于赌博的人员之间因借贷而产生的债务。赌博者之间因赌博而产生的赌债，源于违法犯罪行为，法律不予保护。公安机关认定赌债必须慎重，用欺骗方法向他人借款后参赌的，不能视为赌债。经公安机关核实的赌债，应当一律废除。

☞ **执法规范**

公安部法制局关于办理赌博违法案件有关法律适用问题的电话答复

（2005 年 9 月 5 日）

河北、云南省公安厅法制处：

近日，你们就办理赌博违法案件中的赌资认定及《公安部关于办理赌博违法案件适用法律若干问题的通知》（以下简称《通知》）的适用效力问题相继请示我局。经研究，现综合电话答复如下：

一、行为人诱使他人参与赌博，约定由行为人本人直接参赌，他人与其共同承担输赢责任，在行为人故意输给其他参赌人后，要求被诱骗人承担还款责任，骗取钱款数额巨大的，应以诈骗罪追究行为人的刑事责任。

二、赌博违法活动中既有赌资又有欠条的，“打欠条”属于《通知》第六条规定的“事先约定事后交割”方式，欠条所载金额经调查属实后可以认定为赌资。

二、当前赌博活动的现状及赌博违法犯罪活动日益严重的成因分析

（一）当前赌博活动的现状

1. 境内赌博活动花样繁多，屡禁不止

当前除通过玩纸牌、打麻将、推牌九押注等传统方法进行的赌博活动比较普遍外，六合彩、私彩等非法彩票赌博活动和赌球、赌马、电子游戏机赌博活动发展蔓延很快。从近年来公安机关查获的情况看，参与赌博的人数呈逐年增多之势，基本涵盖了社会各阶层人员。

2. 出境参赌人员日益增多，资金外流严重

一是相邻的国家在与我国接壤的边境一侧设有赌场，涉足这些赌场的赌客大部分是我国公民。同时一些西方国家的赌场瞄准亚太地区，以优先提供出入境服务或者代办签证、提供

往返机票、免费食宿等方式不断招揽我国国内人员出国参赌。如近年来出境到俄罗斯、泰国、缅甸、马来西亚、新加坡、印尼等国家和地区的人员参赌问题突出。其中，既有随旅游团出国的普通游客，也有政府组织的招商、学习考察团的团员，甚至还有人利用一日游等旅游项目专程出境参赌。

3. 党政干部参赌严重，社会影响恶劣

近年来，出现了参赌主体向企事业单位和党政机关延伸，参赌干部级别从低向高延伸的一些新特点。赌博这种形式已成为滋生腐败、权钱交易的温床。少数领导干部、国家公务员和企事业单位负责人有的是借赌博受贿索贿，有的是沉湎其中不能自拔，还有极少数人员为筹集赌资、偿还赌债而贪污、挪用公款，甚至被黑恶势力的金钱所诱惑，成为黑恶势力的“保护伞”，社会影响十分恶劣。

4. 有组织赌博犯罪现象呈现，组织严密

当前，在部分地区出现了一些以组织赌博为业，并在赌场上为参赌人员提供赌博资金的有组织赌博犯罪团伙。在有组织赌博犯罪团伙中，各成员有着明确的分工，组织非常严密。

5. 网络赌博发展迅速，危害越来越大

随着网络技术的发展，利用互联网和网上金融支付手段进行赌博的现象发展迅速。这类赌博主要是境外网络赌博集团在国内以代理方式建立赌博活动的组织链，以传销的方式发展扩张。网络赌博活动隐蔽性强，蔓延迅速，特别是在经济发达和互联网信息技术发达的地区比较严重。

☞ 法学争鸣

如何认定微信红包赌博犯罪行为?①

微信收发“红包”功能自2014年1月27日上线以来，用户数量持续上升，在全国范围内掀起一股抢微信红包热潮。微信红包便利了人们的交流、生活，但也被一些不法分子所利用。2015年11月30日，上海首例微信抢“红包”刑事案件宣判，该市徐汇区法院经审理认定四被告人以营利为目的，开设赌场，组织多人采用向微信群内发放红包的方式进行赌博，其行为已构成开设赌场罪。四被告人因犯开设赌场罪分别获刑。基于借助新技术的原因，微信红包赌博在行为方式、涉案金额等方面都有独特之处，目前我国理论界与实务界对其探讨还十分有限，有必要对微信红包赌博与聚众赌博、开设赌场的关系等进行深入分析。

一、微信红包赌博与赌博罪行为特征之比较

赌博罪，是指以偶然的事实决定财物得失的犯罪。归纳起来，赌博罪具有三个特征：一是赌博参与人以财物作为赌注比输赢的结果必须具有偶然性。例如，日本刑法理论将赌博分为博戏和赌事两类，博戏是指胜败部分取决于偶然因素、部分取决于当事人能力的情况；赌事则指胜败完全取决于偶然因素的情况。日本判例也指出，无论是赌事还是博戏，由于其存在或者残存决定胜负的偶然因素，因此均具有可罚性。二是赌博标的物即赌注必须是财物，如货币、股票、房产、债券等。三是赌博必须以营利为目的，我国刑法第303条规定构成赌博罪的主观要件为“以营利为目的”。

① 最高人民检察院网，2016年8月12日。

而微信红包赌博的基本行为模式为：群内发一种固定金额的普通红包，必须由“代包手”发出，每个普通红包由群主等组织者抽头一定金额，扣除抽头后为实际金额，分成若干份供玩家“抢”。系统随机生成金额，按照事先约定的规则，根据抢到红包金额确定“输家”。组织者会提醒输家支付给“代包手”规定金额作为下一轮的活动本金。

首先，根据微信红包赌博的基本规则可以看出，在这一抢红包的过程中，决定参与者每一轮能否抢得红包的因素包括参与者的反应能力、手机设备先进性、参与时的网速等，而进一步确定抢得红包数额则由系统随机性决定。由此可见，微信红包赌博决定资金归属的原因符合赌博罪中偶然性的行为特征。

其次，就目前出现的微信红包赌博案件来看，其标的物为微信账号剩余的零钱或者直接由微信绑定银行卡直接转账的资金，本质上就是货币。因此，微信红包赌博的标的物符合赌博罪标的物为财物的特征。

再次，从主观方面来看，在查获的微信赌博案件中，其“以营利为目的”主要表现在组织者抽取头利的行为上。《最高人民法院、最高人民检察院关于办理赌博刑事案件具体应用法律若干问题的解释》(下称《解释》) 第 9 条规定：“不以营利为目的，进行带有少量财物输赢的娱乐活动，以及提供棋牌室等娱乐场所只收取正常的场所和服务费用的经营行为等，不以赌博论处。”从已查获的案件来看，建立微信群发红包即便需要组织者投入一定的精力，但犯罪嫌疑人所收取的所谓“头利”与其付出明显不成比例。因此，可以认定其具有“以营利为目的”的主观目的。

综上所述，微信红包赌博行为完全符合赌博罪的基本行为特征。

二、微信红包赌博中“开设赌场”和“聚众赌博”罪名之界定

我国刑法第 303 条规定的赌博罪行为类型包括以营利为目的聚众赌博、以赌博为业和开设赌场三种，但是聚众赌博和开设赌场之间有诸多相似之处，在司法实践中认定微信红包赌博为聚众赌博罪还是开设赌场罪时，存在着理论难点，有必要进行区分。

要区分微信赌博犯罪中的聚众赌博罪和开设赌场罪，首先要对聚众赌博和开设赌场两概念进行区分。关于“开设赌场”的含义，主要有四种不同意见：第一种意见认为，是指开设者即为主宰者，在其支配下进行赌博活动并提供场所；第二种意见认为，是指行为人提供赌博场所及赌具，供他人进行赌博，本人从中营利的行为；第三种意见认为，是指以公开或秘密的形式为赌博人提供赌场，包括主观上主动提供、招引和被动提供；第四种意见认为，是指行为人提供赌博的场所及赌具，并且自己坐庄或者参赌，从中营利的行为。

笔者认为，开设赌场在外延上涵盖了聚众赌博，因为开设赌场行为往往直接表现为赌场经营者聚集多名赌客参赌。但是，归纳开设赌场行为的含义后可以看出，开设赌场的行为人对赌博场所、赌场内部组织和经营等整个赌博活动具有明显的控制性、支配性；而聚众赌博则不具有这种控制性，通常只是表现为召集、组织、聚集等行为。这也是开设赌场区别于聚众赌博的关键特征。

在微信红包赌博中，通常由发起者建立赌博微信群，并制定赌博游戏规则，通过分工合作对群成员参与赌博实施严格控制。一旦发现群成员不遵守事先制定的赌博行为规则，则由群主或者其助手立即给予违反规则者移出微信群的惩罚。可以看出，此类发起者对于微信红包赌博群这一虚拟场所的控制是极其严格的，从破获的案件来看，往往在这样的管理之下，赌博群能够长期稳定地存续下去，可见这类发起人对于赌博场所的控制是非常有效的。结合前文对开设赌场和聚众赌博的区分，这些发起微信红包赌博且对赌博群施以严格控制的行

为，既触犯了开设赌场罪，又触犯了聚众赌博罪，属于想象竞合的情形。由于我国刑法对于开设赌场罪的处罚要重于聚众赌博罪，因此，在这一情形下，宜对犯罪嫌疑人以开设赌场罪课以刑罚。

而对于仅仅起到邀约、召集参与微信红包赌博的行为人，则宜以聚众赌博罪进行认定。对于如何判断一个行为是否构成聚众赌博罪，应当依据《解释》第1条规定的情形予以认定：(1) 组织3人以上赌博，抽头渔利数额累计达到5000元以上的；(2) 组织3人以上赌博，赌资数额累计达到5万元以上的；(3) 组织3人以上赌博，参赌人数累计达到20人以上的；(4) 组织中华人民共和国公民10人以上赴境外赌博，从中收取介绍费的。

认定微信红包赌博行为成立"开设赌场罪"，首先一个理论难点在于，参赌人员赌博行为发生于"微信群"这一特殊的平台上，这一平台既有别于现实空间的"场所"，也有别于司法解释中所规定的"赌博网站"的含义，依据罪刑法定原则，似乎刑法关于赌博罪的规定以及司法解释难以适用于微信红包赌博犯罪的情形。然而，微信红包赌博具备赌博罪的特征，其对刑法所保护的法益侵害也十分明显。笔者认为，此时有必要对刑法第303条规定中的"场所"采用扩张解释的方法延伸至微信群这一虚拟场所。因为随着信息网络的普及，人们已经逐步适应其所带来的一系列交流方式的变革，尤其现在随着智能手机的普及，微信交流已为大众广泛接受，微信一对一交流、一对多的群交流、微信线上支付等已经让微信平台这一虚拟空间的概念变得深入人心。因此，即便对"场所"一词在刑法上扩张解释至微信群这一虚拟平台，也并不会超出常人可能理解的范畴。

三、微信红包赌博中赌资数额的认定

无论认定微信红包赌博行为触犯了赌博罪中的哪一项罪名，都需要对赌资的数额作出衡量，在微信红包赌博中，赌资的认定具有一定的特殊性。在微信红包赌博中，不存在《解释》所规定的现实中"作赌注的款物、换取筹码的款物和赌博赢取的款物"，也不存在网络赌博中的"点数"，所有输赢得失最直接表现为"微信钱包"中数额的变化。因此，认定微信红包赌博犯罪数额包括用于红包发放的金额、参赌者赢取的金额、组织者抽取的头利，主要根据行为人在参赌期间微信钱包零钱数额的变化得出。需要注意的是：对于赌博期间反复用于发放红包的金额，不能重复计算赌资数额；对于行为人微信零钱包里已有、但尚未用于赌博红包发放且并非赌博收益的零钱金额，不宜计算为赌资数额。

6. 大赌豪赌屡见不鲜，触目惊心。在公安机关近年来查获的赌博案件中，赌资总额上百万元甚至超过千万元人民币的案件时有发生，大赌豪赌不乏其人。

(二) 我国赌博违法犯罪活动日益严重的成因分析

1. 参赌者自身的主观原因

(1) 愚昧的暴利投机心理、贪财欲望是参赌者普遍存在的心理状态；(2) 参赌者自身法律意识淡薄，对赌博行为的违法性和危害性认识不足。

2. 赌博活动日益严重的客观原因

(1) 社会文化所具有的传承性是赌博活动难以禁绝的历史原因；(2) 社会转型时期的社会矛盾催发赌博死灰复燃；(3) 社会控制系统漏洞多，防控赌博的社会机制弱化；(4) 禁赌法律体系不完善，禁赌执法不规范，对赌博违法犯罪打击不力；(5) 与社会黑恶势力和丑恶现象相互勾结、利用，导致赌博愈演愈烈；(6) 现代通信网络技术和现代金融交易的便利，为网络赌博提供了条件。

三、赌博活动的查处

（一）查处赌博活动线索的来源

查处赌博行为重在查处有组织赌博犯罪，要在获取可靠情报信息的基础上，实施“精确打击”。查处赌博活动线索的主要来源有：1. 通过特情、耳目获得线索；2. 从群众揭发和举报中获得线索；3. 从日常管理中获得线索。

（二）查处赌博活动前的准备

在获取赌博活动线索后，应精心准备，做好以下工作：1. 核实赌博线索；2. 了解赌博现场情况；3. 掌握赌博违法犯罪的规律；4. 做好警力、器材设施等的准备；5. 制定周密的查处方案。

（三）查处赌博活动的一般方法

查处赌博活动要根据不同的情况，采取不同的方法，主要有：

1. 里应外合

这种方法适用于有条件进入赌博场所内部的情形，如在棋牌室、电子游艺场所、宾馆等室内外场所进行的赌博案件。警察要通过朋友、耳目等关系，争取前期秘密进入，了解赌博场所内部的详细情况，包括涉赌人员的情况、赌资的运转与存放情况，待时机成熟时，采取突击行动，内外夹击，一举捣毁赌博窝点，抓获现场赌徒。这种方法的优势是对现场情况的了解比较充分，可以较好地掌握突击查处的时机，在行动时如突然发生封闭房门、关闭电源等情况时，可以立即进行处置。

2. 抵近突袭

这种方法适用于没有条件前期进入的赌博活动的查处。一般在赌博场所附近设立观察点，了解掌握赌博人员出入等活动情况和规律，同时熟悉掌握赌博场所外围的地形等情况，在适当时间布置警力进行突袭，通过伪装接近等方法在近距离实施突击行动。这种方法由于前期不能完全掌握赌博场所的内部情况，因此行动必须隐蔽迅速，达到突袭的效果。

3. 伪装接近

这种方法适当于望风者众多，情况复杂，不便于前期进入的赌博场所。在实施时，可以先行控制接送赌徒的车辆，利用该车辆接近赌博地点或者使用地方车辆尽可能近地靠近现场发动突然袭击。条件许可的情况下，可派出便衣民警对望风者予以秘密控制，防止走漏行动的信息。

在抓获涉赌人员后，应将其手机等通讯工具统一收缴并交由专人保管；讯问查证期间，严禁涉赌人员与外界人员接触；涉赌人员较多的案件，对等待讯问的涉赌人员应严加看管，禁止其相互交谈。只有这样，才能为案件办理创造出较好的前期条件，从而有利于办案民警掌握工作主动权并充分运用各种讯问策略各个击破。

（四）证据的采集和固定

在查处赌博案件时，要注意搜集如下证据：一是现场缴获的赌资、各类筹码等；二是赌具，如纸牌、排九、赌博机等；三是为赌博提供条件的用具，如望风用的对讲机、运送赌徒的车辆、通风报信使用的手机（对讲机）、抽头用的“箱子”等；四是记录赌博赌债信息的字条、账单、借据等；五是有条件进入赌博现场的，便衣民警或特情应没法进行秘密录像或录音，获取视听类证据。

对赌博人员的身体和随身携带的物品要进行现场检查，防止其藏匿赌资。对查获的现金、筹码等应进行登记，并与实际持有人相一致。①

四、赌博行为的处罚

（一）构成犯罪的赌博行为

根据《刑法》的规定，主要有以下几种情形可以构成犯罪：

《刑法》第 303 条规定："以营利为目的，聚众赌博或者以赌博为业的，处三年以下有期徒刑、拘役或者管制，并处罚金。开设赌场的，处三年以下有期徒刑、拘役或者管制，并处罚金；情节严重的，处三年以上十年以下有期徒刑，并处罚金。"

（二）应予治安管理处罚的赌博行为

《治安管理处罚法》第 70 条规定："以营利为目的，为赌博提供条件的，或者参与赌博赌资较大的，处五日以下拘留或者五百元以下罚款；情节严重的，处十日以上十五日以下拘留，并处五百元以上三千元以下罚款。"

（三）可以采取强制性教育措施的赌博行为

《治安管理处罚法》第 76 条规定："有本法第六十七条、第六十八条、第七十条的行为，屡教不改的，可以按照国家规定采取强制性教育措施。"

第四节　吸食、注射毒品行为的查处

一、毒品的概念

（一）毒品的概念

根据《中华人民共和国刑法》第 357 条规定，毒品是指鸦片、海洛因、甲基苯丙胺（冰毒）、吗啡、大麻、可卡因以及国家规定管制的其他能够使人形成瘾癖的麻醉药品和精神药品。《麻醉药品及精神药品品种目录》中列明了 121 种麻醉药品和 130 种精神药品。毒品种类很多，范围很广，分类方法也不尽相同。

（二）毒品的分类

从毒品的来源看，可分为天然毒品、半合成毒品和合成毒品三大类。天然毒品是直接从毒品原植物中提取的毒品，如鸦片。半合成毒品是由天然毒品与化学物质合成而得，如海洛因。合成毒品是完全用有机合成的方法制造，如冰毒。

从毒品对人的中枢神经作用看，可分为抑制剂、兴奋剂和致幻剂等。抑制剂能抑制中枢神经系统，具有镇静和放松作用，如鸦片类。兴奋剂能刺激中枢神经系统，使人产生兴奋，如苯丙胺类。致幻剂能使人产生幻觉，导致自我歪曲和思维分裂，如麦司卡林。

从毒品的自然属性看，可分为麻醉药品和精神药品。麻醉药品是指对中枢神经有麻醉作用，连续使用易产生身体依赖性的药品，其中最常见的主要是大麻类、鸦片类和可卡因类。精神药品是指直接作用于中枢神经系统，使人兴奋或抑制，连续使用能产生依赖性的药品，如苯丙胺类。

从毒品流行的时间顺序看，可分为传统毒品和新型毒品。传统毒品一般指鸦片、海洛因等阿片类流行较早的毒品。新型毒品是相对传统毒品而言，主要指冰毒、摇头丸等人工化学

---

① 邱煜、唐洪文．治安秩序管理［M］．北京：群众出版社，2009：327-328.

合成的致幻剂、兴奋剂类毒品，在我国主要从20世纪末、21世纪初开始在歌舞娱乐场所中流行。我们重点介绍传统毒品和新型毒品。

二、常见毒品的种类

（一）传统毒品

1. 鸦片

鸦片又叫阿片，俗称大烟，是罂粟果实中流出的乳液经干燥凝结而成。因产地不同而呈黑色或褐色，味苦。生鸦片经过烧煮和发酵，可制成精制鸦片，吸食时有一种强烈的香甜气味。吸食者初吸时会感到头晕目眩、恶心或头痛，多次吸食就会上瘾。

2. 吗啡（Morphine）

吗啡是从鸦片中分离出来的一种生物碱，在鸦片中含量10%左右，为无色或白色结晶粉末状，具有镇痛、催眠、止咳、止泻等作用，吸食后会产生欣快感，比鸦片容易成瘾。长期使用会引起精神失常、谵妄和幻想，过量使用会导致呼吸衰竭而死亡。历史上它曾被用做精神药品戒断鸦片，但由于其副作用过大，最终被定为毒品。

3. 海洛因（Heroin）

化学名称“二乙酰吗啡”，俗称白粉，它是由吗啡和醋酸酐反应而制成的，镇痛作用是吗啡的4~8倍，医学上曾广泛用于麻醉镇痛，但成瘾快，极难戒断。长期使用会破坏人的免疫功能，并导致心、肝、肾等主要脏器的损害。注射吸食还能传播艾滋病等疾病。历史上它曾被用做精神药品戒断吗啡，但由于其副作用过大，最终被定为毒品。海洛因被称为世界毒品之王，是我国目前监控、查禁的最重要的毒品之一。

4. 大麻（Cannabis）

大麻是桑科一年生草本植物，分为有毒大麻和无毒大麻。无毒大麻的茎、杆可制成纤维，籽可榨油。有毒大麻主要指矮小、多分枝的印度大麻。大麻类毒品主要包括大麻烟、大麻脂和大麻油，主要活性成分是四氢大麻酚。大麻对中枢神经系统有抑制、麻醉作用，吸食后产生欣快感，有时会出现幻觉和妄想，长期吸食会引起精神障碍、思维迟钝，并破坏人体的免疫系统。

5. 杜冷丁

杜冷丁即盐酸哌替啶，是一种临床应用的合成镇痛药，为白色结晶性粉末，味微苦，无臭，其作用和机理与吗啡相似，但镇静、麻醉作用较小，仅相当于吗啡的1/10~1/8。长期使用会产生依赖性，被列为严格管制的麻醉药品。

6. 古柯

古柯是生长在美洲大陆、亚洲东南部及非洲等地的热带灌木，尤为南美洲的传统种植物。古柯树株高1.5~3米，生长周期为30~40年，每年可采摘古柯叶3~4次。古柯叶是提取古柯类毒品的重要物质，曾为古印第安人习惯性咀嚼，并被用于治疗某些慢性病，但很快其毒害作用就得到科学证实。从古柯叶中可分离出一种最主要的生物碱——可卡因。

7. 可卡因（Cocaine）

可卡因是从古柯叶中提取的一种白色晶状的生物碱，是强效的中枢神经兴奋剂和局部麻醉剂。能阻断人体神经传导，产生局部麻醉作用，并可通过加强人体内化学物质的活性刺激大脑皮层，兴奋中枢神经，表现出情绪高涨、好动、健谈，有时还有攻击倾向，具有很强的成瘾性。

此外，传统毒品还有可待因、那可汀、盐酸二氢埃托啡等。

（二）新型毒品

1. 冰毒（methamphetamine）即“甲基苯丙胺”，外观为纯白结晶体，故被称为“冰”（Ice）。对人体中枢神经系统具有极强的刺激作用，且毒性强烈。冰毒的精神依赖性很强，吸食后会产生强烈的生理兴奋，大量消耗人的体力和降低免疫功能，严重损害心脏、大脑组织甚至导致死亡。还会造成精神障碍，表现出妄想、好斗、错觉，从而引发暴力行为。

2. 摇头丸（MDMA）是冰毒的衍生物，以 MDMA 等苯丙胺类兴奋剂为主要成分，具有兴奋和致幻双重作用，滥用后可出现长时间随音乐剧烈摆动头部的现象，故称为摇头丸。外观多呈片剂，五颜六色。服用后会产生中枢神经强烈兴奋，出现摇头和妄动，在幻觉作用下常常引发集体淫乱、自残与攻击行为，并可诱发精神分裂症及急性心脑疾病，精神依赖性强。

3. K 粉（ketamine）即“氯胺酮”，静脉全麻药，有时也可用作兽用麻醉药。白色结晶粉末，无臭，易溶于水，通常在娱乐场所滥用。服用后遇快节奏音乐便会强烈扭动，会导致神经中毒反应、精神分裂症状，出现幻听、幻觉、幻视等，对记忆和思维能力造成严重的损害。此外，易让人产生性冲动，所以又称为“迷奸粉”或“强奸粉”。

4. 咖啡因是化学合成或从茶叶、咖啡果中提炼出来的一种生物碱。大剂量长期使用会对人体造成损害，引起惊厥、心律失常，并可加重或诱发消化性肠道溃疡，甚至导致吸食者下一代智能低下、肢体畸形，同时具有成瘾性，停用会出现戒断症状。

5. 三唑仑又名海乐神、酣乐欣、淡蓝色片，是一种强烈的麻醉药品，口服后可以迅速使人昏迷晕倒，故俗称迷药、蒙汗药、迷魂药。可以伴随酒精类共同服用，也可溶于水及各种饮料中。见效迅速，药效比普通安定强 45～100 倍。

6. γ-羟基丁酸，2005 年中国就将其列入二类精神药物予以管制，并于 2007 年变更为一类。滥用“γ-羟基丁酸”会造成暂时性记忆丧失、恶心、呕吐、头痛、反射作用丧失，甚至很快失去意识、昏迷及死亡，与酒精并用更会加剧其危险性。

此外，新型毒品还有安纳咖、氟硝安定、麦角乙二胺（LSD）、安眠酮、丁丙诺啡、地西泮及有机溶剂和鼻吸剂等。另外，纯度在 99%以上的毒品被称为“美金”。

三、吸食、注射毒品行为的查处方法

（一）查处吸食、注射毒品行为线索的来源

☞ **典型案例**

山西警方捣毁首例公司化特大网络卖淫制贩毒犯罪团伙①

中新网太原 6 月 19 日电（宋立超）　山西省太原市公安局 19 日召开新闻发布会对外通报，警方成功捣毁山西省首例涉案人数多、规模大、组织严、公司化运作的网络组织卖淫、网上制、贩毒、容留他人吸毒恶势力犯罪团伙，目前已审查违法犯罪嫌疑人 38 人。

5 月下旬，太原市公安局迎泽区分局抓获四名吸毒人员，民警在其吸毒场所查获“美丽

---

① 中国新闻网，2015 年 6 月 19 日。

约”公司涉嫌组织卖淫相关线索。随后警方迅速成立专案组，30余名警力在西安、太原两地同时抓获犯罪嫌疑人8名，揭开了这个非法组织的神秘面纱。经查，该团伙从网络组织卖淫起家，后拓展至网络贩毒，容留他人吸毒，继而研制冰毒，危害性极大。

据介绍，该团伙成员最大的30岁，最小的仅19岁。他们于2013年底组建“美丽约”公司，先物色卖淫女子，之后由骨干成员通过微信、陌陌等网络通讯工具以色情图片吸引嫖客，待排除警方追踪，确认目标客户后，将卖淫人员真人照片提供客户选择。之后，按约定价格，指派卖淫人员前往指定处所，从事性交易。据警方缴获账单统计，从2013年至今，该团伙已非法获利100余万元。

2014年底，该公司为谋取更大利益，由网络组织卖淫向网络贩毒犯罪拓展延伸。5个月间通过微信“小零包”方式销售毒品获利10余万元。

“其中，很多顾客均属在微信中受其蛊惑、尝试新鲜的初次吸毒者，后因吸食成瘾成为其固定购毒对象。”据办案民警介绍，“零包”贩毒涉及面广、获利高、危害人数多的特点在此案充分体现。

之后，为降低购毒成本，团伙又纠集高校毕业生，购置制毒工具，以药物为原料从中提炼冰毒。经多次试制成功，因其制成的冰毒数量少，仅满足该团伙人员吸食。正当制毒取得突破性进展时，该团伙被警方捣毁。

据介绍，该团伙以朋友、老乡关系为裙带结成团伙，由最初的3、4人发展为20余人，分客服部、销售部、快通部、财务部、后勤部等部门。其中客服部人数最多，主要联系嫖客、卖淫人员；客服部人员经选拔后兼职进入销售部，联系下家贩卖毒品；快通部主要负责毒品交货及收取货款；后勤部负责该公司后勤保障。一号头目雒某负责管理团队及公司整体运营、二号头目翟某负责财务部，并制定公司规章制度及培训方案。

“该公司职员严格依照操作规程联系客户、配发毒品、运送货物，交付结账，进行奖惩。公司运营建立完善监督约束机制，部门领导、客服人员及卖淫人员互相监督。公司开始网络贩毒后，制度规范健全，并要求职员严格按照公司制定的《贩卖毒品销售标准化操作培训》方案从事违法活动。”太原市公安局迎泽区分局局长秦书伟说。

同时，该团伙以网络为平台组织卖淫、制、贩毒及容留他人吸毒，且存在暴力殴打及威胁员工唆使犯罪。该团伙对招收的新员工，先扣押身份证件，若不听从公司管理，就对之暴力殴打进行伤害，许多员工被迫参与违法犯罪活动，即使离开公司，因参与犯罪，不敢举报。

据介绍，截至6月18日，警方共抓获团伙骨干分子21人，抓获吸毒及卖淫嫖娼人员17人，缴获冰毒10余克、半成品41克及大量吸毒、制毒、通讯等工具和公司相关章程、财本。

（二）查处吸食、注射毒品行为活动前的准备

（三）查处吸食、注射毒品行为的一般方法

以上三个问题，特别是在公共娱乐场所内查处吸食、注射毒品案件的方法基本等同于查处卖淫嫖娼活动，在此就不做阐述。

（四）查处吸食、注射毒品行为中的证据固定

在查处吸食毒品行为时，注意发现和固定以下证据：

1. 现场缴获的用于吸食、注射的毒品和藏匿的毒品，如海洛因、冰毒、摇头丸、K粉、麻古等。

2. 现场缴获的吸食、注射毒品的用具、吸食工具。如吸食 K 粉用的瓷盘、IC 卡、吸管；吸食冰毒、麻古等毒品时使用的矿泉水瓶、饮料瓶和吸管等自制工具以及玻璃瓶、玻璃试管、橡胶皮套、锡箔纸等专用工具；注射毒品用的注射器、酒精灯、绑带等。

3. 提取有吸毒可疑人员的尿样。在提取尿液时，要逐个进行，防止出现尿液被调换的情况。现场提取的，要对尿液进行标记，防止弄混。①

四、对查获的毒品、吸食毒品工具和吸毒人员的处理

（一）对查获毒品、吸食毒品工具的处理

公安机关对现场缴获的毒品，吸食、注射毒品的工具应当当场扣押，并出具《扣押物品文件清单》、《先行登记保存证据清单》。在扣押后的十二小时内向所属公安机关办案部门或者公安派出所负责人报告。

（二）对查获吸毒人员的处理

公安机关对查获的吸毒人员要进行强制检查，以判断该吸毒者是否属于吸毒成瘾。根据《公安部关于严格依法收戒吸毒成瘾人员的通知》（2006 年 6 月 2 日）规定，公安机关应对初次发现的吸毒成瘾人员实行强制戒毒，对其中吸食海阿片类毒品（包括海洛因、鸦片等，下同）成瘾人员，戒毒期限均应决定为 6 个月。对查获吸食冰毒、摇头丸等苯丙胺类毒品的，要根据《公安部关于对吸食苯丙胺类毒品违法人员处理意见的通知》的规定进行处理。

☞ 执法规范

公安部关于认定海洛因有关问题的批复

（2002 年 6 月 28 日 公禁毒〔2002〕236 号）

甘肃省公安厅：

你厅《关于海洛因认定问题的请示》（甘公禁［2002］27 号）收悉。现批复如下：

一、海洛因是以“二乙酰吗啡”或“盐酸二乙酰吗啡”为主要成分的化学合成的精制鸦片类毒品，“单乙酰吗啡”和“单乙酰可待因”是只有在化学合成海洛因过程中才会衍生的化学物质，属于同一种类的精制鸦片类毒品。海洛因在运输、贮存过程中，因湿度、光照等因素的影响，会出现“二乙酰吗啡”自然降解为“单乙酰吗啡”的现象，即“二乙酰吗啡”含量呈下降趋势，“单乙酰吗啡”含量呈上升趋势，甚至出现只检出“单乙酰吗啡”成分而未检出“二乙酰吗啡”成分的检验结果。因此，不论是否检出“二乙酰吗啡”成分，只要检出“单乙酰吗啡”或“单乙酰吗啡和单乙酰可待因”的，根据化验部门出具的检验报告，均应当认定送检样品为海洛因。

二、根据海洛因的毒理作用，海洛因进入吸毒者的体内代谢后，很快由“二乙酰吗啡”转化为“单乙酰吗啡”，然后再代谢为吗啡。在海洛因滥用者或中毒者的尿液或其他检材检验中，只能检出少量“单乙酰吗啡”及吗啡成分，无法检出“二乙酰吗啡”成分。因此，在尿液及其他检材中，只要检验出“单乙酰吗啡”，即证明涉嫌人员服用了海洛因。

---

① 李香梅．治安秩序管理理论与实践［M］．北京：中国人民公安大学出版社，2015：166.

公安部关于对查获异地吸毒人员处理问题的批复

（2008 年 5 月 4 日　公复字〔2008〕3 号）

上海市公安局：

你局《关于提请明确异地吸毒人员处理办法的请示》（沪公［2008］134 号）收悉。现批复如下：吸毒案件属于公安行政案件的范畴。根据《行政处罚法》和《公安机关办理行政案件程序规定》的相关规定，公安行政案件由违法行为发生地公安机关管辖，由违法行为人居住地公安机关管辖更为适宜的，可以由违法行为人居住地公安机关管辖。违法行为发生地包括违法行为实施地、违法行为结果发生地、销赃地等与违法活动有关的地方。违法行为有继续或者持续状态的，违法行为继续或者持续的地方都属于违法行为发生地。而吸毒行为，就其行为特性而言，是一种持续状态，发现地公安机关可以按照违法行为发生地原则予以管辖。但是，如果吸毒行为实际发生地的公安机关已对吸毒人员依法处理的，发现地公安机关则不得对同一行为作出处理决定。

（三）吸食毒品人员成瘾标准界定

根据公安部的批复，对吸食、注射毒品人员，有证据证明其吸毒，且查获时尿样毒品检测为阳性的，应认定为成瘾。

公安机关目前鉴定涉嫌吸毒行为的方法有血液分析法、胃内容物检测法、毛发鉴定法和尿样检测法等。但由于吗啡阿片等类毒品在血液内的浓度相对较低，检测难度系数大而导致检测成本大大提高；此外，毒品在胃内的滞留时间不太稳定，胃内容物检测会受到被检测者的进食时间的变化影响，检测起来不方便；而毛发鉴定的时间较长，成本相对也较高。

公安机关经常使用的方法就是针对吸毒嫌疑人员进行的尿样检测法，因为尿样检测方便简洁，准确率又相对较高。目前，市场上常用的阿片类毒品、苯丙胺类毒品和大麻类毒品，都能够通过尿样检测的方法来判定嫌疑人是否有过非法的吸毒行为。①

五、吸食、注射毒品行为的处罚

（一）构成犯罪的吸食、注射毒品行为

根据《刑法》的规定，主要有以下几种情形可以构成犯罪：

1.《刑法》第 353 条规定：“引诱、教唆、欺骗他人吸食、注射毒品的，处三年以下有期徒刑、拘役或者管制，并处罚金；情节严重的，处三年以上七年以下有期徒刑，并处罚金。强迫他人吸食、注射毒品的，处三年以上十年以下有期徒刑，并处罚金。引诱、教唆、欺骗或者强迫未成年人吸食、注射毒品的，从重处罚。”

2.《刑法》第 354 条规定：“容留他人吸食、注射毒品的，处三年以下有期徒刑、拘役或者管制，并处罚金。”

---

①　邱煜、唐洪文．治安秩序管理［M］．北京：群众出版社，2009：334.

☞ 执法规范

最高人民法院 最高人民检察院 公安部 关于印发《办理毒品犯罪案件适用法律若干问题的意见》的通知

（2007 年 11 月 8 日 公通字〔2007〕84 号）

各省、自治区、直辖市高级人民法院、人民检察院、公安厅、局，新疆维吾尔族自治区高级人民法院生产建设兵团分院、新疆生产建设兵团人民检察院、公安局：

为解决近年来在办理毒品案件中遇到的一些突出法律适用问题，根据有关法律和司法解释的规定，结合侦查、批捕、起诉、审判工作实践，最高人民法院、最高人民检察院、公安部制定了《办理毒品犯罪案件适用法律若干问题的意见》。现印发给你们，请结合本地、本部门实际认真贯彻执行。

最高人民法院最高人民检察院公安部

二〇〇七年十一月八日

办理毒品犯罪案件适用法律若干问题的意见

一、关于毒品犯罪案件的管辖问题

根据刑事诉讼法的规定，毒品犯罪案件的地域管辖，应当坚持以犯罪地管辖为主、被告人居住地管辖为辅的原则。

“犯罪地”包括犯罪预谋地，毒资筹集地，交易进行地，毒品生产地，毒资、毒赃和毒品的藏匿地、转移地，走私或者贩运毒品的目的地以及犯罪嫌疑人被抓获地等。

“被告人居住地”包括被告人常住地、户籍地及其临时居住地。

对怀孕、哺乳期妇女走私、贩卖、运输毒品案件，查获地公安机关认为移交其居住地管辖更有利于采取强制措施和查清犯罪事实的，可以报请共同的上级公安机关批准，移送犯罪嫌疑人居住地公安机关办理，查获地公安机关应继续配合。

公安机关对侦办跨区域毒品犯罪案件的管辖权有争议的，应本着有利于查清犯罪事实，有利于诉讼，有利于保障案件侦查安全的原则，认真协商解决。经协商无法达成一致的，报共同的上级公安机关指定管辖。对即将侦查终结的跨省（自治区、直辖市）重大毒品案件，必要时可由公安部商最高人民法院和最高人民检察院指定管辖。

为保证及时结案，避免超期羁押，人民检察院对于公安机关移送审查起诉的案件，人民法院对于已进入审判程序的案件，被告人及其辩护人提出管辖异议或者办案单位发现没有管辖权的，受案人民检察院、人民法院经审可以依法报请上级人民检察院、人民法院指定管辖，不再自行移送有管辖权的人民检察院、人民法院。

二、关于毒品犯罪嫌疑人、被告人主观明知的认定问题

走私、贩卖、运输、非法持有毒品主观故意中的“明知”，是指行为人知道或者应当知道所实施的行为是走私、贩卖、运输、非法持有毒品行为。具有下列情形之一，并且犯罪嫌

疑人、被告人不能做出合理解释的，可以认定其“应当知道”，但有证据证明确属被蒙骗的除外：

（一）执法人员在口岸、机场、车站、港口和其他检查站检查时，要求行为人申报为他人携带的物品和其他疑似毒品物，并告知其法律责任，而行为人未如实申报，在其所携带的物品内查获毒品的；

（二）以伪报、藏匿、伪装等蒙蔽手段逃避海关、边防等检查，在其携带、运输、邮寄的物品中查获毒品的；

（三）执法人员检查时，有逃跑、丢弃携带物品或逃避、抗拒检查等行为，在其携带或丢弃的物品中查获毒品的；

（四）体内藏匿毒品的；

（五）为获取不同寻常的高额或不等值的报酬而携带、运输毒品的；

（六）采用高度隐蔽的方式携带、运输毒品的；

（七）采用高度隐蔽的方式交接毒品，明显违背合法物品惯常交接方式的；

（八）其他有证据足以证明行为人应当知道的。

三、关于办理氯胺酮等毒品案件定罪量刑标准问题

（一）走私、贩卖、运输、制造、非法持有下列毒品，应当认定为刑法第三百四十七条第二款第（一）项、第三百四十八条规定的“其他毒品数量大”：

1. 二亚甲基双氧安非他明（MDMA）等苯丙胺类毒品（甲基苯丙胺除外）100 克以上；

2. 氯胺酮、美沙酮 1 千克以上；

3. 三唑仑、安眠酮 50 千克以上；

4. 氯氮卓、艾司唑仑、地西泮、溴西泮 500 千克以上；

5. 上述毒品以外的其他毒品数量大的。

（二）走私、贩卖、运输、制造、非法持有下列毒品，应当认定为刑法第三百四十七条第三款、第三百四十八条规定的“其他毒品数量较大”：

1. 二亚甲基双氧安非他明（MDMA）等苯丙胺类毒品（甲基苯丙胺除外）20 克以上不满 100 克的；

2. 氯胺酮、美沙酮 200 克以上不满 1 千克的；

3. 三唑仑、安眠酮 10 千克以上不满 50 千克的；

4. 氯氮卓、艾司唑仑、地西泮、溴西泮 100 千克以上不满 500 千克的；

5. 上述毒品以外的其他毒品数量较大的。

（三）走私、贩卖、运输、制造下列毒品，应当认定为刑法第三百四十七条第四款规定的“其他少量毒品”：

1. 二亚甲基双氧安非他明（MDMA）等苯丙胺类毒品（甲基苯丙胺除外）不满 20 克的；

2. 氯胺酮、美沙酮不满 200 克的；

3. 三唑仑、安眠酮不满 10 千克的；

4. 氯氮卓、艾司唑仑、地西泮、溴西泮不满 100 千克的；

5. 上述毒品以外的其他少量毒品的。

（四）上述毒品品种包括其盐和制剂。毒品鉴定结论中毒品品名的认定应当以国家食品药品监督管理局、公安部、卫生部最新发布的《麻醉药品品种目录》、《精神药品品种目录》

为依据。

四、关于死刑案件的毒品含量鉴定问题

可能判处死刑的毒品犯罪案件，毒品鉴定结论中应有含量鉴定的结论。

（二）应予治安管理处罚的吸食、注射毒品行为

1.《治安管理处罚法》第 72 条规定：“有下列行为之一的，处十日以上十五日以下拘留，可以并处二千元以下罚款；情节较轻的，处五日以下拘留或者五百元以下罚款：……（三）吸食、注射毒品的；……”

2.《治安管理处罚法》第 73 条规定：“教唆、引诱、欺骗他人吸食、注射毒品的，处十日以上十五日以下拘留，并处五百元以上二千元以下罚款。”

3.《禁毒法》第 61 条规定：“容留他人吸食、注射毒品或者介绍买卖毒品，构成犯罪的，依法追究刑事责任；尚不构成犯罪的，由公安机关处十日以上十五日以下拘留，可以并处三千元以下罚款；情节较轻的，处五日以下拘留或者五百元以下罚款。”

（三）应当采取戒毒措施的吸食、注射毒品行为

根据《禁毒法》，以下情形应当对吸毒者采取戒毒措施：

1.《禁毒法》第 31 条、第 33 条规定：“……吸毒成瘾人员应当进行戒毒治疗。”、“对吸毒成瘾人员，公安机关可以责令其接受社区戒毒，同时通知吸毒人员户籍所在地或者现居住地的城市街道办事处、乡镇人民政府。社区戒毒的期限为三年。”

2.《禁毒法》第 38 条规定：“吸毒成瘾人员有下列情形之一的，由县级以上人民政府公安机关作出强制隔离戒毒的决定：（1）拒绝接受社区戒毒的；（2）在社区戒毒期间吸食、注射毒品的；（3）严重违反社区戒毒协议的；（4）经社区戒毒、强制隔离戒毒后再次吸食、注射毒品的。对于吸毒成瘾严重，通过社区戒毒难以戒除毒瘾的人员，公安机关可以直接作出强制隔离戒毒的决定。”

六、处理吸食、注射毒品行为的注意事项

（一）对吸毒人员异常行为的控制。在查处吸食毒品行为中应重点注意对两类行为的控制：一是吸毒致幻人员的过激行为；二是吸毒人员的吞食异物行为。对吸毒致幻人员的过激行为，应提高警惕，加强对吸毒人员的控制，防止其作出伤害民警和自伤自残行为。吸毒人员的吞食异物行为绝大多数发生在民警入室抓捕之前，由此，在抓捕吸毒对象时，有条件的要尽量采取引诱出门或开门后实施抓捕；没有条件的，要尽量缩短入室时间，不让吸毒人员有可乘之机。吸毒人员一旦查获后，要立即仔细搜身，严格检查，发现的硬币、金属拉链扣、戒指、打火机以及事先用胶布、胶带包裹好的针头、刀片等应予以收缴。尽量避免吸毒人员吞食异物、逃避公安机关打击处理的现象发生。

（二）携带艾滋病毒吸毒者的处理。当前，有一些吸毒人员同时又是艾滋病毒携带者，各地要按照国务院《关于切实加强艾滋病防治工作的通知》（国发［2004］7 号）提出的“采取必要措施，为羁押和被监管人员中的艾滋病病毒感染者和患者设立专门场所”的要求设立专门的羁押场所或者在现有的羁押场所内新建特殊关押区，以解决艾滋病毒携带者关押难的问题。对自称是艾滋病毒携带者的吸毒人员，应及时送疾病预防控制机构进行检测；如经医疗机构确诊后系艾滋病毒携带者的吸毒人员，应将其送政府指定的场所关押或者医疗康复机构收治。民警遇到艾滋病毒感染者时，应注意自身防护，在对艾滋病毒携带者采取强制

措施时，避免被抓伤、咬伤；被抓伤、咬伤后，要及时到医院治疗。①

【引导案例】

1. 毒品的种类包括传统毒品和新型毒品。传统毒品有鸦片、吗啡、海洛因、大麻、杜冷丁、古柯、可卡因、可待因等，新型毒品有冰毒、摇头丸、K粉、咖啡因、三唑仑、-羟基丁酸等。

2. 公安机关查处吸食、注射毒品行为，一般通过以下途径：

（1）查处吸食、注射毒品行为线索的来源。

（2）查处吸食、注射毒品行为前的准备。

（3）查处吸食、注射毒品行为的一般方法。

（4）证据的采集和固定。

【典型案例解析】

☞ 典型案例一

案情：

今年20岁的小祥（化名）家住十堰城区，平时独自一个人在家。2015年9月5日晚，小祥准备在网上找个小姐上门为其提供性服务。经过一番寻找和商谈，一个自称为“十堰妹”的QQ号码称愿意服务，并商量好了价格。此时，对方要求他先汇100元以证明自己是真心交易之后，再告知联系电话。随后，对方又以相互之间第一次，互相不熟悉，要求先支付嫖资，小祥依然没有怀疑，很快便给对方支付了200元。当小祥拨通了对方的电话时，对方又称警方查的严，要先交1000元的押金，如果见面后没有问题，会及时将钱退还。正做着春梦的小祥仍未警觉，立即按照对方的要求将1000元打进了一个工商银行的卡号内，并催促赶快到位。然而到了此时，对方突然说害怕小祥钓鱼执法，要求他必须先把卖淫抓获后的5000元罚款支付了，才能上门服务。随后，小祥把支付宝里仅有的3000元全部转给了对方，可等了十分钟后，却始终不见人影。想想自己先后给对方转去了6300元钱，却连美女的面都没见。警觉起来的小祥提出自己不需要服务了，让对方退款，遭到了对方的拒绝，并再也拨不通之前的号码。

问题：

请梳理网上招嫖诈骗案件中违法犯罪分子实施诈骗的基本步骤。

解析：

网上招嫖诈骗是违法犯罪嫌疑人通过在网上开设钓鱼网站，以提供色情服务为诱饵，先后要求被害人交纳定金、保证金为由，利用被害人难以启齿的心态层层设套，一旦得手后立刻关闭网站及联系方式骗取钱财的行为。

网上招嫖诈骗案件中违法犯罪分子实施诈骗的基本步骤为：第一步，犯罪嫌疑人大量购买QQ、微信等通信软件账号、破解的代挂软件、身份证；第二步，利用购买身份证办理大

① 王精忠、谢川豫．治安秩序管理［M］．北京：中国人民公安大学出版社，2015：189.

量银行卡并开通支付宝等便捷支付账号，绑定银行卡用于转账；第三步，将购买的QQ、微信等即时通信软件修改注册资料，利用破解的代挂软件发布虚假的招嫖信息；第四步，利用被害人招嫖的心理，以预付服务费、支付保证金、罚款等为由诈骗被害人的钱财；第五步，收到被害人的钱财之后，嫌疑人通过支付宝等便捷支付工具，将赃款转入专门的银行卡中，再到银行将赃款取出转移。

☞ 典型案例二

案情：

2015年9月5日上午，25岁的市民王潮（化名）加了昵称叫“莉莉”的微信好友。“莉莉”在微信上自称是“做小姐服务的”，可以提供上门服务，并留下联系电话。随后，“莉莉”给王潮发来好多小姐的照片，叫王潮随意挑选。25岁的王潮看到这么多美女靓妹，就心动了。当天下午，王潮在车城路一家宾馆开好房间后，与“莉莉”联系，说需要一个小姐。“莉莉”在微信上说“马上安排”，但是需要王潮先支付服务费，王潮就通过微信支付600元的服务费。对方收到钱后，提出还需要支付3000元的押金和3800元体检费，王潮深信不疑，分两次打过去6800元。王潮交了这么多钱还没见到小姐，感觉不对，要求对方退款。“莉莉”说退款可以，需要再交2600元凑够一万元，方可退款。于是，王潮又给对方打款2600元。这时，“莉莉”在微信上回复说：“过两天退款到账。”两天后，到了约定好的到账时间，账还没到，王潮就打“莉莉”的电话，但一直无人接听。这时，王潮才知道被骗，遂报警。

问题：

1. 网上招嫖诈骗案件的一般特征。

2. 公安机关可以通过哪些途径教育市民防范网上招嫖诈骗？

解析：

1. 网上招嫖诈骗案件犯罪成本非常低，违法犯罪嫌疑人花很低的成本就能在网上购买破解软件及全套使用教程，有些还可以提供代挂等服务，为违法犯罪嫌疑人提供帮助，作案方法也简单易学。这类案件不受时空地域限制，违法犯罪嫌疑人只要拥有一台联网的电脑，就能利用购买来的挂号软件，把成百上千的QQ、微信账号发布出去，然后守株待兔。违法犯罪嫌疑人不与受害人直接接触，没有固定的犯罪地点，具有较强的隐蔽性。此外，违法犯罪嫌疑人为了逃避打击，在发布虚假招嫖时多采用图片的形式发布，因而公安机关对其实施的犯罪行为很难实行倒查。此外，由于网上招嫖诈骗案件中有一些被害人被骗金额小，损失不大，不愿到公安机关报案；有一些被害人虽被骗金额几千，甚至上万元，但碍于面子或者是担心因招嫖被公安机关处理，不敢到公安机关报案。公安机关通过各种手段找到被害人核实情况，大部分被害人不愿配合，使得网上招嫖诈骗嫌疑人存在逃避打击的可能性。

2. 网络上有许多虚假信息，不法分子利用互联网发布虚假的“招嫖”信息进行网络诈骗，借招嫖之名行诈骗之实，导致受害人财物损失。市民们上网时发现此类信息要洁身自爱，因为一旦禁不住诱惑很容易就会掉进违法犯罪分子的陷阱。同时，要增强个人信息保密意识，保护好个人信息安全，不轻易相信陌生人，不随便接受陌生人的邀请，更不要随便透露自己的信息。公安机关和相关部门要通过媒体等信息化途径，及时通报典型案例、规律特点，增强市民的安全防范意识，提醒他们在利用微信交友时要提高警惕，避免人身安全和财产受到不法侵害。大力倡导良好的网络文化，加强对不良网站的取缔和监管，鼓励人们成为文明网民。

【实训项目一】

实训名称：卖淫嫖娼行为的查处方法

（一）情景设定

针对广州个别地区存在“站街女”现象较为突出情况，广州警方2014年8月9日表示，该市警方已于8月2日至8日组织“雷霆13”专项行动，集中打击整治路面上的涉黄违法活动。行动期间，共清查出租屋、发廊2万余间，查处存在涉黄问题的出租屋、发廊、士多店698间，查获违法犯罪嫌疑人500多人，刑事拘留33人，行政拘留377人，打掉招嫖团伙28个，缴获招嫖卡片7405张。专项行动前，广州警方深入排查了该市65个市民反映强烈的站街招嫖、派卡招嫖重点区域，以此作为行动的打击整治重点。行动期间，广州警方根据涉黄违法犯罪活动的特点，加强对内街小巷、城中村、出租屋、中小旅业周边的巡控力度，加大对疑似站街招嫖、派卡招嫖人员的盘查工作。其中，广州警方排查发现，广州天河区禺东西路路段常有多名“站街女”进行招嫖活动。经过侦查，警方掌握该伙人员依托某旅业公寓3楼作为卖淫窝点的情况，遂于8月8日凌晨展开行动。行动中，警方查获涉嫌从事卖淫嫖娼活动人员8名（男女各4人）。广州市公安局番禺区分局于8月5日在番禺区桥南街陈涌村某出租屋捣毁一卖淫窝点，现场抓获涉嫌介绍卖淫人员1名、涉嫌卖淫的“站街女”14人、嫖客2人。后经审查，警方对涉嫌介绍卖淫者予以刑事拘留，对16名卖淫嫖娼人员予以行政拘留处罚。此外，8月3日、4日，广州市公安局海珠区分局连续查获2宗派卡招嫖案件，分别在海珠区赤岗路某宾馆门口及新港中路路面查获2名派卡招嫖的男子，共缴获介绍卖淫卡片2800余张。经审查，已对该2名违法人员作行政拘留处理。广州警方表示，将继续严厉打击各类涉黄违法犯罪活动。同时，警方呼吁民众自觉抵制涉黄违法犯罪活动，并积极向公安机关提供违法犯罪线索。

（二）目的

使学生加深对所学查处卖淫嫖娼方法的理解，学会在各种不同情形下查处查禁卖淫嫖娼的方法，具备查处卖淫嫖娼活动的能力。

（三）内容

在发廊、浴室、公园等服务场所、公共场所查处卖淫嫖娼行为。

（四）条件

校内模拟实训设施（发廊、浴室等休闲服务场所）、校内宾馆、校园周边公园；账本、卖淫用具等。

（五）组织

1. 对学生进行分组，以8~10人一组为宜。

2. 每组根据实训指导方案设计的场景（发廊、浴室、宾馆等场所内存在的卖淫嫖娼行为、站街卖淫行为等），设计针对性的查处方案（包括：了解周边和场所内部结构，并画出示意图；了解卖淫活动的实施方式和人员的活动规律；对所属警力进行分组，确定各组的任务和完成任务的方法；确定各组之间的协同配合方式；证据的固定方式等）。

3. 方案制定完毕后，进行查处卖淫嫖娼的模拟操作。学生按组交叉，其中扮演卖淫嫖娼的一组按实训指导方案中规定的场景进行活动，另一组学生扮演民警按查处方案对卖淫嫖娼进行查处，在查处过程中，注意各组之间的配合，并注意查处过程中的安全。

4. 并依法固定相关证据，并将违法人员带离场所。

5. 模拟结束后，各组进行交流，总结成败的经验与教训，将讨论意见在区队中讨论。

（六）考核

以小组为单位提交活动查处方案，并上交固定的相关证据。教师根据每个小组实训的基本情况为学生打分。

【实训项目二】

实训名称：赌博行为的查处方法

（一）情景设定

1. 2014 年 2 月 11 日，广西柳州市公安局雒容派出所在前期缜密侦查、取证的基础上捣毁一个赌博窝点，当场抓获涉赌人员 13 人。据调查，这些赌博人员大多数是雒容镇秀水村、连丰村、高岩村的村民，参赌人员在秀水村一屯商店内用扑克牌以“三公”大吃小的方式聚众赌博。这些村民平时外出务工，春节期间回家过年，村里从老人到少年都或多或少都曾参与过赌博。广西梧州市藤县公安局对 2014 年查处的赌博案件分析发现，赌博案件发生地在城区的约占 20.6%，在城郊接合部的约占 35.9%，发生在农村地区的案件约占 43.5%。这些案件的设赌地点一般在民宅、田间地头、山岭、圩市街边、露天工棚、游戏机室以及宾馆、棋牌室、活动中心、酒水吧等场所。根据藤县警方的分析，近年来赌博案件有两个新趋势：一是涉赌人员使用一些有科技含量的工具逃避打击，如放哨用的望远镜、对讲机、视频监控等，投注时通过电话、传真、网络等，具有一定反侦查能力；二是参赌人员由以往的以无业人员为主转变成现在的多元化，涉及无业闲散人员、农民、学生、民工、个体户、企业管理人员、机关干部等各个层面，给公安机关打击、取证和审讯侦破工作造成极大困难。

2. 重庆云阳警方近期发现，当地有一伙社会闲散人员经常在该县水口乡、莲花乡一带聚众赌博，社会影响恶劣。这伙人为躲避抓捕，把赌场设在交通不便的深山老林里，然后在唯一的山路上设置多个“哨卡”，还安排专人站岗放哨。该赌场每隔几天还要换一次地方，这给警方查处造成极大困难。经连日秘密摸排，云阳警方将赌场锁定在水口乡石佛村的一处高山林场。近日一凌晨，民警避开山路上赌博人员设置的“哨卡”，徒步穿越密林，钻过荆棘丛，攀越险峻的峭壁和堰沟，才埋伏到赌场附近。这个藏于深山老林的赌场让民警大吃一惊：赌场聚集了近百人，赌桌四周被挤得水泄不通，赌场外围还有卖饮料、小吃和香烟的人，俨然一副集市模样。为了不打草惊蛇，便装民警不动声色地进入赌场，往人群中间挤，待挤到赌桌边上后，一位民警一把揪住正在转铜钱的赌博组织者，其他民警也纷纷出手按住四周的赌徒。顿时，赌场像被捅坏的马蜂窝一样，众多看热闹的人四散奔逃。最终，民警现场抓获 12 名嫌疑人。经审，他们中有 4 人系该流动赌场的核心组织者，包括赌场老板、记账员、负责接送赌徒的驾驶员等。目前，4 名开设赌场的嫌疑人已被刑事拘留，其余 8 名参赌人员均被处以行政处罚。

（二）目的

通过实训，使学员学会对根据事前获得线索的赌博案件的查处方法，学会查处方案的设计，现场抓赌的方法，对参与赌博与赌资、赌具的处理方法，并学会如何自我保护。

（三）内容

对棋牌室赌博、野外赌博、宾馆包房赌博、农村居民家中赌博等聚众赌博行为的查处。

（四）条件

校内模拟实训设施（棋牌室）、校宾馆、校内周边民房、空地等；赌博用具（牌九、扑克牌等）、赌博账册、筹码等。

（五）组织

1. 对学生进行分组，以 8~10 人一组为宜。

2. 每组根据实训指导方案设计的场景（野外赌博、棋牌室赌博、宾馆包房赌博、农户家中赌博等），设计针对性的查处方案（包括：了解周边和场所内部结构，并画出示意图；了解卖淫活动的实施方式和人员的活动规律；对所属警力进行分组，确定各组的任务和完成任务的方法；确定各组之间的协同配合方式；证据的固定方式等）。

3. 方案制定完毕后，进行查处卖淫嫖娼的模拟操作。学生按组交叉，其中一组按实训指导方案中规定的场景进行活动，分别装扮成组织者、放风者和参赌者，另一组学生扮演民警按查处方案对赌博活动进行查处。在查处过程中，注意各组之间的配合，并注意查处过程中的安全。

4. 依法固定相关证据，对赌博工具、赌资进行登记，并将违法人员带离场所。

5. 模拟结束后，各组进行交流，总结成败的教训，将讨论意见在区队中讨论。

（六）考核

1. 学生提交查处方案，并上交固定的相关证据。教师根据每个小组实训的基本情况为学生打分。教师根据每个小组实训的基本情况为学生打分。

【实训项目三】

实训名称：聚众吸食、注射毒品行为的查处方法

（一）情景设定

1. 按照黑龙江省公安厅统一部署，哈尔滨市各级公安机关集中开展打击查处吸毒违法行为的“一号行动”，警方鼓励群众通过 6 种途径向公安机关举报涉毒案件线索，对查证核实准确并破获案件的线索公安机关将予以奖励。六种途径举报涉毒案件线索为：（1）拨打 110 报警电话举报；（2）拨打 88361799、88365909 或当地派出所电话进行举报；（3）通过电子邮箱：jdzdxsjb@ 163. com 举报；（4）通过信件举报，邮寄地址：哈尔滨市松北区浦川路 1333 号，哈尔滨市公安局禁毒支队，邮政编码：150000；⑸通过“哈尔滨禁毒”官方微信举报；⑹到公安机关或向执勤民警当面举报。

2. 2015 年 10 月 8 日云南德宏警方在乡村一村民家中查获一零星贩毒窝点，一男子竟在城郊自己家中开起了地下“毒品小超市”，同时，还为吸毒人员提供毒品、吸毒工具等。10

月5日，德宏州姐勒边防派出所接到报警后，开始了走访调查，并初步确定了犯罪嫌疑人雷某。为了不打草惊蛇，民警在雷某家附近蹲守，密切监控雷某的动向。8日早，民警发现先后有6名男子趁早悄悄地进入雷某的家，不一会，民警迅速出击冲进房门，将雷某和6名正准备吸食毒品的吸毒人员来了个人赃并获。经搜查，民警当场从雷某家中缴获冰毒31克、海洛因6克、鸦片38克、卡苦（鸦片加工物）20克，一并查获的还有各类吸毒工具16套。据主人雷某交代，他手里的各种毒品都是由境外一毒贩定期提供，自己再将毒品分制成小包零卖给吸毒人员，赚取差价，同时为吸毒人员提供吸毒工具和场地，收取一定的服务费。但是，这个地下"毒品小超市"开了不到一个月，就被民警端了。

（二）目的

使学生加深对查处吸食毒品案件理论知识的理解，掌握根据不同情形设计查处方案的基本技能，学会对吸毒、贩毒等行为进行查处的方法。

（三）内容

在卡拉OK厅包厢、宾馆客房内聚众吸毒行为的查处。

（四）条件

校内模拟实训设施（娱乐场所的包厢、宾馆）、吸毒工具、吸食毒品。

（五）组织

1. 对学生进行分组，以8~10人一组为宜。

2. 每组根据实训指导方案设计的场景（娱乐场所包间吸毒、宾馆包房吸毒等），设计针对性的查处方案（包括：了解周边和场所内部结构，并画出示意图；了解卖淫活动的实施方式和人员的活动规律；对所属警力进行分组，确定各组的任务和完成任务的方法；确定各组之间的协同配合方式；证据的固定方式等）。

3. 方案制定完毕后，进行查处卖淫嫖娼的模拟操作。学生按组交叉，其中一组按实训指导方案中规定的场景进行活动，分别装扮成吸毒者，另一组学生扮演民警按查处方案对聚众活动进行查处。在查处过程中，注意各组之间的配合，并注意查处过程中的安全。

4. 依法固定相关证据，并将违法人员带离场所。

5. 模拟结束后，各组进行交流，总结成败的教训，将讨论意见在区队中讨论。

（六）考核

学生提交查处方案，并上交固定的相关证据。教师根据每个小组实训的基本情况为学生打分。教师根据每个小组实训的基本情况为学生打分。

【实训项目四】

实训名称：吸毒人员的现场检测

（一）情景设定

2016年9月19日晚8时许，湖南省娄底市娄星公安分局会议室内气氛紧张严肃，来自市公安局、双峰县公安局及娄星公安分局的几十名禁毒民警整装待发。伴随着市公安局副局长朱青春一声令下，此次涉赌涉毒专项整治统一联合行动正式拉开了序幕。晚上9时，有着丰富扫毒经验的禁毒民警，悄无声息地来到娄星区某宾馆。刚走出宾馆19楼电梯，民警就发现有3名年轻人不对劲，他们低着头，眼神始终不敢与民警对视。“马上核实这3人的身份信息，我怀疑他们吸食过毒品。”禁毒支队支队长刘伟说。就在此时，从楼道口又走出一名剃着光头的中年男子。该男子见到民警后，转身就准备离开。见此人举止可疑，娄星公安分局禁毒大队大队长周文林立即上前盘查其身份信息以及所在宾馆房间号码。面对民警的询问，该男子谎称房间是朋友开的，不清楚具体房间号。民警见状迅速控制住该男子，并拿着其手里的房卡挨个尝试开门。“嘀嘀嘀……”一间房门被打开，只见房间内的麻将桌上摆放着一只做好的“冰壶”，屋内还飘散着一股奇怪的香味。在铁一般的证据面前，该男子只得承认自己刚刚吸食过冰毒。同时，民警还从其口袋里搜出一小袋冰毒和3粒麻古。这时，在楼梯口与民警“偶遇”的3名年轻人也被查出了问题。细心的民警在对3人进行盘查时，在其中1人身上搜出一把匕首，且3人在接受盘查时目光呆滞，神情恍惚。果不其然，3人的尿检结果为阳性。“这个房间有问题！香味太大，立刻开门检查。”晚上11时35分，当禁毒民警掏出房卡走进另一家宾馆内的房间时，40余岁的李某还沉浸在“溜冰”的快感中，手里抱着“冰壶”不停地吞吐白雾。看到突然进入的民警，李某没有丝毫紧张。或许是毒品已经麻痹了李某的大脑，在面对民警询问时，他竟然还傻笑着咬手指。同时，突击检查的另外一个小组也传来消息，在宾馆的另外一个房间内一举抓获4名吸毒人员。据现场禁毒民警介绍：“我们在亮明身份要求开门接受检查时，屋内人员拒绝开门。僵持一会后，屋内才有人开门。进入房间后，屋内3人故作淡定躺在床上，还有1人躲到了窗帘后面。桌子上仅摆着2个小塑料袋，但吸毒工具已被他们丢到了窗外。不过，最终4人还是承认了吸毒的事实。”

（二）目的

通过对吸毒人员的检测学习，使学生了解吸毒人员的生理特征，熟知吸毒程序，并学会发现吸毒人员以及认定的相关知识。

（三）内容

吸毒人员的现场检测。

（四）条件

校内模拟实训设施、试剂盒、玻璃吸管、橡皮手套、《现场检测报告》等。

（五）组织

1. 对学生进行分组，以8~10人一组为宜。

2. 采集尿液。第一，事先制作吸毒人员尿液采集监管记录表，包括被采集人姓名、身份证编号、采集人姓名和单位、尿液采集时间及数量、被采集人和采集人签名等。第二，被采集人在采集人的看护下将至少30毫升尿液置于一个干净无污染的容器中。第三，尿液的保存和送检。对现场检测为阳性的样品，由采集人会同被采集人将快速检测后的尿液检材分装成2瓶，分别标注A瓶和B瓶，每瓶不少于10毫升供检测和复检。

3. 检验操作。第一，预设已知对照样品组。第二，加样。第三，判读结果，且要在药盒说明中所规定的时间内进行判读。

4. 对照吸毒嫌疑人员尿样毒品检测分析表得出结论。吸毒人员的认定应通过尿样毒品检测确认；对吸毒证据不足的，应进行尿样复检和进一步调查取证，有条件的可以做药品催瘾实验，然后作出确认。

本人陈述	尿检	催瘾实验	结论
承认近期并长期吸毒	(+)		可认定
承认近期偶尔吸毒	(+)	(+)	可认定
	(+)	(-)	滥用者
承认以往吸毒而目前未吸毒	(+)	(+)	可认定
	(+)	(-)	不可认定
否认吸毒	(+)	(+)	可认定
	(+)	(-)	不可认定

5.《现场检测报告书》制作。

（六）考核

学生提交《现场检测报告书》，并上交相关证据。教师根据每个小组实训的基本情况为学生打分。

【思考与练习】

1. 如何利用学过的查缉战术的知识，组织查处常见的危害治安秩序行为？
2. 在查处危害治安秩序行为的过程中，应如何注意保证查处民警的自身安全？
3. 在查处危害治安秩序行为的过程中，对取得的相关的证据如何依法保存？
4. 处理吸食、注射毒品行为时应注意哪些事项？

【本章小结】

卖淫嫖娼，制作、贩卖、传播淫秽物品，赌博，吸食、注射毒品等活动，妨害社会善良风俗，危害社会治安，属社会丑恶现象。查禁这些危害治安秩序的行为，是治安秩序管理工作的一项经常性业务。本章从卖淫嫖娼等常见危害治安秩序的行为的概念、特点出发，介绍了卖淫嫖娼等危害治安秩序的行为的主要法律规定、相关行为的认定、查处的方法手段以及相应的处罚措施。在查处方面重点介绍了通过群众的举报和治安耳目的报告等途径获取线索来源，查处前需要了解现场周边环境、内部结构及掌握违法犯罪的规律并制定查处方案，查处的一般方法为根据不同的情形采取里应外合、张网预伏和外线跟踪等，在查处过程中搜集固定相关证据，并提示了处理中应注意的事项。

【补充阅读】

2017年中国毒品形势报告（全文）①

中国国家禁毒委员会办公室

2017年10月17日

前言

2017年是中国毒品形势发生深刻变化、禁毒工作任务极其繁重的一年。中国政府高度

① 中国禁毒网，2017年10月17日。

重视禁毒工作，就加强禁毒工作作出一系列重大决策部署。6月25日，习近平总书记、李克强总理等中央领导同志会见全国禁毒工作先进集体代表和先进个人，习近平总书记发表重要讲话，充分肯定禁毒工作取得的成绩，对做好禁毒工作提出了新的更高要求。孟建柱、郭声琨等领导同志多次就禁毒工作作出重要指示，有力推动了禁毒工作深入开展。

一年来，各地区各有关部门认真贯彻落实中央禁毒工作系列决策部署，进一步创新禁毒体制机制，完善毒品治理体系，强化禁毒基础保障，全面掀起禁毒人民战争新热潮。深入开展“6·27”青少年毒品预防教育工程和“8·31”社区戒毒社区康复工程，进一步提升了公众特别是青少年的识毒防毒意识，戒治挽救了一大批吸毒人员，最大限度减少了毒品社会危害。继续保持“百城禁毒会战”强大攻势，创新“4·14”打击制毒专案机制和“5·14”禁毒堵源截流机制，深入开展网络扫毒专项行动，推动缉毒执法战果创历史新高。2017年，全国共破获毒品刑事案件16.5万起，抓获毒品犯罪嫌疑人19.4万名，缴获各类毒品102.5吨，同比分别增长13.2%、15%和48.7%。经过持续开展禁毒斗争，全国毒情形势总体可控，没有发展成为严重影响经济社会发展、人民群众安居乐业、社会大局稳定的突出问题。

当前，全球毒品问题仍处于加剧扩散期，一些国家和地区毒品问题持续泛滥，制造、贩卖、滥用毒品问题严重，毒品来源、吸毒人员、毒品种类不断增多，毒品问题已成为全球性的社会顽疾。在毒品问题全球化的大背景下，中国毒品形势依然严峻复杂，境外毒品渗透不断加剧，国内制毒问题日益突出，毒品滥用问题持续蔓延，毒品社会危害更加严重。预计今后一个时期，受经济全球化和社会信息化加快发展的影响，国内毒品问题将在相当长的一段时间内持续发展蔓延，禁毒工作面临着巨大压力和严峻挑战。

一、毒品滥用

2017年，全国毒品滥用问题发生新变化，呈现出滥用海洛因等阿片类毒品人员比例下降，滥用合成毒品人员比例上升，吸毒人群覆盖各个年龄段、不同文化程度、各个社会职业群体“一降一增”和“三个全覆盖”的特点，以青少年为主体的滥用合成毒品问题突出，吸毒人员低龄化趋势明显，因吸毒引发的抢劫盗窃、自伤自残、暴力伤害、驾车肇祸等案件事件不断增多，严重危害社会治安和公共安全。

——吸毒人员总量保持平稳。截至2017年底，全国现有吸毒人员234.5万名（不含戒断三年未发现复吸人数、死亡人数和离境人数），其中，滥用海洛因等阿片类毒品人员98万名，占41.8%；滥用合成毒品人员134万名，占57.1%，滥用其他毒品人员2.5万名，占1.1%；被查获一次且无戒毒史的偶吸人员106.9万名，复吸（成瘾）人员127.6万名，分别占45.6%和54.4%；男性200.7万名，女性33.8万名，分别占85.6%和14.4%。

——查获吸毒人员数量上升。2017年，全国共查处有吸毒行为人员106.2万人次，其中新发现吸毒人员53.1万名，同比分别上升20%和14.6%。在新发现的53.1万名吸毒人员中，滥用阿片类毒品人员占17.4%，其中滥用海洛因人员占14.6%；滥用合成毒品人员占80.5%，其中滥用冰毒等苯丙胺人员占73.2%；滥用其他毒品人员占2.1%。

——吸毒人员低龄化特征突出。在全国现有234.5万名吸毒人员中，不满18岁的有4.3万名，占1.8%；18岁到35岁的有142.2万名，占60.6%；36岁到59岁的有87万名，占37.1%；60岁以上的有1.1万名，占0.5%。

——吸毒人群多元化特点明显。在明确登记职业信息的吸毒人员中，无业人员占69.5%，农民占17.3%，工人占4.7%，个体经营者占3.4%，自由职业者占3.2%，职员占1%，学生占0.5%，专业技术人员、企业管理人员以及公职人员、演艺界明星等占0.4%。

——吸毒人员肇事肇祸案件多发。2017年，全国报告发生因滥用毒品导致暴力攻击、自杀自残、毒驾肇事等极端案件事件336起，查获涉案吸毒人员349名；破获吸毒人员引发的刑事案件17.4万起，占刑事案件总数的14%，其中，抢劫、抢夺、盗窃等侵财性案件7.2万起，涉毒犯罪案件7.4万起，杀人、绑架、强奸等严重暴力案件716起；依法注销14.6万名吸毒驾驶人驾驶证，拒绝申领驾驶证1.1万人。

二、毒品来源

中国毒品主要来源于境外毒源地毒品流入和国内毒品制造，主要种类有海洛因等阿片类毒品、冰毒片剂、冰毒晶体、氯胺酮等合成毒品以及其他精神药品和麻醉药品。海洛因和冰毒片剂主要来源于"金三角"缅北地区，"金新月"海洛因、南美可卡因也有部分流入。国内生产的冰毒晶体、氯胺酮既流入国内消费市场又走私境外。国内非法生产、输出新精神活性物质问题突出。个别地区非法种植罂粟和土法加工海洛因仍有存在。国内毒品来源多元化、毒品种类多样化趋势更加明显，进一步加大了治理毒品问题的复杂性。

（一）境外来源

——"金三角"仍是境内海洛因和冰毒片剂的主要来源地。据中国国家禁毒委员会办公室与缅甸、老挝中央禁毒委员会合作开展卫星遥感监测数据显示，近年"金三角"地区罂粟种植面积总体处在60万亩至70万亩之间，年均可产600多吨鸦片或制成60多吨海洛因。同时，该地区冰毒片剂年均产量远大于海洛因产量。2017年云南、广西、四川、贵州省、自治区执法部门缴获"金三角"海洛因7.3吨、冰毒片剂11.2吨，分别占全国海洛因、冰毒片剂缴获总量的83%和93.3%。据中国国家毒品实验室检验数据分析，2017年前三季度"金三角"海洛因、冰毒片剂分别占同期国内查缴海洛因、冰毒片剂总量的93.8%和87.9%。

——"金新月"海洛因现实危害进一步加大。根据联合国毒品和犯罪问题办公室、阿富汗禁毒部联合发布的《2017年阿富汗鸦片调查报告》显示，2017年，阿富汗罂粟种植面积为274.5万亩，同比减少19%，鸦片总产量3300吨，可制海洛因330吨，仍是全球最大的鸦片和海洛因产地。以非洲裔为代表的国际贩毒团伙向中国贩运"金新月"海洛因的问题突出。2017年，全国破获"金新月"海洛因走私入境案件38起，缴获"金新月"海洛因146.3公斤。根据中国国家毒品实验室检验数据分析，2017年前三季度"金新月"海洛因占同期国内查缴海洛因总量的2%。

——南美可卡因走私入境时有发生。2017年，全国破获可卡因案件70起，缴获可卡因97.7公斤，涉及国内9个省份。非洲、南美洲及中国香港籍人员通过物流寄递、旅客箱包夹藏方式走私可卡因入境或过境中国内地，最终目的地多为广东和香港。截至2017年底，全国累计发现、登记滥用可卡因人员202名，吸毒人员查获地涉及国内18个省份。

（二）境内来源

——国内制造冰毒晶体、氯胺酮活动依然突出。2017年，全国破获制造冰毒晶体案件484起，同比增加17.2%，涉及广东、四川等26个省份；破获制造氯胺酮案件118起，同比增加12.4%，涉及广东、广西等12个省份。国产毒品缴获量79吨，占全国毒品缴获总量的77.3%。2017年，全国破获制毒类公安部毒品目标案件162起，同比增加76.1%，其中，缴毒量上吨级制毒案件16起，缴毒量上百公斤级制毒案件59起。经过整治，广东汕尾、揭阳、惠州等地制毒活动猖獗势头得到一定程度遏制，制毒人员不断向周边地市、相邻省份转移。四川成都及周边地区制毒问题出现一定程度反弹。

——国内制造走私新精神活性物质问题突出。新精神活性物质又称“策划药”或实验室毒品，是不法分子为逃避打击而对列管毒品进行化学结构修饰所得到的毒品类似物，具有与管制毒品相似或更强的兴奋、致幻、麻醉等效果。据联合国毒品与犯罪问题办公室报告，全球已检测发现新精神活性物质九大类500余种，超过国际禁毒公约管制物质数量。中国已列管116种新精神活性物质。2017年，中国国家毒品实验室检测发现新精神活性物质涵盖合成大麻素类、卡西酮类、苯乙胺类、哌嗪类等除植物类外所有类别。合成大麻素类和卡西酮类包含的物质数量最多，生产滥用问题突出。新精神活性物质非法制造走私正在从“长三角”地区逐渐向其他地区扩展蔓延。

——局部地区土制海洛因等问题仍有存在。山西、河南、陕西三省交界处加工、滥用土制海洛因问题较为突出。2017年，全国破获制贩大麻类案件1158起，缴获大麻及大麻树脂8.7吨。破获制贩安钠咖类毒品案件216起，滥用问题主要集中在内蒙古、山西等地。破获制贩甲卡西酮案件291起，滥用问题主要集中在西北地区。

三、制毒物品来源

——非法生产贩卖制毒物品风险加大。随着国内外制造毒品对原料配剂需求加大，国内非法生产贩卖制毒物品问题更加突出。2017年，全国共破获制毒物品案件531起，其中公安部毒品目标案件60起，同比增加1倍，缴获各类制毒物品1566.1吨。由于制毒物品可选择性和替代性强，其流失品种、环节不断发生变化。制毒物品品种更新换代和非列管制毒物品流失用于制毒的潜在风险持续增大。制毒物品犯罪呈现生产、交易异地实施，一体化组织的产业链条，制造工艺得到改进，生产能力不断提升。

——非法零星种植罂粟问题屡禁不止。2017年，全国共破获非法种植毒品原植物违法犯罪案件6169起，查处违法犯罪人员6549名，共发现铲除非法种植罂粟289亩、306.1万株，同比分别下降53.3%和29.9%，发现铲除大麻1882亩、148万株，同比分别上升882%和87.9%。一些地方零星非法种植罂粟问题仍较突出，非法种植大麻问题呈增多趋势，已形成非法种植、土法加工、销售滥用的犯罪链条。个别地方出现室内或大棚种植大麻活动。

四、毒品贩运

2017年，全国毒品走私、贩运活动仍很严重，一些地方形成贩毒集团和网络，贩毒大案明显增多，网络涉毒、物流寄递渠道贩毒、外流贩毒、特殊人群贩毒等问题突出，零星毒品销售活动更加活跃，枪毒同流、武装贩毒时有发生，毒品犯罪有组织化、暴力化、武装化特点更加明显，缉毒执法工作面临严峻挑战。

——贩毒主体以青少年和农民为主。2017年，全国抓获毒品犯罪嫌疑人员19.4万名，其中，18岁以下未成年人3588名、18岁至35岁以下人员11.5万名，35岁以下人员数量占被抓获毒品犯罪嫌疑人员总数的61.3%。农民和无固定职业人员15.3万名，占被抓获毒品犯罪嫌疑人员总数的78.9%。此外，贩毒人员还涉及国家公务员、工人、学生、个体工商业者、公司职员等。

——毒品犯罪暴力化程度加剧。2017年，全国破获涉枪毒品目标案件257起，缴获各类枪支466支、子弹3万发，同比分别上升52%、40.4%和843.4%。涉枪毒品案件高发，贩毒人员实施武装贩毒、暴力抗法时有发生，给缉毒执法工作带来巨大风险。

——利用网络贩毒问题突出。2017年，全国破获互联网涉毒案件1.5万起，抓获违法犯罪嫌疑人3.6万名，其中刑事处罚互联网服务提供者256名，缴获各类毒品4.3吨、易制毒化学品10.1吨，清理整治各类涉毒违法信息6.5万余条，关停取缔涉毒网站832家，关停涉毒通讯账号 576.8 万个，通报有关部门停止解析涉毒违法网站域名 529 个，通报工信部门封堵涉毒境外违法网站 1471 个。

——重大贩毒案件明显增多。2017 年，全国打掉制贩毒团伙 5834 个，同比上升 18.1%；破获公安部毒品目标案件 1139 起，抓获犯罪嫌疑人员 1.6 万名，同比分别上升 54.6%和 51.8%。全国破获单案缴毒量公斤级以上毒品案件 5588 起，其中，海洛因案件 1292 起、冰毒晶体案件 1582 起、冰毒片剂案件 1350 起、氯胺酮案件 407 起。

——外籍人员贩毒时有发生。2017 年，全国破获外国籍人员毒品犯罪案件 1491 起，抓获外国籍犯罪嫌疑人员 1927 名，缴获各类毒品 13 吨，涉及缅甸、越南、尼日利亚、巴基斯坦等 39 个国家。其中，全国破获跨国境公安部毒品目标案件 122 起，抓获涉案人员 1287 名，缴获各类毒品 9.4 吨，同比分别上升 27.1 %、41.6%和 4.3%。2017 年，中国收到 29 个国家或地区 202 条涉毒线索核查函。外籍毒品犯罪嫌疑人员在华贩毒，既将境外毒品贩入国内，又将境内毒品和制毒物品走私国外。

结语

当前，中国改革进入攻坚期和深水区，各种社会矛盾交织叠加，诱发、滋生毒品问题因素大量增多，给禁毒工作提出严峻挑战。毒品导致社会财富流失、人性沦丧、道德滑坡，成为影响我国社会稳定的重要消极因素。面对严峻的毒品形势和繁重的禁毒任务，中国禁毒部门将认真贯彻落实中央系列决策部署，积极应对国际国内禁毒形势新变化，坚持以改革创新为引领，以开展禁毒人民战争为主线，有针对地组织开展禁毒严打整治行动，坚决遏制毒品犯罪高发多发势头，最大限度教育挽救吸毒人员，切实加强青少年毒品预防教育，努力减少毒品供应、毒品需求，推动禁毒工作取得更加明显的成效，为促进经济社会发展、维护社会大局稳定、保障人民安居乐业作出新贡献。

参考文献

1. 安政，王龙天．治安学实训教材［M］．北京：中国人民公安大学出版社，2015.

2. 陈大文．新编行政法理论与实务（第二版）［M］．北京：高等教育出版社，2015.

3. 丁辉，朱伟，王瑜，马英楠．大型群众性活动安全风险管理［M］．北京：化学工业出版社，2011.

4. 丁建春．章春明．治安管理［M］．北京：群众出版社，2013.

5. 丁建荣、周建棋．治安管理学教程［M］．北京：中国人民公安大学出版社，2005.

6. 付端．治安管理实用教程［M］．北京：中国人民公安大学出版社，2016.

7. 公安部人事训练局．治安秩序管理教程［M］．北京：群众出版社，2003.

8. 李海涛．重点场所治安管理中存在的问题及对策［J］．法制与经济，2013（2）.

9. 李健和．治安学原理［M］．北京：中国人民公安大学出版社，2015.

10. 李香梅．治安秩序管理理论与实践［M］．北京：中国人民公安大学出版社，2015.

11. 李雪冰．治安秩序管理教程［M］．北京：中国人民公安大学出版社，2005.

12. 李颖、师维．治安管理实训教程［M］．北京：高等教育出版社，2007.

13. 刘宏斌、王树民．公安机关办理151种治安案件案由的认定、处罚、证据标准与法律适用图解［M］．北京：中国人民公安大学出版社，2015.

14. 刘金龙．大型活动安全保卫工作教程［M］．北京：中国人民公安大学出版社，2010.

15. 刘振华，刘轶，李骥．治安学专业实训教程［M］．武汉：武汉大学出版社，2015.

16. 倪平凡．城市化进程中社会治安所面临的问题及对策［J］．法制与社会，2014（4）.

17. 戚丹．治安秩序管理专论［M］．北京：中国人民公安大学出版社，2008.

18. 邱煜，唐洪文．治安秩序管理［M］．北京：群众出版社，2009.

19. 邱煜、唐洪文．治安秩序管理［M］．北京：群众出版社，2012.

20. 商小平，冯锁柱．治安管理学［M］．北京：中国人民公安大学出版社，2015.

21. 孙廷彦，李颖，林志伟．治安管理实战技能综合实训教程［M］．北京：中国人民公安大学出版社，2016.

22. 覃泽敏．治安秩序管理实训教程［M］．北京：中国人民公安大学出版社，2013.

23. 佟瑞鹏．大型活动事故风险管理［M］．北京：中国劳动社会保障出版社，2013.

24. 汪勇，李健和．警察巡逻勤务论［M］．北京：中国人民公安大学出版社，1996.

25. 汪勇．警察巡逻勤务教程［M］．北京：中国人民公安大学出版社，2000.

26. 王彩元，刘力皲．社会治安防范教程［M］．武汉：武汉大学出版社，2016.

27. 王精忠，谢川豫．治安秩序管理［M］．北京：中国人民公安大学出版社，2015.

28. 王精忠，张胜前，陈康，相启俊．治安秩序管理［M］．北京：中国人民公安大学出版社，2011.

29. 王克剑 . 公安派出所勤务规范研究［M］. 北京：群众出版社，2009.

30. 武浩 . 加强公共复杂场所治安管理创新的思路探析［J］. 法制与社会，2011（8）.

31. 武西锋 . 大型活动安保理论与实务［M］. 北京：中国人民公安大学出版社，2015.

32. 肖汉强，金琳，郦佳梅 . 违反治安管理行为疑难问题解析及处罚自由裁量参考标准［M］. 北京：中国人民公安大学出版社，2011.

33. 谢川豫 . 治安管理学概要［M］. 北京：中国人民大学出版社，2016.

34. 熊桂桃，董青青 . 治安学［M］. 北京：中国人民公安大学出版社，2002.

35. 熊一新，李健和 . 治安管理学概论［M］. 北京：中国人民公安大学出版社，2005.

36. 熊一新，李健和 . 治安秩序管理［M］. 北京：中国人民公安大学出版社，2000.

37. 熊一新 . 治安管理学［M］. 北京：中国人民公安大学出版社，2000.

38. 徐甲 . 娱乐服务场所公安执法的困惑与思考［J］. 江西警察学院学报，2011（3）.

39. 杨瑞清，王占军，赵光伟 . 治安管理概论［M］. 北京：中国人民公安大学出版社，2013.

40. 岳光辉、杜红兵 . 治安秩序管理教程［M］. 北京：中国人民公安大学出版社，2007.

41. 曾郁，周静茹 . 治安管理实务［M］. 广州：暨南大学出版社，2013.

42. 张先福 . 治安管理实用教程［M］. 北京：中国人民公安大学出版社，2007.

后　　记

本教材以习近平新时代中国特色社会主义思想为指导，按照党的十九大提出的改革任务和举措，紧紧围绕公安改革的总目标，紧密结合公安工作实际，做到了治安秩序管理理论与实践的有机结合，切实增强了教材的前瞻性、系统性和实用性。教材以公安机关的职业需求为依据，以治安管理岗位需求为基本要求，遵循循序渐进、由理论到实践、由知识到技能的教学规律，按照最新颁布和修订的法律、法规编写，目的是使学生在校期间能够掌握治安秩序管理的基础知识，具备治安秩序管理的业务素质和基本能力。教材编写体例新颖，在编写过程中，我们力求反映当前我国公安改革的新理念及治安秩序管理最新的研究成果，主要选取了治安秩序管理绪论、特种行业治安管理、重点场所治安管理、治安秩序管理勤务、大型群众性活动安全管理、危害治安秩序行为的查处等内容进行编写。

公安院校创新应用型精品规划系列教材

☆ 犯罪学教程
☆ 治安学
☆ 治安社会防范教程
☆ 安保勤务与安全检查
☆ 危险物品管理
☆ 公安监所管理工作实务
☆ 犯罪心理学教程
☆ 治安学专业实训教程
☆ 治安学概论
☆ 治安学通论
☆ 道路交通管理学
☆ 治安管理实务与实训教程
☆ 治安秩序管理理论与实训
公安基础理论
治安案件查处
治安管理处罚法
侦查学
法医学
物证技术学
现场勘查
文件检验学
道路交通事故司法鉴定
警察职业道德
警察学原理
警察心理健康
安全防范技术应用
安防工程设计
监狱学基础理论
法院执行实务
书记员工作实务
警察防卫与控制技术
公安内勤工作手册
公安应用写作教程
信息化警务
乘警勤务
警察法学
道路交通事故处理
刑事影像学
刑事科学技术概论
车辆和驾驶员管理
社区警务
户政与人口管理
消防管理
保卫学
计算机应用技术
网络信息安全
逻辑学
公安机关办案程序

欢迎广大教师和读者就系列教材的内容、结构、设计以及使用情况等，提出您宝贵的意见、建议和要求，我们将继续提供优质的售后服务。

联系人：田红恩
电　话：137 2030 4986
E-mail：113391595@qq.com

武汉大学出版社（全国优秀出版社）